证券业务指引

企业上市法律实务指南

国枫研究院 编

中国法治出版社
CHINA LEGAL PUBLISHING HOUSE

图书在版编目（CIP）数据

证券业务指引：企业上市法律实务指南／国枫研究院编. -- 北京：中国法治出版社，2024.10. -- ISBN 978-7-5216-4645-0

Ⅰ. D922.291.914

中国国家版本馆 CIP 数据核字第 2024U9S532 号

责任编辑：秦智贤（qinzhixian@zgfzs.com）　　　　封面设计：周黎明

证券业务指引：企业上市法律实务指南
ZHENGQUAN YEWU ZHIYIN: QIYE SHANGSHI FALÜ SHIWU ZHINAN

编者／国枫研究院
经销／新华书店
印刷／三河市紫恒印装有限公司
开本／710 毫米×1000 毫米　16 开　　　　　印张／28.75　字数／386 千
版次／2024 年 10 月第 1 版　　　　　　　　2024 年 10 月第 1 次印刷

中国法治出版社出版
书号 ISBN 978-7-5216-4645-0　　　　　　　　定价：118.00 元

北京市西城区西便门西里甲 16 号西便门办公区
邮政编码：100053　　　　　　　　　　　　　传真：010-63141600
网址：http://www.zgfzs.com　　　　　　　　编辑部电话：010-63141798
市场营销部电话：010-63141612　　　　　　　印务部电话：010-63141606

（如有印装质量问题，请与本社印务部联系。）

专业诠释价值
卓越铸就未来

　　国枫律师事务所（简称"国枫"）创立于1994年。经过30年的稳健发展，现已成为中国领先的具有高度专业化的大型综合性律师事务所。

　　国枫专业特色突出，尤其在资本市场法律服务领域实力超群，业内有口皆碑；在争议解决、房地产和建设工程、跨境投资与并购、知识产权、银行与金融、破产重整、税务、合规、财富管理等专业领域，国枫亦凭借优秀的口碑和强大的专业实力居于业内领先梯队。

　　国枫始终以客户需求为导向，致力于客户愿景的达成，并汇聚了一大批素质优良、兼具理想与热情、学术功底扎实、经验丰富并勇于实践的专业法律人才，精益求精地为客户提供全方位、多层次的法律解决方案。

　　国枫研究院创立于2024年。作为依托于国枫的专业研究机构，其旨在通过法律实务与理论前沿的深入研究，行业趋势与政策导向的敏锐洞察，为业界提供针对性、适用性、务实性、创新性的法律见解与专业思考，并将始终秉承"专业、严谨、创新"的研究精神，以法律为志业，为法治添动力，不断推动法学研究与实务探索的深度融合。

编辑委员会

总　　编：张利国
主　　编：马　哲
编　　委：（按姓氏笔画排序）
　　　　　王　岩　方啸中　朱　锐　刘斯亮　何　谦
　　　　　张　莹　罗　超　周　涛　胡　琪　秦　桥
　　　　　殷长龙　黄兴旺　曹一然　臧　欣　熊　洁
执行编辑：焦新哲　赵　婷

序 言

1994年到2024年，是国枫栉风沐雨、砥砺前行的三十年，是国枫锐意进取、开拓创新的三十年。三十载耕耘路，风满扬帆正当时。作为国内首批从事证券法律业务的律师事务所，国枫始终坚持在"高度专业化、有限多元化、适度规模化"的道路上稳中求进，是中国资本市场公认的行业领先者，现已成为中国领先的具有高度专业化的大型综合性律师事务所。

作为中国内地法律服务行业之发展的经历者、见证者、参与者，三十年来国枫以突出的专业特色、强大的专业实力、丰富的专业经验，始终践行着"专业立身、勤勉精进"的初心；凭借对政策法规的深刻理解、扎实稳健的专业功底、丰富务实的实践经验，以及一系列富有开创性的服务案例，坚持为客户提供个性化、专业化的解决方案，让法律服务有"质感"、更有"温度"。

匠之为匠，精工在握。在瞬息万变的市场浪潮中，国枫始终秉承着"高度专业化"的发展理念以及"有限多元化"的业务模式，持续深耕资本市场法律服务及相关领域，并以客户需求为导向，不断引进和培育了争议解决、知识产权、房地产和建设工程、合规、税务等业务领域的成熟专业化的律师和团队，充分整合国枫优质的专业力量与资源，适度扩大专业领域规模，在一体化组织下积极促进多元业务领域和资本市场领域的联动，致力于为客户提供高度专业化、多维度、多层次的法律服务。

心之所系，质量为先。作为一家致力于为客户提供"一站式"法律服务的律师事务所，国枫始终倡导律师应深耕于各细分法律服务领域，以"开放、共享"的心态，构建支持性高、协作性强的工作环境；通过团队间的相互赋能、相互协作，共同推动事务所实现高质量发展。为搭建更加多元化、联通化的交流平台，有效促进国枫律师对法律业务及行业的深入研究，国枫研究院应运而生，覆盖五大业务专业组、三大行业委员会，致力于为客户提供高品质、全方位的专业法律服务。

博观而约取，厚积而薄发。三十载风雨同舟，国枫人坚守着霜叶如花的承诺、秉持着磨砺无悔的态度，在前行的路上坚持探索、积累。值此三十周年之际，国枫证券资本市场、不动产与建设工程、合规、金融与投资等众多领域资深合伙人及专业律师，将执业以来的思考与感悟梳理提炼、编纂成册，为三十而立的国枫献上最诚挚的祝福，唯愿国枫人在未来的征途中磨砺以须、倍道而进，薪火赓续、奋楫笃行；唯愿中国法律服务市场行稳致远、如日方升，风正帆悬、一往无前。

道阻且长，行则将至；行而不辍，未来可期。

是为序。

国枫律师事务所首席合伙人

目 录

第一章 企业上市定位选择与筹备 ……………………………………… 001

引 言 ……………………………………………………………………… 003

第一节 光荣与梦想：企业为什么要上市 …………………………… 003

第二节 价值与敬畏：注册制来了，什么样的企业可以上市 …… 008

第三节 组织与执行：企业如何开展上市准备工作 ………………… 025

小 结 ……………………………………………………………………… 029

第二章 上市前的股权融资 ………………………………………………… 031

引 言 ……………………………………………………………………… 033

第一节 上市前融资的必要性 …………………………………………… 034

第二节 向谁融资 …………………………………………………………… 034

第三节 融资的时机 ………………………………………………………… 035

第四节 对于投资人的考察与筛选 ……………………………………… 036

第五节 融资的方式及对公司的影响 …………………………………… 043

第六节 融资文件 …………………………………………………………… 047

第七节 融资过程中的其他注意事项 …………………………………… 056

第八节 上市前融资条款的确认及清理 ………………………………… 058

第九节 与投资人的争议或纠纷 ………………………………………… 060

第十节 上市失败后的处理 ……………………………………………… 061

小 结 ……………………………………………………………………… 062

第三章　拟上市公司的股权激励 · 063

引　言 · 065
第一节　拟上市公司股权激励概述 · 065
第二节　股权激励方案 · 071
第三节　员工持股计划 · 083
第四节　股份期权激励 · 096
第五节　国有企业股权激励 · 102
第六节　股权激励中的其他特殊问题 · 115
小　结 · 129

第四章　股份公司改制 · 131

引　言 · 133
第一节　股改的方案设计与操作 · 134
第二节　有限公司整体变更为股份公司的法律实务 · 142
第三节　股改中的特殊法律程序 · 150
第四节　股改中的个人所得税实务 · 153
小　结 · 158

第五章　业务合规 · 161

引　言 · 163
第一节　行业概述 · 163
第二节　常见法律问题 · 167
小　结 · 233

第六章　关联方与关联交易 · 235

引　言 · 237
第一节　关联方与关联交易概述 · 237
第二节　识别关联方 · 240
第三节　关联交易 · 249
第四节　关联交易的合规化 · 257

小　结 ··· 258

第七章　同业竞争 ··· 261

　　引　言 ··· 263
　　第一节　同业竞争的概念以及审核关注同业竞争的原因 ········· 263
　　第二节　IPO 中同业竞争的核查事项与判断标准 ················· 266
　　第三节　同业竞争问题的解决方式 ································· 275
　　第四节　国有企业同业竞争事项的特殊性 ························· 278
　　小　结 ··· 282

第八章　兼并收购和主营业务变化 ··· 283

　　引　言 ··· 285
　　第一节　兼并收购 ··· 285
　　第二节　主营业务变化 ··· 304
　　小　结 ··· 306

第九章　财产合规 ··· 307

　　引　言 ··· 309
　　第一节　知识产权 ··· 309
　　第二节　不动产权 ··· 325
　　小　结 ··· 340

第十章　劳动合规 ··· 341

　　引　言 ··· 343
　　第一节　起点：用工关系的规范建立 ···························· 343
　　第二节　责任：劳动者的社会保障 ······························· 371
　　第三节　疏导：劳动争议和处罚的应对 ························· 379
　　小　结 ··· 383

第十一章　生产经营合规 ··· 385

　　引　言 ··· 387
　　第一节　安全生产 ··· 388

第二节　产品质量问题 …………………………………………… 399
第三节　节能审查与清洁生产 …………………………………… 404
第四节　失信名单、行政处罚与刑事处罚 ……………………… 423
第五节　诉讼、仲裁 ……………………………………………… 440
小　　结 …………………………………………………………… 448

第一章
企业上市定位选择与筹备

引　言

上市是无数优秀创业者的光荣与梦想，也是大多数企业实现基业长青的丰碑和保障。想要了解 A 股首次公开募股（Initial Public Offering，以下简称 IPO）的运作逻辑，并在全面注册制的浪潮中拥抱它，首先就要以实证的态度抛去神秘主义的面纱。

企业为什么要上市、如何组织上市是企业经常讨论的话题，什么是证券发行注册制、什么样的企业可以上市更是企业在迈过上市门槛前的核心关切。理论是冰冷的，规则是庞杂的，唯有实践之树长青，除了不断总结经办的 IPO 项目经验，我们也会经常研读其他案例尤其是被否案例。尽管注册制下直接被否决的案例并不多，但每一个都很典型。通过分析、学习这些案例，我们可以探索其中蕴含的资本市场价值导向和底线尺度，同时也尝试思考一些关于企业上市更整体和更概括的逻辑。

第一节　光荣与梦想：企业为什么要上市

一、资本市场的功能

资本市场通过打破信息壁垒、降低交易成本的方式，使固化的资产转变为具有流动性的金融产品，在助推经济发展、优化资源配置、改善风险分配、实现共同富裕等方面，为实体经济乃至国家和社会注入源源不断的活力。

（一）集聚社会资本的经济助推功能

集聚资金是资本市场的首要功能，企业通过在资本市场上发行股票，把分散在社会上的闲置资金集中起来，形成巨量的、可供长期使用的资本。在资本市场存在之前，企业融资传统渠道主要是银行或者是特定的个人和企业，融资以债权性贷款的方式完成，属于间接融资。以银行贷款为例，由于银行在收取贷款利息后无法获得企业的潜在上升收益，对企业资质必然有很多的要求和限制，需要企业有良好的信用历史，甚至需要其具有一定规模的抵押物，这就很难匹配中小企业的发展阶段和需求特征；同时银行需要按期收取贷款利息，这种对现金流的短期要求也与产业发展及研发创新的长期投入需求产生了矛盾。

而在资本市场发行股票属于直接融资，企业获得的是永久性发展资本。投资人通过购买股权得到了企业未来发展带来的潜在利润的分享权，并且通过企业上市后的流动性和估值溢价超额兑现了前期风险投入的回报。财富效应激励了越来越多的风险资金投向早期的科技创新企业和成长型中小企业，双向推动了企业和经济的发展；同时优秀的企业在资本市场上获得融资，也就拥有了充足的研发资金进行前沿性创新，进而以科技创新推动整个国家的产业创新。这种体系化的动员力量形成了全新的企业成长范式，也促进了产业与资本的正向循环。

（二）优化资源配置的价值发现功能

资本市场的优化资源配置功能，是通过一级市场筹资、二级市场股票的流动来实现的。在资本市场上，价格的变动裹挟和反映着信息，市场参与者可以通过观察证券价格的变动解读信息、获取资讯。成长性好、有发展前景的企业，价值机制会引导投资人买入；反之，投资人则会卖出。如果投资者不断卖出股票，则该企业要么退市、要么被收购，从而实现优胜劣汰。

证券市场被誉为经济的"晴雨表"，不仅能反映企业的状况，也能反映行业、产业、地区甚至国家的经济状况。市场的资金量在特定时段内总是有限的，总额既定的情况下，资金通过资本市场的价格发现机制流向各个企业、行业、地区和国家。从历史的角度来看，一个国家在经济地位最强势的时候，该国的资本市场也必然最受关注。资产阶级革命和工业革命推动世界经济重心逐渐向大西洋沿岸转移，17 至 18 世纪，英国和德国逐步占据市场主导地位，伦敦交易所和法兰克福交易所在当时也是资本流动的重心。[①] 19 世纪末，美国以第二次工业革命为机遇崛起，当全球经济的重心转移到美国之后，纽交所和纳斯达克变成了优秀企业发展和壮大的胜地。[②] 21 世纪，《区域全面经

[①] 李振福：《世界经济发展中心转移与"北冰洋—太平洋时代"到来——兼与"太平洋时代"说商榷》，载《人民论坛·学术前沿》2022 年第 17 期。

[②] 李振福：《世界经济发展中心转移与"北冰洋—太平洋时代"到来——兼与"太平洋时代"说商榷》，载《人民论坛·学术前沿》2022 年第 17 期。

济伙伴关系协定》（RCEP）的签署意义重大，标志着世界经济中心已从欧美所代表的西方逐步转移至以中国为代表的亚太地区。① 近年来，上海证券交易所和深圳证券交易所越来越受到国际资本的关注和认可，其背后逻辑也是我国政治经济地位提升和综合国力增强的体现。

（三）改善金融结构的风险控制功能

股票市场在给投资者和融资者提供投融资渠道的同时，也提供了分散风险的途径。从微观角度看，通过公开发行，风险由创始人分配给广大投资者；通过组合投资，风险由单一股票风险向市场风险转换；通过买入共同基金，风险由投资者个人承担向投资者群体分散；通过私募等方式，风险由风险偏好者承担。

从宏观角度看，股市的发展也有利于解决高储蓄率和高房价这两大困扰中国经济发展的难题。目前公募基金中货币与债券基金所占的比例非常大，股权基金的比例相对较小，当资本市场能够稳定增长时，将会引导更多增量资金流入股票市场，增量资金再推动股市增长，进而形成一个正向循环，缓解高储蓄率压力。同时，当股市能够体现其良好的投资属性时，不但其本身能作为"蓄水池"固定通货膨胀，而且能使楼市的投资价值弱化，进而有利于压缩楼市泡沫，维护社会稳定。

（四）实现共同富裕的社会平衡功能

资本市场有利于拓宽居民财富管理渠道和财产性收入来源。金融学理论告诉我们，风险和收益是评价金融产品的一对孪生维度，股票的短期风险远大于国债等固定收益产品，逻辑上就要求其长期的预期收益远高于固定收益产品。也正因为这一点，发行股票的公司必须给投资者带来高于国债的预期收益，否则就有愧于投资者所付出的风险对价，也就没有上市的必要。欧美资本市场的实践已经证明了这一点，从长期看，股权投资的财富增值效果远远高于银行存款和国债，从而缩小了欧美社会财富分配之间的差距。

很显然，在当前中国家庭的财富配置结构中，股权投资占比很低，财富增值前景相对较低。但这种局面不是资本市场固有属性的问题，而恰恰是 A

---

① 孟楠：《RCEP 将深入影响全球产业链分工合作 世界经济重心正逐步转至亚太地区》，载《中国会展（中国会议）》2021 年第 8 期。

股市场发育不够健全、成熟、完善的结果。为了让更多家庭能够分享中国经济成长带来的红利，为了承担共同富裕的社会责任，我们也应确保资本市场始终保持正确的发展方向。

二、上市对企业的价值

改革开放初期，很多率先发展起来的民营企业习惯于"闷声发大财"，一方面因为种种因素企业家觉得自己离资本市场很遥远，另一方面宽松的税收征管环境让企业家很难下定决心支付高昂的上市合规成本。随着现代化税收征管系统越来越完善和强大，特别是"金税工程"三期和四期的上线，无论企业是否上市，其税务合规都将是大势所趋，也是唯一的出路。与此同时，日益蓬勃发展的资本市场也在深刻地改变着中国企业的创业范式、竞争逻辑、发展路径以及传承模式。资本市场对企业的意义和价值无疑是重大而深远的。

（一）资本市场是企业竞争的制空权

做实业的企业家，通常擅长面向供研产销体系，注重产业层面的竞争。实际上企业经营的"上空"，还笼罩着一个资本市场。企业竞争中不占领"制空权"就很难生存，这个"制空权"就是企业登陆资本市场的战略以及运用资本力量的能力。对企业而言，公开上市最具吸引力的长期融资形式，能从根源上解决企业对资本的需求，且不会增加公司的债务负担。另外，上市以后银行及金融机构的融资成本亦会降低。

资本市场在宏观层面是供过于求的，无数企业面对这个市场，希望从这个资金池里争取资金。但正如前文所述，资本市场通过其价值发现机制实现资源配置，资金不可能平均地分配给各个企业。货币的本质是货币发行者对于货币持有者的债券，而股票在某种意义上也可以看成是永不到期的债券，既然都是债券，实际上流动性良好的股票和货币并没有什么区别。一家市值过百亿乃至千亿的上市公司，不亚于获得了一块既能发股又能发债的"超级金融牌照"，而未上市的企业与之相比堪称受到降维式打击。我们可以看到，上市公司往往是行业的龙头，而行业龙头也往往是上市公司，这种互为因果的关系，就是资本市场"制空权"最直接的体现。

这种"制空权"还体现在资本市场给股东回报诉求带来了升维逻辑。传统企业通过经营取得利润，然后股东通过分红取得收益是一个无法回避的诉求和压力，但在好的行业赛道上，最忌讳的其实是股东过早要求分红，让企业失去保留利润进行再投资以扩大生产的机会。资本市场给股东提供了一条新的回报通道，这种方式从更长期的维度解决股东回报压力，给予了企业更长远发展的视野和动能。

（二）资本市场是价值实现的加速器

股票的本质是资产证券化，这决定了股东的财富效应具有被放大的可能性。在上市之前，股权的价值以净资产为参考；当企业产生资本化可能时，股权的价值便以估值来衡量；上市以后，股东的身价则更是以股票市值来计算，其中的溢价能力和流动变现能力也呈指数级上升，这无疑是股东创业价值、风险投资回报的直接体现。回望中国资本市场的发展历程，从2004年的中小企业板、2009年的创业板、2012年的新三板，到2019年的科创板、2021年的北京证券交易所，每一次资本市场的新扩容都给一大批创业者带来了时代的赋能，也造就了一大批优秀的企业家。

除了股东财富价值的直接兑现，企业上市还带来更多品牌价值、信用价值和社会价值的提升。上市具有很强的品牌传播效应，直接提升了公司的行业知名度，公司也将得到更多的关注。由于上市公司的运作透明、运营受到监管，比非上市公司的信用度更高，公司将更容易吸引新客户，供应商更愿意与其合作，银行会给予其更高的授信额度。

（三）资本市场是资源整合的黏合剂

上市公司永远是并购重组市场里的主力军，当企业真正有了资本化的可能性时，它的同行就不仅仅是竞争关系，还可以是合并关系、重组关系、协同关系，通过资本市场的流动性和增量效应，解决了很多资本运作的平台问题、手段问题和工具问题，企业一旦上市，就变成了资源整合的平台。在资本市场中，企业的成长性还会带来马太效应：一家企业的成长性越强就能吸收越多的资本，这种资本聚集本身又会拉开企业间的资源差距，最终体现为领先企业的进一步成长，这种成长加速又再一次促进了资本和资源的聚集。在此过程中，行业资源也完成了充分整合。

资源整合不仅是产业发展的整合，政府、财政、金融、社会等各方面的资源也普遍向上市公司或拟上市公司倾斜。更重要的，这种资源整合更是人力资源的整合。上市无疑能增强员工对企业的认同感和荣誉感，与资本市场挂钩的股权激励计划和员工持股计划，更使员工拥有了一套除工资性收入以外的全新个人财富增值机制。企业也能够用一套更先进的模式吸引和留住人才，与其分享未来发展的成果，把人才未来的现金流回报成本折算成资本化的收益和价值，最终通过资本市场的功能实现人才结构的成本转移。

（四）资本市场是基业长青的守护神

大多数民营企业在创业初期往往以生存为导向，企业缺少系统的制度机制和管理体系。而上市过程中的公司治理要求、合规运营要求、内部控制要求，正是公司建立现代企业管理体系，系统性解决公司经营正规化、规范化问题的最佳范式和最好契机。这种体系的建立，不仅给企业的稳健经营提供了保障，也给企业的长期发展带来了后劲。

同时，现代企业制度和公众公司信息披露制度带来的企业经营权与所有权分离、公司运营透明度增加，亦有利于制度性地解决企业目前普遍存在的代际传承问题。

第二节　价值与敬畏：注册制来了，什么样的企业可以上市

一、注册制的前世今生

我国资本市场经过三十年的发展，股票发行制度先后经历了审批制（可细分为额度制和指标制）、核准制（可细分为通道制和保荐制）以及现在的注册制等多种制度类型。在额度、指标、通道等管理体制下，无论是发行标准、发行数量还是发行价格，都处于严格监管的范畴。2005年是中国资本市场值得铭记的一年。由这一年开始的股权分置改革作为中国资本市场改革史中的一座伟大丰碑，为上市公司插上了全流通的翅膀，开启了风起云涌的资本市场"市值时代"。2006年《首次公开发行股票并上市管理办法》（已失效）公布，标志着审核标准和审核理念开始向法治化转向；保荐制起航，意味着推荐上市的方式逐步转向市场化的模式，同时也带来新股发行市场的大幅扩容；而询价制的推出，更是把市场力量即买卖双方的判断、意向和约束力量引入发行价格的确定，向市场化的定价方式迈出了积极的一步。

但改革从来都不是一蹴而就的，有时候甚至会步履维艰。无论是股市剧烈波动暂停新股发行，还是IPO排队，甚至是复杂的公司定价变成所谓的"小学算术题"，资本市场改革进程中的彷徨和反复所引发的争议始终不断。监管部门对新股发行"管价格、调节奏、控规模"，虽然短期有稳定股指或信心的作用，但却不利于市场自我约束机制的形成，反而容易导致市场供求的扭曲和紧张。由于IPO成为稀缺资源，不能反映和充分满足市场投融资主体的真实需求，获得稀缺资源便成为资本市场投融资双方的共同利益，这客观地推动了市场主体由博弈转向合作，把监管机构当成唯一的博弈对象，使市场信息揭示机制和估值定价机制失灵，削弱了市场价格发现和风险释放的能力，进而导致A股IPO融资长期存在"宏观上供过于求，微观上供不应求"的局面。核准制下审核机构社会压力大，拟上市公司、中介机构也面临困难。严格的审核没能挡住华某风电①、超某股份②、中某云网③等上市后迅速"变脸"的公司，也没能挡住一大批融资以后就沦为"空壳"的公司，更没能挡住绿某地④、万某生科⑤、海某讯⑥等财务造假的公司。

客观而论，从历史角度来看，中国资本市场在当时来说是全新的事物，放任核准制发展会导致极高的金融风险。面对形形色色的发行人，面对不加分辨申购新股的投资者，面对铺天盖地的舆论，监管和市场博弈角力的过程是非常艰难的。今时今日的注册制改革不是简简单单的一次市场化放权，而是一场伟大变革。

2018年11月，习近平总书记宣布在上海证券交易所设立科创板并试点注册制，12月中央经济工作会议进一步指出，资本市场在金融运行中具有牵一发而动全身的作用，要通过深化改革，打造一个规范、透明、开放、有活力、

---

① 中国证券监督管理委员会（以下简称中国证监会）于2015年11月5日发布的《中国证监会行政处罚决定书》[华某风电科技（集团）股份有限公司、韩某良、陶某等15名责任人员]（[2015] 66号）。

② 中国证监会于2015年5月26日发布的《中国证监会行政处罚决定书》（上海超某太阳能科技股份有限公司、倪某禄、陶某等10名责任人）（[2015] 10号）。

③ 中国证监会于2015年12月2日发布的《中国证监会行政处罚决定书》（中某云网科技集团股份有限公司、孟某、詹某倩等19名责任人员）（[2015] 84号）。

④ 中国证监会于2013年4月10日发布的《中国证监会行政处罚决定书》（联某证券有限责任公司、黎某祥、李某冬）（[2013] 24号）。

⑤ 中国证监会于2013年9月24日发布的《中国证监会市场禁入决定书》（龚某福、章某军）（[2013] 12号）。

⑥ 中国证监会于2014年11月14日发布的《中国证监会行政处罚决定书》（深圳海某讯科技股份有限公司、章某、邢某飚等18名责任人）（[2014] 94号）。

有韧性的资本市场。中央从经济发展全局出发指明了资本市场的使命和发展方向。2019年修订的《证券法》于2020年3月1日起实施，中国资本市场经过三十年的发展，正式进入注册制时代。市场是最有效率的资源配置工具，往注册制的方向发展无疑是正确的，但从核准制走向注册制是一个过程，其中既有重大公共问题变革中固有的路径依赖，也有资本市场本身条件的历史和现实制约。即便放眼全球，所谓注册制也并没有固定或统一的模式，受历史背景、经济环境、法律制度、监管执法水平和投资者结构等因素影响，各国、各地区形成了不同的特点。改革的长期目标应当是实现发行节奏和发行定价的市场化，让新股申购变成有赚有赔的买卖，实现承销商自主配售，最终回归新股发行需要承销商"推销"而非"中签"的本源。以最早推出注册制改革的科创板为例，其建立了以机构投资者为参与主体的询价、定价、配售机制。该机制主要体现在以下三方面：

1. 面向专业投资者进行询价、定价。考虑到科创板投资者的投资经验和风险承受能力更高，因此科创板取消了直接定价的方式，全面采用市场化的询价定价方式，并将首次公开的发行询价对象限定在证券公司、基金公司等七类专业机构。

2. 充分发挥投资价值研究报告等作用。为进一步发挥主承销商的研究分析能力，科创板借鉴了境内外市场的成熟经验，要求主承销商在询价阶段向网下投资者提供投资价值研究报告。在报告中，主承销商应当坚持独立、审慎、客观的原则，通过阅读招股说明书、实地调研等方式，对影响发行人投资价值的因素进行全面分析，同时对投资风险进行充分揭示。

3. 鼓励战略投资者和发行人的高级管理人员、核心员工参与新股发售。根据境内外的实践经验，向战略投资者配售可以引入市场稳定增量资金、帮助发行人成功上市；发行人的高级管理人员与核心员工认购股份，有利于向市场投资者传递正面信号。

注册制的推行，客观上无疑会使企业上市的确定性增加，而加大直接融资力度、发展多层次资本市场，让更多的科技企业和创业企业通过资本市场融资上市，更是国家层面确定的扩大供给策略。但注册制有时也会令人产生一种错觉：注册制下IPO是否真的没有门槛？是否只需关注信息披露就可以了？显然不是！从实证角度观察，2023年A股IPO上会审核299家，其中通过279家、未通过12家、暂缓审议8家，名义过会率为93.31%，然而另有274家企业终止撤回，真实过会率仅为48.10%，相比2022年真实过会率

62.77%进一步下降！① 监管机构也强调，将常态化开展投行内控现场检查，从"带病申报""一查就撤"、执业质量存在严重缺陷等典型问题入手，重点检查投行内控制度是否健全、运行是否有效、人员及保障是否到位等，促进保荐机构真正发挥"看门人"功能，为注册制行稳致远夯实基础。② 从实证数据和监管态度可以看出，注册制不是不审核，更不是没有任何门槛，注册制强调信息披露，但是信息披露并不能解决所有的问题，IPO 审核逻辑是选择最优秀的公司成为公众公司，从而为投资人创造更丰厚的回报。注册制可能会改变筛选的模式和逻辑，但是筛选的本质目的没有改变，其中既有基于价值思维的基本面评估，也有基于底线思维的规范性评估。

二、价值思维：从投资者角度对企业上市的基本面评估

股票的本质是上市公司所有权的凭证，股票的价值来自公司未来经营产生的利润和现金流。现代金融投资学家约翰·布尔·威廉姆斯在1938年提出了股利贴现模型（DDM 模型），成为股票估值的经典框架，至今仍广为沿用。股利贴现模型告诉我们，股票价值是未来现金流的贴现，股价＝企业盈利/（无风险利率+风险溢价）。分母端中，无风险利率一般指基准利率、政府债券的利率，受货币政策的影响；风险溢价反映投资者风险偏好程度和要求的回报率，受市场情绪的影响。分子端则集中反映了企业的基本面和成长性，也是企业作为一个具体投资标的的投资价值所在。

从法理上讲，注册制下监管机构不对证券投资价值做实质性判断。发行条件从"具有持续盈利能力""具有较强的盈利能力"转变为"具有持续经营能力"，各板块的上市财务条件也变得更加包容化和多元化，但我们绝不能由此得出"注册制下企业上市过程中，对业绩规模、盈利能力、成长性等基本面的考察不再重要"这样的简单结论。企业上市融资毕竟是一项经济活动，要遵循经济规律，即企业发行上市是投资和融资的双向经济行为，股票发行

---

① 数据来源：作者根据上海证券交易所网站（https://www.sse.com.cn/）、深圳证券交易所网站（https://www.szse.cn/index/index.html）、北京证券交易所网站（https://www.bse.cn/index.html）公开披露的信息进行的数据统计，仅供参考。

② 中国证券监督管理委员会于 2022 年 11 月 25 日发布的《证监会通报证券公司投行业务内部控制及廉洁从业专项检查情况》，载中国证监会网站，http://www.csrc.gov.cn/csrc/c100028/c6698496/content.shtml，最后访问日期：2024 年 6 月 30 日。

融资的任何环节都不能脱离投资者利益保护的立场。投资者的根本目的在于获得回报，资本从来都不是免费的，资本有它的纪律性和原则性，资本市场只会青睐那些资本利用效率高的企业，并给予其高估值。在理想的市场化条件下，买方作为资金的提供者、卖方作为资金的需求者，通过信息交换、自由竞争、相互约束和结果激励完成这一互动和选择过程。然而正如前文所述，市场化改革不是一蹴而就的过程，只要市场机制未能形成充分有效的卖方约束，上市资格在转轨阶段就仍然是一种事实上的稀缺资源。在这种资源分配的过程中，无论自觉或不自觉，中介机构对于上市标的的遴选、培育以及监管机构在审核过程中的倾向和偏好，都无法脱离也不应该脱离对企业基本面和成长性的价值判断。从注册制实施以来的市场实践来看，在审核关注点以及否决理由的背后，其中诸多逻辑也指向了监管层对企业基本面和成长性的隐忧和顾虑。企业上市是一项严肃而重大的决策，牵一发而动全身并且要付出各项显性及隐性的成本，所以拟上市企业在做 IPO 规划时应当遵循客观规律和底层逻辑，考虑自身所处的环境因素和发展阶段，首先从企业的产业周期、基本面及成长性出发，评估企业上市的必要性和可行性。当然，这一判断过程是复杂且动态的，并不存在一个简单统一的标准。基于长期的实践和观察，以市场买方的视角，我们总结出"产业研判、盈利趋势、竞争分析、创新能力"十六字诀的价值评价体系和方法论，以供参考。

（一）产业研判

企业基本面和成长性的判断，首先要将企业放在环境里分析。相关的环境概念非常宽泛，它包含科技因素、政治因素、经济因素甚至文化因素，而企业环境的关键要素则是企业所在的某个行业或多个相关行业的发展状况。行业是提供同类相互密切替代商品或服务的公司集合。行业的增长势能是企业成长的最强动力，当企业处于高成长赛道之中，业绩的可预期性和说服力会大大增强；当发行人所处行业受国家政策或者国际贸易条件限制而存在重大不利变化的风险，或者出现周期性衰退、产能过剩、市场容量骤减、增长停滞等情况，则其业绩发展的前景堪虞，其业绩的真实性也容易受到质疑。具体而言，宏观层面上企业上市必须符合国家产业政策，中观层面上也要关注企业自身行业的发展特点及周期运行情况。

1. 符合国家产业政策是企业 IPO 的发行条件

《首次公开发行股票注册管理办法》明确规定发行人符合国家产业政策是

重要的发行条件之一。IPO 审核对某些行业进行限制是进一步落实国家产业政策的相关要求，本质上也是通过政策导向引导市场资金投向，扶持国家支持的行业和实体经济的发展。

在符合国家产业政策的原则性基础上，各个板块尤其是科创板、创业板和北京证券交易所均对行业属性有更细致和更严格的要求。科创板聚焦"硬科技"定位，重点支持新一代信息技术、高端装备、新材料、新能源、节能环保以及生物医药等高新技术企业和战略性新兴产业，限制金融科技、模式创新企业，禁止房地产和主要从事金融、投资类业务的企业在科创板发行上市；[①] 创业板上市企业要符合"三创四新"板块定位，并列明了 12 个行业的负面清单（农林牧渔业，采矿业，酒、饮料和精制茶制造业，纺织业，黑色金属冶炼和压延加工业，电力、热力、燃气及水生产和供应业，建筑业，交通运输、仓储和邮政业，住宿和餐饮业，金融业，房地产业，居民服务、修理和其他服务业），属于上市公司行业分类相关规定中上述行业的企业，原则上不支持其申报在创业板发行上市，但与互联网、大数据、云计算、自动化、人工智能、新能源等新技术、新产业、新业态、新模式深度融合的创新创业企业除外，禁止产能过剩行业、《产业结构调整指导目录》中的淘汰类行业，以及从事学前教育、学科类培训、类金融业务的企业在创业板发行上市；[②] 北京证券交易所主要服务创新型中小企业，发行人属于金融业、房地产企业、产能过剩行业、《产业结构调整指导目录》中规定的淘汰类行业，或者从事学前教育、学科类培训等业务的，不支持其申报在北京证券交易所发行上市。[③]

除法规明确规定的行业外，某些舆论压力较大的行业 IPO 审核受限已成为业内共识，比如殡葬、债务催收行业等。有些行业比较有争议，例如白酒、餐饮行业等，目前也应当持谨慎的态度。必须指出的是，由于经济环境和产业发展本身处于日新月异的变化之中，所以这种产业限制并非一成不变，监管机构会根据国家宏观政策进行动态调整。例如，教培行业曾经是资本追捧的一条热门赛道，这个领域不仅出现了大型上市公司，也不断涌现着独角兽企业，但 2021 年"双减"带来的政策转向不仅使教育培训行业受到 IPO 审核的限制，更是给整个行业造成巨大影响。

---

① 《上海证券交易所科创板企业发行上市申报及推荐暂行规定（2024 年 4 月修订）》。
② 《深圳证券交易所创业板企业发行上市申报及推荐暂行规定（2024 年修订）》。
③ 《北京证券交易所向不特定合格投资者公开发行股票并上市业务规则适用指引第 1 号》。

2. 企业 IPO 规划要和行业特点及周期性相匹配

从市场规律上看，资本大多聚集于当前业务处于高速增长态势的行业以及未来可能出现高速增长的行业，资本市场上的资金首先会基于行业成长性对行业配置进行筛选。高速成长产业整体处于行业孕育期、快速导入期或结构升级期，典型特点是人才进入、资本流入、需求高涨、技术升级，各种资源都在不断涌入，行业内不同梯队的企业普遍处于盈利提升的状态；而在远离产业风口的行业，经营效率较低，节奏及成长速度都较为缓慢。

无论身处传统行业，还是新兴产业，企业都要对自身所处的行业有深刻的了解。在进行企业战略规划、上市时机选择和募集资金使用时，必须首先考虑行业的因素：行业当前和潜在的规模有多大？行业的集中度和成熟度如何？目前行业周期运行处于什么阶段？行业周期变化是否涉及高昂的固定成本投入？行业发展趋势会在什么条件或什么节点发生变化？行业的整体增速是否足够快？有没有具体的量化指标？回答好这些问题，既有助于企业制定发展战略、发掘企业价值、讲好资本故事，坚定团队和中介机构对于企业 IPO 的决心和信心，技术层面上也有助于企业申报期的选择。IPO 是企业发展中的重要里程碑，企业申报 IPO 必须考虑企业成长、行业发展与资本市场周期三者的共振效应，才能谋求最大的成功概率及发行效率。

以下为监管机构相关否决理由的摘录，来源于深圳证券交易所网站公告信息，供参考：

上市委员会经审议认为，发行人所处行业为"土木工程建筑业"，属于《深圳证券交易所创业板企业发行上市申报及推荐暂行规定》第四条规定的原则上不支持在创业板发行上市的行业。(2021 年被否案例)

(二) 盈利趋势

IPO 是一个综合判断的过程，各种因素相互累加、综合决定了 IPO 最终的结果。但市场经济应当勇于言利，既然投资者的核心利益在于投资回报，投资回报的根本基础又在于净资产收益率（ROE），那么对大部分准备走向公众投资市场的企业而言，具备一定程度的利润规模仍然是最具信服力的支撑。而企业的成长性对企业的投资价值而言更是至关重要，企业只有不断提高自身利润，才能降低实际的投资成本，在估值不变的条件下，则体现为资产价值的持续提升。企业业绩的成长性、成长的可靠性，是对冲股权投资风险的最有效手段，也是一个企业投资价值最重要的安全边际，只有持续的成长才能支撑起企业的长期资本溢价。从实操维度观察，近年来 A 股各板块过会企业的利润平均数及中位数均大幅超过法定标准，而在诸多被否以及撤回申报材料的企业中，业绩结构缺陷、增长乏力，甚至严重下滑也往往是最重要的因素之一。

尽管科创板对部分科创属性较强的企业放宽了盈利标准，但本质上只是延迟了对于企业盈利的诉求，而不是放弃了对企业盈利能力的要求，企业仍然要对自己的市场空间、产品竞争力、盈利预期或亏损收窄趋势作出充分论证和说明。

以下为监管机构相关否决理由的摘录，来源于深圳证券交易所网站公告信息，供参考：

1. 创业板上市委员会经审议认为：发行人未能充分说明其经营业绩具有成长性，未能充分说明其"三创四新"的特征，以及是否符合成长型创新创业企业的创业板定位要求。（2022 年被否案例）

2. 上市委员会审议认为：报告期某公司要求发行人自查事件后，发行人某产业链收入大幅下滑，对发行人持续经营产生重大不利影响。（2022 年被否案例）

3. 上市委员会审议认为：发行人目前的主营产品市场空间有限，新产品能否实现规模收入尚不明确。（2022 年被否案例）

4. 上市委员会经审议认为：发行人未对高度依赖单一客户是否可能导致其未来持续经营能力存在重大不确定性、发行人是否具有直接面向市场独立持续经营的能力予以充分说明。（2020 年被否案例）

（三）竞争分析

行业内企业竞争的激烈程度并非巧合，也并非运气，行业内的竞争有降低资本回报率的趋势，这种力量会一直推动资本回报率降至竞争回报率的下限水平，即达到经济学家所谓的完全竞争的回报率。在 IPO 的审核过程中，有一个重要的思路就是通过比较发现问题。在横向上与同行业公司的比较分析，在纵向上对核心指标的变动分析，都是非常重要的竞争分析维度。无论是招股说明书中"管理层讨论与分析"的精耕细作，还是审核问询意见中的高频发问，都体现了这一审核思路。

在竞争优势的判断过程中，有两个核心指标：一个是毛利率，另一个是周转率。毛利率不考虑期间费用差异，是产品竞争力的直接体现，也是企业定价权的直观表达，所以在IPO审核过程中毛利率水平及其变动趋势容易成为首先被关注的指标。毛利率的分析不能简单描述为产品单价提高或者产品成本降低，所以毛利率提高了，我们还需要深入挖掘企业生产经营的哪些因素导致了单价提高或者成本降低，比如市场竞争环境、竞争对手变化、生产流程改变等，要通过企业最本质、最深处的生产经营情况来理解和描述。当然毛利率分析也不是孤立的，某些行业的毛利率虽然很高但其销售费用也很高，例如医药、化妆品行业等，这个时候就要结合其获客成本来综合分析其竞争优势。周转率涉及存货周转率和应收账款周转率，这个指标反映了企业资产运作的质量和效率，发行人在其产业链以及与上下游合作中是怎样的位置，通过这两个指标可以有一个很好的体现，尤其是当与同行业可比公司进行指标对比的时候，这样的差异会更加明显和直接。

以下为监管机构相关否决理由的摘录，来源于深圳证券交易所网站公告信息，供参考：

1. 创业板上市委员会经审议认为：发行人未能充分说明其"三创四新"的特征，结合发行人报告期内毛利率低于同行业可比公司均值且持续下滑、对主要客户议价能力较弱、报告期末专利全部为实用新型和外观设计等因素，发行人不符合成长型创新创业企业的创业板定位要求。（2022年被否案例）

2. 上市委员会经审议认为：发行人所处行业参与企业众多，市场竞争激烈，发行人报告期内主营业务毛利率呈下降趋势，主要产品市场占有率较低，新业务尚未实现工业化量产及市场推广，发行人未能充分说明其属于成长型创新创业企业及符合创业板定位要求。（2022年被否案例）

（四）创新能力

科技创新是人类社会永恒的主题，是时代进步的重要标尺，其在行业结构性变革以及创造新兴产业方面发挥着巨大的作用。同时科技创新也是经济发展重要的均衡器，它侵蚀着那些发展成熟企业的竞争优势，不断推陈出新，将一代又一代更有活力的企业推向经济发展的前沿阵地。例如，中国正在涌现出越来越多的创新型医药企业，在国家推行药品集中采购政策以后，没有壁垒的普通仿制药将回归正常的利润水平，而掌握药品核心研发能力的创新药企业将获得很好的发展机遇。

面对转型发展对创新能力的内在需求，国际环境变化带来的外部压力，以及我国企业科技创新相对落后的现状，资本市场对于创新能力突出的企业有着明显的倾向性和导向性。在撤、缓、否的企业中，很多关于科创属性和创业板定位的质疑，本质是对企业创新能力的质疑。

在IPO尤其是科创板和创业板审核过程中，监管机构高度关注与企业创新能力相关的核心要素和典型特征（研发投入、研发人员、知识产权、转化成果等），并不断完善其量化指标，以增强市场预期。例如，科创板关于科创属性的"4+5"评价体系，要求企业最近三年研发投入占营业收入的5%以上，或最近三年研发投入金额累计在8000万元以上；研发人员占当年员工总数的比例不低于10%；应用于公司主营业务的发明专利7项以上；最近三年营业收入复合增长率达到25%，或最近一年营业收入金额达到3亿元。①创业板也于2024年4月出台《深圳证券交易所创业板企业发行上市申报及推荐暂行规定（2024年修订）》，从研发投入复合增长率、研发投入金额、营业收入复合增长率等方面，设置了三套把握创业板定位需要的衡量指标，例如，明确鼓励最近三年研发投入复合增长率不低于15%、最近一年研发投入金额不低于1000万元，且最近三年营业收入复合增长率不低于25%的成长型创新创业企业申报在创业板发行上市。②

除上述量化指标的指引和完善外，审核机构关于创新能力的问询细致程度和判断维度也在不断提高和丰富。例如，研发费用归集的准确性、发明专利与主营业务的相关性、核心技术与主营收入的对应性、科技成果商业转化的可行性等，总之就是要求按照实质重于形式的原则对企业创新能力作出详细、充分的说明和论证，以提高信息披露的质量。

以下为监管机构相关否决理由的摘录，来源于深圳证券交易所网站公告信息，供参考：

1. 上市审核委员会经审议认为，发行人未能充分说明电缆保护产品业务的成长性、电气连接产品业务增长的可持续性，未能充分说明其"三创四新"的特征，以及是否符合成长型创新创业企业的创业板定位要求，发行人不符

---

① 中国证监会于2024年4月30日发布的《关于修改〈科创属性评价指引（试行）〉的决定》（中国证券监督管理委员会公告〔2024〕6号）。

② 深圳证券交易所于2024年4月30日发布的《深圳证券交易所创业板企业发行上市申报及推荐暂行规定（2024年修订）》（深证上〔2024〕344号）。

合《首次公开发行股票注册管理办法》第三条、《深圳证券交易所股票发行上市审核规则》第三条的规定。(2023年被否案例)

2. 上市审核委员会经审议认为，发行人业绩增长严重依赖单一客户、科研件收入占比逐年下降，未能充分说明主营业务的成长性，以及是否符合成长型创新创业企业的创业板定位要求。综上，发行人不符合《首次公开发行股票注册管理办法》第三条、《深圳证券交易所股票发行上市审核规则》第三条的规定。(2023年被否案例)

三、底线思维：以监管者立场对企业上市的规范性进行评估

按照美国证券法中"豪威测试"（Howey Test）对证券定义的描述，上市公司的股票作为一种金融产品，投资人关于证券投资利润的获取不依赖于投资人自身的努力。企业在上市后，股东人数急剧增长，相对而言持股期限较短，这种迅速改变的产权关系大大弱化了股东"所有权人"的概念。从这一特征出发，普通投资人无论是从客观能力还是主观意愿上讲，都很难直接参与上市公司管理。为了保护公众投资者的利益，必然要求上市公司在企业治理、内控管理、规范经营、信息披露等方面执行更高的标准，或者说承担更多的责任。也正是因为这个原因，企业要实现IPO不仅要满足基于经营业绩和成长性的基本面评估，还要满足各项规范性的要求。正如前文所述，注册制不是不审核，而是改变了审核的思路、模式和逻辑。注册制改革之后，在强调充分信息披露背景下，对于很多法律、会计问题的处理，分析更加透彻，理解更加清晰，标准也更加明确，但仍有很多规范性底线需要企业去遵守。细节决定成败，无论是在核准制还是注册制的环境下，我们总是不断看到有业绩不错的"好公司"因为各类规范性问题，被监管机构否决或撤回申请材料，甚至错过了最佳的IPO窗口期，没能成为IPO意义上的"好项目"，令人扼腕叹息。成功的IPO项目往往都是相似的，必须以敬畏市场、敬畏法治、敬畏专业的态度，一手抓业务发展，一手抓内控规范，不要刻意回避一些规定或隐瞒一些风险，而应在充分披露的前提下合理处理，尤其不能产生诚信问题。

规范IPO是一项浩大的工程，协助企业进行规范性整改也是中介机构工作的重头戏。日新月异的政策变化，汗牛充栋的底稿整理，都形象地展示了

这一工作的系统性和庞杂性。在本书的后续章节，我们会进一步详细解读、分析企业上市的规范性评估，事实上这也是本书的重点内容。这里与大家分享我们在实践中提炼出的十六字诀，即"股权清晰、资产完整、经营合法、利润真实"，让各位读者对企业IPO规范性评估有一个最概括式的理解。

（一）股权清晰

股本投入是股东对公司享有权利、承担义务的逻辑起点，也是股东对外承担有限责任的法律边界。股权作为金融产品的载体，其形成的合法性及归属的清晰性是证券流动性的基本保障，故不可不察。进一步而言，当企业成功发行上市之后，创始股东、一级市场股东和二级市场投资人所持股票原则上同股同权，每一股所享有的权利完全相同，但其各自不同阶段的持股成本，则有数倍、数十倍甚至数百倍之差。故一级市场存量的原始股权，更应当保证合法、清晰、无瑕疵，才对得起二级市场投资人所支付的高额溢价。在核准制下，对于股权问题披露相对较少，正常情况下就是披露结论性的意见，而在注册制充分信息披露的审核理念下，我们看到了监管机构对于股权变动及其商业背景、股权问题解决的详细过程、可能产生的纠纷等事项，并对其给予了更多的关注、提出了更高的披露要求。

同时股本的出资到位也是公司持续经营的财产基础，所以在出资瑕疵的解决方案中，除了分析瑕疵产生的原因、评估瑕疵对公司的实质性影响外，及时弥补出资、出资置换都是重要的整改措施，一般情况下只要操作合法、解释合理，通常都能够获得监管机构的认可。在"股权清晰"的核查过程中，实际控制人和突击入股是两个比较重要的关注点：

1. 实际控制人的认定和核查

一方面，公司实际控制人的稳定是公司长期稳定经营的基础，尤其对成长中的中小企业而言，实际控制权的变化往往会给公司业务带来颠覆性冲击。另一方面，中国资本市场由于市场发育程度、投资者结构、文化心理的不同，体现出与成熟资本市场不同的特点，实践中公司治理缺陷的主要特征性风险集中于"控股股东风险"而非"内部人控制风险"，故在审核过程中对控股股东和实际控制人的认定、核查及股份锁定的要求会更为严格。

2. 股东的适格性和突击入股核查

股票一级市场和二级市场之间本身存在天然的流动性溢价，在股票发行供给相对稀缺的情况下，更是会直接导致股票发行在微观层面供不应求，从而导致"新股不败"。市场化发行、买者自负固然是注册制改革的目标，但"一票难求"仍然是目前证券市场股票发行的常态，进而衍生出了"突击入股"的造富逻辑。其中可能牵涉复杂且敏感的利益关系，故监管机构对突击入股提出了更长的锁定期限，也更关注IPO过程中利益输送的可能性，并严格推行"穿透式审查"，即对入股交易价格明显异常的多层嵌套机构股东应穿透核查至最终持有人，进行充分的信息披露，并要求中介机构按照《证监会系统离职人员入股拟上市企业监管规定（试行）》的要求，全面核查是否存在离职人员入股情况，并判断是否属于不当入股情形，严审利益输送事项。

以下为监管机构相关否决理由的摘录，来源于深圳证券交易所网站公告信息，供参考：

（1）上市委员会经审议认为：发行人未能充分说明控股股东、实际控制人及其一致行动人所持发行人股份的权属清晰情况。(2022年被否案例)

（2）上市委员会经审议认为：发行人未充分说明股东两次低价转让发行人股权的合理性和真实性；实际控制人所持发行人的股份权属清晰性存疑。(2022年被否案例)

（3）上市委员会经审议认为：发行人在拆除红筹架构后，股权架构设计复杂，认定实际控制人的理由不充分、披露不完整。(2021年被否案例)

（4）上市委员会经审议认为：发行人未能充分、准确披露相关股东之间的股权转让及其资金往来和纳税情况、认定实际控制人的理由、实际控制人所持公司的股份权属是否清晰。(2020年被否案例)

（二）资产完整

按会计学的定义，资产是由企业拥有或控制的、预期会给企业带来经济利益的资源，也就是说，资产是利润的源泉。我们这里所说的资产完整，在外延上应当涵盖最广泛的含义，既包括会计上的固定资产、流动资产、无形资产等，也包括会计意义之外企业独立生存发展所需的其他要素及资源，例如关键资质、核心技术、人力资源、品牌资源、渠道资源等。资产完整就是要求各项资产和要素均来源合法，不存在纠纷或重大隐患，企业对其拥有确定、持续、稳定的控制力，进而不会对企业的持续经营及持续盈利产生重大不利影响。在"资产完整"的核查过程中，还有以下两层重要的衍生逻辑需要进行关注：

1. 资产的完整应当是真实基础上的完整

会计核算的可靠性原则及谨慎性原则要求企业不得高估资产。资产是利润的源泉，反之，利润中的水分则来自资产中的水分。对费用错误地进行资本化处理，就形成了一项所谓的"资产"。而虚增收入导致资产科目的异常更是财务造假的重要信号，因为虚增的利润通常转入了应收账款、存货、在建工程等资产科目中。

2. 完整性另一个隐含的逻辑是独立性

上市公司作为市场竞争的参与主体，应当具有完整的业务体系和直接面向市场独立经营的能力，如果各项生产经营要素和资源不能够独立发挥其功能，也就谈不上真正的完整性。独立性又可分为对外独立性和对内独立性，对外独立性不足表现为在技术和业务上对其他公司的依赖、对单一客户或单一供应商的依赖。这方面的问题主要与行业集中度、商业模式等基本面相关，在此不做赘述。对内独立性是指拟上市公司与其控股股东、实际控制人之间的关系，典型表现为同业竞争和关联交易，这也是监管机构长期关注的审核重点。就我们观察的案例而言，注册制下对于同业竞争、关联交易的评估和判断，既有尺度放松的地方，也有更加严格的部分。原则上来说，过往很多定量的指标可能不再适用，而核心关注的是其背后的商业合理性及其论证的充分性。随着经济环境的变化和商业模式的创新，近年来围绕着独立性也产生了很多新话题，例如分拆上市，或者说拟上市公司来源于某个大型企业的某个部门或基于其某类业务起家，希望独立谋求资本化，其发展逻辑到底是青出于蓝而胜于蓝，还是背靠大树好乘凉？再例如股东带着业务资源入股的情况，典型如阿里系、腾讯系、京东系、小米系等"生态圈"企业，这类企业重构了以往的商业模式，同业竞争和关联交易的传统考量思路可能很难再直接适用。而面对这些新情况和新问题，则需要我们对商业运行逻辑、产业发展规律有更深层次的认知及思考，才能作出更合理的判断和更充分的论证。

以下为监管机构相关否决理由的摘录，来源于深圳证券交易所、上海证券交易所网站公告信息，供参考：

（1）上市委员会经审议认为：发行人对是否具有直接面向市场独立持续经营能力、业务及财务等是否独立的相关解释理由不够充分、合理，对某公司与发行人的业务竞争关系对发行人未来业务开展可持续性造成的影响披露及解释不够充分、合理。（2021年被否案例）

（2）上市委员会经审议认为：报告期内发行人关联交易相关内部控制制度未得到有效执行。（2021年被否案例）

（3）上市委员会经审议认为：发行人未能充分、合理说明业务所涉关联交易的公允性及相关业务的独立性。（2021年被否案例）

（4）上市委员会经审议认为：结合发行人已开展二期以上临床试验的核心产品均源自授权引进或合作研发，发行人报告期内持续委托合作方参与核心产品的外包研发服务等情况，认为发行人未能准确披露其对授权引进或合作开发的核心产品是否独立自主进行过实质性改进，对合作方是否构成技术依赖。（2021年被否案例）

（三）经营合法

经营合法是企业持续经营乃至实现基业长青的重要基石，而上市公司作为公众公司获得了更多的社会资源，也就应当承担更多的社会责任，在依法纳税、合规经营、诚信守纪等方面建立更高的标准，符合更高的要求，成为更好的表率。企业及其控股股东若涉嫌贪污、贿赂等财产性犯罪，涉及证券监管类重大违法行为或涉及国家安全、公共安全、生态安全、生产安全、公众健康安全等领域重大违法行为的，在IPO的审核过程中，均属于绝对的红线和一票否决事项。在"经营合法"的核查过程中，潜在刑事合规风险的防范和依法纳税意识的强化是两个比较突出的问题。

1. 刑事合规风险的防范

越来越多的拟上市公司开始重视企业刑事合规体系的建立，聘请律师识别和防控在串通投标、商业贿赂、涉税涉票、职务侵占、挪用资金、非法经营等重点领域的刑事合规事项，积极在事前、事中、事后化解合规风险。

2. 依法纳税意识的强化

税收问题之所以突出是因为纳税直接导致企业支出的大幅增加，监管政策要求企业纳税原始报表不能和IPO申报报表在数据上有重大的差异，税收成本是企业资本化必然会带来的"阳光化成本"之一，当然往往也是企业上市决心的直接体现。除了企业经营过程中的增值税和所得税，在IPO过程中股份变动、股权激励、整体变更等方面均可能产生税收问题。特别是在上市筹划中基于各种考虑或需要，往往会涉及很多企业重组行为，而这些企业重组活动产生的税务问题非常复杂并且涉及金额巨大，甚至税务机关对此类专项问题也常常难以把握、监管不足。在实践中已经出现多起企业重组行为事后被征收高达上亿元税款的案例，这些被征税的企业始料未及、代价惨重。故企业在IPO的过程中一方面要不断加强依法纳税意识，另一方面也要做好专业、合理、稳妥的税收筹划。

以下为监管机构相关否决理由的摘录，来源于深圳证券交易所、上海证券交易所网站公告信息，供参考：

（1）上市委员会经审议认为：2005年至2019年，发行人实际控制人、时任高管、核心技术人员涉及9项行贿事项，报告期内仍有发生。（2022年被否案例）

（2）上市委员会经审议认为：发行人产品销售涉嫌违法违规，且持续时间较长、涉及金额较大，内部控制未能合理保证发行人经营合法合规。（2021年被否案例）

（3）上市委员会经审议认为：发行人某重要子公司多次出现涉及生态安全、生产安全的违法违规行为。（2021年被否案例）

（4）上市委员会经审议认为：报告期内发行人及其子公司存在较多行政处罚，在审期间频繁出现安全事故和环保违法事项，导致重要子公司停工停产。（2021年被否案例）

（四）利润真实

利润真实是企业上市应当坚守的底线，也是涉及财务造假的红线。净利润反映了企业的最终经营成果，应该是没有水分，且充分核查到位的，如果存在调节业绩区间、粉饰业绩、突击确认、关联交易的情况或者变更折旧方式、变更投资收益核算方法等会计处理不够审慎等情形，均会受到重点的关注和质疑。利润真实是一个系统性的要求，企业必须做到财务基础完善、内控制度健全、收入真实可靠、成本归集准确、关联交易规范等，结合IPO过程中的审核问询意见以及监管机构现场督导、现场检查的情况，企业若要在严格的审查中自证"利润真实"，就要特别关注内控体系的健全性和财务数据的可比性。

1. 内控体系健全是利润真实的基础

内控体系健全是企业报表准确性及利润真实性的基础，而现实情况却是民营企业内控体系普遍比较薄弱。企业在筹备IPO的过程中，除了要建立相应的内控机构及岗位、制定相关的内控制度及文件、取得会计师无保留意见的内控鉴证报告外，更要保证内控体系的切实有效运行，真正做到可验证、可追溯，在关键时刻能够自证清白，否则很难经得起中国证监会及其派出机构、证券交易所的现场检查、现场督导。只要出现了财务或运营的重大风险，一般会直接推导出内控失效的结论，此时企业就要能够通过留痕的内控底稿来证明内控系统整体是有效的，个别问题主要是偶发的剩余风险。例如研发费用的核算，其在财务核算中比较特殊，基本依靠企业自己提供资料，没有外部证据，人为调节相对简单、真实性很难验证。当企业研发费用异常时，只有企业平时的研发内控做得比较扎实，才能在核查过程中做到真金不怕火炼。

2. 财务数据可比是利润真实的信号

监管机构在审核过程中不仅关注企业财务指标在报告期内的变动情况，也很重视相关指标与同行业公司的比较分析。这种分析一方面有助于形成对企业竞争力的基本面判断，另一方面也是识别行业商业特征、判断报表合理性以及利润真实性的重要手段。监管机构不仅关注选取的是否为同行业、是否全面、是否可比，也要求发行人和中介机构从更丰富的维度进行比较，财务指标选取要尽量全面，并需充分阐述差异的合理性。

以下为监管机构相关否决理由的摘录，来源于深圳证券交易所、北京证券交易所网站公告信息，供参考：

（1）上市委员会经审议认为：发行人关于外销收入增长及原材料采购成本的合理性等信息披露不够充分、合理。（2022年被否案例）

（2）上市委员会经审议认为：发行人未能充分说明其经营业绩的成长性以及主营业务高毛利率的合理性。（2022年被否案例）

（3）上市委员会经审议认为：发行人及中介机构未就报告期内毛利率显著高于同行业上市公司的合理性、净利润连续大幅增长的合理性进行充分的解释、说明。（2022年被否案例）

（4）上市委员会经审议认为：发行人未能对部分月份收入异常增长、除草剂产品的毛利率和内销业务毛利率与同行业可比公司存在差异的原因等事项进行充分说明。（2021年被否案例）

第三节　组织与执行：企业如何开展上市准备工作

一、选择上市板块

（一）什么是多层次资本市场

基于不同的风险偏好、风险控制和风险适当性，对不同层次的公司进行分层管理，建立多层次资本市场体系，这是全球资本市场的共性规律。多层次资本市场在为更多企业提供直接融资机会的同时，能够将被资本市场认同的同类公司放入同一个"池子"，优化了信息成本，为资产提供了更好的流动性，促进了整个资本市场的配置效率进一步提升。我国境内资本市场目前的层次如下：

1. 主板：其主要为大型成熟企业服务，上海证券交易所、深圳证券交易所均有设置主板。主板市场对发行人的营业期限、股本大小、盈利水平、最低市值等方面的要求标准较高，上市企业多为大型成熟企业，具有较大的资本规模以及稳定的盈利能力。主板市场是资本市场中最重要的组成部分，很大程度上能够反映经济发展状况，有"国民经济晴雨表"之称。

2. 科创板：其重点支持新一代信息技术、高端装备、新材料、新能源、节能环保以及生物医药等高新技术企业和战略性新兴产业，推动互联网、大数据、云计算、人工智能和制造业深度融合。科创板优先支持符合国家科技创新战略、拥有关键核心技术等先进技术、科技创新能力突出、科技成果转化能力突出、行业地位突出或者市场认可度高等的科技创新企业发行上市。重点关注发行人的科创属性或者说"硬科技"实力。

3. 创业板：其深入贯彻创新驱动发展战略，适应发展更多依靠创新、创造、创意的大趋势，主要服务成长型创新创业企业，支持传统产业与新技术、新产业、新业态、新模式深度融合。创业板主要服务创新型中小企业，重点支持先进制造业和现代服务业等领域的企业，推动传统产业转型升级，培育经济发展新动能，促进经济高质量发展。重点关注发行人是否符合"三创四新"的要求。

4. 北京证券交易所：其坚持服务创新型中小企业的市场定位，尊重创新型中小企业发展规律和成长阶段，提升制度包容性和精准性。北京证券交易所与上海证券交易所、深圳证券交易所、区域性股权市场坚持错位发展与互联互通，发挥好转板上市功能；北京证券交易所与新三板现有创新层、基础层坚持统筹协调与制度联动，维护市场结构平衡。北京证券交易所的上市公司主要为创新型中小企业，重点支持先进制造业和现代服务业等领域的企业。

5. 除前述上市板块外，多层次资本市场还包括全国中小企业股份转让系统（新三板）、区域性股权交易市场和场外交易市场。

（二）企业选择上市板块要考虑的因素

资本市场虽然相对开放，但不同板块之间市场特性和信息半径会存在差异，企业在选择上市地和上市板块时需立足长远、考虑周全，因为这是选择未来股东的过程。适合自己的交易所、上市板块、股东群体将使产业发展与资本增值相得益彰。从国际经验来看，除非是不同市场对特定行业的认知度和认同度差异过大，大多数国家的企业都是充分利用本国市场的地利、人和优势在本土上市，随着企业经营规模的扩大和业务的国际化发展再选择境外多地挂牌/上市。具体而言，企业在选择上市地时应考虑以下因素：

1. 上市地和上市板块是否符合企业发展的需要，包括但不限于产品市场、目标客户区域、品牌形象等。

2. 上市条件的差异。境内外证券交易所上市条件差异较大，境内证券交易所各板块之间也有不同的定位，企业需结合自身的行业属性、企业特性、商业模式、发行规模等具体情况，在与中介机构充分论证的基础上，判断在不同证券交易所、不同板块上市的可能性和可行性，以便做出"门当户对"的选择。

3. 一级市场（发行市场）的市盈率水平、筹资能力、投资人基础。同类企业在不同上市地、不同板块的市盈率水平会有一定的差异，在同等条件下，市盈率越高，企业可募集的资金越多；同时，如果投资者基础比较成熟，企业的亮点和优势可能更容易被市场发现和识别，更有利于股价稳定。

4. 二级市场的流通性、市场活跃状况、后续融资能力。在企业上市后，市场的流通性、活跃度以及后续融资能力直接影响企业的持续优化和发展情况。从这个维度考虑，主板、创业板、科创板目前也明显优于北京证券交易所。

5. 上市成本，包括初始上市成本和后续维护费用。境内上市费用与融资规模正相关，相同融资规模情况下上市成本差异不大，且绝大部分费用在 IPO 成功之后支付。而境外上市费用及其构成与境内上市差异较大，涉及的中介机构更多，前期需要支付的费用也更高。

6. 上市的时间进程。在不同的监管环境和审核制度下，境内外证券交易所的上市周期有所不同。过去国内 A 股在核准制下上市进程往往难以把握，严重影响企业的上市周期规划及窗口期选择。随着全面注册制改革的落地，境内外上市在时间进程上的差异将会得到缓解，或有望消除。

二、搭建中介团队

保荐机构（即具有保荐承销业务资格的证券公司）、会计师事务所和律师事务所作为企业上市过程中最重要的三家中介机构，它们在发表意见层面相互独立，在为企业上市服务的过程中又是一个相互配合的有机整体。此外，在企业上市进程的不同阶段还会涉及资产评估机构、财经公关和行业顾问等其他中介机构。中介团队的搭建对企业而言属于"重大、低频"的供应商选择，一般要考虑以下因素：

1. 中介机构的执业经验、执业能力和执业质量。企业应关注中介机构的知名度、专业水平、成功案例和行业声誉，具有丰富执业经验、较高执业水平和执业质量的中介机构能够及时发现问题、解决问题，有助于企业顺利通过上市审核。

2. 中介机构对企业发行上市的重视程度和资源投入情况。通常情况下，企业行业代表性越强、融资规模越大，中介机构越重视，投入的资源也越多。

3. 中介机构之间能否良好地合作。企业上市是发行人和各家中介机构共同努力的结果，保荐机构与律师、会计师之间需要能够良好合作，才能推动项目的顺利进行。

4. 中介机构的收费水平。收费标准由企业和中介机构双方协商确定，过高或过低都不是一个明智的选择，双方应尽量参考市场的相关数据。

5. 中介机构派遣从事企业改制上市工作的项目负责人和项目团队。除了重点考察团队本身的专业水准、敬业精神和项目经验外，也可以结合其相关行业经验综合考虑：一方面行业的熟悉度可以降低相互之间的沟通成本，另一方面也有利于中介机构，特别是保荐机构与企业深入沟通行业竞争格局和公司发展战略，充分发掘公司的核心竞争力。

6. 项目组主要成员的精力。企业应了解项目组成员同时参与的项目数量，尤其是现场负责人同时负责的其他项目情况和项目时间安排，确保项目组主要成员有足够的精力投入项目执行的过程。

三、统筹内部工作

（一）实际控制人：制定资本战略的决策者

实际控制人决定了公司战略的选择与定位，在产业、资本、资源、管理等要素的优化重组过程中起到关键性的作用。上市工作更是如此，企业的实际控制人对资本战略方向的感知、对企业发展的规划以及对资本市场的认知程度，对企业的上市进程有着深刻的影响，其作为决策者拍板上市方案、确定中介机构，并在关键时刻统领大局。

企业上市是企业完成实质性蜕变的过程，几乎所有企业在上市过程中都会遭遇到各种各样的困难，巨额成本的支出、业绩成长的压力、管理提升的摩擦、外部机构的磨合，甚至危机公关的博弈，常常令企业上市进程陷入在绝望中寻找希望的困顿。若一遇到波折就打退堂鼓，则上市无疑就注定要失败，这时候实际控制人的上市决心作为一种重要而特殊的无形要素起着至关重要甚至决定性的作用。这种决心既是企业家对资本战略深刻认知的结果，也是百折不挠的企业家精神的彰显。

（二）董事会秘书：统筹资本运作的负责人

董事会秘书作为统筹企业资本运作的负责人，是《公司法》和各板块上市规则确定的公司高级管理人员，也是企业联结资本市场的桥梁和纽带。对于IPO进程中企业的董事会秘书，其核心角色可以理解为"企业内部投行"。中介机构身处企业外部，在信息的获取上存在不对称和不充分的情形，优秀的董事会秘书一方面对公司业务和运营非常熟悉，另一方面具备全面的资本市场知识，能够和中介机构畅通有效地交流，并把握问题的关键和要害。当中介机构作为独立第三方，思考问题的角度有时候和企业的立场并不完全一致时，董事会秘书应当能够准确评估内外信息差异，站在企业的立场进行独立的判断，沟通协调，求同存异，以制订出最优的方案。

对企业来讲，IPO 整个过程是一个大的项目管理过程，如何清晰地制定目标、有序安排里程碑和时间节点、合理分工和进行过程监控、解决项目异常状况和难题，都需要董事会秘书具备一定的项目管理能力。优秀的董事会秘书往往有很强的沟通协调能力并具备一定威信，能够调动内外部资源，在各个部门间分派任务，有力地推动中介机构协调会议所制定的各项任务。相反，由于董事会秘书没有管理好公司内部工作，或没有协调好中介机构的进度，以致企业错过重要时间窗口，造成整个项目折戟沉沙的情况也并不罕见。

（三）公司整体资源的投入和调动

企业上市是一个系统性工程，不仅需要公司整体资源的投入和调动，同时也离不开公司各个层面的整体努力。所以企业在做上市规划时，既要全员统一思想、鼓足干劲，也要高度重视员工持股计划或是股权激励计划的规划和实施，最大限度地调动核心员工、核心部门的参与感和积极性，为公司的顺利上市保驾护航。在企业各个职能部门中，后台财务部和前台销售部牵涉的上市相关工作量最为突出：

1. 财务部门：财务工作是信息披露的基础，财务相关事项也是 IPO 中后期工作量最大、最为复杂的工作。财务部门的工作量与公司规范程度高度相关，而拟上市公司的财务基础恰恰较为薄弱。一个经验丰富、能力突出的财务负责人和一支素质过关、勤勉敬业、能打硬仗的财务团队，是企业成功上市的重要保障。

2. 销售部门：业绩规模、成长性、盈利质量是企业成功上市因素中的基本面，而漂亮的业绩增长曲线和销售回款率都与销售部门的努力直接相关。同时，销售部门也承担了大量技术性的基础工作：验收报告、签收单的及时获取是收入确认的基础，客户函证的达标率、客户现场走访的覆盖率，都会对上市材料申报的进度产生巨大影响。

小　结

首先，本章介绍了资本市场的经济、社会功能及发行上市对企业的价值，回答了企业为什么要上市的问题。

其次，本章重点阐述了注册制的前世今生，以及在注册制背景下什么样的企业可以上市的问题。在这一论证过程中,以价值思维为导向,总结出"产业研判、盈利趋势、竞争分析、创新能力"基本面评估的十六字诀;以底线思维为支撑,提炼出"股权清晰、资产完整、经营合法、利润真实"规范性评估的十六字诀,以求对注册制下企业上市的标准有一个整体性和概括式的分析和阐述。

最后,本章在介绍多层次资本市场的基础上,从实操角度回答了如何选择上市板块、如何搭建中介团队,以及如何统筹内部工作的问题。

上市是一项重大的系统性工程,需要以敬畏之心对待市场,需要与中介机构精诚合作,更需要持之以恒的长期投入。笔者以世界杯经典解说词作为结束语,送给每位在IPO路上前进的企业家:"请不要相信,胜利就像山坡上的蒲公英一样唾手可得;但请相信,世上总有一些美好值得我们全力以赴。"

第二章
上市前的股权融资

引　言

企业在适当时机引入外部投资人并借助其带来的资本力量以及其他外部资源是企业得以迅速发展壮大的重要因素。从已经上市的案例来看，绝大多数上市公司在申报 IPO 之前均引入了外部投资人。

虽然引入投资人对企业而言存在相当多的好处，但是基于以下原因，笔者建议企业在引入投资人之前对其进行适当了解，并在协商投资条款时聘请专业人士提供协助：

首先，专业的机构投资人投资的项目众多，其中投资未能成功 IPO 的项目通常亦占多数，即使本项目未能成功 IPO，其也可以通过行使回购权从而达到退出投资的目的，但对创业者而言，现在越来越多的创业者本身只有拟上市公司这唯一的事业，一旦企业 IPO 失败对其个人及家庭将产生巨大的影响，因此企业及其实际控制人有必要在引入投资人之前充分论证与引入投资人相关的、可能对企业后续 IPO 带来不利影响的各种因素。

其次，企业后续在申报 IPO 时，审核机构将对该等投资人进行审查，实践中由于投资人存在相关违法违规情况导致企业 IPO 审核进程被严重拖累的案例亦不在少数，因此企业在引入投资人前亦应当对投资人进行必要的了解，与投资人相关的、可能影响企业 IPO 审核的事项有必要在投资协议中予以约定。

最后，对于企业与投资人签署的投资协议等文件，虽然约定投资人特殊权利的条款大同小异，但是细节上的些微差异可能对企业产生完全不同的影响。

基于上述三点，本章主要向读者介绍企业在上市前进行股权融资时应当考虑的相关因素。对于主要融资条款，本章并未罗列具体表述，而是在介绍其适用场景、法律后果的基础上提示企业可以争取对己方有利的方向，以及其他基于后续 IPO 申报的目的融资时应当关注的重点。

第一节　上市前融资的必要性

第一，企业的发展离不开资金的持续投入，但对众多中小企业特别是轻资产企业而言，银行融资存在相当大的难度，即使其拥有房产、土地可供抵押，但债权融资比例过大，一方面会影响企业的资产负债率，另一方面企业也会受到信贷政策的影响，一旦银行抽贷则后果不堪设想。因此，在创始股东资金有限的情况下，借助外部资金的力量扩大经营不失为一项重要选择。

第二，由于目前三家证券交易所不同申报板块的上市条件中均包含市值这一标准，如企业一直没有外部投资人投资，则询价发行时确定市值也存在较大难度，因此在上市前引入投资人时确定的公司整体估值也在某种程度上起到了"锚"的作用，虽说不会以此作为企业上市时"市值"确定的唯一依据，但至少可以构成一项重要参考因素。

第三，部分有影响力的专业投资人的投资也可传递出企业在细分市场具有一定行业地位的信号，对估值定价起一定的加分作用，但该作用亦不必过于高估。

第四，目前的IPO周期（从递交申请材料至发行上市）一般在一年到一年半，且在审核过程中企业的股权结构一般不得发生变更，这就意味着拟IPO企业无法在上市申报过程中吸纳外部投资人的投资，因此在IPO申报前进行融资可以为企业储备一定的资金。

第五，投资人投资后，也会促使公司完善其治理结构、规范其股东会、董事会、监事会的运作。

第二节　向谁融资

一般而言，在企业发展不错的情况下特别是有IPO意向时，会有众多身份各异的主体有意对企业进行投资，该等投资主体大致可分为以下四类：

1. 企业员工，特别是企业的董事、监事、高级管理人员及核心人员。对该等人员而言，固定金额的工资以及略有浮动的绩效奖金难抵上市后股份价值飙升的吸引力，该等人员对公司的投资详见本书第三章"拟上市公司的股权激励"。

2. 看好企业发展的供应商、客户、经销商等原本与企业有业务往来的主体，或在投资后将与企业开展业务合作的主体（或该等主体的实际控制人或关联方）。由于该等主体与企业业务往来密切，且分处同一行业上下游，因此其更加了解企业所处的行业地位且更易洞悉该企业的未来发展前景，如该企业确有发展潜力，则该等主体亦乐于分享企业上市带来的财富增值。

3. 企业创始股东的亲属、朋友等。该等人员如投资时不附带任何条件，则中介机构将比照一般股东进行核查，在此不予赘述，但如果附带特殊条款则可归入下一类"专业投资机构"。

4. 专业投资机构，一般而言是指办理了私募基金备案或私募基金管理人登记的专业投资机构，或者虽未办理上述登记，但其主要业务为投资公司或有限合伙企业。目前较多拥有国资背景的投资人亦建立了市场化的运作机制，也以经备案的私募基金的形式对外投资，但该等投资机构仍需在一定程度上遵守国资方面的监管要求。

需要说明的是，上述四类是对投资人进行的大致分类，实践中各种主体存在相互交叉、相互渗透的情况，例如企业创始股东的亲属、朋友或客户、供应商、经销商等可能并不直接投资企业，而是通过成为私募基金的有限合伙人，甚至成为向上穿透几层之后的有限合伙人来间接持有企业的权益；或者企业创始股东的亲属、朋友等通过成为员工持股平台（通常为有限合伙企业）的有限合伙人的方式间接持有企业的权益。

第三节 融资的时机

企业融资的时机直接与企业发展的周期及所处的发展阶段相关，一般而言在企业发展的上行周期融资较为有利。对有 IPO 计划的企业来说，由于现时的审核条件要求企业一旦递交 IPO 申请材料，则股权结构就不能有较大变化，特别是一般情况下不得新增股东，因此企业需要全面考虑 IPO 审核周期与资金需求情况之间的关系。虽然现在绝大多数企业的 IPO 周期可以控制在一年半以内，但不可否认的是，监管机构曾经因为市场整体表现等诸多原因存在过暂停审核的情况，除去整体因素，也存在着企业在审核过程中被现场检查、现场督导或由于私募基金股东被立案调查从而事实上被暂缓审核等个别事项。鉴于此，建议企业按照2—3年的时间，计算企业发展所需的外部资金与银行借贷资金的缺口，以确定投资人的投资金额，并在递交IPO申请材料前的适当时机引入投资人。

至于IPO前投资人进入的具体时间以及投资的具体方式，一并影响到该投资人所持股份的锁定期，具体为：投资人在IPO申报前6个月内从控股股东或实际控制人处受让的股份，应比照控股股东或实际控制人所持股份进行锁定，亦即自上市之日起36个月内不得转让；投资人在IPO申报前12个月内成为公司新增股东的，其新增持有的公司股份自取得之日起36个月内不得转让。因此企业在引入投资人时还需要考虑投资人的投资方式、企业后续IPO申报时间等诸多因素。

投资人进入的时间也和下一章的"股权激励"存在密切关系，如希望进行员工激励但避免在财务上按照"股份支付"处理，则需要处理好员工激励和投资人投资的时间关系，一般而言应当先进行员工激励，后引入投资人，且二者最好间隔6个月以上。引入投资人后，如再操作第二批员工激励，若该等员工（含创始股东或实际控制人）入股的价格低于投资人入股价格，则仍将按照"股份支付"处理。

第四节　对于投资人的考察与筛选

由于企业对于资金的需求较为迫切，因此在大多数情况下都是投资人对企业进行尽职调查，运作比较规范的专业投资机构还会聘请会计师和律师等第三方中介机构，但在当下的IPO审核条件下，拟上市企业的股东及其上层权益持有人也会受到严格的审视，即使该等股东的持股比例较低也不例外。为了防止个别投资人拖累企业的上市进度，本节将结合IPO审核条件重点介绍企业在引进投资人特别是专业投资机构时，应当对其重点考察的涉及法律方面的相关事项。

一、了解专业投资人的基本情况

（一）上层权益持有人的背景（股东穿透核查）

自2021年以来，审核机构要求中介机构对发行人的股东进行穿透核查，重点关注：（1）法律、法规规定禁止持股的主体是否直接或间接持有发行人股份；（2）IPO的中介机构或其负责人、高级管理人员、经办人员是否直接或间接持有发行人股份；（3）是否存在以发行人股权进行不当利益输送的情形等。对于以发行人股权进行"不当利益输送"的情形，主要关注是否存在证监系统离职人员直接/间接入股发行人，或者通过发行人股权进行利益输送的其他情形，以及是否存在违法犯罪等行为。

由于相关规则的表述相对概括，因此中介机构在实际尽职调查中关注的事项会更加具体、范围也更加广泛，例如核查上层权益持有人是否为国家机关、事业单位、国有企业工作人员，证监系统离职人员，与发行人存在业务往来的银行工作人员，以及该等人员的近亲属，该等人员持有的权益是否存在代持等事项，且将发行人的上层权益持有人名单提交至当地证监局进行证监系统离职人员比对，也是上市前尽职调查的"规定动作"。

除非私募基金就是按照企业或其实际控制人的授意，专门设立并吸纳企业实际控制人的"朋友"作为其上层权益持有人的，在大多数情况下，私募基金的设立与募集和公司的实际控制人无关。但是基于目前的审核要求，即使与公司及其实际控制人无关，但如该基金可能涉嫌存在"利益输送"等情形，发行人的上市进程亦将受到严重影响，因此建议企业实际控制人在引进投资人时对投资人上层权益持有人的背景做大致了解。

虽然该等了解存在局限性，例如投资人的基金管理人较难控制其上层权益持有人的变动，但企业的实际控制人至少应当在投资前向投资人表明企业的关注事项，基金管理人也至少应当了解该只基金的有限合伙人，对于基金管理人可能难以了解或控制的事项，建议企业实际控制人要求投资人在投资协议中作出承诺，例如投资人应当保证其投资的资金来源合法合规、上层权益持有人的持股资格合法合规，如存在不符合发行上市审核相关要求的，投资人应当予以调整、变更以避免给企业IPO造成不利影响。

（二）与企业的董事、监事、高级管理人员，企业的客户、供应商、经销商等主体的关系

一般而言，不建议选择与题述人员存在关联关系的专业投资机构。同时，这里的关联关系作扩大解释，实践中，中介机构把握的"关联关系"通常来说大于上市规则所明确列举的构成关联关系的情形。

不建议的原因是该等主体完全可以通过各种惯常操作持股，例如企业的董事、监事、高级管理人员可以通过员工持股平台持股，企业供应商、客户、经销商可以直接持股，或专门设立一家子公司持股或通过关联方持股，而不必"兜兜转转"地通过私募基金持股。当然，这种情形也并非严令禁止，后续IPO时如实披露即可，同时中介机构应更详细地核查企业和上述主体的相关资金往来、业务往来情况，以及是否存在股份代持。

（三）专业投资机构是否涉及其他可能影响发行人IPO的事项

1. 关注私募基金/私募基金管理人是否办理了备案/登记，如其属于私募基金/私募基金管理人，但未办理相关备案/登记，则存在一定的违规风险，如受到自律监管措施等事项可能在一定程度上影响公司的IPO进程。

2. 关注基金日常规范运作程度，如基金本身运作不规范可能直接影响企业本身的IPO进程。

3. 关注该基金是否为资产管理产品、契约型私募投资基金。其中资产管理产品是指银行非保本理财产品，资金信托，证券公司、证券公司子公司、基金管理公司、基金管理子公司、期货公司、期货公司子公司、保险资产管理机构、金融资产投资公司发行的资产管理产品等，如《关于规范金融机构资产管理业务的指导意见》（银发〔2018〕106号）规定的产品。根据《监管规则适用指引——发行类第4号》的要求，如资产管理产品、契约型私募投资基金直接持有发行人股份的，则中介机构和发行人应从以下方面核查披露相关信息：

（1）中介机构应核查确认公司控股股东、实际控制人、第一大股东不属于资产管理产品、契约型私募投资基金。

（2）资产管理产品、契约型私募投资基金为发行人股东的，中介机构应核查确认该股东依法设立并有效存续，已纳入国家金融监管部门有效监管，并已按照规定履行审批、备案或报告程序，其管理人也已依法注册登记。

(3) 发行人应当按照首发信息披露准则的要求对资产管理产品、契约型私募投资基金股东进行信息披露。通过协议转让、特定事项协议转让和大宗交易方式形成的资产管理产品、契约型私募投资基金股东，中介机构应对控股股东、实际控制人、董事、监事、高级管理人员及其近亲属，本次发行的中介机构及其负责人、高级管理人员、经办人员是否直接或间接在该等资产管理产品、契约型私募投资基金中持有权益进行核查并发表明确意见。

(4) 中介机构应核查确认资产管理产品、契约型私募投资基金已作出合理安排，可确保符合现行锁定期和减持规则要求。

4. 关注该基金是否涉及外资成分。部分企业由于行业准入的要求，其外资比例应当符合一定的要求①。

5. 关注该股东是否涉及国资成分，涉及国资的投资人在投前、投中、投后的不同阶段涉及的程序均更加烦琐。需要说明的是，实践中"国资股东"的类型非常多，因此本书仅在此笼统地以"国资股东"指代所有存在国资背景的股东，但实践中该等股东是否涉及下述事项需要根据实际情况予以针对性分析，并非所有涉及国资背景的股东都存在下述事项：

(1) 本次投资可能涉及评估、备案、审批等一系列实质审查事项，投资额度、流程、结果存在不确定性。

(2) 投资完成后，涉及公司其他重大事项时国资股东可能需要履行内部程序，例如后续公司增资涉及的国资股东持有股权被动稀释事项、公司员工激励事项等，而且在实际操作中，相关国资股东履行的程序可能比法律法规规定的程序更加严格，例如在召开董事会前，该国资股东只有提前履行了其内部审批程序之后，其提名的董事在公司的董事会上方可进行表决，这就意味着公司按照其章程规定的通知时限并不足以使该国资股东履行完毕其内部流程。

(3) 申报 IPO 前须取得国有股权设置的批复文件（注册制之下一度放宽到在审核过程中取得即可，但自 2023 年年底以来又恢复为申报 IPO 前），建议提前了解该国资股东在其已投项目中是否已经办理过国有股权设置批复。国有股权设置批复是企业 IPO 申报、审核过程中非常重要的文件，其取得时间将直接影响公司的 IPO 审核进程。如该国资股东已在其他投资项目中成功

---

① 参见《国家保密局关于印发〈涉密信息系统集成资质管理补充规定〉的通知》（国保发〔2015〕13 号）。

办理过国有股权设置批复，则后续公司在 IPO 审核时涉及该国资股东取得该等批复亦应较为顺利，但如其尚未有成功案例，则后续将存在一定的不确定性，例如，该投资人对于提交的申请文件明细及必备内容，甚至审批的具体对接职能部门可能都不甚了解；又如，有的国资股东自身尚未办理国有资产产权登记证，而该文件系其申请办理国有股权设置批复的必备申请文件。

（4）基于不断变化的审核要求，发行人股东可能需要在审核过程中追加出具承诺，或配合发行人作出一定的调整，而国资股东履行内部流程需要的周期一般较长。

虽然国资股东可能在灵活性等方面稍显不足，但该等股东在扶持企业早期发展、助力企业迅速扩张等方面可起到重要作用，因此企业对上文提到的事项提前了解做到心中有数即可。

6. 评估投资的稳定性。需要关注私募基金所处阶段是否属于投资期，主要涉及的私募基金可以陪企业在 IPO 之路上走多久，是否在企业递交 IPO 申请材料之前即面临较大的退出压力，万一企业冲击 IPO 不成，私募基金即便有心陪伴企业进行二次冲击可能也因临近到期清算而不得不对投资予以处置。同样地，也建议非私募基金的其他投资人适当了解其客观上未来一至两年是否可能涉及大额资金需求。而对于资产管理产品、契约型私募投资基金股东，其期限设置是否能够满足锁定期和减持规则的要求更是审核部门的重点关注事项。

7. 私募基金管理人对投资的管理权限。与了解国资股东内部决策程序相类似，部分私募基金的管理人权限有限，部分决策权限实质上仍然保留在特定有限合伙人手中。建议企业提前了解该投资人对于后续修改投资协议相关条款、出具/变更与 IPO 事项相关的承诺，以及私募基金退出时需要履行的各种决策、审批程序。

总之，在审核趋严的情况下，企业对于投资人的考察与筛选更应当予以重视，如投资人存在严重违规行为则可能严重影响企业的上市审核进程，特别是如果相关调查、立案发生在企业 IPO 审核期间企业将很难处理：一方面，IPO 在审核期间通常不允许发生股权转让或减资，无法清退该等股东；另一方面，即便允许清退，退出价格如何确定也是一个难题，难免因双方无法就价格达成一致而导致企业错过上市的最佳时机。虽然前期的了解并不能保证投资人的合规性不存在问题，但通过对投资人的上述考察，企业及其实际控制人可以形成合理的心理预期，并针对涉及投资人的风险点在投资协议中作出相应的约定，以最大限度地保证企业 IPO 不受影响。

二、是否已经投资了企业的竞争对手

一般而言，部分专业投资机构专注于特定行业领域的投资，相信部分企业选择某投资人作为公司股东也是基于该投资人具备行业专业背景、能够协助企业整合资源。但是，投资人一旦成为公司股东其便享有股东知情权，很多投资人还拥有委派董事、监事参与公司运营管理/监督的权利，从而能够知悉企业的商业秘密，因此在某些竞争十分激烈的特定领域，企业可能无法接受投资人已经投资过自己的竞争对手，或者在投资自己之后未来还将投资竞争对手。

如企业有该等考虑，则需要对投资人进行此方面的尽职调查，必要时要求投资人出具"未来不投资于本企业竞争对手"的承诺，同时在投资协议中列明竞争对手名单，并约定后续可以通过一定机制不时地修订该名单。

三、创始股东的亲戚、朋友或其他为企业发展提供过帮助的主体

对于亲戚股东，审核部门重点关注是否存在代持，未来股份锁定也可能要求比照实际控制人出具股份锁定承诺；如果是朋友或其他为企业发展提供过帮助的主体，则审核部门除关注是否存在代持外，还需关注该人士成为股东是否有合理的理由，例如股东的近亲属中是否有政府主管部门的工作人员、供应商、客户的（前）员工等，是否存在利益输送关系等。需要注意的是，"朋友"或"其他为企业发展提供过帮助的主体"的社会经历应当与企业"投资人"的身份相匹配，否则难以说服审核部门持股真实、不存在代持。特别是对代持的判断本身是一件需要"自由心证"的事情，虽然可能当事人双方都坚称不存在代持，该等股东入股发行人前后的资金流水方面也不存在异常，但如果在投资合理性方面无法说服审核部门，则仍然可能对审核造成不利影响。

四、特殊的股东——供应商、客户、经销商等与企业存在业务往来的主体

实践中,企业的供应商、客户、经销商由于与企业发生业务往来,尤其了解企业的经营情况,该等主体更可能因看好企业未来发展而对企业进行投资,另外,彼此存在的股权关系也会进一步稳定并加强双方的业务合作,因此在 IPO 项目中,发行人的(潜在)供应商、客户、经销商等入股发行人的情况比较常见。但由于该入股事项可能导致调节利润或形成其他的利益输送关系,因此审核部门尤其应关注下述事项:

1. 投资的原因及其合理性,投资的价格以及定价是否公允。

2. 关注该投资人在投资前后企业的业务开展模式、定价方式、业务规模的变动情况,尤其关注与其他未入股的供应商、客户、经销商等主体发生交易时,上述要素的横向对比情况;如首次发生交易的时间早于入股时间,关注入股前后采购/销售产品的定价、数量、付款政策等是否发生变化,特别是收付款政策是否与其他供应商/客户保持一致;如首次发生交易的时间晚于入股时间,关注对该供应商/客户的采购/销售占比,是否对该供应商/客户存在重大依赖。

需要注意的是,在供应商、客户、经销商持股发行人的情况下,即使持股比例低于 5% 而不被认定为"关联方",企业与之发生的交易也要按照关联交易的核查程序从严把握并予以披露。

审核部门之所以关注上述事项,一是担心发行人虚增利润,供应商、客户、经销商等主体入股后发行人取得了更优的交易条件,而供应商等主体所让渡的利益通过上市后所持的股份增值得以体现;二是担心供应商/客户等主体在入股后取得了更优的交易条件,从而导致发行人及其他中小股东利益受损。当然,目前的资本市场环境之下审核部门的担心以前者为主。总之,无论是供应商/客户向发行人输送利益,还是发行人向供应商/客户输送利益,都是审核部门所不允许的。

在了解了审核部门的关注事项之后,企业在引入供应商、客户、经销商等主体作为公司股东时,应当注意:

1. 该等主体投资公司应当具备商业合理性,且投资价格应当公允,例如该等主体投资公司的价格以上一轮次外部融资价格为基础进行适当浮动。

2. 不建议在投资协议等文件中将投资事项与业务上的交易相绑定，例如对投资之后投资人向发行人采购产品的最低采购量等进行约定。通常而言，投资入股与业务往来应当存在一定的独立性。

3. 发行人与供应商/客户/经销商的首次交易时间如早于该等主体入股发行人的时间，则该等主体入股发行人前后，发行人对其采购/销售产品的定价、数量、付款政策等不应发生变化，且应当与未入股的供应商/客户/经销商保持一致；如首次发生交易的时间晚于入股时间，关注对该供应商/客户/经销商的采购/销售占比，若经过评估对于该供应商/客户/经销商的销售金额可能占比较高，则需要合理解释不对该等主体存在重大依赖。

总之，虽然企业发展离不开外部投资人的资金投入，但企业需要牢记，股东更是企业的伙伴，他们将陪伴企业走相当长一段的路，如果只看到伙伴的资金而忽略了考察该等投资人的其他方面，则 IPO 这段旅程注定经历各种波折。

第五节　融资的方式及对公司的影响

一、股权转让抑或增资

投资人可以通过股权转让（即受让原股东股权）、向企业增资，或者二者相结合的方式成为公司股东。

一般而言，企业融资以及投资人投资均希望企业本身能壮大资金实力，将有限的资金投入企业生产经营中，因此投资人向企业增资是主流的操作方式。但在公司创始股东因以下情形之一而导致存在资金需求的情况下，也有可能采取股权转让或股权转让与增资相结合的方式：

1. 企业实际控制人或关联方曾经占用公司资金，在中介机构要求的特定时间点（一般是整体变更为股份有限公司的审计基准日）之前归还资金存在较大难度。

2. 自然人股东存在纳税义务急需履行（例如整体变更为股份有限公司时触发纳税义务而又未取得 5 年分期缴纳的备案或 5 年时间即将届满）而又无其他资金来源。

通常而言，即使是在同一轮次的融资中，股权转让的价格较增资的价格亦存在一定的折让。

在投资方式上，有一种比较特殊的增资方式——债转股，即投资人先行提供借款给企业，在满足一定条件时将债权转为股权。从实质上讲该种方式最终也会落实为增资方式，只不过更加灵活，相当于投资人对企业有一个考察期，如果在考察期内企业的经营表现不能让投资人足够满意，则投资人有权要求企业归还欠款。需要注意的是，一般而言，在签署借贷协议的时候投资人和企业也同时固定了未来增资的相关条款，因此企业在进行员工激励和以债转股方式引入外部投资人时，自以为以转股时间为准计算员工激励时间与投资人进入时间从而避免进行股份支付处理的，恐难以得到监管部门的认可。

上述无论是股权转让抑或增资的方式，涉及的股权变动均发生在公司的直接股东层面，但实践中还有另外一种非常规的方式，即在发行人股东的层面上进行融资。之所以非常规，是因为在此种方式之下投资人后续退出投资、变现均需要通过发行人股东进行，之后发行人的股东再进行减资或退伙处理，投资人方能取得退出对价，因此从主动性及操作便捷性的角度考虑，投资人一般不会选择此种方式。采取该种方式一般出于保持公司直接股东数量不增加，且持股比例不被稀释等目的，如发行人的控股股东层面做此种安排的，中介机构应当密切关注相关安排的必要性、合理性以及是否存在应披露未披露的信息。

二、投资人是否构成企业的关联方

如果投资人持有公司的股权比例在5%以上（含本数），那么根据上市规则，该投资人构成企业的关联方，其与企业的交易均构成关联交易，不但信息披露的范围有所扩大，且需要履行关联交易的相关程序。但特别需要说明的是，基于各板块上市规则的要求，该投资人直接或间接控制的企业可能也构成该企业的关联方，具体为：

1. 根据《上海证券交易所股票上市规则》《深圳证券交易所股票上市规则》的规定，直接或者间接持有公司5%以上股份的自然人，其直接或者间接控制的，或者担任董事（不含同为双方的独立董事）、高级管理人员的法人或其他组织（拟上市公司、控股子公司及其控制的其他主体除外）构成关联方；

2. 根据《上海证券交易所科创板股票上市规则》的规定，直接或间接持有公司 5%以上股份的股东，其直接或者间接控制的，或者担任董事、高级管理人员的法人或其他组织（拟上市公司及其控股子公司除外）构成关联方；

3. 根据《深圳证券交易所创业板股票上市规则》的规定，直接或者间接持有公司 5%以上股份的自然人，其直接或者间接控制的，或者担任董事（独立董事除外）、高级管理人员的法人或者其他组织（拟上市公司及其控股子公司除外）构成关联方；

4. 根据《北京证券交易所股票上市规则（试行）》的规定，直接或者间接持有上市公司 5%以上股份的自然人，其直接或者间接控制的，或者担任董事、高级管理人员的法人或者其他组织（拟上市公司及其控股子公司除外）构成关联方。

界定关联方的重要意义在于企业应当完整核查并披露报告期内发生的关联交易的种类、金额及占比，上市审核部门关注该等关联交易是否存在发生的必要性、定价的合理性及是否履行了必要的审议程序，尤其关注关联交易占同类交易的比例，如果占比过大，则将合理怀疑该企业是否具备独立面向市场开拓业务的能力、是否在采购或者销售方面受制于人、是否影响其持续经营能力，从而导致其不符合发行上市的实质条件。

基于上述，投资人通常会避免自身构成企业的关联方，如果投资人和企业均并不介意投资人构成公司的关联方，则后续涉及关联交易的事项应注意履行相应审议程序并在 IPO 申请文件中予以披露，该事项本身并不构成 IPO 的实质障碍。需要说明的是，受同一执行事务合伙人管理的私募基金可能会被认定为"一致行动人"，从而合并计算所持有公司的股份，并判断是否构成企业的关联方。

由于企业在上市前会进行多轮融资，因此可能有的企业会认为投资人持有公司的股权比例后续会被稀释到低于 5%。需要说明的是，只要是申报基准日前的三个完整会计年度内曾经构成关联方，即使在申报时点其已不再是关联方，但是在上市申报文件中仍然会被列为曾经的关联方，并参照现有关联方进行核查、披露。更何况后续的融资存在不确定性，且即使后续融资估值高于前几轮融资，该投资人的持股比例后续未见得如预期般稀释至不足 5%。

三、实际控制人控制公司的股权比例

不同的上市板块均要求企业在申报IPO前的特定期间内，实际控制人不发生变更。对于科创板、创业板、北京证券交易所的拟上市企业，该期间为24个月；对于主板的拟上市企业，该期间为36个月。因此在涉及多轮融资的情况下，企业应当关注实际控制人是否发生变化。该事项包括两个方面：一是公司是否有实际控制人、实际控制人是一人还是多人抑或一名实际控制人存在若干一致行动人；二是融资是否会导致公司实际控制人从"有"到"无"或从"无"到"有"。实践中的常见情况包括：

1. 对于融资前企业有实际控制人，但融资后其持股可能会被大幅度稀释的，实际控制人应当考虑与相关主体签署一致行动协议，以加强对公司的控制力，或者多名实际控制人签署共同控制协议。需要说明的是，一致行动协议与共同控制协议存在差异，且影响实际控制人的具体认定，实践中应当由IPO中介机构对具体约定内容进行把关。

2. 对于融资前企业无实际控制人的，应当注意融资前后公司的单一第一大股东或经合并计算一致行动人持股后的第一大股东均不应发生变更，否则存在被审核机构认为实际控制人发生变更的风险。

四、投资人对该项投资采取的财务处理方式

有的公司可能第一大股东持股比例不高，直接股东持股较为分散，国资股东进入后，可能仅凭其成为该公司的第一大股东便认定其可以控制该公司，并在自身编制财务报表时将发行人认定为其合并报表范围内的子公司，按照管理其控股子公司的标准管理发行人。

需要说明的是，上述认定可能并不准确，例如公司经营管理层股东和员工持股平台签署了一致行动协议，则后续公司在IPO时可能不会认定该国资股东为公司的控股股东、相应的国资管理主体为实际控制人，该种认定和国资股东的财务处理存在实质差异，在IPO过程中审核机构将对此予以关注并要求公司解释合理性。因此，企业应建议国资股东谨慎将其作为合并报表范围内的子公司进行财务处理。

第六节　融资文件

一、概述

通常而言，投资人在开展尽职调查之前会和公司及其实际控制人签署投资条款清单（Term Sheet），该文件通常约定了本次融资基本事项，例如投前估值、投资规模、投资人享有的重要权利等事项，但亦通常约定除保密、争议解决等个别条款外不具有约束力。虽然如此，仍然建议公司严肃对待该文件，毕竟已在投资条款清单中予以固定的条款，后续若再反悔在一定程度上会动摇对方对公司的信任基础。

投资人完成尽职调查、履行完毕内部投资决策程序后决定投资公司的，通常会涉及下述交易文件：投资协议或增资协议（如采取受让股权方式的，则系股权转让协议）及附件、股东协议、公司章程等。其中投资协议或增资协议主要约定本次交易的相应条款，例如交易股权/股份比例/数量、对价、支付、交割等事项；而股东协议主要约定投资完成后的公司治理方式以及成为公司股东后投资人所享有的股东特殊权利，实践中亦可将该等事项约定于《投资协议补充协议》中，但从约束力以及避免文本之间冲突的角度约定于《股东协议》中为更好的选择；由于公司章程具有对抗善意第三人的效力，外部投资人股东亦倾向于将股东享有的特殊权利落实在公司章程中。但在实践中，市场监督管理局对于提交其备案的章程经常要求公司删减股东特殊权利等条款，因此亦存在公司将简单版本的公司章程提交备案，而有约束力的条款在投资协议或其补充协议、股东协议中予以体现的情形。上述交易文件还存在若干附件，包括提交投资人的财务报表、公司及其实际控制人出具的披露函、实际控制人配偶出具的配偶同意函等文件。

上述所有文件在 IPO 申报前均应当完整提供给公司的中介机构团队，供其尽职调查使用。

二、主要融资条款

一般情况下，我国的投资人均要求在投资协议/股东协议中增加各种股东特殊权利条款，为便于解释说明，本章均以"对赌条款"代称所有投资人特殊权利条款。对于出现频次较高且可能对IPO造成影响的"对赌条款"，本节进行了列举并做重点提示，需要说明的是，并非所有与投资人签署的投资协议均包含下面列举的全部"对赌条款"，且除下文所列举的条款外，投资人可能还要求约定其他条款。

（一）业绩承诺

由于投资估值的确定主要取决于各方对企业未来经营业绩的预测和价值判断，而这又严重依赖于企业现时所掌握的全部经营信息，但投资人和企业及其实际控制人之间存在天然的信息不对称，因此一般情况下，企业及其实际控制人在享受较高估值带来的资本投入的同时，也要承担无法达到相应业绩指标所带来的对投资人予以补偿的不利后果，这就是业绩承诺存在的合理性。

如企业距离上市申报尚有一段时间，则业绩"对赌"通常会约定为企业在投资人投资当年或其后一到两年的业绩应当达到某个金额，在业绩未达承诺值的情况下，应当由企业和/或实际控制人以股份或现金的方式对投资人予以补偿，以使得投资人对公司的投资价值符合企业实际实现的业绩所对应的价值。

上市前中介机构需要核查投资协议中约定的承诺业绩是否实现，如未实现，则投资人是否放弃相关权利的行使；如不放弃，则相应义务应当履行完毕；涉及发行人以回购投资人所持股份的方式进行补偿的，发行人应与投资人签署补充协议解除该等约定。

（二）回购权

对投资人而言，退出是其需要考虑的重要事项，而退出渠道无非三种：公司合格IPO后在二级市场减持股票而退出、向其他主体转让其持有的公司股权、要求公司或公司股东回购其持有的公司股权。前两种均系合理的商事交易，但如果企业IPO遥遥无期且市场上无第三方愿意受让投资人持有的公司股权，则投资人通常要求公司或公司股东回购其持有的公司股权，也就是本部分所述的"回购"。而触发投资人有权行使回购权的回购事件通常也和上述前两种退出渠道受阻相关，常见的回购事件包括：业绩未达承诺、在某个时间点之前未完成合格 IPO、出现 IPO 的重大障碍（例如发行人或实际控制人重大违法违规、发行人重要资质丧失等）。但需要说明的是，相对比较成熟的项目，例如上市前投资（pre-IPO）阶段一般仅约定以特定时间之前上市作为触发回购的"对赌"，而不再对业绩承诺进行约定。

对企业而言，除承诺一定期间的业绩以及特定事件外，对于其他触发回购的条件应当谨慎评估，充分限缩该等条件的范围。

上市前中介机构需要核查投资协议/股东协议中约定的回购事件是否已被触发，如已触发则投资人是否放弃相关权利的行使，且发行人与投资人应签署补充协议解除该等回购条款。需要说明的是，根据《监管规则适用指引——发行类第 4 号》的规定，在约定解除该等回购条款时，是否将回购权约定为"自始无效"可能影响到发行人对收到的投资款做何种财务处理方式，因此建议在 IPO 中介机构的指导下签署解除回购权的补充协议。

（三）反稀释权

在投资人投资之后、申报 IPO 之前，企业仍有可能进行若干轮次的融资，但后续融资对应的企业估值不见得逐次上涨，投资人为了保证其已经持有的股权对应的价值不降低，通常要求在投资协议中约定反稀释条款。目前境内融资的反稀释条款甚至更简单直接地约定下一轮融资对应的企业整体估值必须不低于特定金额，否则不得进行下一轮融资，因此公司需要关注约定的下一轮融资的估值金额是否合理。在降价融资的情况下，对投资人的补偿与不满足业绩承诺的情况下对投资人的补偿相类似，也分为现金补偿和股份补偿，对于现金补偿的，通常是实际控制人向投资人支付现金；对于股份补偿的，通常是公司实际控制人按照法律所允许的最低价格向投资人转让一定比例的股份或者是公司以法律允许的最低价格向投资人增发股份，并通常采用加权平均的方式计算调整后的每股单价。

由于一旦进入 IPO 申报阶段发行人的股权结构原则上不得发生变更，更不能新增投资人，因此投资协议约定的反稀释条款对 IPO 影响不大，但作为投资人的特殊权利，反稀释权也需要一并在 IPO 申报前通过签署补充协议的方式彻底终止。

(四) 领售权

投资人的投资退出方式之一是被第三方并购,但对第三方而言其取得投资人所持的少数股权并无意义,只有取得全部股权或者至少是控股权对其才有价值。在这种情况下,投资人一般会约定自己享有领售权,也就是在特定条件下,如果投资人拟出售其所持的股权,其他股东亦应当按照同样的价格和条件出售。

为了防止被持股比例较低的投资人拖入自己并不希望达成的交易,公司可以围绕如下方面争取对己方有利的领售权约定:

1. 可以行使领售权的起始时间点,最好能给公司设置一定的成长时间;
2. 被第三方并购时企业的估值下限,防止投资人低价卖出公司;
3. 支付手段除了现金支付之外是否还包括转让上市公司或非上市公司的股份/股权;
4. 是否对第三方进行合理界定,例如设置不得收购公司的竞争对手清单;
5. 在多名投资人享有领售权的情况下,领售权的具体行使机制。

领售权应当在递交IPO申请材料之前予以清理,一般的处理方式为企业与投资人达成一致并签署补充协议,彻底终止投资人的领售权。

(五) 共同出售权

如果说领售权是投资人"主动出击","带领"公司其他股东整体出售公司股权从而达到退出目的的一项权利,则共同出售权是一项重要的防御权利。在公司实际控制人拟出售公司控制权时,投资人有权要求"跟随"实际控制人一并转让所持股权,从而达到投资退出的目的。实践中,投资人一般按照约定的比例行使共同出售权。

与领售权类似,共同出售权亦应当在企业递交IPO申请材料之前予以清理。

(六) 清算优先权

清算优先权是指在清算事件发生时,投资人享有优先于其他股东获得分配的权利。需要注意的是,投资文件中的"清算事件"不仅包括《公司法》《破产法》所规定的法定解散和清算事由,通常还会约定公司合并、被收购、公司控制权变更、公司出售全部或大部分资产等"视同清算"事件。

投资人的"优先"主要体现在分配顺序优先于其他股东。在是否参与分配方面，有参与剩余财产分配和不参与剩余财产分配等不同方式，而无论是否参与剩余财产分配，其实质都是保证即使在公司发展不如预期的情况下，投资人也能优先于其他股东收回一定的投资成本，而在公司被整体高价出售的情况下，投资人甚至能取得超出其持股比例的回报。

清算优先权的常见约定为：发生清算事件或"视同清算"事件时，投资人有权取得原始投资金额与按照约定的年化收益率（或原始投资金额的固定倍数）计算得出的收益之和。如其参与剩余财产分配，则还会约定投资人在行使完清算优先权后，投资人依然有权与其他股东按照持股比例分配剩余财产。

对企业及其实际控制人而言，应当重点关注下述内容：

1. 清算优先权主要针对企业股东之间财产分配事项，不涉及影响公司债权人或社会公共利益等事项，一般而言不存在《民法典》所规定的合同无效的情形，因此通常能够得到裁判机关对其效力的认可；

2. 如果在约定了"视同清算"事件的同时，投资人还享有领售权，则该投资人可以迅速变现离场退出对公司的投资，此种情况下可能极大地损害公司及其实际控制人的利益，因此应当对"视同清算"事件及领售权的行使进行限缩；

3. 在公司以不错的价格整体出售等情形下，尽量限制投资人所取得的回报上限，即投资人应当按照持股比例取得对价，而非取得优先分配金额后仍按照持股比例参与分配；

4. 尽量约定投资人取得优先分配的金额应扣除因原始投资已经取得的分红、因部分转让股权而取得的收益。

清算优先权针对企业发生清算事件时公司财产的分配，一般而言不会被轻易触发，但其作为投资人享有的特殊权利，也应当在递交 IPO 申请材料之前予以清理。

（七）一票否决权

由于投资完成后投资人的持股比例低于公司实际控制人或公司原管理团队，为了保护其利益不受"资本多数决"的损害，投资人通常要求在董事会和/或股东会层面对公司的特定重大决策事项享有一票否决权。

一票否决权一般适用于处于发展早期，尚无明确可执行 IPO 时间表的企业。

1. 行使层面

一票否决权既可以设置在董事会层面，也可以设置在股东会层面，或者两者兼而有之，不同的设置方式在实际执行中存在些许差异，这取决于公司章程如何划分董事会和股东会的权限，如果公司章程仅按照《公司法》的规定将法定事项交由股东会审议，其余事项均由董事会决策，则董事会在公司实际运营中的决策事项范围更广，此种情况下在董事会层面设置一票否决权则对公司原经营管理层影响更大。

2. 决策事项

为了避免投资人通过行使一票否决权严重影响公司的经营决策，建议仅就个别的、足以使投资人对公司的投资产生重大影响的事项给予投资人一票否决权。通常而言，《公司法》要求应由三分之二以上表决权审议通过的事项均会被约定为一票否决权事项，具体包括修改公司章程、增加或者减少注册资本，公司合并、分立、解散或者变更公司形式。除此之外，投资人对于一定金额以上的对外投资、担保、借款，以及关联交易、知识产权处置等事项，一般也会要求设置一票否决权。

3. 权利主体及行使方式

如一票否决权设置在董事会层面，则权利主体为投资人提名的董事；如设置在股东会层面，则权利主体为投资人。但由于公司可能进行了多轮融资，存在多名投资人及其提名的董事，且每名投资人的投资单价、持股比例各不相同，因此对公司而言，如果每名投资人提名的董事或每名投资人均有一票否决权，则公司治理容易陷入僵局，从而有必要要求投资人内部达成一致后方得行使权利。

常见的权利行使方式有：

（1）公司存在个别战略意义重大或持股比例极高的投资人，而其他投资人持股比例极低或者对于公司战略意义较小，此种情况下可以采取包含特定投资人的方式，即审议的事项应取得特定投资人提名的董事或特定投资人的同意；

（2）投资人对于公司的持股比例相差不大，且战略意义对公司而言较为平均，此种情况下可以采取人数/资本多数决的方式，即审议的事项应当取得三分之二（或二分之一）以上投资人提名的董事同意，或取得代表三分之二（或二分之一）以上投资人持有的表决权的同意；

（3）上述两种方式相结合。

总之，公司应当结合投资人投资完成后的公司章程对于董事会、股东会权力的划分以及一票否决的事项范围，争取对公司有利的治理安排。

对拟 IPO 企业而言，由于中介机构已经进场对其辅导，公司的规范程度已经较高，且变更为股份有限公司通常系 IPO 申报的重要事项，在变更为股份有限公司之后保荐机构将马上启动向当地证监局辅导备案程序，这意味着公司应当按照上市公司治理要求规范运作，因此通常情况下在变更为股份有限公司后投资人不应再享有一票否决权，否则不利于解释股份有限公司阶段公司治理的有效性、规范性。

（八）知情权

根据《公司法》的规定，股东依法享有资产收益、参与重大决策和选择管理者的权利，股东会行使审议批准董事会的报告、监事会的报告、审议批准公司的利润分配方案和弥补亏损方案等职权。由于投资退出的主要渠道在于企业上市或被并购，因此投资人格外关注发行人的财务表现及规范性。

通常而言，投资人会要求公司每季度向其报送财务报表，每年四月前向其报送经备案的从事证券业务的会计师事务所对公司财务报表进行审计而出具的审计报告。除此之外，有的投资人还会要求公司以特定频率报送其他相关的企业经营数据。

对已有 IPO 计划的企业来说，股东的知情权一般不损害公司及其实际控制人的利益或带来特别沉重的负担，因为处于该阶段的企业每年都会聘请会计师事务所（通常为 IPO 审计机构）对其上一年度财务报表进行审计，并在报送 IPO 申请材料后应至少每半年更新一次财务数据。对这样的企业而言，保证投资人每半年或每年取得企业财务报表是可以接受的。但对于比较早期的企业，可能需要在保护股东知情权和不给企业带来过多的负担之间取得平衡，特别是相关信息构成企业商业秘密的情况下。

一般而言，知情权不影响 IPO 审核，因此在申请 IPO 前将股东知情权条款修改为与《公司法》规定一致即可。

（九）最优惠待遇

为了防止投资人享有的特殊权利弱于在先或在后投资发行人的其他主体，投资人一般会要求在投资协议中约定最优惠待遇，即无论是在本次投资之前还是之后，如其他投资人享有比该投资人更优惠的股东权利，那么该投资人将自动享有该等权利。

最优惠待遇亦应当在企业递交IPO申请材料之前予以清理。

（十）担保"对赌协议"履行的条款

对投资人而言最为重要的是回购权，如上文所述，回购义务的履行主体既可以约定为公司，也可以约定为公司实际控制人，或者双方均负有履行的义务，而对于仅约定由公司回购而后续公司拒不履行回购义务的情况，法院、仲裁机构将如何裁决呢？目前裁判机构掌握的标准是，只有在公司履行完毕减资程序后投资人方可起诉公司予以履行回购义务，该等减资流程包括：减资事项经代表公司特定比例表决权的股东通过、通知债权人并对提出要求的债权人清偿债务或者提供相应的担保、编制资产负债表及财产清单等。而公司尚未履行完毕股东会审议程序的，由于该等事项属于公司自治事项从而不具有可诉性，因此法院或仲裁机构并不介入该等争议。

需要说明的是，对于股东会通过定向减资决议的表决权比例，根据《公司法》第二百二十四条第三款规定，公司减少注册资本，应当按照股东出资或者持有股份的比例相应减少出资额或者股份，法律另有规定、有限责任公司全体股东另有约定或者股份有限公司章程另有规定的除外。亦即定向减资事项在有限责任公司全体股东或者股份有限公司章程就定向减资事项另有约定的情况下，方允许以股东会三分之二以上表决权审议通过。如果有限责任公司的全体股东（对股份有限公司而言为公司章程）就定向减资事项无另行约定，则股东会审议程序需要全体股东一致同意[1]。

基于上述司法实践，投资人目前更倾向于约定由公司实际控制人承担回购义务，同时约定由公司为实际控制人提供担保，并要求该等投资协议及担保事项履行公司股东会审议程序，并且该种操作模式已由最高人民法院司法裁决予以确认[2]。

---

[1] 要求经全体股东一致同意方可向特定股东减资的案例可见华某某诉上海圣某电子商务有限公司决议纠纷一案，详见上海市第一中级人民法院（2018）沪01民终11780号民事判决书。本书中的诉讼案例，除有特别注明以外，其他主要来源于中国裁判文书网，最后访问日期：2024年6月20日。

[2] 强某某与曹某某、山东瀚某生物技术有限公司股权转让纠纷一案，详见最高人民法院（2016）最高法民再128号民事判决书。

（十一）对于公司实际控制人等主体的限制性条款

通常而言，投资人会限制实际控制人在公司成功 IPO 前转让或质押其直接或间接持有的公司股权（实际控制人向其控制的其他主体或向其近亲属转让股权、定向用于公司股权激励计划的情形除外），并且要求实际控制人遵守避免同业竞争的承诺。由于该等限制对公司顺利 IPO 而言亦属必要，因此一般情况下无须过多关注。但需要关注的是，在部分投资协议中，除实际控制人之外的其他核心人员任职稳定、遵守竞业限制义务也构成了公司/实际控制人一方的义务，而该事项可能并非实际控制人所能完全掌控，因此在投资协议中应尽量限缩该等人员的范围，以避免公司及/或实际控制人因掌控之外的事项发生进而承担不利后果。

三、公司应当争取的相应条款

除了上文提及的事项外，公司还应当尽量争取如下对己方有利的条款：

1. 合理划分公司和实际控制人的责任

融资协议中应当合理划分公司和实际控制人的责任，尽量减少其互负连带责任的情形，特别应当避免类似"对于公司或实际控制人违反投资协议的，另一方应当承担连带责任"的笼统表述。

2. 实际控制人责任限制条款

由于公司的实际控制人可能除了公司股权之外无其他财产，一旦公司经营失败则需要承担巨额赔偿责任，将对其个人及家庭造成巨大负担，因此目前越来越多的公司实际控制人要求在投资协议中约定其个人承担的责任上限，例如相应责任以其直接和间接持有的公司股权或股权价值为上限。在诉讼实务中，以什么时点的价格认定股权价值通常会构成一项争议焦点，因此建议在融资协议中予以明确约定。

3. 对投资人的限制

建议设置竞争对手清单，并约定后续调整竞争对手清单的机制。投资人不得投资清单中的企业，或与其发生其他方面的业务往来，投资人不得行使领售权将公司整体出售给清单中的企业或向清单中的企业转让其持有的公司股权。

4. 投资人通过受让股权成为公司股东的情况

在企业融资的情况下，企业能够对投资人进行事先考察与筛选，并且可以在投资协议中约定对投资人的约束条款，但是在原有股东进行股权转让的情况下，要么企业处于有限责任公司的状态，原股东如不行使优先购买权则无法阻止原股东转让股权；要么企业处于股份有限公司的状态，除非公司章程另有约定，原股东甚至不享有优先购买权，特别是在国资股东通过挂牌程序转让其所持股权的情况下，拟摘牌方是否存在本章第四节所述的可能对IPO造成不利影响的事项，企业难以对此进行事先考察。

有鉴于此，建议在投资协议中对投资人后续转让股权等事项作出约定，例如除非向其关联方转让所持公司股权，投资人所持公司股权在投资完成后一定期限内不得转让，对于该等期限届满后的转让，董事会应有权对受让方的资格进行审查，且受让方应当继续履行原投资人已经作出承诺的事项，并就该等事项同样作出书面承诺。考虑到对抗第三人的问题，如条件允许，建议该等约定在公司章程中亦予以体现。

综上所述，企业在融资时虽然将估值作为首要考虑因素，但也应慎重评估自身发展情况并为未来留有余地，充分考虑"对赌"失败将带来的较高履行成本。虽然公司在融资过程中融资条款的具体内容主要取决于双方所处的谈判地位，但仍然建议公司充分利用法律顾问等专业人士，尽量在谈判过程中争取对己方有利的条款，避免在全盘接受投资人的条件之后再发生违约行为甚至产生争议纠纷，毕竟尚未完结的诉讼、仲裁纠纷可能会对公司后续融资及IPO造成重大不利影响，更何况目前法院、仲裁机构越来越倾向于认可"对赌条款"的效力，企业应尽量避免寄希望于法院、仲裁机构裁判该等条款无效或无法执行。

第七节　融资过程中的其他注意事项

一、投资人尽职调查的范围

在签署投资条款清单后，投资人通常会聘请专业的会计师事务所、律师事务所对公司进行财务、法律尽职调查。需要说明的是，由于投资尽职调查与后期公司聘请 IPO 中介团队对公司进行的尽职调查，在目的、手段、周期、深度和广度等方面均存在一定差异，因此投资尽职调查通常重点关注公司是否存在 IPO 的实质障碍。

投资人还会对公司进行业务与技术方面的尽职调查，目的是从实质上判断公司是否符合相应板块定位，是否具备首次公开发行股票并上市的实质条件。

不可避免地，投资人及其聘请的中介机构将接触到公司的供应商、客户以及与该等主体的交易细节等核心信息，由于投资人最终是否投资公司存在不确定性，因此在投资人开展尽职调查之前公司应当与投资人签署保密协议，对于特定的核心信息还可以采取限制接触人员的范围、提供特定文件的脱密版本、仅允许查阅而不得复制特定文件等措施保护公司的商业秘密。

二、公司方对于尽职调查的配合

公司可以指定一名高级管理人员作为融资负责人，该负责人还应当分别安排财务、法务、业务专门人员各一人与投资人对接具体尽职调查事宜，该等专门人员应当统一向融资负责人汇报、统一作为自身负责事项所涉及的文件出口。

公司在提供相应尽职调查资料时应当注意留痕，并尽量提供尽职调查资料的电子版本以备下一轮次融资以及 IPO 尽职调查使用。

涉及投资人访谈公司核心人员的，公司可以提前取得访谈提纲，做到有的放矢、提高工作效率。

对于投资人尽职调查需要审阅的资料，必要时，公司可以咨询其聘请的会计师、律师或经该等专业人士审阅后予以提供。后续对于投资协议的审查，笔者建议由公司聘请的律师予以审阅并为公司争取有利的交易条件。

对于投资人尽职调查发现的瑕疵事项，如较易整改，建议在尽职调查过程中即整改完毕，以避免该等事项作为本轮融资的交割先决条件或者交割后公司应当履行的义务记载于投资协议中。

对于公司相对个性化的事项，笔者建议在投资协议中仅进行客观事实的描述，而不对其进行法律性质方面的界定，因为投资人对其的界定可能与后续 IPO 申报材料中的界定不一致，例如"实际控制人""共同实际控制人""一致行动人"等，又如特定人员是否应当被界定为"核心技术人员"，上述事项在公司 IPO 中介机构履行完毕质控、内核程序后方能最终确定，因此，如投资协议中对此有不同界定，在 IPO 审核过程中则需要向审核机构解释其中差异。

三、公司方提供的信息应当真实、准确、完整

对于公司和实际控制人提供给投资人的信息，公司和实际控制人应当保证其真实性、准确性、完整性，这是因为在后续起草的投资协议中公司及实际控制人提供信息的真实性、准确性、完整性将作为陈述和保证条款之一予以列明，后续一旦证明公司及实际控制人违反了该等陈述和保证，公司及实际控制人将构成违约，严重的可能触发回购义务。

有鉴于此，一方面，公司应当注意留存其曾经提供给投资人的资料，以备后续证明其已经按照投资人的要求披露了相关信息；另一方面，公司应当格外重视投资协议的附件之一披露函的具体内容，公司应保证其客观情况（包括瑕疵事项）已如实反映在披露函中。公司已经提供给投资人的资料以及披露函记载的事项将证明公司对于特定事项已经如实告知投资人，后续投资人将无法认定该等事项构成欺诈或隐瞒重大事实等投资协议约定的违反陈述和保证条款的情形，进而向公司主张权利。

四、重视交割后义务

投资人基于前期尽职调查可能会将特定重要事项作为交割的先决条件，而其他事项可能重要性程度不及交割先决条件，但是对投资人而言亦属公司应当履行的重要义务，因此该等事项可能会在投资协议中约定为交割后公司应当履行的义务。在此提示公司，不应认为投资款已经到账就意味着协议已履行完毕，除上文所述的融资重要条款外，公司未能履行交割后义务亦属于对投资协议的违反，公司和/或实际控制人可能将承担违约责任。

第八节 上市前融资条款的确认及清理

在 IPO 申报前，发行人律师将核查公司历次融资签署的投资文件，并结

合公司实际履行情况，要求对"对赌条款"进行确认及清理。目前的IPO审核机构有限度地接受"对赌条款"，原则上要求发行人在申报前清理，但同时满足以下要求的可以不清理：一是发行人不作为"对赌协议"当事人；二是"对赌协议"不存在可能导致公司控制权变化的约定；三是"对赌协议"不与市值挂钩；四是"对赌协议"不存在严重影响发行人持续经营能力或者其他严重影响投资人权益的情形。一般而言，审核部门在实践当中执行的审核标准较上述规定更加严格，为留出一定的审核"安全垫"，建议按照如下时间对"对赌条款"进行确认和清理：

1. 在变更为股份有限公司之前，建议清理一票否决权、公司为股东承担连带责任或担保责任的条款，原因在于，该等约定明显不符合相关法律法规对于上市公司的规范治理要求，因此应尽量在公司变更为股份有限公司之前清理完毕。

2. 在IPO申报之前，确认投资协议的实际履行情况，如果已经触发投资人有权行使的特殊权利的，则企业及实际控制人（如涉及）应与投资人就是否执行该等"对赌条款"达成一致，如经协商发行人/实际控制人应予执行的，则在申报前应当执行完毕，如投资人同意不再执行的，则该等主体应当签署书面协议就该等事项予以明确约定。

3. 至迟在IPO申报之前清理尚未执行完毕的"对赌条款"：

（1）对于知情权等股东权利，应当将投资协议的约定限缩至与《公司法》保持一致，而不应超出其规定的范围；

（2）对于尚未履行完毕的业绩承诺，以及反稀释权、领售权等其他股东特殊权利，应当在申报IPO之前予以彻底清理且不附带任何效力恢复条款；

（3）对于投资人尤为重要的回购权，公司承担回购义务的条款必须彻底清理且不附带任何效力恢复条款；

（4）对于其他公司承担义务、责任的投资人股东特殊权利，亦应当彻底清理且不附带任何效力恢复条款。

需要说明的是：

首先，基于目前的监管要求，解除"对赌条款"的时间应当控制在申报基准日的财务报告出具之前，也就是说一般情况下在IPO会计师出具审计报告之日前签署完毕该等解除"对赌条款"的补充协议，否则可能要追加一期审计；

其次，对于相关回购义务，在解除"对赌条款"的补充协议中应约定为

"自始无效",否则此前公司收到的投资款会被确认为金融负债而非权益工具,具体表述应当在IPO中介机构的协助之下予以确定;

最后,投资人非常关心的是,发行人作为义务人的"对赌条款"被彻底清理且不带任何效力恢复条款,那么公司控股股东、实际控制人作为义务人的"对赌条款"是否允许在IPO失败后恢复其效力?在注册制施行之初存在控股股东、实际控制人回购义务附条件恢复的案例,但最近两年来审核实践已从严把握,众多首次申报时未进行彻底清理的项目在问询回复过程中均已清理彻底、不附带效力恢复条款。

需要特别提示的是,上述清理一定是真实的清理,而不能私下签署所谓"抽屉协议"或由发行人实际控制人私下出具单方承诺函,否则该等事项属于信息披露不真实,根据《证券法》的规定发行人及其实际控制人、其他相关主体均将承担较大数额的罚款以及其他严重后果。

第九节　与投资人的争议或纠纷

一、对下一轮融资的影响

在公司尚未解决其与投资人发生的争议或纠纷的情况下,公司可能无法顺利地进行下一轮融资。首先,这种情况下,很难有新投资人对公司投资,毕竟对新投资人而言其可能面临一个"泥潭"。其次,即使有新投资人有意愿对公司投资,公司也难以实际操作该等融资,原因在于:(1)公司与原投资人签署的投资协议可能约定了原投资人的一票否决权等权利,足以阻止公司下一轮融资;或者(2)虽然原投资人可能无法根据投资文件的约定阻止公司下一轮融资,或者该投资人持股比例较低,在其不同意的情况下公司亦能根据《公司法》的规定以三分之二以上表决权审议通过相关增资的决议,但投资人的撒手锏为"不签字"。在实践中,部分市场监督管理局在办理企业增加注册资本等登记、备案手续时,仍要求公司提供全体股东签字确认的公司决议,亦即公司可能无法顺利完成对下一轮投资人的交割义务。

如不存在上述情形,在此提示公司,其应当严格按照《公司法》以及公司章程的约定履行召开董事会、股东会的通知义务,并据此形成决议、会议记录，防止因未通知原投资人委派的董事或原投资人，而导致董事会/股东会决议被法院判决为不成立或可撤销等影响下一轮融资有效性以及新投资人权利的情况。

二、对申报 IPO 的影响

根据目前的 IPO 审核要求，发行人的股份权属清晰，控股股东和受控股股东、实际控制人支配的发行人股份不存在重大权属纠纷是发行上市的实质条件之一。如控股股东、实际控制人与投资人就公司股权发生争议纠纷，很有可能导致企业不符合发行上市的实质条件，因此如涉及股权归属类的争议或纠纷，一般情况下应在清理完毕后才能申报 IPO。

第十节　上市失败后的处理

如前所述，发行人的回购义务在 IPO 申报前已经被彻底终止且不附带效力恢复条款，实际控制人的义务是否设置了效力恢复条款依据不同阶段的审核实践存在一定差异。随着 2023 年 8 月 27 日《证监会统筹一二级市场平衡优化 IPO、再融资监管安排》以及 2024 年 3 月 15 日《关于严把发行上市准入关从源头上提高上市公司质量的意见（试行）》的执行，一些未能成功 IPO 的企业的投资人可能将面临不享有任何回购权的局面。如经协商尚能达成退出一致的，在实践中，投资人将综合分析 IPO 整体审核节奏、监管趋势、公司 IPO 失败的原因、基金是否存在到期退出压力等因素决定是否继续持有公司股份。如企业有较大把握再次冲击 IPO 并取得成功，则在本次审核不通过的情况下，公司最快在六个月后即可再次申报。如本次 IPO 失败系公司主动撤回申请所致，则理论上公司可立即再次申报而无法定间隔时间的要求，但由于可能涉及更换中介机构、更新财务数据等事项，在实际操作中仍需要大概半年时间再次申报，如企业能较快对导致前次 IPO 失败之事项整改完毕并进行二次申报，则投资人更倾向于继续持有公司股份。但如 IPO 整体审核节奏均呈收紧态势，则投资人可能选择通过多种方式退出公司。

对于投资人拟通过行使回购权退出公司的，公司需要关注如下事项：

1. 虽然此前公司承担回购义务的条款已经被彻底终止且不附带效力恢复

条款,但这并不妨碍公司在 IPO 失败后另行与投资人协商,并就公司定向回购投资人持有的股份达成一致。如经协商达成一致,则需要关注企业本身履行程序的合法性、完备性,根据《公司法》和已有的司法案例,笔者建议股东会以全体一致同意的方式审议通过定向减资的议案,并履行完毕其他减资程序:通知债权人并对提出要求的债权人清偿债务或者提供相应的担保、编制资产负债表及财产清单等。同时关注定向减资是否会严重影响公司现金流、是否影响公司正常业务的开展。由公司定向减资回购投资人所持公司股份这一方案适用于公司现金流充裕但实际控制人并无充裕资金,或者实际控制人持有公司股份的比例已经较高、实际控制人不适宜继续增持公司股份的情形。

2. 对于本次退出,投资人应当履行完毕其内部决策程序,对国资股东而言,还应当关注是否符合国资监管的相关要求,履行程序是否合法、合规。

3. 如果采取实际控制人受让股份的方式,则需要关注实际控制人受让股份的资金来源、是否可能导致实际控制人负有较大数额的债务、该等债务的还款期限,以及实际控制人是否存在偿债风险等事项。

4. 在投资人退出的同时,公司聘请的 IPO 中介机构应对相关股权变动情况进行核查,包括该投资人持股及退出的真实性、投资人是否已经取得退出对价,投资人与相关各方是否存在争议纠纷等。

小 结

在每一轮次融资之前,公司均应当谨慎评估融资的时机、融资的核心交易条款,并在对投资人进行基本了解后评估本轮融资对公司产生的实际影响;在融资的谈判过程中借助专业人士尽量争取对公司有利的交易条款;在投资人对公司完成投资之后,各方应当共同向着 IPO 而努力,虽然对公司而言上市不是终点,但是对投资人而言企业上市是投资成功的标识之一,因此在上市之前公司与股东的主要利益是一致的,公司应当加强与股东沟通,倾听股东声音,并在股东的监督之下完善公司治理结构、规范发展,尽快实现 IPO 这一企业发展的阶段性目标。

第三章
拟上市公司的股权激励

引　言

股权激励作为一项重要的员工长效激励机制，一方面，可以使公司、股东与员工在某种程度上形成共同体，在"共担""共享"机制下实现利益协同，"力"与"利"同出一孔；另一方面，相比工资薪酬，股权激励在一定程度上减轻了企业的人力资本压力，同时也充实了公司的资本。因此，拟上市公司，尤其是技术密集和人才密集型的公司，通常会在提交IPO申请前进行一轮或多轮股权激励。

相较于上市公司，非上市公司股权激励所受规制较少，其在方案的制订、实施上更加灵活，拥有更大的自主权；但对拟上市公司而言，股权激励还应从IPO视角下考量。本章主要参考股权激励相关法规并结合IPO审核要求、相关案例，对拟上市公司股权激励的方案要素、制度设计及重点问题进行梳理，以期为拟上市公司实施股权激励提供参考。

第一节　拟上市公司股权激励概述

一、拟上市公司进行股权激励的原则

拟上市公司实施员工持股计划应当体现增强公司凝聚力、维护公司长期稳定发展的导向，建立健全激励约束长效机制，有利于兼顾员工与公司长远利益，为公司持续发展夯实基础。拟上市公司进行股权激励，应当符合以下原则：

1. 遵循公司自主决定、员工自愿参加的原则，不得以摊派、强行分配等方式强制实施员工持股计划。

2. 参与持股计划的员工，与其他投资者权益平等、盈亏自负、风险自担，不得利用知悉公司相关信息的优势，侵害其他投资者合法权益。

二、拟上市公司股权激励相关制度框架

（一）拟上市公司股权激励相关规则

表 3-1　拟上市公司股权激励相关规则

适用范围	法规	发布时间	备注
拟上市公司	《〈首次公开发行股票注册管理办法〉第十二条、第十三条、第三十一条、第四十四条、第四十五条和〈公开发行证券的公司信息披露内容与格式准则第 57 号——招股说明书〉第七条有关规定的适用意见——证券期货法律适用意见第 17 号》（以下简称《证券期货法律适用意见第 17 号》）	2023 年 2 月 17 日	第五条
	《北京证券交易所向不特定合格投资者公开发行股票并上市业务规则适用指引第 1 号》	2024 年 8 月 30 日	1-25　与公司上市后监管规定的衔接
	《关于试点创新企业实施员工持股计划和期权激励的指引》	2018 年 6 月 6 日	已被废止
上市公司	《上市公司股权激励管理办法》	2018 年 8 月 15 日	—
	《关于上市公司实施员工持股计划试点的指导意见》	2014 年 6 月 20 日	—
	《深圳证券交易所创业板上市公司自律监管指南第 1 号——业务办理》	2024 年 5 月 24 日	第二章　公司治理 第二节　股权激励
	《深圳证券交易所上市公司自律监管指南第 1 号——业务办理》	2024 年 5 月 24 日	第三部分 3.2　股权激励
	《上海证券交易所上市公司自律监管指南第 2 号——业务办理》	2024 年 5 月 24 日	第八号　股权激励计划股票期权自主行权
	《北京证券交易所上市公司持续监管指引第 3 号——股权激励和员工持股计划》	2021 年 11 月 15 日	—
	《中央企业控股上市公司实施股权激励工作指引》	2020 年 4 月 23 日	—

续表

适用范围	法规	发布时间	备注
税务事项	《国家税务总局关于股权激励有关个人所得税问题的通知》（国税函〔2009〕461号）	2009年8月24日	第七条第一项括号内"间接控股限于上市公司对二级子公司的持股"已被废止
	《关于完善股权激励和技术入股有关所得税政策的通知》（财税〔2016〕101号）	2016年9月20日	非上市公司递延纳税政策
	《财政部、国家税务总局关于个人股票期权所得征收个人所得税问题的通知》（财税〔2005〕35号）	2005年3月28日	第三条、第四条第一项已被废止
	《国家税务总局关于个人股票期权所得缴纳个人所得税有关问题的补充通知》（国税函〔2006〕902号）	2006年9月30日	第七条、第八条已被废止
	《国家税务总局关于股权激励和技术入股所得税征管问题的公告》（国家税务总局公告2016年第62号）	2016年9月28日	第一条第三项中"员工在一个纳税年度中……执行"已被废止
	《国家税务总局关于做好股权激励和技术入股所得税政策贯彻落实工作的通知》（税总函〔2016〕496号）	2016年9月28日	—
会计处理	《企业会计准则第11号——股份支付》（财会〔2006〕第3号）	2006年2月15日	以股份为基础的薪酬，会计处理
	《企业会计准则第9号——职工薪酬》（财会〔2014〕8号）	2014年1月27日	适用职工薪酬的会计处理
	《企业会计准则解释第3号》（财会〔2009〕8号）	2009年6月11日	正确运用可行权条件和非可行权条件
	《企业会计准则解释第5号》（财会〔2012〕19号）	2012年11月5日	企业集团内涉及不同企业的股份支付

目前，直接针对拟上市公司股权激励的法规并不多，除了《证券期货法律适用意见第17号》《北京证券交易所向不特定合格投资者公开发行股票并上市业务规则适用指引第1号》以及参照适用的《上市公司股权激励管理办

法》外，主要还是依据所选取的股权激励模式的不同，按照《公司法》《合伙企业法》等法规进行落地。此外，国有企业实施股权激励还需遵守国有企业股权激励相关的特别规定，详见本章第五节"国有企业股权激励"。

（二）上市公司与非上市公司激励制度对比

由于公众公司与非公众公司的性质差异及二者应当遵守的规则不同，上市公司与非上市公司股权激励在方案设计上存在较大差异，主要体现在以下三个方面：

第一，激励方式。上市公司股权激励一般采用限制性股票、股票期权等模式；非上市公司的激励形式更多样，可以是股权形式，也可以是非股权形式，如虚拟股票、增值权等。

第二，激励对象范围。上市公司股权激励对象的范围受中国证监会及证券交易所相关规则的限制，而非上市公司激励对象的范围没有特殊要求，比上市公司范围广。

第三，实施程序。上市公司需要履行特定的审议、公告程序，非上市公司股权激励程序不受中国证监会及证券交易所相关规则的限制，程序相对简单，操作较为灵活。

正是因为存在这样的特点，拟上市公司在实施股权激励时享有较大的自由度，但仍需注意在 IPO 的规制框架下实现落地。

三、股权激励模式

根据激励对象是否直接持有拟上市公司股权，股权激励可以分为直接持股模式和通过持股平台实施的间接持股模式。

（一）直接持股模式

直接持股是指激励对象直接持有拟上市公司的股权或直接享有拟上市公司的分红权利，通过转让所持有的拟上市公司股权或直接参与拟上市公司分红获取收益。直接持股模式常见的股权激励方式如下：

1. 限制性股份

根据《上市公司股权激励管理办法》第二十二条规定，限制性股票是指激励对象按照股权激励计划规定的条件，获得的转让等部分权利受到限制的本公司股票。限制性股票在解除限售前不得转让、用于担保或偿还债务。限售期内如未达到解锁条件，上市公司将对员工的限制性股票进行回购注销。拟上市公司的限制性股份①概念与此类似，主要指向激励对象授予权利受到限制的拟上市公司股份。

对拟上市公司而言，由于直接股东人数受到严格限制，且拟上市公司股份的转让及回购注销程序相对烦琐，因此拟上市公司直接层面实施限制性股份的方案一般仅适用于激励对象较少的情况。

2. 股份期权

股份期权是指公司赋予激励对象在未来特定的时间内，可按照事先约定的价格购买本公司股份的权利，激励对象可在规定的时间内以事先确定的价格（也称"行权价"）购买公司一定数量的股份（此过程称为"行权"），也可放弃该购买股份的权利。

股份期权实质上是公司给予激励对象的一种激励报酬，该报酬能否取得，取决于行权期公司股份的市场价格或价值以及受此影响的激励对象行权意愿。在行权期内，如果公司股份的价格高于行权价，则激励对象可以通过行权获得市场价与行权价格差额带来的收益；如届时公司股份市场价格未显著高于行权价，则激励对象可以放弃行权，亦无额外损失。

3. 虚拟股份

虚拟股份是指公司模拟股份发行的方式，将权益分割成若干相同价值的股份，结合公司的经营目标对其定价，是一种形式上的虚拟。授予虚拟股份的激励对象可以据此享受一定数量的分红收益和股价升值收益，但对真实的公司股份没有所有权和表决权，不能转让和出售，在其离开公司时自动失效。

4. 股份增值权

股份增值权是指公司授予激励对象的一种权利，如果公司股份价格上升，激励对象可通过行权获得相应数量的股价升值收益。

享有虚拟股份和股份增值权的激励对象不拥有实际股份，也不拥有股东表决权、配股权，其实质上属于一种现金奖励。境内的拟上市企业较少使用该两种股权激励模式。

非上市公司的股权激励方式比较灵活，除上述类型外还有业绩股份、分

---

① 通常而言，股东持有的有限责任公司出资称为"股权"，持有的股份有限公司出资称为"股份"，有限责任公司及股份有限公司均可实施限制性股权（份）及股权（份）期权，为方便写作，本节统称"股份"。

红股份等其他激励方式。但对拟上市公司而言，受限于 IPO 审核中对于股权清晰的要求，最常见的直接激励方式是限制性股份及股份期权。

（二）间接持股模式

拟上市公司间接持股模式通常也被称为员工持股计划，是指激励对象通过持股平台间接持有拟上市公司股份，未来通过持股平台分红、转让所持有的持股平台份额或者向持股平台退资的方式实现获取收益的目的。持股平台的载体包括有限合伙企业、有限责任公司、资产管理计划等。

需要注意的是，在上市公司监管语境下，员工持股计划与限制性股票属于两类不同的激励模式，分别受《关于上市公司实施员工持股计划试点的指导意见》与《上市公司股权激励管理办法》监管，二者在管理模式、行权方式、实施程序等方面均有不同。但在拟上市公司语境下，由于没有专门监管法规，除管理模式不同外，两种激励模式在激励对象、考核方式等方面无明显差异，员工持股计划的本质可以理解为通过持股平台载体间接实施的限制性股份。为避免疑义，无特别说明的情况下，本章所称"限制性股份"仅指拟上市公司直接持股层面的限制性股份激励。

（三）直接持股与间接持股对比

表 3-2　直接持股与间接持股对比

项目	直接持股	间接持股
股权稳定性	随着激励对象的变更，拟上市公司层面股权变动频繁	激励对象通过员工持股平台间接持有拟上市公司股份，激励对象的变动只影响间接股东，拟上市公司层面股权稳定
	股改后 12 个月及 IPO 申报时点、上市后时点，股份转让或新增股东受到限制	间接股东可以发生变动
公司治理	激励对象直接参与公司治理，享有表决权、分红权、知情权等股东权利	执行事务合伙人、法定代表人或资管计划管理人代表持股平台行使股东权利、参与公司决策
	因直接股东数量增长导致公司治理成本上升（如股东会会议通知，相关股东会文件的签署等程序性事务增多）	拟上市公司层面的公司治理成本较低，持股平台作为整体参与公司治理

续表

项目	直接持股	间接持股
税负	实施股权激励时需进行税务备案，并可能就取得股权涉及纳税义务（3%—45%超额累进税率），公司分红及未来减持退出时可能涉及所得税（20%）	根据持股平台载体不同适用不同税负
股东人数	1名激励对象计为1个股东	在符合规定的情况下，1个持股平台计为1个股东

由上表可见，间接持股相对于直接持股，在拟上市公司股权结构稳定性、股份转让的灵活性、公司治理等方面具备一定优势，因此实践中大部分拟上市公司均通过员工持股计划进行激励。

第二节　股权激励方案

作为公司对员工的激励手段，股权激励方案的制订是个"量体裁衣"的过程，尽管激励所涉基本要素一致，方案却需要根据公司的实际情况进行个性化设计。激励人员和份额、激励时间、激励价格如何确定以及如何设置约束条件等，都没有唯一的标准答案。因此，在制订股权激励方案前，拟上市公司应当与被激励对象进行充分沟通，并综合拟上市公司具体情况、实际需求及上市安排制订适宜的激励方案。

一、激励对象的范围及数量

有观点认为，拟上市公司应从人力资本需求的角度，使股权激励尽可能全覆盖，以提升员工积极性并促进公司发展。然而，全覆盖的"激励"更像"福利"，不可避免地会产生"搭便车"问题，反而容易缺乏激励性。有筛选，才能够对员工的行为产生引导效果，也有利于增强公司活力。如何划定激励对象的范围、数量，正如给"筛子"设置孔径、密度等参数，是方案设定的基本考量因素。

（一）激励对象的正向要求

一般情况下，纳入股权激励对象的员工对公司发展具有较大价值，通常包括以下四类：

1. 公司管理层，如董事（一般不包括独立董事）、监事、高级管理人员；
2. 参与核心工作、掌握核心技术以及与技术研发相关的员工，例如研发总监、高级工程师、技术负责人等；
3. 掌握关键运营资源、关键工作内容与市场相关的员工，例如市场总监、核心项目经理等；
4. 掌握重要销售渠道、拥有大客户的员工，例如销售总监、区域负责人等。

处于不同发展阶段的公司，对激励对象的偏好也有所差异，通常不同发展阶段的公司激励偏好如下：

表 3-3　不同发展阶段的公司激励对象偏好

公司所处阶段	激励对象偏好
初创期	以技术人员为导向
发展期	管理层、技术人员、市场营销三方面并重
成熟期	加大对管理层的激励力度
衰退期	落实在关系到企业再造的关键人员

拟上市公司可结合自身发展阶段、经营状况、战略规划及业务需求等设计准入标准，并综合考虑员工的个人素质、入职年限、岗位价值、历史贡献、发展潜力、公平公正原则等因素来确定激励对象范围。如激励范围较广，则建议量化准入条件，以使未被激励的员工明确了解其未入选的原因，避免产生消极情绪；同时，明确标准还有利于本次未纳入激励范围的员工明确预期，以期通过努力工作未来达成激励计划准入条件。

（二）不适宜作为激励对象的人员

从规则层面，非上市公司的激励对象没有明确的限制，但鉴于拟上市公司的直接目标是顺利上市，因此 IPO 审核的要求应作为其重要考量因素。

股份期权激励模式下，应参照适用《上市公司股权激励管理办法》对于激励对象作出的限制，即下列人员不得成为激励对象：

1. 独立董事和监事；

2. 单独或合计持有上市公司5%以上股份的股东或实际控制人及其配偶、父母、子女（科创板、创业板及北京证券交易所的上市公司例外：该等人员在上市公司担任董事、高级管理人员、核心技术人员或者核心业务人员的，可以成为激励对象，但应当充分说明前述人员成为激励对象的必要性、合理性）；

3. 具有下列情形的员工：（1）最近12个月内被证券交易所认定为不适当人选；（2）最近12个月内被中国证监会及其派出机构认定为不适当人选；（3）最近12个月内因重大违法违规行为被中国证监会及其派出机构行政处罚或者采取市场禁入措施；（4）具有《公司法》规定的不得担任公司董事、高级管理人员情形的；（5）法律法规规定不得参与上市公司股权激励的；（6）中国证监会认定的其他情形。

员工持股计划的激励对象无须直接适用《上市公司股权激励管理办法》，监事及持股5%以上股东或实际控制人等关联方，在具有合理理由的情况下均可以成为激励对象；但独立董事、不具备股东资格或不宜成为拟上市公司股东的人员（例如事业单位领导干部及其近亲属、证监系统离职人员、在职党政机关工作人员、公务员；国有企业领导人员；法律、法规授权的具有公共事务管理职能的事业单位工作人员、军人等）不得成为激励对象。

（三）外部人员作为激励对象的特殊问题

根据《关于上市公司实施员工持股计划试点的指导意见》，员工持股计划的参加对象为公司员工，不应当包括外部人员。非上市公司的激励对象规则虽没有明确限制，但拟上市公司的决策"自由"仍在"枷锁"之中，如《证券期货法律适用意见第17号》第五条规定："发行人首发申报前实施员工持股计划的，原则上应当全部由公司员工构成，体现增强公司凝聚力、维护公司长期稳定发展的导向……"因此，如拟上市公司员工激励的对象包括外部人员，则IPO审核中需要说明该等人员成为激励对象的合理性；特别地，如果外部人员包括客户、供应商的员工或关联方的员工，则其合理性将受到进一步质疑。

经总结最近两年的IPO案例，审核部门对于外部人员作为股权激励对象通常关注以下问题：（1）是否存在股东适格性问题，即不具备股东资格或不宜成为拟上市公司股东；（2）外部人员持股的背景/原因、必要性与合理性（如做出过历史贡献）；（3）是否存在发行人或其关联方的客户、供应商、监管机构等特殊关系人员入股情况；（4）持股价格（与员工是否一致）、股份支付处理的合规性；（5）是否违反该外部人员与任职单位的劳动合同、竞业或保密等协议；（6）是否存在委托持股，是否构成利益输送或变相利益输送；（7）拟上市公司股东人数穿透计算是否超过 200 人等问题，拟上市公司应当在招股说明书以及问询回复中予以充分披露。

因此，尽管现行法规对非上市公司的激励对象未作限制，我们仍建议拟上市公司遵循上市审核的要求，并参考《上市公司股权激励管理办法》《关于上市公司实施员工持股计划试点的指导意见》等有关规定，审慎确定激励对象范围，以实现 IPO 前后的过渡、顺利登陆资本市场。

（四）激励对象的数量限制

根据《公司法》第四十二条规定，有限责任公司股东人数不超过 50 人；该规定中股东人数是指公司直接股东，不包括间接股东，因此，若有限责任公司的激励对象超过 50 人，则应当选择合适的持股平台。《证券法》第九条规定，向特定对象发行证券累计超过 200 人（依法实施员工持股计划的员工人数不计算在内）的为公开发行，未经依法注册，不得公开发行；前述股东人数包括间接股东，是指穿透至自然人、上市公司或新三板挂牌公司等公众公司、已备案私募基金等最终持有人，满足法律规定要求的员工持股计划亦可免于计算穿透人数。因此，拟 IPO 公司激励人员还需结合有关股东人数限制的规定，对股权激励对象的数量进行前瞻性规划，详见本章第六节"股权激励中的其他特殊问题"之"四、股东人数的计算"。

二、激励额度

股权激励的额度包括激励总额度、单个激励对象额度两方面。非上市公司股权激励额度亦无法律强制性规定，公司在设置股权激励额度时应注意避免两个极端：激励额度过大稀释现有股东的股份，或激励额度过小导致激励效果不足。

（一）激励总额度

对于激励总额度，拟上市公司一般应当结合公司的股本结构（包括股本规模与净资产情况、行权前后的控制权稳定性、现有股东意愿）、行业和战略

（包括行业人力资本依附性强弱、融资及资本战略）及激励目标（包括激励对象的数量、薪酬规划及同行薪酬水平、业绩目标）等因素予以综合考量。例如，科技、设计类等技术、人才密集型公司，体现出强人力资本、强依附性，其股权激励额度往往会高于弱人力依附性行业的公司。

对于已引入外部投资人的企业，需关注投资协议中对于股权激励总额度的约定限制，详见本章第六节"股权激励中的其他特殊问题"之"六、'对赌协议'与股权激励"；此外，对于存在申报前制定并在上市后实施期权激励计划的拟上市公司，全部有效期内的期权激励计划所对应股票数量占上市前总股本的比例原则上不得超过15%；且拟上市公司应提前分配上市前后的激励额度，使得上市后全部在有效期内的股权激励累计占总股本比例符合相关板块的要求（主板要求为不超过10%，创业板及科创板要求为不超过20%，北京证券交易所要求为不超过30%），详见本章第四节"股份期权激励"。

（二）单个激励对象额度

股权激励"蛋糕池"的大小，与单个激励对象的额度紧密关联，两者共同影响着激励效果。通常拟上市公司会在确立总额度后，根据单个激励对象的具体情况确定其对应的额度。

对于非上市企业的单个员工激励额度没有明确的法规要求，但拟上市公司应兼顾公平和效率原则，结合各激励对象的薪酬水平、岗位价值与工作年限、历史贡献、未来贡献等因素，使得单个激励对象所获分配额度与其"贡献"或"价值"相适应，如激励对象数量较多亦可考虑相应扩大"蛋糕池"，避免出现"僧多粥少""寡或不均"等影响激励效果的情况。

三、激励时点选择

激励时点选择，是公司在不同发展情况和需求下，使股权激励发挥最大作用的重要考量；在合适的时点引入股权激励可以帮助拟上市公司更好地应对变化与挑战。例如，公司融资有业绩要求时，配合实施股权激励有助于目标的实现；公司进行并购重组时通常伴随重大人事调整及组织变更，合理安排激励时机可减少新老股东之间的矛盾、缓解员工的不安情绪；商业模式发生变化或重大创新时，股权激励是吸引人才、节约成本的有效手段。

总体而言，激励计划的推出时点，应当与公司发展需求相结合。结合拟上市公司的 IPO 进程，关于股权激励实施重要节点及相关注意事项，特提示如下：

（一）股改阶段

股改前的股权激励通常没有特别的限制，拟上市公司可结合实际需求制订合适的激励计划。但鉴于公司由有限责任公司变为股份有限公司是发起人以其对有限公司的净资产进行出资，因此股改基准日至股份公司设立期间公司的净资产尤其是实缴出资不应当发生重大变化。

基于此，股改前后实施股权激励应当注意以下事项：（1）截至股改基准日，激励对象（直接持股的情况下）或持股平台（间接持股的情况下）对公司的出资应当实缴到位；（2）以增资方式实施的股权激励，应当在股改基准日前或股份公司设立后实施，股改基准日至股份公司设立期间不能通过增资方式执行新的激励计划[①]。

（二）IPO 申报阶段

1. IPO 申报的审计基准日

对拟上市公司而言，首次申报的审计基准日是最重要的财务节点，于审计基准日前后实施的股权激励应重点关注以下两方面问题：

（1）股份支付对报告期利润的影响，拟上市公司应当合理测算在报告期内实施股权激励的股份支付费用，避免其对公司报告期尤其是报告期最后一年的利润造成不利影响，详见第六节"股权激励中的其他特殊问题"之"一、股份支付处理"。

（2）避免因股权激励导致审计加期，由于实施股权激励可能引入新股东，而 IPO 审核中对于申报前新增股东实施严格的股份锁定及披露要求，且针对最近一年末资产负债表日后增资扩股引入新股东的，申报前须增加一期审计；此外，对于发行人申报前制订的期权激励计划，如在最近一期末资产负债表日后行权的，申报前亦须增加一期审计。

2. IPO 申报时点

在 IPO 申报前，新增股权激励计划可能导致拟上市公司产生新股东，从而涉及新增股东的信息披露核查及股份锁定期问题，具体如下：

[①] 2024 年 7 月 1 日起施行的《公司法》已删除原《公司法》"发起人持有的本公司股份，自公司成立之日起一年内不得转让"的规定，故股改后一年内仍可以发起人股份转让方式实施股权激励。

（1）新增股东信息披露，根据《监管规则适用指引——关于申请首发上市企业股东信息披露》《公开发行证券的公司信息披露内容与格式准则第57号——招股说明书》等规定，发行人申报前12个月通过增资或股权转让产生新股东的，应全面披露新增股东的基本情况、入股原因、入股价格及定价依据，新增股东与发行人其他股东、董事、监事、高级管理人员是否存在关联关系，新增股东与本次发行的中介机构及其负责人、高级管理人员、经办人员是否存在关联关系，新增股东是否存在股份代持情形等。属于战略投资者的，应予注明并说明具体战略关系。如新股东为法人，应披露其股权结构及实际控制人；如为自然人，应披露其基本信息；如为合伙企业，应披露其普通合伙人及其实际控制人、有限合伙人的基本信息。

（2）申报前新增股东的锁定期，根据《监管规则适用指引——关于申请首发上市企业股东信息披露》《证券期货法律适用意见第17号》的规定，发行人申报前12个月通过增资或股权转让产生新股东的，该等新增股东应当承诺所持新增股份自取得之日起36个月内不得转让。在申报前六个月内从控股股东或者实际控制人处受让的股份，应当比照控股股东或者实际控制人所持股份进行锁定。

在IPO申报后，发行人通过增资或股权转让产生新股东的，原则上应当撤回发行上市申请重新申报，因此，一般不建议发行人于IPO申报后再在直接持股层面实施新的股权激励。此外，在审期间拟上市公司不应新增期权激励计划，且相关激励对象不得行权。

需要说明的是，以上所称增资、转让或新增股东一般仅指拟上市公司直接持股层面，如在已有的员工持股平台进行增资、转让或新增股东则不受前述限制。

四、激励的价格

股权激励的价格是激励力度的重要体现，公司确定价格时需考虑激励对象的支付能力并兼顾现有股东的权益。非上市公司无法以公开市场股票交易价格作为定价依据参考，往往以公司注册资本、评估值/净资产值、投资人近期入股价格等作为激励价格或定价参考标准，具体可结合公司实际情况设定。对拟上市公司而言，激励价格还应重点关注以下问题：

第一，激励价格的合理性。通常而言，同一次行权的股权激励价格应当相同。如价格存在差异，则一方面需要结合被激励对象的情况分析其合理性；另一方面受限于《公司法》"同次发行的同类别股份，每股的发行条件和价格应当相同"的规定，股份公司涉及新发行股份且激励价格存在差异的，从程序上应当分成两次发行。

第二，股份支付对公司业绩的影响。因股权激励包含公司对激励对象过往贡献的肯定，激励的价格如低于公司股权的公允价值，该价格差额需要进行股份支付处理，可能影响拟上市公司的利润（详见本章第六节"股权激励中的其他特殊问题"之"一、股份支付处理"）。鉴于股份支付影响拟上市企业的财务数据，建议重点关注并提前测算相关数据，以免对IPO造成实质性影响。

第三，对于存在申报前制订上市后实施的期权激励计划的拟上市公司，期权激励的行权价格由股东自行商定确定，但原则上不应低于最近一年经审计的净资产或评估值，详见本章第四节"股份期权激励"。

五、激励股权的来源

由于非上市公司不能在公开市场发行及交易股票，因此无法采用公开发行股票或二级市场购买股票的方式作为激励股份来源。实践中，激励股权的主要来源为激励对象/持股平台增资、控股股东/实际控制人转让股份，两种途径的差异大体如下：

表 3-4　增资与股份转让的对比

对比项	增资	股份转让
股权结构	总股本增加，现有股东同比例稀释	总股本不变，转让方持股比例降低，其他股东持股比例不变
公司现金流	补充公司现金流，充实资本金	无影响
税收成本	激励对象：涉及 公司：不涉及	激励对象：涉及 转让方：就转让溢价缴税
履行程序	1. 涉及增资，特别决议审议通过； 2. 其他股东放弃优先认购权（针对有限责任公司或股东协议有特殊约定的情形）	1. 如涉及修改章程需特别决议； 2. 其他股东放弃优先购买权（针对有限责任公司或股东协议有特殊约定的情形）
其他关注点	增资资金是否足额缴纳	对控股股东控制权的影响

除此之外，拟上市公司的股权激励来源还包括股权池预留、公司回购等。以股权池预留的，需要提前设置好预留及授予的具体规则（详见本章第三节"员工持股计划"之"二、股份调剂枢纽的设置"）。以公司回购股份作为激励股份来源的，其本质仍为股份转让，即公司将自己持有的股份转让给被激励对象或持股平台；根据《公司法》第一百六十二条规定，将股份用于员工持股计划或者股权激励的，公司合计持有的本公司股份数不得超过本公司已发行股份总数的10%，并应当在3年内转让或者注销。

六、股权激励的出资

（一）出资来源

根据《上市公司股权激励管理办法》规定，上市公司不得为激励对象依股权激励计划获取有关权益提供贷款以及其他任何形式的财务资助，包括为其贷款提供担保。对非上市公司而言，激励对象的认购资金来源更多样化，在确保资金来源合法合规的前提下，激励对象自有或自筹资金、股东借款或担保等方式均可。值得注意的是，非上市公司出资来源于控股股东、实际控制人提供的借款的，虽不属于法定红线，但实践中亦存在由股东提供贷款或者由实际控制人为激励对象向银行借款提供担保的案例，但审核过程中一般会重点关注此种情形是否存在代持、利益输送等。一般不建议由拟上市公司向激励对象提供借款，避免构成激励对象对拟上市公司的资金占用。

此外，IPO审核中监管机构对于激励对象认购资金的来源，通常会关注以下四个方面：（1）出资真实性，包括激励对象及其家庭是否有能力承担、所任职务与出资金额之间的匹配关系，如以现金而非转账形式出资的原因及合理性等；（2）出资程序合规性，包括是否足额缴纳/支付、是否已办理财产转移手续、主要资产是否存在重大权属纠纷，是否存在出资瑕疵等；（3）是否存在股份代持等特殊利益安排，代持的原因、过程及解除情况，是否影响股权清晰；（4）股东提供借款的，关注借款原因、借出资金来源及合法合规性，借款人后续还款计划、还款资金来源及还款进度。

（二）出资方式

激励对象/持股平台通过增资方式获得激励股份的，应当符合《公司法》

对出资形式的要求。即，股东可用货币出资，也可用实物、知识产权、土地使用权等可以用货币估价并可以依法转让的非货币财产作价出资（法律、行政法规规定不得作为出资的财产除外），其中对作为出资的非货币财产应当评估作价。

（三）出资时间

激励对象直接对拟上市公司增资进行股权激励的，其出资将直接作为拟上市公司的实缴出资，基于申报IPO时注册资本实缴的要求，激励对象应当在IPO申报前缴纳激励出资。

对于通过受让方式获得激励股份或通过持股平台间接增资的，如受让的股份或持股平台对应出资已经实缴，则激励对象的出资用于向出让方支付转让对价或向持股平台支付增资对价的时间没有明确的法规要求。市场上亦存在IPO申报前员工持股平台从现有股东处受让股份，在上市注册阶段仍未支付对价的情况，如神州细胞（688520）[1]和科德数控（688305）[2]，该等案例在审核阶段均受到审核部门的反复问询。鉴于未支付转让对价或持股平台增资对价可能被审核部门质疑股权转让/增资的真实性、是否存在代持等情形，一般情况下，仍然建议拟上市公司的员工在IPO申报前完成激励价款的支付。

七、激励的约束条件

根据不同的划分标准，激励约束条件的内涵存在不同分类。按目的划分，约束条件可分为授予条件与行权条件，分别指激励对象在获授激励股权以及对激励股权行权时须达到的条件。按内容划分，约束条件包括正向条件与反向条件，正向条件是指为进行授予、解锁或行权等行为应当满足的条件，反向条件则设置了不得进行授予、解锁或行权操作的情形。按主体划分，约束条件可分为激励对象约束条件及公司约束条件，前者包含如员工服务期、保密义务、竞业要求、业绩考核等条件设定，后者则可包括公司的业绩考核、

---

[1] 括号内为证券代码，下同。案例信息来源：神州细胞在上海证券交易所发行上市审核网站（http://listing.sse.com.cn/renewal/）公告的《关于北京神州细胞生物技术集团股份公司首次公开发行股票并在科创板上市的发行注册环节反馈意见落实函的回复》。

[2] 案例信息来源：科德数控在上海证券交易所发行上市审核网站公告的《关于科德数控股份有限公司首次公开发行股票并在科创板上市的发行注册环节反馈意见落实之回复报告》。

合规要求等。

授予条件与行权条件是最重要的分类,其中授予条件可理解为本节"一、激励对象的范围及数量"提及的激励对象准入条件,故此处重点讨论行权条件。对限制性股份而言,行权是指解除股份的转让限制,仅当在行权时点满足行权条件时相关股份才能由激励对象自由转让,未满足行权条件的则由公司、控股股东或其他指定方回购;对股份期权而言,行权是指购买公司股份的行为,仅当达到行权条件时才能按照既定的价格购买公司股份,未达行权条件的则由公司注销对应的股份期权;通过持股平台间接实施的股权激励可参照限制性股份的要求设置行权条件。

对拟上市公司而言,最常见的行权条件除了业绩考核外,还有员工服务期内不得离职的要求,该服务期一般与公司的上市安排相关,以最大限度地保证上市审核期间员工的稳定性。需注意的是,有关服务期、业绩考核的约定将直接影响股份支付的处理,建议公司结合财务情况并参考会计师意见进行综合考虑。

八、激励的退出机制

激励对象的退出机制是股权激励最重要的要素之一,也是激励对象最为关注的事项之一。股权激励的退出一般是针对限制性股份及员工持股计划而言的;股份期权因激励对象在被授予时无须支付对价且行权时获得的是股份,除锁定期外一般不附带其他限制,通常不涉及退出问题。因此,本节主要讨论限制性股份及员工持股计划的退出。

(一)退出事由

一般而言,激励对象的退出有两种情况:一是在激励方案约定的限制性股份行权前或持股计划的转让限制期间,因为发生离职、考核未达标等特定事由,由公司按照激励计划要求强制收回其激励份额;二是限制性股份或员工持股计划的转让限制解除后,员工基于获得收益的需求直接或间接减持公司股份退出。退出事由的设置主要是针对前一种情况,实践中常见的退出事由可分为以下三类:

1. 非惩罚性事由,主要指员工以正常方式离职或不再符合激励条件且未给公司造成损失的,例如:(1)因公司经营状况、业务调整、岗位调整等非个人原因被辞退或不再符合激励条件的;(2)公司部分资产或业务出售后,不再作为公司员工的;(3)员工主动提出辞职并经批准后离职;(4)合同期满双方未续约等。

2. 惩罚性事由,主要指员工以不符合离职程序的方式非正常离职或给公司造成损失的,常见的包括:(1)因《劳动合同法》第三十九条解除劳动合同的;(2)主动提出辞职未获批准擅自离职,或未向公司说明情况而擅自离职的;(3)按照公司管理制度,个人考核屡未达标而被辞退的;(4)有泄露公司商业或技术秘密行为、从事与公司相竞争的业务等情况给公司利益造成损害的;(5)因严重违反公司管理制度被辞退的。

3. 特殊事由,主要指因自然原因导致员工不再符合激励对象条件的,例如:员工退休、丧失劳动能力或者死亡。

区分不同退出事由,其主要目的在于可根据不同性质的退出事由设置不同的处理方案及差异化的退出价格,并由公司根据激励目的和实际情况综合决定。对于惩罚性事由,一般均设置较低的回购价格;对于非惩罚性事由及特殊事由,则可考虑较高的回购价格或者继续保留激励份额。此外,为保留公司的灵活处理空间,建议设置除外兜底条款,即明确虽然发生退出事由,但经由公司董事会(或激励计划其他管理机构)决定可以不退出。同时,公司亦应注意在股权激励方案中事先明确,在发生退出事由时,员工负有配合办理退出手续等相关义务。

(二)退出价格

根据不同的退出事由,公司可设置差异化的退出价格。通常情况下,因为惩罚性事由退出的,员工不应有额外收益,一般约定按照原始出资额扣除已取得的分红作为退出价格,且不影响公司后续向该等员工主张索赔(如涉及)。因非惩罚性事由或特殊事由退出的,由于员工本身不存在过错,一般建议在原始出资额基础上给予一定收益,可以考虑根据服务年限和上市进程来确定退出价格。具体可以参考:(1)原始出资额;(2)按照同期银行贷款利率/贷款市场报价利率(LPR)计算收益;(3)最近一次融资的估值;(4)二级市场价格等。与退出事由的逻辑类似,为方便特殊情况下灵活处理,建议设置经公司董事会(或激励计划其他管理机构)决定,可以不按照上述价格退出。

除以上要素外,结合相关实践经验,在退出机制的设置和执行上,公司还应关注文本的严谨性。例如，在激励方案及有关合同中，应明确股权回购程序、价款、对象以及期限等条件，并应取得所有激励对象签署认可的激励方案书面文件，避免因员工主张相关制度仅经公司内部决策而产生争议纠纷；此外，在列示退出事由时应当明确认定的标准，制定客观化、便于举证的认定程序，且应注意在各环节制作并留存书面记录。

除上述激励方案的一般要素外，拟上市公司如存在申报前制订、上市后实施的期权激励计划，激励对象还应遵守拟上市板块关于股权激励的相关规定；国企、央企实施股权激励，还应参考《中央企业控股上市公司实施股权激励工作指引》《关于规范国有控股上市公司实施股权激励制度有关问题的通知》等规定。上述特殊情形下股权激励方案的考量，分别详见本章第四节"股份期权激励"及第五节"国有企业股权激励"。

第三节 员工持股计划

根据《关于上市公司实施员工持股计划试点的指导意见》，员工持股计划是指上市公司根据员工意愿，通过合法方式使员工获得本公司股票并长期持有，股份权益按约定分配给员工的制度安排。对上市公司而言，员工持股计划是员工持有公司股份的机制，本身并不必然带有股权激励属性，但上市公司可以通过方案设计实现与限制性股票同样的激励和限制效果，比如以低于二级市场的价格取得上市公司股份、将业绩考核条件作为员工持股计划份额对应股份的解锁条件。对于非上市公司，由于直接股东数量受到《公司法》的限制且直接股东变更程序较为烦琐，因此从程序简单及管理便利的角度，非上市公司通常选择通过员工持股平台实施股权激励。

一、员工持股计划的载体

（一）上市公司持股载体

员工持股计划采取的是间接持股模式，应当落实在具体的员工持股计划载体上。对上市公司而言，员工持股计划载体相对更灵活，除了公司、合伙企业、资产管理计划外，自行管理的员工持股计划也可以直接作为载体并以自身名义开立证券账户。根据《中国证券登记结算有限责任公司特殊机构及产品证券账户业务指南》规定，上市公司员工持股计划账户名称为"公司全称—员工持股计划名称"（员工持股计划名称应按股东会决议填写），主要身份证明文件号码为公司统一社会信用代码。

（二）拟上市公司持股载体

对拟上市公司而言，受限于公司登记机关对于股东主体的限制以及IPO审核中对于股权清晰稳定的要求，员工持股计划载体的可选择范围相对较少，一般为公司和合伙企业；近期审核实践中，科创板及创业板均允许资产管理计划作为持股计划的载体。上述载体的主要对比如下：

表3-5 员工持股平台载体对比

	有限合伙企业	有限责任公司	资产管理计划
人数限制	2—50人	1—50人	无限制
治理结构	执行事务合伙人+合伙人会议	股东会最高决策	委托管理人管理
控制权	通常由执行事务合伙人控制	根据公司章程及股权比例确定	通常由管理人控制
退出适用税率①	先分后税，按照20%或5%—35%超额累进税率纳税	公司及个人股东双重税率	持有至到期退出不缴税，到期前退出按"金融商品转让"缴增值税
备案要求	无须备案	无须备案	需要备案

（三）多层持股结构

无论是有限合伙企业还是有限责任公司，单一平台出资人数均不能超过50人；对于激励对象超过50人的，可以设立多个有限合伙企业或有限责任公

---

① 税务事项详见本章第六节"股权激励中的其他特殊问题"之"税务处理"。其中，关于资产管理计划退出时，持有人是否需要缴纳个人所得税的问题，从《个人所得税法》及《个人所得税法实施条例》来看，转让资管产品的份额并未被明列示在个人所得税应纳税所得范围中，因此有观点认为无须缴纳个人所得税。但考虑到《个人所得税法实施条例》中也有"其他财产"的兜底条款表述，我们认为直接认定不需要缴纳依据并不充分。从实践来看，2020年6月12日，国家税务总局南宁市税务局第一稽查局出具的税务检查通知书显示，对5名自然人"于2015年度从广西某投资管理中心出资认购的某公司定向增发'某资产管理计划'中取得的所得"追缴个人所得税。因此，实践中，个人从资管计划中的所得也存在被税务部门追缴个人所得税的情况。

司平台进行激励。除此之外，拟上市公司也可以设立上层持股平台作为原持股平台的出资人，通过多层持股结构从而实现在一个平台中对超过 50 个对象进行激励。比如科创板上市公司卓易信息（688258）[①] 案例中，直接持股层面的激励平台为宜兴中恒企业管理有限公司，此外还设立了宜兴中易企业管理有限公司作为宜兴中恒企业管理有限公司的出资人，间接持有卓易信息的股份。通过该架构，激励对象数量合计超过了 50 人。

除了因激励对象人数较多可能需要设立多个持股平台外，如果拟上市公司对不同的激励对象群体有不同的管理要求、考核要求或股份锁定安排，也有必要针对不同的激励对象设立不同的持股平台分别进行管理。这些持股平台可以通过平行结构直接作为拟上市公司的股东，也可以通过多层持股结构进行嵌套。

（四）资产管理计划作为载体的特殊要求

允许资产管理计划作为拟上市公司持股平台的最早规定见于《关于试点创新企业实施员工持股计划和期权激励的指引》（已废止），其中"关于上市前实施的员工持股计划"中规定："试点企业实施员工持股计划，可以通过公司制企业、合伙制企业、资产管理计划等持股平台间接持股，并建立健全持股在平台内部的流转、退出机制，以及股权管理机制"，IPO 实践中也出现了以资产管理计划进行激励的案例。以资产管理计划作为员工持股载体，应重点关注以下事项：

1. 登记主体

通常情况下公司登记系统要求非上市公司的股东为自然人、法人及非法人组织等实体，因此在资产管理计划持股的情况下一般将管理人登记为股东。例如，联影医疗（688271）[②] 成立员工持股计划 "中金公司联影医疗员工持股单一资产管理计划" 并间接持有联影医疗的股份，该资产计划在国家企业信用信息公示系统显示的股东名称为其管理人 "中国国际金融股份有限公

---

① 案例信息来源：卓易信息在上海证券交易所发行上市审核网站公告的《江苏卓易信息科技股份有限公司首次公开发行股票并在科创板上市招股说明书》。

② 案例信息来源：联影医疗在上海证券交易所发行上市审核网站公告的《上海联影医疗科技股份有限公司首次公开发行股票并在科创板上市招股说明书》。

司"；但亦存在极少量直接将资产管理计划登记为股东的案例，例如中控技术（688777）① 设立资产管理计划为持股平台，并登记股东名称为"申万宏源证券—浙江中控技术股份有限公司第一期员工持股计划—申万宏源中控技术员工持股 1 号单一资产管理计划"。具体登记为管理人还是登记为资产管理计划，要根据当地市场监督管理局的要求。

2. 备案要求

根据《证券期货经营机构私募资产管理计划备案办法》要求，私募资产管理计划应当及时进行备案。根据 IPO 对股东适格性的要求，拟上市公司应当在提交 IPO 申请前办理资产管理计划的备案手续，并在申请材料中披露备案情况。

3. 管理模式

按照《证券期货经营机构私募资产管理业务管理办法》第四十七条规定，"证券期货经营机构应当切实履行主动管理职责，不得有下列行为：……（四）根据委托人或其指定第三方的意见行使资产管理计划所持证券的权利；……"因此，资产管理计划应由管理人进行管理并行使股东权利，拟上市公司代表资产管理计划与管理人签署委托管理合同。在员工持股计划内部，可以设置员工持有人会议作为权力机构，并设置管理委员会进行日常管理。

4. 审核关注要点

经总结存在员工持股资管计划的上市案例，在 IPO 过程中审核部门主要关注以下事项：（1）资管计划的合规性，包括备案情况、设立程序等；（2）资产权属是否清晰，例如权属是否存在纠纷或潜在纠纷，是否设置有分级、杠杆等特殊安排；（3）持有人身份，例如份额持有人是否均为发行人员工，是否符合持股计划的条件等。

虽然目前已有资管计划作为持股平台载体的先例，但由于有限合伙企业在管理上较为简单、无须进行备案，且由实际控制人担任执行事务合伙人还可以巩固控制权，实践中大部分拟上市公司的持股计划以合伙企业为主，因此本章将主要介绍以有限合伙企业作为载体的员工持股计划。

---

① 案例信息来源：中控技术在上海证券交易所发行上市审核网站公告的《浙江中控技术股份有限公司首次公开发行股票并在科创板上市招股说明书》。

二、股份调剂枢纽的设置

对拟上市公司而言，为保证长期的激励效果，对于出现退出事由的员工一般要求从合伙企业退伙，不得再继续作为合伙企业的合伙人。由于拟上市公司在上市前股份流动性较差，激励对象无法直接从二级市场退出，亦很难通过拟上市公司减资方式退回其出资额，一般在合伙企业内部由相关主体回购；同时，由于 IPO 申请进程较长，拟上市公司往往也存在以预留份额对新的激励对象进行激励的需要。因此，在合伙企业内部设置股份调剂枢纽，用于受让退伙的员工持有的合伙企业份额，以及向新的激励对象授予合伙企业份额，就显得尤为必要。

对合伙企业而言，股份调剂枢纽有两种模式，一种可以称为股权池模式，即合伙企业设置一个股权池，股权池中的份额不归属于某一特定的合伙人，而是暂时预留并由全体合伙人共有；退伙和入伙的主体，均与股权池（实质是与合伙企业）结算。另一种可以称为"执行事务合伙人"模式，即合伙企业的份额从始至终均由明确的合伙人持有，退伙和入伙的合伙人均与执行事务合伙人或其指定的主体结算。

（一）股权池模式

该模式下，存在于股权池的股份来源包括两种：预留股份及激励对象退出的股份。

1. 预留份额

股权池模式下，合伙企业持有的拟上市公司认缴出资额，在设立之初可能并未全部归属于各合伙人。例如，合伙企业认缴拟上市公司 100 万元出资额，但在合伙企业设立之初，各激励对象合计认缴合伙企业的出资额为 80 万元，剩余 20 万元预留作为对未来激励对象的份额，即预留份额。与此对应，合伙企业在设立之初，仅向拟上市公司缴纳 80 万元注册资本对应的出资，包括实缴出资及资本溢价（如有），待预留份额授予新的激励对象后，剩余 20 万元注册资本先由新的激励对象向合伙企业出资，合伙企业再以该等出资款向拟上市公司履行出资义务。

但需注意的是：（1）该等处理模式下，对于新的激励对象须以届时的公允价值为基准进行股份支付处理，如公司估值有较大增长，相较于一次性授予可能产生更多股份支付；（2）如果股权激励发生在股改前，考虑到股改时拟上市公司出资实缴到位的要求，该等预留份额应当在股改基准日前完成出资；（3）预留部分授予价格可能高于首次授予价格，而合伙企业对拟上市公司的出资价格一般是按照首次授予价格计算的，这将导致预留份额对应的差额出资沉淀在合伙企业。这部分沉淀资金一般作为合伙企业财产，由合伙企业全体合伙人共有。实践中，也可由合伙企业与拟上市公司签订新的出资协议，调整出资价格，将新的激励对象缴付至合伙企业的出资款，均出资至拟上市公司。

2. 激励对象退出的份额

当激励对象合伙人按照合伙协议约定应当退伙时，合伙企业可收回其份额纳入股权池中，并在未来授予新的激励对象；未来出现新的激励对象时，再将股权池中的份额授予该激励对象。此种情况下可能出现的问题是由于合伙人对合伙企业的出资已缴付至拟上市公司，导致合伙企业无足够资金与退伙的合伙人结算，因此合伙企业中应有一定的储备资金用于维持股权池的运转。一般而言，股权池中的资金包括前文提及的预留份额合伙人向合伙企业出资与合伙企业向拟上市公司出资之间的差额，如差额不够则可由拟上市公司实际控制人提供借款，待退出份额授予新的激励对象后再以激励对象出资偿还。

此外还需注意的是，由于首次公开发行股票并上市的条件之一即要求"股权清晰"，而股权池中的股权未落实到具体激励对象，权属不够清晰，不符合上述发行上市的要求。因此在股权池模式下，股权池中的预留份额及退出份额应在提交IPO申请前全部授予具体的激励对象，确保在上市申请时合伙企业的份额权属清晰，不存在未归属的份额。

（二）执行事务合伙人模式

执行事务合伙人模式下，合伙企业持有的拟上市公司股份始终由明确的合伙人真实享有，不存在预留份额。当发生合伙人退伙情形时，应将其持有的合伙企业份额转让给指定合伙人。由于指定合伙人需要向退出合伙人支付回购对价，应当有足够的支付能力，同时需承担回购合伙企业份额产生的收益和风险，因此由实际控制人作为指定的受让人最为合适。又为管理便利，实际控制人一般在合伙企业中担任执行事务合伙人，因此本书将该模式称为"执行事务合伙人模式"。

当然，从方案设计来说，亦可由其他合伙人负责回购，比如其他有限合伙人，或者非实际控制人担任执行事务合伙人的合伙人。尽管法律上并无障碍，但考虑到回购义务主体所需承担的资金压力、收益及风险，在其他主体回购的情形下，监管部门可能会对其资金来源、持股背景、有无代持等予以重点关注。

一般而言，拟上市公司选择以实际控制人之外的主体作为执行事务合伙人，主要是出于缩短股份锁定期限的考虑（详见本节"四、合伙企业持有拟上市公司股份的锁定期"）。在此前提下，值得关注的是以下两种情况：一是作为有限合伙人的实际控制人担任股份调剂枢纽角色，即实际控制人以有限合伙人的身份在员工离职时回购其份额，并向新的激励对象转让份额；二是非实际控制人作为执行事务合伙人担任股份调剂枢纽角色，作为回购义务主体。在第一种情形下，实际控制人作为回购义务主体具有合理性，但监管部门可能会认为该合伙企业仍由实际控制人控制，因此不适用较短的锁定期；第二种情形在实践中较为常见，尽管非实际控制人作为回购义务主体在合理性上尚存可推敲之处，但实践中，由于可以通过约定由执行事务合伙人指定的主体受让退伙合伙人的份额，因此，在资金流水不存在异常状况的情形下，一般也能够得到监管部门的认可。

三、合伙企业的内部治理

合伙企业相比有限责任公司而言，具有更强的"人合性"。《合伙企业法》规定了大量"合伙协议另有约定除外"的事项，因此，合伙企业可以根据管理需要在合伙协议中作出更具个性化的约定。其中，比较重要的两项机制包括合伙企业事务的决策机制和合伙人的收益分配机制。

（一）合伙企业事务的决策机制

按照《合伙企业法》的规定，"按照合伙协议的约定或者经全体合伙人决定，可以委托一个或者数个合伙人对外代表合伙企业，执行合伙事务"，"其他合伙人不再执行合伙事务"，"除合伙协议另有约定外，合伙企业的下列事项应当经全体合伙人一致同意：（一）改变合伙企业的名称；（二）改变合伙企业的经营范围、主要经营场所的地点；（三）处分合伙企业的不动产；（四）转让或者处分合伙企业的知识产权和其他财产权利；（五）以合伙企业名义为他人提供担保；（六）聘任合伙人以外的人担任合伙企业的经营管理人员"。据此，在合伙协议无特殊约定的情形下，执行事务合伙人负责执行合伙事务，而合伙人会议决议的事项主要是合伙企业基本情况变动、财产处置、对外担保等重大事项。因此，在无特殊约定的情形下，一般认定执行事务合伙人为合伙企业的实际控制人。

在拟上市公司实际控制人担任执行事务合伙人的情形下，该等决策机制自然不存在问题，但如果并非拟上市公司实际控制人担任执行事务合伙人，则可能会存在作出特殊约定的需要。尤其是关于合伙企业对外投资事项的管理，或者更明确地说，是合伙企业对拟上市公司表决权的行使。对该事项的约定涉及合伙企业持有的拟上市公司股份表决权的归属，无论是从对合伙企业的管理的角度，还是从合伙企业实际控制人认定的角度，都具有较大的影响。因此，拟上市公司可以考虑在合伙协议中作出特殊约定，如要求合伙企业对外投资及后续管理事宜由合伙人会议决议，从而限制执行事务合伙人的权限，具体仍以拟上市公司的需求为准。该等约定下，合伙企业的实际控制人认定是否会因此发生变动，还需结合实际情况具体分析和判断。

（二）合伙人的收益分配机制

合伙企业收益分配，其核心是合伙企业所持拟上市公司股份未来减持后所得的分配。根据《合伙企业法》的规定，"合伙企业的利润分配、亏损分担，按照合伙协议的约定办理；合伙协议未约定或者约定不明确的，由合伙人协商决定；协商不成，由合伙人按照实缴出资比例分配、分担；无法确定出资比例的，由合伙人平均分配、分担"。实践中，一般约定按出资比例进行分配，同时约定合伙企业的有限合伙人减持其财产份额对应的拟上市公司股份的，执行事务合伙人应根据减持的实际情况，调整各合伙人对合伙企业的出资额及其对应的权益比例，或办理相应合伙人的退伙事宜。

除了上述常规约定外，在特定情形下可能还需要作出特殊约定。例如，拟上市公司拟向合伙企业中的个别重要的合伙人给予更优厚的激励条件，允许其支付更低的对价取得合伙企业份额。再如，分批次激励的情形下，不同的激励对象按照不同的价格对合伙企业出资。以上情况均将导致不同合伙人对合伙企业的出资价格不同，直接按照出资额享有的权益比例无法达到既定的激励目的。出资价格存在差异的情形在公司增资中非常常见，可以通过将溢价部分计入"资本公积"，股东按照"实收资本"比例享有股东权利。合伙企业财务报表未设置"资本公积"科目，可以通过在合伙协议中约定不按照出资比例而按照特定的收益分配比例来达到差异化分配目的。

四、合伙企业持有拟上市公司股份的锁定期

（一）拟上市公司股东锁定期的一般要求

一般而言，员工持股计划的目的是在公司上市后通过二级市场卖出股份获得收益，因此通常情况下会要求持股平台所持股份在上市前不得对外转让。

公司成功上市后，持股平台需要遵守上市公司股份锁定要求，具体如下：

表3-6　上市公司股东锁定期要求

适用情形	锁定期
非控股股东且非"突击入股"的投资者	发行上市之日起12个月
申报前12个月内新增股东，即"突击入股"	取得股份之日起36个月与发行上市之日起12个月孰长
1. 控股股东、实际控制人及其一致行动人 2. 申报前6个月从控股股东、实际控制人处取得股份的股东	发行上市之日起36个月
【创业板】（公司上市时未盈利的）公司控股股东、实际控制人及其一致行动人	自公司股票上市之日起3个完整会计年度内，不得减持首发前股份；自公司股票上市之日起第4个和第5个完整会计年度内，每年减持的首发前股份不得超过公司股份总数的2%
【创业板】（公司上市时未盈利的）公司董事、监事、高级管理人员	自公司股票上市之日起3个完整会计年度内，不得减持首发前股份
【科创板】（公司上市时未盈利的）公司控股股东、实际控制人	自公司股票上市之日起3个完整会计年度内，不得减持首发前股份；自公司股票上市之日起第4个会计年度和第5个会计年度内，每年减持的首发前股份不得超过公司股份总数的2%
【科创板】（公司上市时未盈利的）公司董事、监事、高级管理人员及核心技术人员	自公司股票上市之日起3个完整会计年度内，不得减持首发前股份

适用情形	锁定期
【北京证券交易所】（公司上市时未盈利的）公司控股股东、实际控制人、董事、监事、高级管理人员	自公司股票上市之日起2个完整会计年度内，不得减持公开发行并上市前股份；公司实现盈利后，可以自当年年度报告披露后次日起减持公开发行并上市前股份

（二）作为实际控制人的一致行动人的持股平台锁定期

如前所述，拟上市公司控股股东、实际控制人及其一致行动人的股票在上市后应当锁定36个月，因此持股平台的锁定期核心要看其是否属于实际控制人的一致行动人。通常而言，如属于下列情形之一的，则可以判断持股平台与实际控制人构成一致行动关系：

1. 持股平台采用有限合伙形式，且实际控制人或其关联方、一致行动人担任执行事务合伙人（如采用有限公司形式，则实际控制人或其关联方、一致行动人控股持股平台）；

2. 持股平台与实际控制人或其关联方之间签署了一致行动协议、表决权委托协议或其他特殊安排文件。

此外，如存在下列情形，审核部门可能也会对持股平台的独立性产生质疑，建议拟上市公司尽可能避免：

1. 持股平台采用有限合伙形式，但执行事务合伙人人选合理性存疑，或执行事务合伙人由实际控制人提名推荐、与实际控制人存在其他利益关系；

2. 实际控制人对激励对象人选的确定及变更、持股平台重大事项享有决定权或一票否决权；

3. 有限合伙人发生特殊回购情形时，实际控制人应作为回购义务人。

（三）一般持股平台锁定期

对于不构成实际控制人的一致行动人，且不存在申报前6个月从控股股东、实际控制人处取得股份的持股平台，其持有的拟上市公司股份只需自公司上市之日起锁定12个月。可以由拟上市公司董事、监事、高级管理人员担任合伙企业的执行事务合伙人，但需要关注以下问题：

1. 合伙企业是否受到《公司法》第一百六十条第二款对于"公司董事、监事、高级管理人员应当向公司申报所持有的本公司的股份及其变动情况，在就任时确定的任职期间每年转让的股份不得超过其所持有本公司股份总数的百分之二十五"的限制。关于董事、监事、高级管理人员持有的公司股份系指直接持有还是也包括间接持有存在一定争议，本书在此不做过多讨论，但对于合伙企业中的其他合伙人，如果不属于董事、监事、高级管理人员，从实践来看，并不会导致合伙企业整体受到上述约束。

2. 对于科创板、创业板及北京证券交易所的拟上市企业，按照相关上市规则的规定，公司上市时未盈利的，在公司实现盈利前，董事、监事、高级管理人员（及核心技术人员）自公司股票上市之日起3个或2个完整会计年度内，不得减持公开发行前股份。由于董事、监事、高级管理人员及核心技术人员对其担任执行事务合伙人的合伙企业能够实施控制，因此合伙企业也存在受上述规则约束的风险。

另需说明的是，除合伙企业的锁定外，不少拟上市公司还对合伙人个人设置了锁定期，比如要求合伙人在上市后一定期间不得减持其合伙企业份额对应的上市公司股份，具体由合伙协议自行约定。

五、激励对象的退出方式

常见的激励对象退出途径有两种：一是在合伙企业内部完成退出，将合伙企业份额转让给股份调剂枢纽；二是合伙企业在上市公司层面进行减持，并将减持后的收益分配给合伙人后实现退出。前一种途径主要适用于在企业上市前以及上市后但股份锁定期届满前；后一种途径则主要适用于上市且合伙企业股份锁定期届满后。

（一）退出方式

根据股份调剂枢纽的不同，合伙企业的退出方式也存在一定差异。股权池模式下，合伙人退出的实质是直接退伙并与合伙企业结算；执行事务合伙人模式下，合伙人退出的实质是将其合伙企业份额转让给执行事务合伙人或其指定主体，退伙系与受让合伙人结算，而无须与合伙企业结算（基于管理的需求，一般不会允许合伙人自由转让其持有的合伙企业份额）。因此，上市前激励对象退出机制的实质就是退伙的机制。结合股份调剂枢纽机制及退伙时间，将合伙企业有限合伙人退出方式总结如下：

表 3-7 有限合伙人退出方式对比

序号	退出方式	主要特征	备注
1	员工持股平台出资额转让给执行事务合伙人	不涉及上市公司直接股权变动； 员工持股平台内部完成，便于操作，程序简便； 不影响实际控制人控制的表决权比例，有利于实际控制人增加持有上市公司股份数量，满足增持需求； 实际控制人需支付回购资金	执行事务合伙人模式，解锁前后均可
2	员工持股平台向出资人定向减资	不涉及上市公司直接股权变动； 员工持股平台内部完成，便于操作； 不影响实际控制人控制的表决权比例，实际控制人被动增持上市公司股份； 员工持股平台需有回购资金	股权池模式，解锁前后均可
3	员工持股平台减持公司股份后，再定向减少出资	涉及上市公司直接股权变动，需根据减持规则履行相关披露义务； 同时涉及员工持股平台内部变动，如员工持股平台为有限合伙企业的，程序相对简便，如员工持股平台为有限公司的，涉及减资公告义务，周期较长，程序相对烦琐； 员工持股平台直接减持所持上市公司股份获取的转让款为定向减少出资的资金来源，不涉及执行事务合伙人或合伙企业的资金压力； 实际控制人控制的表决权比例有所降低	解锁后，适用于部分激励对象减持情形
4	员工持股平台减持公司股份后，向激励对象进行分红	涉及上市公司直接股权变动，需根据减持规则履行相关义务； 不涉及员工持股平台内部变动； 员工持股平台直接减持所持上市公司股份获取的转让款为分红的资金来源，不涉及执行事务合伙人或合伙企业的资金压力； 实际控制人控制的表决权比例有所降低； 如员工持股平台所持上市公司股份全部减持完毕，一般需对员工持股平台进行清算	解锁后，适用于全体合伙人共同减持情形

（二）锁定期届满后的退出程序

锁定期届满前，无论是股权池模式还是执行事务合伙人模式，一般不涉及持股平台对拟上市公司的减持。但锁定期届满后，常见的退出方式为激励对象通过向持股平台减持获取收益并退出，一般按照如下程序执行：

1. 持股平台的锁定期届满后，有限合伙人在执行事务合伙人每自然年度确定的减持窗口期申报拟减持的公司股份数；

2. 有限合伙人减持其财产份额对应公司股份的，执行事务合伙人应根据减持的实际情况，调整各合伙人对合伙企业的出资额及其对应的权益比例，或办理相应合伙人的退伙事宜，鉴于减持所获对价已包括原出资额，故原出资额一般不再额外退还；

3. 合伙企业减持股份应符合相关法律、法规、规范性文件规定及证券监管机构关于减持程序及比例的相关要求，由执行事务合伙人负责择机统一实施；

4. 合伙企业减持股份收益按照合伙协议约定及时分配。

六、员工持股计划的实施程序

通过合伙企业实施员工持股计划的情形下，法律形式上是由相关员工以增资或受让份额方式取得合伙企业的份额并间接持有拟上市公司股份。因此，拟上市公司应按照公司章程对股权激励计划进行审议，涉及其增资及股权转让的，应履行拟上市公司相关决策程序。

考虑到员工持股计划的本质是拟上市公司的股权激励，因此如果拟上市公司的公司章程对员工持股计划和股权激励约定了具体的内部审议程序要求，则建议按照该等要求履行相关审议决策程序。

此外，《财政部、国家税务总局关于完善股权激励和技术入股有关所得税政策的通知》（财税〔2016〕101号）规定，"享受递延纳税政策的非上市公司股权激励（包括股票期权、股权期权、限制性股票和股权奖励，下同）须同时满足以下条件：……2. 股权激励计划经公司董事会、股东（大）会审议通过。未设股东（大）会的国有单位，经上级主管部门审核批准。股权激励计划应列明激励目的、对象、标的、有效期、各类价格的确定方法、激励对象获取权益的条件、程序等"。因此，如拟上市公司希望按照上述文件申请递延纳税政策，则也需要按照上述规定履行董事会和股东会审议程序。

七、审核关注要点

拟上市公司实施员工持股计划，最主要的目标是公司上市后，激励对象通过二级市场退出获得收益，因此其实施应当符合IPO审核要求，避免造成上市障碍。经对相关案例的总结，IPO 审核部门关于持股计划关注的问题主要如下：

第一，股权激励的合法合规性。包括：（1）参与股权激励的员工是否存在法律规定不得作为拟上市公司股东或持股平台出资人的情况，典型的负面身份包括党政领导干部、公务员、存在利益关系的商业银行工作人员等；（2）参与股权激励的人数是否符合法律要求，如单个有限合伙企业合伙人不得超过 50 人，参与股权激励的外部人数与原股东穿透后的人数合计不应超过 200 人；（3）股权激励设立是否履行了必要的决策程序。

第二，股权结构清晰，是否存在代持及纠纷。包括：（1）申报前持股计划是否实施完毕（申报前制定、上市后实施的期权激励计划除外），参与股权激励的员工人数、各激励对象持股数量是否明确，且是否均已按照规定进行公司登记、不存在未分配的权益；（2）股权激励是否存在名义出资人与实际股东不一致的代持等特殊权益安排；（3）参与股权激励的员工是否使用自有、自筹资金，是否存在占用拟上市公司资金的情况；（4）股权激励历史上员工的进入、退出关系是否清晰、合法、无纠纷。

第三，是否存在利益输送。包括：（1）各个员工参与股权激励适用的作价依据、价格、权益数量、时机等与该员工的重要性、历史贡献、未来预计贡献的相匹配程度；（2）员工参与股权激励适用不同条件的合理性；（3）设立股权激励与其他主体是否存在利益输送关系。

第四，财务处理合规性。包括权益授予后是否严格按照有关股份支付的会计准则进行谨慎的会计处理等。

第四节　股份期权激励

股份期权，是指公司授予激励对象在未来一定期限内以预先确定的条件购买公司股份的权利，激励对象也可放弃该购买股份的权利。对于拟上市公司 IPO 申报前制订的股份期权激励计划，并已在上市前实施完毕的，目前法律上没有明确要求。根据《证券期货法律适用意见第 17 号》的有关规定，发行人存在首发申报前制订的期权激励计划，并准备在上市后实施的，除法律法规另有规定外，应参考《上市公司股权激励管理办法》的相关规定予以执行。本节将主要介绍股份期权的基本概念以及申报前制定上市后实施的股份期权的 IPO 审核要求。

一、有效期、等待期、行权期、锁定期

有效期、等待期、行权期、锁定期是拟上市公司股份期权激励计划四个重要的时间节点或期间，在设计股权激励方案时需要明确约定，科学合理的节点设置对股权激励计划的顺利实施具有重要意义。

1. 有效期

期权激励计划的有效期是指从激励计划生效到最后一期股份期权行权完毕的期间。《上市公司股权激励管理办法》第十三条规定，股权激励计划的有效期从首次授予权益日起不得超过 10 年。

2. 等待期

根据《企业会计准则第 11 号——股份支付》第六条的规定，等待期是指可行权条件得到满足的期间。激励对象被授予期权后，须度过期权激励计划约定的期间并达到一系列行权条件后，才可以实际获得股权。

3. 行权期

行权期是指满足行权条件的股份期权解除禁止行权限制，激励对象可以开始行权的期限，行权期是可行权日的总和。根据《上市公司股权激励管理办法》的有关规定，在股票期权有效期内，应当规定激励对象分期行权，每期时限不得少于 12 个月，后一行权期的起算日不得早于前一行权期的届满日，每期可行权的股票期权比例不得超过激励对象获授股票期权总额的 50%。同时，如当期行权条件未成就，股票期权不得行权或递延至下期行权，应当予以注销处理。

4. 锁定期

锁定期是指股份期权授予日至首个可行权日之间的期间。《上市公司股权激励管理办法》第三十条规定，股票期权授权日与获授股票期权首次可行权日之间的间隔不得少于 12 个月。

二、首发申报前制定上市后实施的期权激励具体要求

（一）IPO 审核相关要求

根据《证券期货法律适用意见第 17 号》的有关规定，发行人存在首发申报前制订、上市后实施的期权激励计划的，应体现增强公司凝聚力、维护公司长期稳定发展的导向。原则上应符合下列要求：

1. 激励对象应当符合相关上市板块的规定；

2. 激励计划的必备内容与基本要求，激励工具的定义与权利限制，行权安排，回购或终止行权，实施程序等内容，应参考《上市公司股权激励管理办法》的相关规定予以执行；

3. 期权的行权价格由股东自行商定，但原则上不应低于最近一年经审计的净资产或评估值；

4. 发行人全部在有效期内的期权激励计划所对应股票数量占上市前总股本的比例原则上不得超过 15%，且不得设置预留权益；

5. 在审核期间，发行人不应新增期权激励计划，相关激励对象不得行权；最近一期末资产负债表日后行权的，申报前须增加一期审计；

6. 在制订期权激励计划时应充分考虑实际控制人稳定，避免上市后期权行权导致实际控制人发生变更；

7. 激励对象在发行人上市后行权认购的股票，应承诺自行权日起 36 个月内不减持，同时承诺上述期限届满后比照董事、监事及高级管理人员的相关减持规定执行。

（二）员工持股计划和股份期权模式的对比

员工持股计划与股份期权为拟上市公司常见的两种股权激励方式，拟上市公司员工持股计划无须遵循《上市公司股权激励管理办法》的规定，两种激励计划主要差别如下：

表 3-8 拟上市公司员工持股计划与股份期权对比

项目	员工持股计划	股份期权
价格	一般无限制，但应具有合理性，与公允价值差额部分需做股份支付处理	行权价格由股东自行商定，但原则上不应低于最近一年经审计的净资产或评估值
激励对象	合并报表范围内的所有员工（监事可以参与）	董事、高级管理人员、核心技术人员或者核心业务人员（独立董事、监事除外）
上市后锁定期	非特殊主体锁定 12 个月，实际控制人、董事、监事、高级管理人员、核心技术人员等按照其特殊规定执行	激励对象在发行人上市后行权认购的股票，应承诺自行权日起 36 个月内不减持，同时承诺上述期限届满后比照董事、监事及高级管理人员的相关减持规定执行，锁定期较长
激励股份上限	一般无限制，但不应影响实际控制人控制权	原则上不得超过 15%
是否可以预留份额	可以由期权池或合伙人预留份额，但应在申报前分配完毕	不得设置预留权益
上市前激励对象资金压力	需支付认购款	无须提前支付认购款，待上市后行权时支付
规范性	无须参照《关于上市公司实施员工持股计划试点的指导意见》《上市公司股权激励管理办法》等上市公司规章制度	需参照《上市公司股权激励管理办法》的相关规定执行
是否涉及股份支付	可能涉及	可能涉及，在等待期持续计入相应的费用从而持续影响公司的利润
公司登记手续	在公司登记机关登记为公司股东	不涉及

（三）拟上市公司与上市公司股份期权的差异

从规则层面来看，中国证监会与上海证券交易所、深圳证券交易所、北京证券交易所对首发申报前制订、上市后实施的期权激励计划的要求基本一致，对其相关机制的设置较大程度上参考了《上市公司股权激励管理办法》的有关规定。不过在综合拟上市公司的发展阶段、激励需求及审核要求等因素的基础上，规则亦作出了针对性调整，使之更适合拟上市公司，具体体现如下：

1. 行权价格

《上市公司股权激励管理办法》第二十九条第一款规定："上市公司在授予激励对象股票期权时,应当确定行权价格或者行权价格的确定方法。行权价格不得低于股票票面金额,且原则上不得低于下列价格较高者:(一)股权激励计划草案公布前1个交易日的公司股票交易均价;(二)股权激励计划草案公布前20个交易日、60个交易日或者120个交易日的公司股票交易均价之一。"

拟上市公司首发申报前制定上市后实施的期权激励,其行权价格由股东自行商定,但原则上不应低于最近一年经审计的净资产或评估值。

2. 股票数量

《上市公司股权激励管理办法》要求上市公司全部在有效期内的股权激励计划所涉及的标的股票总数累计不得超过公司股本总额的10%（其中创业板及科创板要求不超过20%,北京证券交易所要求不超过30%）,且上市公司在推出股权激励计划时,可以设置预留权益,预留比例不得超过本次股权激励计划拟授予权益数量的20%。

拟上市公司首发申报前制定上市后实施的期权激励,则要求发行人全部在有效期内的期权激励计划所对应股票数量占上市前总股本的比例原则上不得超过15%,且不得设置预留权益。

3. 锁定期

针对上市公司的股票期权,《上市公司股权激励管理办法》仅要求分期行权,未规定额外的锁定期。

对拟上市公司而言,期权标的股份应当满足锁定期的要求,即激励对象在发行人上市后行权认购的股票,应承诺自行权日起3年内不减持,同时承诺上述期限届满后比照董事、监事及高级管理人员的相关减持规定执行。

4. 股份期权的其他特殊要求

为满足发行条件及审核要求,规则亦进行了其他一系列特殊安排。

首先,在审期间发行人不应新增期权激励计划,相关激励对象不得行权;最近一期末资产负债表日后行权的,申报前须增加一期审计,这主要是为了确保财务数据的准确性、及时性,因为发行人股本总额发生了变化。

其次,在制订期权激励计划时应充分考虑实际控制人稳定,避免上市后期权行权导致实际控制人发生变更,确保不因期权激励计划的实施导致发行人不符合发行条件。

三、实施程序

由于法律法规未针对非上市公司的期权激励实施程序予以明确规定，因此一般遵循《公司法》《上市公司章程指引》及公司章程的要求，履行董事会或股东大会审议程序即可。而对于在首发申报前制订并准备在上市后实施的期权激励计划，则仍应根据《上市公司股权激励管理办法》的有关规定履行审议、公示程序。

《上市公司股权激励管理办法》第五章第三十三条至第五十二条规定了激励计划的实施程序，其主要内容包括：

1. 公司董事会下设的薪酬与考核委员会负责拟定股权激励计划草案，并向董事会提出建议。

2. 董事会应当依法对股权激励计划草案作出决议，拟作为激励对象的董事或与其存在关联关系的董事应当回避表决。

3. 董事会应当在履行公示、公告程序后，将股权激励计划提交股东大会审议。

4. 独立董事及监事会应当就股权激励计划草案是否有利于公司的持续发展，是否存在明显损害公司及全体股东利益的情形发表意见。

5. 公司应当在召开股东大会前，通过公司网站或者其他途径，在公司内部公示激励对象的姓名和职务，公示期不少于10天。

四、审核关注要点

结合近期的 IPO 审核案例，总结申报前制定申报后实施的股份期权在 IPO 审核中的关注要点如下：

第一，期权激励计划的合理性及合规性。主要包括激励方案及实施程序两方面，例如：（1）激励对象是否具有法律、法规及其他规范性文件提及的禁止情形；（2）期权激励计划是否已履行必要的实施程序，期权激励计划是否已经公司董事会、股东会审议通过，相关激励对象是否已履行公司内部公示、监事会审议等程序；（3）激励价格、预留比例等是否符合《上市公司股权激励管理办法》的规定。

第二，业绩考核指标是否可行。鉴于期权激励计划通常将业绩考核指标作为行权条件，IPO 审核中将关注该等行权条件的合理性。例如，沪硅产业（688126）① 案例中要求区分董事、监事、高级管理人员、核心技术人员和其他员工等，披露具体类别产品的销量、营业收入及净利润增长率等业绩考核指标的可行权条件；天智航（688277）② 案例中，要求说明董事会对激励对象每个考核年度的综合考评进行打分的标准，业务人员和技术人员的标准是否不同。

第三，期权激励计划行权后对拟上市公司的影响，主要是指对公司控制权及财务指标的影响。在制订期权激励计划时应充分考虑实际控制人稳定，避免上市后期权激励计划行权导致实际控制人发生变更。因此，在设置激励计划时，需要计算假定全部行权后实际控制人的持股比例（即全面摊薄的股权比例），是否影响实际控制人的控制地位。财务指标方面，主要是指股份支付的影响，此处不再赘述。

第五节　国有企业股权激励

为解决国有企业存在的发展动力不足等突出问题，我国于 20 世纪 90 年代开始推进和深化国有企业改制，包括积极推进国有企业中长期激励改革。股权激励（含员工持股，下文同）是国有企业建立激励约束机制普遍采用的激励工具，在国有企业规范治理、激励人才和提升业绩等方面具有明显的积极作用。不同于民营非上市公司股权激励几乎没有限制性规定，现行法律、法规及规范性文件对于国有企业股权激励设置了诸多要求，本节将主要介绍国有企业股权激励的特殊规定及相关注意事项。

---

① 案例信息来源：沪硅产业在上海证券交易所发行上市审核网站公告的《关于上海硅产业集团股份有限公司首次公开发行股票并在科创板上市申请文件的审核问询函的回复》。

② 案例信息来源：天智航在上海证券交易所发行上市审核网站公告的《关于北京天智航医疗科技股份有限公司首次公开发行股票并在科创板上市申请文件的审核问询函的回复》。

一、国有企业股权激励相关法规

表 3-9 国有企业股权激励法规

法规名称	颁布日期	备注
《国务院办公厅转发国务院国有资产监督管理委员会关于规范国有企业改制工作意见的通知》（国办发〔2003〕96号）	2003年11月30日	对国有企业改制的相关规定
《国务院办公厅转发国资委关于进一步规范国有企业改制工作实施意见的通知》（国办发〔2005〕60号）	2005年12月19日	拟通过增资扩股实施改制的企业，应当通过产权交易市场媒体或者网络等公开企业改制有关情况、投资者条件等信息，择优选择投资者
《国务院国有资产监督管理委员会关于规范国有企业职工持股、投资的意见》（国资发改革〔2008〕139号）	2008年9月16日	国有企业集团公司及其各级子企业改制，经批准，职工可投资参与本企改制，确有必要的，也可持有上一级改制企业股权，但不得直接或间接持有本企业所出资各级子企业、参股企业及本集团公司所出资其他企业股权
《国务院国有资产监督管理委员会关于实施〈关于规范国有企业职工持股、投资的意见〉有关问题的通知》（国资发改革〔2009〕49号）	2009年3月24日	企业中层以上管理人员是指国有企业的董事会成员、监事会成员、高级经营管理人员、党委（党组）领导班子成员以及企业职能部门正副职人员
《关于印发〈国有科技型企业股权和分红激励暂行办法〉的通知》（财资〔2016〕4号）[①]	2016年2月26日	针对未上市国有科技型企业

---

① 该法规已被《关于扩大国有科技型企业股权和分红激励暂行办法实施范围等有关事项的通知》（2018年9月18日发布并实施）修订。

续表

法规名称	颁布日期	备注
《关于印发〈关于国有控股混合所有制企业开展员工持股试点的意见〉的通知》（国资发改革〔2016〕133号）	2016年8月2日	试点范围：目前仅包括央企三级子企业、省级二级及以下国企、鼓励科研院所、高新技术和科技服务业先行先试，强调"发生国有资产流失的要追责"，改革"有底线"
《中关村国家自主创新示范区企业股权和分红激励实施办法》（财企〔2010〕8号）①	2010年2月1日	针对中关村国家自主创新示范区企业与"双百企业"等试点企业的股权激励

二、国有控股企业

经过一系列国有企业中长期激励改革，目前《国有科技型企业股权和分红激励暂行办法》（财资〔2016〕4号，以下简称4号文）与《关于国有控股混合所有制企业开展员工持股试点的意见》（国资发改革〔2016〕133号，以下简称133号文）是非上市国有控股企业开展员工持股的主要规定。以下主要就科技型企业、国有控股混合所有制企业的股权激励实施要点进行分析：

（一）适用范围与实施条件

目前非上市国有控股企业实施员工持股/股权激励需依据企业的性质适用不同的规则，根据4号文与133号文，非上市的国企实施员工持股主要分为科技型企业、国有控股混合所有制企业，其对应的适用范围及实施条件具体如下：

---

① 该法规已被《财政部关于废止部分规范性文件的决定》（2022年11月24日发布实施）废止。

表 3-10　非上市国有控股企业实施股权激励的条件对比

分类标准	适用范围	实施条件
非上市的科技型企业	国有科技型企业，是指中国境内具有公司法人资格的国有及国有控股未上市科技企业（含全国中小企业股份转让系统挂牌的国有企业，国有控股上市公司所出资的各级未上市科技子企业），具体包括： 1. 国家认定的高新技术企业； 2. 转制院所企业及所投资的科技企业； 3. 高等院校和科研院所投资的科技企业； 4. 纳入科技部"全国科技型中小企业信息库"的企业； 5. 国家和省级认定的科技服务机构	1. 常规条件： （1）企业建立了规范的内部财务管理制度和员工绩效考核评价制度。年度财务会计报告经过中介机构依法审计，且激励方案制订近3年没有因财务、税收等违法违规行为受到行政、刑事处罚。成立不满3年的企业，以实际经营年限计算。 （2）对于4号文第二条中的三类企业（转制院所企业及其所投资的科技企业、高等院校和科研院所投资的科技企业、纳入科技部"全国科技型中小企业信息库"的企业），近3年研发费用占当年企业营业收入均在3%以上，激励方案制订的上一年度企业研发人员占职工总数10%以上。成立不满3年的企业，以实际经营年限计算。 （3）对于国家和省级认定的科技服务机构，近3年科技服务性收入不低于当年企业营业收入的60%。其中，科技服务性收入是指国有科技服务机构营业收入中属于研究开发及其服务、技术转移服务、检验检测认证服务、创业孵化服务、知识产权服务、科技咨询服务、科技金融服务、科学技术普及服务等收入 2. 特别条件： （1）企业成立不满3年的，不得采取股权奖励和岗位分红的激励方式； （2）大、中型企业不得采取股权期权的激励方式。企业实施股权奖励，除满足上述规定外，近3年税后利润累计形成的净资产增值额应当占近3年年初净资产总额的20%以上，实施激励当年年初未分配利润为正数； （3）企业用于股权奖励的激励额不超过近3年税后利润累计形成的净资产增值额的15%。企业实施股权奖励，必须与股权出售相结合

续表

分类标准	适用范围	实施条件
非上市的国有控股混合所有制企业	1. 正面范围： 优先支持人才资本和技术要素贡献占比较高的转制科研院所、高新技术企业、科技服务型企业开展员工持股试点。 2. 负面范围： （1）中央企业二级（含）以上企业以及各省、自治区、直辖市及计划单列市和新疆生产建设兵团所属一级企业原则上暂不开展员工持股试点； （2）违反国有企业职工持股有关规定且未按要求完成整改的企业，不开展员工持股试点	1. 主业处于充分竞争行业和领域的商业类企业； 2. 股权结构合理，非公有资本股东所持股份应达到一定比例，公司董事会中有非公有资本股东推荐的董事； 3. 企业治理结构健全，建立市场化的劳动人事分配制度和业绩考核评价体系，形成管理人员能上能下、员工能进能出、收入能增能减的市场化机制； 4. 营业收入和利润90%以上来源于所在企业集团外部市场

（二）股权激励要点

针对拟上市国有控股科技型企业、国有控股混合所有制企业，实施股权激励的要点亦有所不同，具体适用情况如下：

表3-11 非上市的国有控股混合所有制企业与科技型企业股权激励实施要点对比

激励实施要点	非上市的国有控股混合所有制企业	非上市的科技型企业
激励对象	1. 参与持股人员应为在关键岗位工作并对公司经营业绩和持续发展有直接或较大影响的科研人员、经营管理人员和业务骨干，且与本公司签订了劳动合同； 2. 党中央、国务院和地方党委、政府及其部门、机构任命的国有企业领导人员不得持股； 3. 外部董事、监事（含职工代表监事）不参与员工持股； 4. 如直系亲属多人在同一企业时，只能一人持股	激励对象为与本企业签订劳动合同的重要技术人员和经营管理人员，具体包括： 1. 关键职务科技成果的主要完成人，重大开发项目的负责人，对主导产品或者核心技术、工艺流程作出重大创新或者改进的主要技术人员； 2. 主持企业全面生产经营工作的高级管理人员，负责企业主要产品（服务）生产经营的中、高级经营管理人员； 3. 通过省、部级及以上人才计划引进的重要技术人才和经营管理人才。 企业不得面向全体员工实施股权或者分红激励。企业监事、独立董事不得参与企业股权或者分红激励

续表

激励实施要点	非上市的国有控股混合所有制企业	非上市的科技型企业
持股方式/激励方式	可以个人名义直接持股，也可通过公司制企业、合伙制企业、资产管理计划等持股平台持有股权。通过资产管理计划方式持股的，不得使用杠杆融资	可以采取股权出售、股权奖励、股权期权等一种或多种方式对激励对象实施股权激励。可以采用直接或间接方式持有激励股权。 大、中型企业不得采取股权期权的激励方式
股份来源	原则：增量引入 主要方式：增资扩股、出资新设	1. 向激励对象增发股份； 2. 向现有股东回购股份； 3. 现有股东依法向激励对象转让其持有的股权
入股价格	同步引入战略投资者的情形，与战略投资者同价； 不引入战略投资者的情形，不得低于经核准或备案的每股净资产评估值	企业实施股权出售，应按不低于资产评估结果的价格，以协议方式将企业股权有偿出售给激励对象
持股比例	1. 员工持股总量原则上不高于公司总股本的30%； 2. 单一员工持股比例原则上不高于公司总股本的1%； 3. 国有股东持股比例不得低于公司总股本的34%	1. 大型企业的股权激励总额不超过企业总股本的5%； 2. 中型企业的股权激励总额不超过企业总股本的10%； 3. 小、微型企业的股权激励总额不超过企业总股本30%，且单个激励对象获得的激励股权不得超过企业总股本的3%； 4. 企业不能因实施股权激励而改变国有控股地位
锁定期	1. 实施员工持股，应设定不少于36个月的锁定期； 2. 在公司公开发行股份前已持股的员工，不得在公司首次公开发行时转让股份，并应承诺自上市之日起不少于36个月的锁定期； 3. 锁定期满后，公司董事、高级管理人员每年可转让股份不得高于所持股份总数的25%	股权激励的激励对象，自取得股权之日起5年内不得转让、捐赠

续表

激励实施要点	非上市的国有控股混合所有制企业	非上市的科技型企业
特殊情形下的股权转让	1. 持股员工因辞职、调离、退休、死亡或被解雇等原因离开本公司的，应在12个月内将所持股份进行内部转让； 2. 转让给持股平台、符合条件的员工或非公有资本股东的，转让价格由双方协商确定； 3. 转让给国有股东的，转让价格不得高于上一年度经审计的每股净资产值	1. 因本人提出离职或者个人原因被解聘、解除劳动合同，取得的股权应当在半年内全部退回企业，其个人出资部分由企业按上一年度审计后净资产计算退还本人； 2. 因公调离本企业的，取得的股权应当在半年内全部退回企业，其个人出资部分由企业按照上一年度审计后净资产计算与实际出资成本孰高的原则返还本人。在职激励对象不得以任何理由要求企业收回激励股权

（三）国有控股企业实施股权激励的重点法律问题

1. 特定人员持股问题

确定参与人员的范围系国有控股企业进行股权激励面临的首要问题。从IPO审核角度看，相关监管规则等并未对特定人员（包括实际控制人及其控股股东员工、子公司员工、退休员工等）能否参与股权激励作出限制性规定，但对国有控股企业股权激励而言，则存在着特定人员的持股限制规定。

（1）"上持下"问题

"上持下"系指上级公司的员工持有下级公司的股权。实践中，由于许多国企集团内部存在着上级公司员工同时担任下级公司董事、高级管理人员或主要技术负责人等核心岗位的情形，该等人员在公司产业布局、技术创新等方面对下级公司的发展产生了重要影响，其能否参与股权激励亦将极大影响管理层的积极性。

根据4号文、133号文以及《关于〈国有科技型企业股权和分红激励暂行办法〉的问题解答》等规定，非上市国有企业股权激励原则上禁止上级公司员工持有下级公司股权。然而，根据《国务院国有资产监督管理委员会关于规范国有企业职工持股、投资的意见》（国资发改革〔2008〕139号，以下简称139号文）第二条第四项规定："科研、设计、高新技术企业科技人员确因特殊情况需要持有子企业股权的，须经同级国资监管机构批准，且不得作为该子企业的国有股东代表。"可见,科技型企业可以在一定程度上突破"上持下"的限制。

综上,在目前的规则体系下,仅科技型国有企业中的科技人员在经批准后可以持有下级公司股权,其余企业存在"上持下"情形的,原则上都需要予以清理。若上级公司员工在下级公司任职,且有意参与下级企业股权激励,而下级公司非属于科技型企业或员工本人非科技人员的,建议考虑采取员工与上级公司解除劳动合同并重新与下级公司订立劳动合同的方式取得股权激励参与资格,以免因违规"上持下"对公司上市造成不利影响。

(2)"下持上"问题

"下持上"系指下级公司的员工持有上级公司的股权。实践中,因相当一部分国有企业的研发、生产或销售业务分散在各子公司层面,该等国有企业在实施股权激励时往往希望将子公司员工一并纳入激励范围。

就"下持上"问题,139号文第二款第四项明确规定:经国资监管机构或集团公司批准,子公司员工可持有上一级改制企业股权。4号文和133号文并未禁止"下持上",其中4号文第七条规定,"激励对象为与本企业签订劳动合同的重要技术人员和经营管理人员";133号文第三条第一款规定,持股人员需"与本公司签订了劳动合同"。

结合成功上市的相关案例,无论是依据4号文还是依据133号文实施股权激励的国有控股企业,均存在子公司员工参与发行人层面股权激励的情形,例如有研粉材(688456)[①]案例中,依据4号文实施股权激励,持股员工均为有研粉材及其控股子公司的员工,且均已与有研粉材或有研粉材的控股子公司签署劳动合同;中国电研(688128)[②]案例中,依据133号文实施股权激励,持股员工包含中国电研员工及其下属公司员工。上述企业的股权激励方案不仅通过了各自所属央企集团公司的审批,在上市审核过程中监管部门亦未就"下持上"问题进行追问。

综合上述规定及案例,4号文和133号文项下的"本公司/本企业"应理解为包含本公司及各级控股子公司。

[①] 案例信息来源:有研粉材在上海证券交易所发行上市审核网站公告的《北京市金杜律师事务所关于有研粉末新材料股份有限公司首次公开发行股票并在科创板上市的法律意见书》。

[②] 案例信息来源:中国电研在上海证券交易所发行上市审核网站公告的《中国电器科学研究院股份有限公司科创板首次公开发行股票招股说明书》。

（3）退休员工持股问题

实践中，退休返聘的员工是否可以作为股权激励的对象的问题亦具有普遍性。尤其是一些公司的技术骨干存在已经或者即将达到退休年龄情形，该等人员通过退休返聘等形式能够继续为公司作出贡献，因此将这类员工作为激励对象从员工个人意愿与激励效果而言均具有合理性。对此，下文将区分两种情形进行讨论：

①已退休员工的持股问题

由于4号文、133号文均明确要求持股员工需与本公司签订劳动合同，因此已退休员工是否能够参与持股的核心在于其可否继续与国有企业建立劳动关系。

根据《劳动合同法》第四十四条规定，员工"开始依法享受基本养老保险待遇的"，劳动合同终止；即依法享受基本养老保险待遇的退休员工就不再满足需与公司订立劳动合同的要求，即使其通过签署劳动合同或签署退休返聘协议仍在公司工作，通常认为其与公司之间建立的也是劳务关系，而非劳动关系。

若员工超过法定退休年龄且未享受相应的养老保险待遇的，根据《劳动合同法》第四十四条的规定，法律并未禁止该等员工与用人单位签订劳动合同及建立劳动关系。

但从实践案例来看，可能由于国有企业中退休人员大多享有养老保险待遇，属于《劳动合同法》第四十四条所规定的劳动合同终止的情形，不少审批机关都认为国有企业的已退休员工当然不符合订立劳动合同的条件；此外，就相关上市案例来看，实践中将退休员工纳入持股范围的情形较为少见。

综上所述，已退休且已享受养老保险待遇的员工通常已不再具备签署劳动合同、订立劳动关系的条件，不符合参与国有企业股权激励的资格；但就国有企业中已达到退休年龄但并未享受养老保险待遇的员工，建议结合未能享受相关待遇的具体原因、与员工签署的协议内容等情况予以分析，在制订方案时与上级审核机关充分沟通，确认是否可将此类已届退休年龄的员工纳入激励对象范围。

②参与员工持股后退休员工的继续持股问题

对参与员工持股后退休的人员而言，从规则层面看，133号文第四条第三款明确规定，"持股员工因辞职、调离、退休、死亡或被解雇等原因离开本公司的，应在12个月内将所持股份进行内部转让"；但4号文未像133号文一样明确规定退休为员工退股情形之一，4号文第二十二条仅规定了激励对象在"因本人提出离职或者个人原因被解聘、解除劳动合同""因公调离本企业"三种情形下需退回取得的股权。

从实践层面看，相关成功上市案例中依照133号文和4号文实施股权激励的，在对已退休人员的处理上亦存在差异，相关对比案例如下：

表 3-12 依据 133 号文和 4 号文实施股权激励案例对比

序号	公司名称	持股后退休人员处理情况	依据文件
1	深水规院（301038）①	水规院投资（深水规院员工持股平台）存在已离职或已退休尚未转让所持份额的人员，前述人员应当退出持股平台，但该等人员的应转让事由发生尚不足12个月，相关人员暂未退出，未违反133号文及《深圳水规院投资股份有限公司章程》的规定	133号文
2	新余国科（300722）②	其人力资源部部长在通过员工持股平台持有新余国科股权后退休，在上市时未退出员工持股平台	4号文

除上述案例外，依照133号文实施股权激励的公司，从各家公司披露的股权流转情形看，退休均是员工强制退出的情形之一；而不少依照4号文实施股权激励的公司，在披露员工退出情形时，并未将退休作为强制退出的情形之一。

因此，结合案例来看，在4号文项下国有科技型企业参与持股后退休的员工继续持有公司股权可能尚存在一定的政策空间，企业在制订方案时可充分与审批机关沟通，允许在参与持股后退休的员工保留其已持有的股权。

2. 预留份额处理问题

许多公司在实施股权激励时往往希望预留一部分激励股权用于授予后续新引进的人才或因表现优秀获得晋升的员工。通常此部分预留股权由员工持股平台通过认缴但不实缴的方式持有，直至授予后续参与股权激励的员工并由其完成相应份额的实缴。

---

① 案例信息来源：深水规院在深圳证券交易所上市审核信息公开网站（https：//listing.szse.cn/projectdynamic/ipo/index.html）公告的《深圳市水务规划设计院股份有限公司创业板首次公开发行股票招股说明书》。

② 案例信息来源：新余国科在深圳证券交易所上市审核信息公开网站公告的《江西新余国科科技股份有限公司创业板首次公开发行股票招股说明书》。

如前文分析，民营企业的员工持股计划在 IPO 申报前应当将预留份额全部授予具体的持有人；从国有企业股权激励监管角度看，133 号文仅规定国有企业在实施员工持股时可以采取适当方式预留部分股权，但并未对预留股权的授予时间、方式等具体问题作出规定。但从上市规则角度看，《监管规则适用指引——发行类第 4 号》第 4-5 条明确要求"发行人的注册资本应依法足额缴纳"。

经检索相关国有企业上市案例，实践中就预留股权通常采取以下两种处理方式：（1）在申报上市前将预留股权全部授予员工，如中国茶叶股份有限公司招股说明书[①]显示其预留股权在股改前授予完毕；（2）变更员工持股方案，员工持股平台将预留股权转让给控股股东，由控股股东完成实缴，例如在厦钨新能（688778）[②]员工持股案例中，员工持股平台将预留股权由控股股东认购并完成实缴。

综上所述，虽然 133 号文未明确规定预留股权的预留方式、授予方式等，但从上市角度而言，拟上市国有企业在设置预留股权时，需充分考虑企业未来的人才引进计划以及上市安排，从而满足"发行人注册资本已足额缴纳"的上市要求；若因符合持股条件的员工数量较少或员工出资压力过大等原因导致预留股权未能授予完毕，为避免影响上市进程，可在履行必要的国资审批手续后，对原持股方案进行变更，调整预留股权的出资主体。

三、国有参股企业

由于 4 号文第二条明确规定了其适用范围为"国有及国有控股"的科技企业，国有参股企业不适用该办法，而 133 号文同样仅适用于国有控股企业，因此，国有参股企业实施股权激励无须参照 4 号文以及 133 号文。

根据《企业国有资产法》《企业国有资产监督管理暂行条例》的有关规定，对于国有参股企业，国有股东的国有股权转让由履行出资人职责的机构决定，国有参股企业与国有股东无关的改制、合并、分立、增资、减资等重大事项不涉及国资监管审批。

---

① 案例信息来源：中国茶叶股份有限公司在上海证券交易所发行上市审核网站公告的《中国茶叶股份有限公司主板首次公开发行股票招股说明书》。

② 案例信息来源：厦钨新能在上海证券交易所发行上市审核网站公告的《厦门厦钨新能源材料股份有限公司科创板首次公开发行股票招股说明书》。

根据《企业国有资产评估管理暂行办法》第六条的规定，国有参股企业的股改、国有股东因股权转让或参与增减资造成的股权比例变动、未参与增减资被动造成的国有股东股权比例变动以及其他非国有单位以非货币资产出资都应进行评估，并履行评估备案程序。

参照上述国有参股企业股权转让的相关规定，国有参股企业实施员工股权激励的，如未造成国有股东所持股权比例变动，无须评估备案；如造成国有股东所持股权比例变动，则需要履行评估备案程序。

四、国有企业股权激励的程序

（一）非上市国有控股混合所有制企业实施股权激励的程序

根据 133 号文与相关案例，非上市国有控股混合所有制企业实施股权激励的程序主要如下：

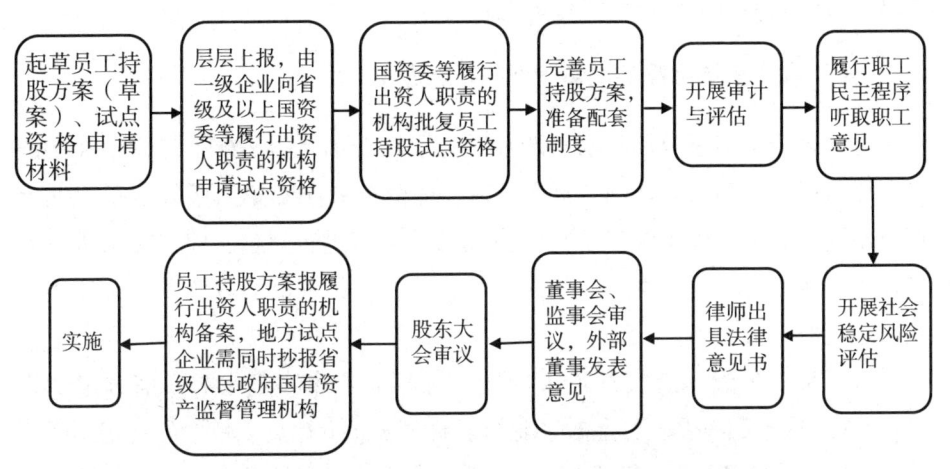

图 3-1 非上市国有控股混合所有制企业实施股权激励的程序

（二）非上市国有科技型企业实施股权激励的程序

根据 4 号文与相关案例，非上市国有科技型企业实施股权激励的程序主要如下：

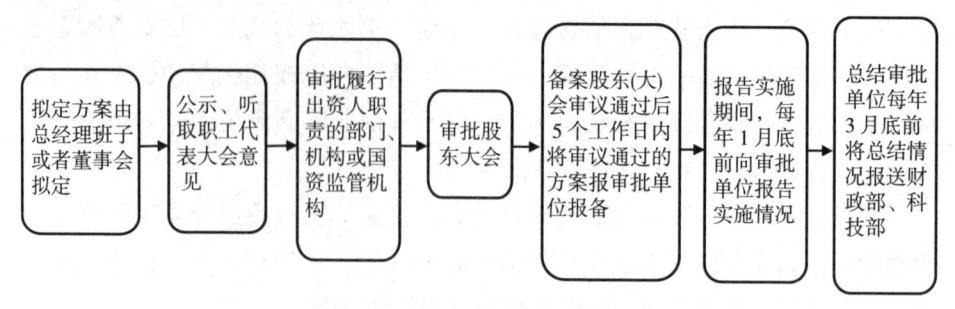

拟定方案由总经理班子或者董事会拟定 → 公示、听取职工代表大会意见 → 审批履行出资人职责的部门、机构或国资监管机构 → 审批股东大会 → 备案股东(大)会审议通过后5个工作日内将审议通过的方案报审批单位报备 → 报告实施期间，每年1月底前向审批单位报告实施情况 → 总结审批单位每年3月底前将总结情况报送财政部、科技部

图 3-2　非上市国有科技型企业实施股权激励的程序

五、激励价格

由于 133 号文与 4 号文均已就国有控股企业的激励价格作出明确规定，因此国有控股企业只要严格遵循关于激励价格的相应规定，就不会因股权激励定价造成国有资产流失问题。实践中通常对国有参股公司以低价实施股权激励是否构成国有资产流失存在争议。

（一）国有公司参股的民营企业股权激励

企业以低价实施股权激励，涉及国有股权变动是否需要资产评估在实践中存在争议。鉴于《企业国有资产评估管理暂行办法》第六条规定了"非上市公司国有股东股权比例变动"应当对相关资产进行评估，建议谨慎进行资产评估。尽管资产评估价格往往高于增资价格，但该等股权激励行为原则上只需通过股东会决议。

对于是否导致国有资产流失问题，从相关上市案例来看，部分案例以"发行人不属于国有企业、金融企业的范畴，因此上述员工持股的规定不适用于发行人的股权激励计划"为由，直接排除适用国有控股上市公司的股权激励相关规定；但亦有少量案例选择谨慎处理，由相关方全额补足增资价格与净资产评估值之间的差额中归属于国资的部分，并由相关主管部门予以确认的方式，以明确不存在国有资产流失。

（二）国有出资合伙企业参股企业的股权激励

《上市公司国有股权监督管理办法》第七十八条规定，"国有出资的有限合伙企业不作国有股东认定，其所持上市公司股份的监督管理另行规定"。基于该规定，在日常业务实践中也倾向于不将国有出资的有限合伙企业认定为国有股东。从而，以增资方式实施股权激励的，尽管导致国有出资的有限合伙企业持股比例发生稀释，通常也无须进行资产评估。从相关上市案例来看，国有出资合伙企业通常没有因低价实施股权激励而被问询是否涉及国有资产流失的问题，间接说明类似企业通常以低价增资方式实施股权激励符合市场化原则，原则上亦不涉及国有资产流失的问题。

第六节 股权激励中的其他特殊问题

一、股份支付处理

（一）概念和原理

根据《企业会计准则第 11 号——股份支付》第二条规定，"股份支付，是指企业为获取职工和其他方提供服务而授予权益工具或者承担以权益工具为基础确定的负债的交易"。简而言之，股份支付即企业以其股份作为购买职工服务的对价。

就拟上市公司的股权激励而言，股份购买价格低于公允价值的差额部分，其实质与向员工发放工资薪酬类似，均是公司为获取其提供的服务而给予的对价，因此该部分也应该和增加工资薪酬同样处理。例如，当公司股份公允价值为 10 元/股时，若员工或其他主体以 6 元/股的优惠价格取得股份，则其中的差额 4 元应进行股份支付处理，相应增加公司的费用、减少公司的利润，如同该 4 元的差额系公司向员工增加的工资薪酬一样。

（二）股份支付处理的情形

1. 应进行股份支付处理的情形

关于需要进行股份支付处理的情形，《监管规则适用指引——发行类第 5 号》进行了较为细致的说明。按照其中"5-1 增资或转让股份形成的股份支付"要求，"发行人向职工（含持股平台）、顾问、客户、供应商及其他利益相关方等新增股份，以及主要股东及其关联方向职工（含持股平台）、客户、供应商及其他利益相关方等转让股份，发行人应根据重要性水平，依据实质重于形式原则，对相关协议、交易安排及实际执行情况进行综合判断，并进行相应会计处理。有充分证据支持属于同一次股权激励方案、决策程序、相关协议而实施的股份支付，原则上一并考虑适用"。

从上述规定可知：（1）非公司职工（如客户、供应商等）如果涉及以低于公允价值入股，也需要进行股份支付处理，因为其实质也是公司以股份换取客户供应商的服务或产品；（2）不仅公司向员工增发股份需要进行股份支付处理，主要股东及其关联方向职工（含持股平台）、客户、供应商进行股份转让时，若低于公允价值也可能会导致股份支付处理。

此外，"5-1 增资或转让股份形成的股份支付"还就实际控制人/老股东以低于公允价值入股的情形进行了特别说明："为发行人提供服务的实际控制人/老股东以低于股份公允价值的价格增资入股，且超过其原持股比例而获得的新增股份，应属于股份支付。如果增资协议约定，所有股东均有权按各自原持股比例获得新增股份，但股东之间转让新增股份受让权且构成集团内股份支付，导致实际控制人/老股东超过其原持股比例获得的新增股份，也属于股份支付。实际控制人/老股东原持股比例，应按照相关股东直接持有与穿透控股平台后间接持有的股份比例合并计算。"

2. 无须进行股份支付处理的情形

"5-1 增资或转让股份形成的股份支付"同时明确了不需要进行股份支付处理的情形："解决股份代持等规范措施导致股份变动，家族内部财产分割、继承、赠与等非交易行为导致股份变动，资产重组、业务并购、转换持股方式、向老股东同比例配售新股等导致股份变动，有充分证据支持相关股份获取与发行人获得其服务无关的，不适用《企业会计准则第 11 号——股份支付》。"

（三）公允价值的确定

由于股份支付的核心就是入股价格与公允价值的差异，因此公允价值的确定无疑是股份支付处理时最重要，也最具争议的事项之一。参考《监管规则适用指引——发行类第 5 号》"5-1 增资或转让股份形成的股份支付"要求，在确定公允价值时，一般应综合考虑如下因素：（1）入股时期，业绩基础与变动预期，市场环境变化；（2）行业特点，同行业并购重组市盈率水平、市净率水平；（3）股份支付实施或发生当年市盈率、市净率等指标因素的影响；（4）熟悉情况并按公平原则自愿交易的各方最近达成的入股价格或股权转让价格，如近期合理的外部投资者入股价，但要避免采用难以证明公允性的外部投资者入股价；（5）采用恰当的估值技术确定公允价值，但要避免采取有争议的、结果显失公平的估值技术或公允价值确定方法，如明显增长预期下按照成本法评估的净资产价值或账面净资产。判断价格是否公允应考虑与某次交易价格是否一致，是否处于股权公允价值的合理区间范围内。

从实践来看，确定公允价值最常用的参照就是最近一次外部投资者的入股价格。当然前提是该外部投资者本身是无关联第三方，且不存在入股价格异常的情形。在激励前后均有外部投资者入股时，一般也会以距离最近的入股价格为参照，具体的公允价值还是由会计师在综合考虑前述因素的情形下最终确定。

（四）计量方式

《监管规则适用指引——发行类第 5 号》"5-1 增资或转让股份形成的股份支付"要求："股份立即授予或转让完成且没有明确约定等待期等限制条件的，股份支付费用原则上应一次性计入发生当期，并作为偶发事项计入非经常性损益。设定等待期的股份支付，股份支付费用应采用恰当方法在等待期内分摊，并计入经常性损益。发行人应结合股权激励方案及相关决议、入股协议、服务合同、发行人回购权的期限、回购价格等有关等待期的约定及实际执行情况，综合判断相关约定是否实质上构成隐含的可行权条件，即职工是否必须完成一段时间的服务或完成相关业绩方可真正获得股权激励对应的经济利益。"

尽管有上述规定，但对于该规定的理解，审核思路也存在一定差异。在财政部 2021 年 5 月发布《股份支付准则应用案例——以首次公开募股成功为可行权条件》（以下简称《股份支付准则应用案例》）之前，考虑到相关激励份额实质是对相关员工过去贡献的奖励，因此市场上一般对于未约定服务期的激励方案，采取一次性计入发生当期的处理。但《股份制度准则应用案例》提出，"根据该股权激励计划的约定，甲公司员工须服务至甲公司成功完成首次公开募股，否则其持有的股份将以原认购价回售给实际控制人。该约定表明，甲公司员工须完成规定的服务期限方可从股权激励计划中获益，属于可行权条件中的服务期限条件，而甲公司成功完成首次公开募股属于可行权"。

因此，如果激励对象取得激励份额后不能自由转让，而需以公司上市为条件，则认为该激励方案实际约定了以上市为条件的服务期，因此需要在服务期内进行分摊。这也是《企业会计准则第11号——股份支付》的要求，即"完成等待期内的服务或达到规定业绩条件才可行权的换取职工服务的以权益结算的股份支付，在等待期内的每个资产负债表日，应当以对可行权权益工具数量的最佳估计为基础，按照权益工具授予日的公允价值，将当期取得的服务计入相关成本或费用和资本公积"。

以甬矽电子（688362）①为例，其在招股说明书中明确："根据股权激励计划及持股平台合伙协议约定，公司员工须服务至公司成功完成首发上市，否则其持有的股份将以原认购价转让给普通合伙人指定的第三人，公司员工须完成规定的服务期限方可从股权激励计划中获益，属于可行权条件中的服务期限条件，而公司成功完成首发上市属于可行权条件中业绩条件的非市场条件。公司管理层预期2022年6月30日前完成境内首发上市，届时将满足股权激励计划中关于行权情形的约定，因此公司按照《企业会计准则第11号——股份支付》对服务期的相关规定，确认股份支付服务期为自各员工授予日起至2022年6月30日止。"

实践操作中，对于是否将股份限售及锁定期作为分期依据，不同企业存在不同的处理方式。例如，针对附锁定期条款要求的股权激励，金冠电气（688517）②认为由于没有明确的服务期限，故股份授予日公司一次性确认为股份支付费用；四方光电（688665）③认为股权激励中的锁定期条款对获取股权激励的员工具有强制性的服务期限约束，锁定期等同于对激励对象作实质性约定的服务期限，故需分期确认股份支付费用。同时，同一企业的会计处理也会因审核政策的变动而调整，如美腾科技（688420）④首次申报时，发行人分别于2018年度、2019年度实施三次股权激励，考虑到股权激励相关协议及制度中未明确约定服务期等限制条件，基于谨慎性原则，结合《企业会计

---

① 案例信息来源：甬矽电子在上海证券交易所发行上市审核网站公告的《甬矽电子（宁波）股份有限公司首次公开发行股票并在科创板上市招股说明书》。

② 案例信息来源：金冠电气在上海证券交易所发行上市审核网站公告的《金冠电气股份有限公司首次公开发行股票并在科创板上市招股说明书》。

③ 案例信息来源：四方光电在上海证券交易所发行上市审核网站公告的《四方光电股份有限公司首次公开发行股票并在科创板上市招股说明书》。

④ 案例信息来源：美腾科技在上海证券交易所发行上市审核网站公告的《天津美腾科技股份有限公司首次公开发行股票并在科创板上市招股说明书》。

准则第 11 号——股份支付》、当时有效的中国证监会《首发业务若干问题解答》（现已失效）的相关规定，发行人将上述股份支付费用一次性计入发生年度的当期损益，作为非经常性损益列示，并相应增加资本公积。后经过对比财政部《股份支付准则应用案例》与发行人股权激励协议的具体约定，发行人员工持股平台员工在约定的期间内（2 年内或 4 年内）离职时转让财产份额存在限制，存在隐含的服务期，属于可行权条件中的服务期限条件。因此，发行人基于谨慎原则，结合上述《股份支付准则应用案例》，对股份支付确认方式进行了会计差错更正，由在授予日一次性确认更正为在估计的等待期内进行分期摊销，以符合《企业会计准则第 11 号——股份支付》和财政部《股份支付准则应用案例》的相关规定。

从交易所发布的审核动态来看，一般要求将股份支付费用在授予日至公司上市且股份锁定期届满日期间进行分摊。但如果激励方案并不限制激励对象转让其激励份额，则一般而言应当一次性计入。具体分期方式需要拟上市公司的会计师结合股权激励方案及相关决议、入股协议、服务合同等有关服务期的条款约定进行合理判断。

（五）分批授予的股份支付处理

一般而言，由于拟上市公司对员工的激励并不是一次性完成的。一方面，在设置股权池或预留份额的情形下，部分激励份额需在首次授予后再陆续授予；另一方面，当部分激励对象因离职而退伙时，将其股份转让给股份调剂枢纽后，最终也需要将该等份额再授予其他激励对象。因此，后续变动时的股份支付处理也有必要予以关注。

在设置股权池和预留份额的情形下，一般需要关注两个方面：（1）首次授予时，由于股权池或者预留份额并未实际授予具体的激励对象，因此该部分份额对应的股份一般在未来实际授予时再进行股份支付处理；（2）未来将股权池或预留份额进行授予时，应以授予时的公允价值为基础计算股份支付费用。

在向退出合伙人收回激励份额并将收回份额重新授予的情形下，一般也需要关注两个方面：

1. 收回激励份额时，一般而言，如该激励对象原股份支付是一次性计入，则表明该次股份支付的目的是作为对激励对象在授予日之前已为企业提供的服务的补偿，因此在授予日一次性确认全部股份支付费用，并且一旦授予就不再调整；如果该激励对象原股份支付是在等待期内分摊的，则表明该次股份支付的目的是购买激励对象在等待期内的服务。因此，激励对象在等待期内提前离职或被解聘需将激励股份转让给指定主体，公司则可以将前期已确认的股份支付费用予以冲回。

2. 重新授予时，应以授予时的公允价值为基础计算股份支付费用。

二、员工激励的税务处理

如前所述，拟上市公司常见的员工激励方式包括限制性股份、股份期权以及通过员工持股平台进行的间接激励，拟上市公司采用不同的激励模式时，所涉的税务处理及纳税金额也会相应有所不同。

（一）限制性股份及员工持股计划的税务处理

在拟上市公司层面直接实施的限制性股份及通过员工持股平台进行的激励计划，涉及纳税的时间点包括取得股权时和取得收益时（包括分红或转让股份），主要的税务处理如下：

1. 取得股权时的涉税情形

根据《关于完善股权激励和技术入股有关所得税政策的通知》（财税〔2016〕101号，以下简称101号文），个人从任职受雇企业以低于公平市场价格取得股票（权）的，凡不符合递延纳税条件，应在获得股票（权）时，对实际出资额低于公平市场价格的差额，按照"工资、薪金所得"项目的有关规定计算缴纳个人所得税。非上市公司授予本公司员工的股票（权）期权、限制性股票和股权奖励，符合规定条件的，经向主管税务机关备案，可实行递延纳税政策，即员工在取得股权激励时可暂不纳税，递延至转让该部分激励股权时纳税。根据上述法规：

（1）在拟上市公司层面直接持股的，取得股票时如符合一定条件并向主管税务机关备案，可递延至转让该股权时纳税；如未办理备案，则就取得股权涉及纳税义务，按照"工资、薪金所得"进行3%—45%超额累进税率年度汇算清缴。

（2）由于101号文未明确规定通过员工持股平台间接实施股权激励能否适用递延纳税，在设立持股平台进行股权激励之前，应当与持股平台所在地主管税务机关沟通，明确是否可以进行递延备案。如不能适用，则通过持股平台间接持股的员工需在获得股权时按照"工资、薪金所得"项目，就取得股份成本低于公平市场价格部分按照3%—45%超额累进税率年度个人所得税汇算清缴。IPO实践中存在以员工持股平台激励并成功进行递延纳税的案例，如美芯晟（688458）[①]在其IPO申请材料中披露"发行人就员工持股平台合伙人所获股权激励纳税事项在主管税务部门完成了递延纳税备案"。

2. 取得收益时的涉税情形

股权激励取得收益的方式包括出售公司股份后退出，或者在持有股份期间参与公司分红获得收益。在拟上市公司的不同阶段及不同收益方式下的税务处理如下：

表 3-13　拟上市公司不同情况下的税务处理方式

项目	直接持股	间接持股
出售拟上市公司股份/出售上市公司股票	无论是否上市，未来减持退出时，都涉及个人所得税（20%）	（1）持股平台为公司制企业的，就转让所得涉及企业所得税（25%）和利润分配个人所得税（20%）双重征税； （2）持股平台为合伙企业的，则其仅涉及合伙人个税税负（有按生产经营所得5%—35%超额累进税率征税[②]，部分地区经与税务部门沟通可按照20%征税）
上市前分红	公司分红时，涉及个人所得税（20%）	无论持股平台是公司制企业还是合伙企业，就分红所得仅涉及个人所得税（20%），不涉及双重征税（因为《企业所得税法》规定符合条件的居民企业之间的股息红利属于免税收入）
上市后分红	上市后分红，超过1年免征个人所得税（20%）；持股超过1个月不满1年，实际税负率10%；持股不满1个月，实际税负率20%	持股平台为公司制企业且持股时间不足12个月的，涉及企业所得税（25%）和个人所得税（20%）；其他的仅涉及个人所得税（20%）（因为《企业所得税法实施条例》规定免税收入不包括连续持有居民企业公开发行并上市流通的股票不足12个月取得的投资收益）

---

① 案例信息来源：美芯晟在上海证券交易所发行上市审核网站公告的《美芯晟科技（北京）股份有限公司首次公开发行股票并在科创板上市招股意向书附录》。

② 《财政部、国家税务总局关于合伙企业合伙人所得税问题的通知》（财税〔2008〕159号）规定："前款所称生产经营所得和其他所得，包括合伙企业分配给所有合伙人的所得和企业当年留存的所得（利润）。"

（二）股份期权的税务处理

根据《财政部 国家税务总局关于个人股票期权所得征收个人所得税问题的通知》（财税〔2005〕35号，以下简称35号文）与《国家税务总局关于个人股票期权所得缴纳个人所得税有关问题的补充通知》（国税函〔2006〕902号），关于股份期权的税务处理规定具体如下：

表 3-14 股份期权的税务处理规定

主要内容	具体规定
适用于股份期权	实施股票期权计划企业授予该企业员工的股票期权所得，应按《个人所得税法》及其实施条例有关规定征收个人所得税
接受时不征税	接受时一般不征税：员工接受实施股票期权计划企业授予的股票期权时，除另有规定外，一般不作为应纳税所得征税
行权时的应纳税所得和税率	员工行权时，其从企业取得股票的实际购买价（施权价）低于购买日公平市场价（指该股票当日的收盘价，下同）的差额，是因员工在企业的表现和业绩情况而取得的与任职、受雇有关的所得，应按"工资、薪金所得"（3%—45%）适用的规定计算缴纳个人所得税。 计算公式：股票期权形式的工资薪金应纳税所得额 =（行权股票的每股市场价-员工取得该股票期权支付的每股施权价）×股票数量
提前出售须纳税	对因特殊情况，员工在行权日之前将股票期权转让的，以股票期权的转让净收入作为工资薪金所得征收个人所得税
行权后再出售的应纳税所得和税率	员工将行权后的股票再转让时获得的高于购买日公平市场价的差额，是因个人在证券二级市场上转让股票等有价证券而获得的所得，应按照"财产转让所得"（20%）适用的征免规定计算缴纳个人所得税。 个人将行权后的境内上市公司股票再转让而取得的所得，暂不征收个人所得税；个人转让境外上市公司的股票而取得的所得，应按税法的规定计算应纳税所得额和应纳税额，依法缴纳税款
扣缴义务人	实施股票期权计划的境内企业为个人所得税的扣缴义务人，应按税法规定履行代扣代缴个人所得税的义务
报告义务	实施股票期权计划的境内企业，应在股票期权计划实施之前，将企业的股票期权计划或实施方案、股票期权协议书、授权通知书等资料报送主管税务机关；应在员工行权之前，将股票期权行权通知书和行权调整通知书等资料报送主管税务机关。 扣缴义务人和自行申报纳税的个人在申报纳税或代扣代缴税款时，应在税法规定的纳税申报期限内，将个人接受或转让的股票期权以及认购的股票情况（包括种类、数量、施权价格、行权价格、市场价格、转让价格等）报送主管税务机关

(三) 关于税务处理需关注的特殊政策

1. 税务报告义务

根据《国家税务总局关于进一步深化税务领域"放管服"改革培育和激发市场主体活力若干措施的通知》(税总征科发〔2021〕69号)的规定,实施股权(股票,下同)激励的企业应当在决定实施股权激励的次月15日内,向主管税务机关报送《股权激励情况报告表》,并按照35号文、101号文等现行规定向主管税务机关报送相关资料……境内企业以境外企业股权为标的对员工进行股权激励的,应当按照工资、薪金所得扣缴个人所得税,并执行上述规定。

因此,对于拟上市公司实施股权激励的,无论是员工持股平台模式还是股份期权模式,均涉及按照工资、薪金所得扣缴个人所得税(3%—45%超额累进税率)的义务,其需在决定实施股权激励的次月15日内向主管税务机关报送相关报告。

2. 递延纳税

根据101号文关于递延纳税的规定,对符合条件的非上市公司股份期权、股权期权、限制性股票和股权奖励实行递延纳税政策。其基本内容如下:

表3-15 递延纳税规定总结

主要内容	具体规定
适用范围	非上市公司股票期权、股权期权、限制性股票和股权奖励。本通知所称股票(权)期权是指公司给予激励对象在一定期限内以事先约定的价格购买本公司股票(权)的权利;所称限制性股票是指公司按照预先确定的条件授予激励对象一定数量的本公司股权,激励对象只有工作年限或业绩目标符合股权激励计划规定条件的才可以处置该股权;所称股权奖励是指企业无偿授予激励对象一定份额的股权或一定数量的股份
递延纳税的效果	经向主管税务机关备案,可实行递延纳税政策,即员工在取得股权激励时可暂不纳税,递延至转让该股权时纳税;股权转让时,按照股权转让收入减除股权取得成本以及合理税费后的差额,适用"财产转让所得"项目,按照20%的税率计算缴纳个人所得税
不符合递延纳税条件的处理	个人从任职受雇企业以低于公平市场价格取得股票(权)的,凡不符合递延纳税条件,应在获得股票(权)时,对实际出资额低于公平市场价格的差额,按照"工资、薪金所得"项目,参照35号文有关规定计算缴纳个人所得税

续表

主要内容	具体规定
应纳税所得标准	股权转让时，股票（权）期权取得成本按行权价确定，限制性股票取得成本按实际出资额确定，股权奖励取得成本为零
递延条件	属于境内居民企业的股权激励计划。 股权激励计划经公司董事会、股东（大）会审议通过。未设股东（大）会的国有单位，经上级主管部门审核批准。股权激励计划应列明激励目的、对象、标的、有效期、各类价格的确定方法、激励对象获取权益的条件、程序等。 激励标的应为境内居民企业的本公司股权。股权奖励的标的可以是技术成果投资入股其他境内居民企业所取得的股权。激励标的股票（权）包括通过增发、大股东直接让渡以及法律法规允许的其他合理方式授予激励对象的股票（权）。 激励对象应为公司董事会或股东（大）会决定的技术骨干和高级管理人员，激励对象人数累计不得超过本公司最近6个月在职职工平均人数的30%。 股票（权）期权自授予日起应持有满3年，且自行权日起持有满1年；限制性股票自授予日起应持有满3年，且解禁后持有满1年；股权奖励自获得奖励之日起应持有满3年。上述时间条件须在股权激励计划中列明。 股票（权）期权自授予日至行权日的时间不得超过10年。 实施股权奖励的公司及其奖励股权标的公司所属行业均不属于《股权奖励税收优惠政策限制性行业目录》范围（畜牧业、房地产业、体育、娱乐、住宿餐饮等）。公司所属行业按公司上一纳税年度主营业务收入占比最高的行业确定
扣缴义务人	以实施股权激励的企业为个人所得税扣缴义务人
享受递延需备案	对股权激励或技术成果投资入股选择适用递延纳税政策的，企业应在规定期限内到主管税务机关办理备案手续。未办理备案手续的，不得享受本通知规定的递延纳税优惠政策。非上市公司实施符合条件的股权激励，个人选择递延纳税的，非上市公司应于股票（权）期权行权、限制性股票解禁、股权奖励获得之次月15日内，向主管税务机关报送《非上市公司股权激励个人所得税递延纳税备案表》、股权激励计划、董事会或股东大会决议、激励对象任职或从事技术工作情况说明等。实施股权奖励的企业同时报送本企业及其奖励股权标的企业上一纳税年度主营业务收入构成情况说明
报告义务	递延纳税期间，扣缴义务人应在每个纳税年度终了后向主管税务机关报告递延纳税有关情况。 个人因非上市公司实施股权激励或以技术成果投资入股取得的股票（权），实行递延纳税期间，扣缴义务人应于每个纳税年度终了后30日内，向主管税务机关报送《个人所得税递延纳税情况年度报告表》

三、外籍员工的激励

全球化浪潮下，人力资源的国际性流动也超乎以往。为开拓境外市场、加快国际化步伐，国内企业纷纷引入海外人才，并实施外籍员工参与的股权激励以稳定人才，如英科新创、联特科技、昱能科技、益方生物等。

鉴于现行法规对非上市公司股权激励未作专门规制，虽其与上市公司的激励存在差异，但上市公司的有关规则仍能为拟上市公司理解、制定和实施相关外籍员工的激励方案提供参考。

（一）可行性

参考《上市公司股权激励管理办法》第八条规定，"外籍员工任职上市公司董事、高级管理人员、核心技术人员或者核心业务人员的，可以成为激励对象"；与之相适应，中国证券登记结算有限责任公司2018年发布的《关于符合条件的外籍人员开立A股证券账户有关事项的通知》，明确就符合条件的外籍人员开立A股证券账户。

（二）外资准入

考虑到非上市公司的规模相对较小，人合性和封闭性较强，外籍员工直接或间接持有公司股权存在被认定为战略投资的风险。根据《外商投资法》第四条第一款、第二款规定，国家对外商投资实行准入前国民待遇加负面清单管理制度。第一款所称准入前国民待遇，是指在投资准入阶段给予外国投资者及其投资不低于本国投资者及其投资的待遇；所称负面清单，是指国家规定在特定领域对外商投资实施的准入特别管理措施。国家对负面清单之外的外商投资，给予国民待遇。

建议拟上市公司对外籍员工的激励持谨慎态度，参考《外商投资准入特别管理措施（负面清单）》及《自由贸易试验区外商投资准入特别管理措施（负面清单）》的规定，对于外资禁止投资行业，不作外籍员工激励；对于外资限制的行业，外籍员工激励应不超过有关持股比例上限的要求，以避免有关外资准入的风险。

（三）实施程序

相较中国籍员工，外籍员工不论是直接持股还是通过设立持股平台或参与资管计划等间接方式参与股权激励，均不可避免地涉及外汇监管、公司登记等流程，激励的实施也更为复杂。因此，拟上市公司在实施外籍员工参与的股权激励时，亦应考虑有关登记手续办理的便利性及合规性问题。

参考《境内上市公司外籍员工参与股权激励资金管理办法》，境内上市公司外籍员工参与股权激励的，公司应当在对股权激励计划进行公告后的 30 日内，在公司所在地外汇局统一办理外籍员工参与股权激励登记，所在地外汇局审核后会出具业务登记凭证。公司凭业务登记凭证、外籍员工凭业务登记凭证复印件办理相关跨境收支、资金划转及汇兑业务。

（四）资金来源

参考《境内上市公司外籍员工参与股权激励资金管理办法》，外籍员工参与股权激励所需资金，可以来源于其在境内的合法收入，也可以来源于从境外汇入的资金。对于后者，外籍员工应当将资金从境外汇入境内公司账户或外籍员工个人银行结算账户。而外籍员工使用其境内外币账户内的资金参与股权激励的，应将资金结汇后划入公司账户或外籍员工个人银行结算账户。

四、股东人数的计算

基于公司规模较大、员工参股意愿强烈或引进人才等原因，部分拟上市公司参与股权激励的人数众多。如果公司股东超过 200 人，则可能根据《证券法》的规定被认定为构成公开发行证券。不过《证券法》亦对股权激励进行了一定程度的豁免，即依法实施员工持股计划的员工人数不计算在内。同时，股东人数的计算须遵循穿透至最终权益人原则，将直接股东与间接股东人数合并计算。根据股权激励持股方式的不同，股东人数的计算存在一定差异：

（一）直接持股

对于直接持股的激励对象，应将其具体数量计入股东人数，激励对象与现有股东（含间接股东）的总人数不得超过 200 人。

（二）间接持股

对于间接持股的激励对象，应结合《证券法》《证券期货法律适用意见第17号》等相关规定计算股东人数，具体原则总结如下：

1. 依法以公司制企业、合伙制企业、资产管理计划等持股平台实施的员工持股计划，在计算公司股东人数时，员工人数不计算在内。

2. 参与员工持股计划时为公司员工，离职后按照员工持股计划章程或协议约定等仍持有员工持股计划权益的人员，可不视为外部人员。

3. 2019年修订的《证券法》施行之前（即2020年3月1日之前）设立的员工持股计划，参与人包括少量外部人员的，可不清理，在计算公司股东人数时，公司员工人数不计算在内，外部人员按实际人数穿透计算。

因此，对于通过持股平台间接持股的激励对象，在满足条件的情况下按照一名股东计算，与其他现有股东（含间接股东）人数相加，总数不得超过200人。

五、持股真实性核查

《首次公开发行股票注册管理办法》等现有法律、法规、上市规则均要求发行人的股份权属清晰，不存在导致控制权可能变更的重大权属纠纷。实践中因存在未分配权益、员工人事变动、外籍员工股权登记手续办理不便、实际控制人维护控制权等事由，导致拟上市公司股权激励过程中存在股权代持情形的案例屡见不鲜。因此，应对发行人股权激励过程中持股的真实性开展核查，确认是否存在委托持股、信托持股，是否有各种影响控股权的约定，以及关注股东的出资来源等问题。对于持股真实性的核查，监管部门的关注重点包括但不限于：发行人是否存在名义出资人与实际股东不一致的代持等特殊权益安排、非自有资金出资的是否存在变相代持、是否存在尚未分配的权益及是否因代持而存在纠纷等，其中尤以股权代持问题最易引发关注。

对于股权代持，虽然《最高人民法院关于适用〈中华人民共和国公司法〉若干问题的规定（三）》确认了代持合同的有效性，但考虑到证券市场并非仅限于覆盖民事领域内的法律关系，与公法领域亦有交叉，注重维护社会公共利益。保护公众投资者的合法权益是证券监管的基础性原则，要求上市公司股权清晰、不存在代持是落实该等原则的应有之义。因此，当前证券发行审核部门对股权代持基本持否定态度，拟上市公司股权激励过程中如存在股权代持的，都应在申报前予以清理。

此外，股权代持问题还涉及信息披露真实、准确、完整的问题，上市规则要求发行人及有关信息披露义务人依法披露的信息，必须真实、准确、完整，不得有虚假记载、误导性陈述或者重大遗漏。如拟上市公司或有关信息披露义务人未依法及时披露公司股权代持情况，除了可能面临监管处罚等行政法律责任以外，严重者甚至有可能触犯欺诈发行及违规披露、不披露重要信息等刑事犯罪。

六、"对赌协议"与股权激励

"对赌协议"又称"估值调整协议"，通常情况下是指投资方与融资方在达成股权性融资协议时，为解决交易双方对目标公司未来发展的不确定性、信息不对称以及代理成本而设计的包含了股权回购、金钱补偿等对未来目标公司的估值进行调整的协议。① 出于满足融资需求、推进商业合作、快速扩张业务、引入知名投资机构、提升公司估值水平等动机，如今拟上市公司签署"对赌协议"的情况较为普遍。由于"对赌协议"与股权激励均属于涉及公司股权的重要事项，因此实施股权激励不可避免地会出现与"对赌协议"执行的协调与冲突问题，因此有必要关注"对赌协议"与股权激励的关系。具体而言，包括但不限于以下五个方面：

第一，实践中"对赌协议"通常会约定股份补偿或回购条款、反稀释条款，而拟上市公司在实施股权激励的过程中必然伴随着股份变动，因此"对赌协议"中应合理设置股权激励的豁免情形。例如，"对赌协议"中存在针对创始人、原股东等主体的股份转让限制义务不应包含为股权激励而实施的转让；投资人的优先认购权、优先受让权及反稀释权不适用于股权激励计划等。

第二，"对赌协议"中针对董事会、股东会审议权限的安排常将股权激励设定为特殊审议事项。通常股东会负责审议批准股权激励计划，董事会负责审议股权激励计划的实施方案和细则，以及对股权激励计划进行变更或终止。拟上市公司在签署"对赌协议"时应关注投资人并尽量避免董事或股东对股权激励相关事项获得一票否决权。

---

① 参见《全国法院民商事审判工作会议纪要》（法〔2019〕254号）。

第三，从风险防范的角度看，如"对赌协议"中业绩承诺期与股权激励考核期存在重叠的，公司业绩标准与股权激励考核标准的设置须逻辑自洽，避免因存在冲突而引发争议纠纷。

第四，在签署"对赌协议"时尚未进行股权激励或股权激励份额较少的，可在投资协议中约定一定的股权激励豁免额度，即公司后续在进行该额度内股权激励时，不受任何特殊股权条款限制，且在审议激励方案时投资人股东及董事不应投反对票。此外，还可以约定股权激励奖励条款，即当经营业绩达标时管理层可以取得股权奖励的机制，达到激励公司管理层的效果。

第五，关注因实施股份支付对业绩指标的影响。由于实施股权激励需要实施相应股份支付会计处理，可能会对拟上市公司财务指标造成较大影响。由于"对赌协议"约定的业绩承诺指标通常与回购权、估值调整权等事项直接关联，因此须将公司实施股权激励导致的财务影响因素纳入考虑范围，避免因实施股权激励导致触发"对赌协议"特定义务。

小　结

相关法律法规和监管规则对于拟上市公司实施股权激励的强制性规定较少，拟上市公司可以根据自身实际情况选择多种激励方式。本章以 IPO 为视角，从股权激励模式的选择、股权激励和员工持股计划方案的设计要素、IPO 申报前制订股份期权激励计划的要点、国有企业股权激励的特殊要求，以及其他与股权激励相关的问题等方面，对拟上市公司实施股权激励进行了全面剖析。笔者认为，股权激励方案除应符合法律合规的基本要求外，更应关注 IPO 审核实践并结合公司自身实际情况制订，才能使其在企业上市过程中更好地发挥激励作用，最大化激励效果。

第四章
股份公司改制

引 言

股份公司改制（以下简称股改）是公司组织形式及治理结构的一次重大升级，是筹备公司 IPO 的战略节点，主要体现在以下三个方面：

一、股改是公司发行上市的基本要求

根据《首次公开发行股票注册管理办法》的规定，发行人申请首次公开发行股票，必须是依法设立且合法存续的股份有限公司。因此，对于拟 IPO 企业，规范有效地完成股改，按照《公司法》的规定设立股份公司并搭建股份公司治理结构，是公司申请境内 IPO 的基本条件。

二、股改是筹备上市的规范基础

根据《首次公开发行股票注册管理办法》的规定，发行人自股份有限公司成立后，持续经营时间应当在 3 年以上，有限责任公司按原账面净资产值折股整体变更为股份有限公司的，持续经营时间可以从有限责任公司成立之日起计算。

由于 IPO 申报所要求的 3 年规范运行期，有限公司通常会采取整体变更方式设立股份公司，以满足经营持续 3 年的基本要求。因此，在整体变更为股份公司前，既需要解决有限公司不满足上市要求的各类法律、财务、经营及业务等问题，还需要就后续上市筹备工作做好整体规划，如果股改前的问题处理不好，仓促进行股改，既会影响股份公司本身运作的规范性，后续还会因解决历史遗留问题而造成更大的整改成本，耽误公司上市的整体工作进度。

因此，股改不仅是公司组织形式的一次变化，更是为公司上市所做的一次全面彻底的规范准备工作，是保证公司后续顺利上市的规范运作基础。

三、股改是公司打造上市工作团队的预备训练

股改需要聘请财务顾问、律师及会计师等中介机构，为改制工作提供专业化服务，公司内部上市工作团队将充分配合三家中介机构开展尽职调查，并按照上市规范要求进行整改，在改制规范过程中，公司将组建自己的上市工作组，除实际控制人、控股股东及高级管理人员外，还需要调动公司的财务、业务及法务等多个部门，以筹备公司上市为目标，开展一系列梳理和规范运营工作，并在中介机构的专业指导下有计划地为上市做准备。

因此，股改过程是公司打造上市工作团队的预备训练，在这个过程中既要考虑如何解决改制前的规范问题，也要通过股改工作来历练上市工作团队，为公司上下传递普及上市的规范要求，增强公司规范治理的统一意识，为后续全面申请上市工作做好准备。通过股改可以及早发现上市工作团队的问题和优势，及时提高工作的力度，并增强团队凝聚力，有利于后续更好地筹备上市工作。

第一节 股改的方案设计与操作

一、股改时点的选择

股改是企业上市承前启后的战略节点，企业在什么时间点启动股改工作，需要关注以下四个方面：

（一）在公司内部股权结构调整相对稳定后实施

有限公司股东向股东以外的人转让股权的，应当将股权转让的数量、价格、支付方式和期限等事项书面通知其他股东，其他股东在同等条件下有优先购买权。而股份公司股东对外转让股份与有限公司不同，《公司法》并没有赋予股份公司股东之间的优先购买权，这点也更突出了股份公司的资合性特征。

因此，在股改前，为了保证上市前股权结构的稳定性，一般会选择在有

限公司阶段先做必要的股权调整，例如，员工股权激励、内部股东之间转让、关联公司重组等，在完成内部股权结构调整后再实施股改，以保证股改后股份公司股权结构的相对稳定性。

（二）股改前的规范整改工作已基本完成

股改在 IPO 上市过程中，是一个承前启后的关键阶段，在正式启动股改前，公司需要对在有限公司阶段已经存在的问题进行充分梳理，聘请专业的上市中介机构，按照各自专业分工开展尽职调查。律师主要从法律角度对公司的历史沿革、资产状况、重大合同、公司治理等方面进行全面系统的尽职调查，会计师主要根据会计准则的规定，对公司的财务及内控方面进行全面系统的尽职调查，而保荐机构则从行业和技术等各个方面对公司进行全面尽职调查，并由保荐机构组织公司及各家中介机构就尽职调查过程中发现的问题进行讨论，制订切实可行的方案，对公司进行规范整改。在此基础上，由公司与各家中介机构，结合公司的规范程度、行业状况、业绩增长趋势等方面，确定公司的股改方案、上市计划、募集资金投资项目等。

因此，在正式启动股改前，必须对公司历史遗留问题及未来可能影响公司上市的问题，进行充分的规范整改。

（三）在公司业务及高级管理人员相对稳定后实施

根据《首次公开发行股票注册管理办法》的规定，发行人申请首次公开发行股票并在主板上市的，在申报上市前的 3 年内主营业务和董事、高级管理人员不能发生重大不利变化；发行人申请在科创板、创业板上市的，在申报上市前的 2 年内主营业务和董事、高级管理人员不能发生重大不利变化，且申请在科创板上市的，在申报上市前的 2 年内核心技术人员亦不能发生重大不利变化；根据《北京证券交易所向不特定合格投资者公开发行股票并上市业务规则适用指引第 1 号》，发行人申请在北京证券交易所上市的，在申报上市前的 2 年内主营业务和董事、高级管理人员均不能发生重大不利变化。

因此，在公司还处于早期发展阶段时，公司的业务方向及团队构成，可能因为业务的发展变化，存在一定的调整需要。因此，对于尚处于快速发展变化中的公司，在业务方向及管理团队方面尚存较大变动需要时，并不适宜进行股改，过早实施股改，反而会影响股份公司及上市所要求的主营业务及人员的稳定性。

(四) 在上市筹备计划确定后实施

从有限公司整体变更股份公司的时点来看，一般情况下，从筹备股改到完成大约需要 6 个月（不包括公司为了筹备股改的规范整改时间，具体根据企业情况和问题而定），结合 IPO 申报需要三个完整会计年度的要求，公司可以选择在发行申报的第二个会计年度内准备，并在第三个会计年度上半年内完成，一般要留出不低于 6 个月的上市辅导期。需要强调的是，由于公司 IPO 的整体规划会受很多外界因素影响，上述股改时点的选择仅供参考，具体还需根据企业情况确定。

综上，实务操作中，通常是在公司的内部股权结构已经调整完成、主要合规问题已经处理规范、业务发展具有一定规模且能够满足上市的业绩标准、团队核心成员较为稳定，以及股改完成后一段期限后（通常在 6 个月左右）即准备正式启动上市申报工作的基础上，才予以正式实施股改。

> **实务问题**

实务中，有很多公司因为各种考虑，很早就完成了股改，但因为各种原因没有启动上市申报工作，针对股改较早的公司在筹备上市过程中需要关注的问题有哪些？

> **问题解析**

实务中，虽然距离上市申报尚早，但因各种原因早早完成股改的企业并不少，针对这类企业要关注早期公司股改程序的规范性、股改净资产是否夯实、净资产折股时是否存在出资不足的问题、股改的程序是否违反《公司法》的规定，以及是否存在其他可能对后续上市有影响的问题。如果存在上述问题之一，则要进行规范完善，并且，股份公司的规范运行是上市申报的基础条件之一。对于股改完成以来，是否始终按照《公司法》及公司章程的规定持续规范运行，例如，股东会、董事会、监事会制度是否健全，相关年度会议和重大事项是否履行了内部决策程序等，在筹备上市过程中要予以核实和完善，以保障 IPO 报告期内公司治理的规范性。

二、股改方式的选择

根据《公司法》的相关规定，股份公司可以采取发起设立和募集设立两种方式，发起设立是由股份公司全体发起人认购公司发行的全部股份；募集设立则是由发起人认购公司应发行股份的一部分，其余股份向社会公开募集或者向特定对象募集而设立公司。两种方式设立股份公司的差异，主要在于出资方式的不同，募集设立需要取得主管部门公开发行的核准，实务操作中比较特殊。

除上述两种设立方式之外，《公司法》还规定了有限公司整体变更方式，即有限公司的全体股东作为股份公司的发起人，以有限公司的净资产出资折股设立股份有限公司。《首次公开发行股票注册管理办法》第十条规定："发行人是依法设立且持续经营三年以上的股份有限公司，具备健全且运行良好的组织机构，相关机构和人员能够依法履行职责。有限责任公司按原账面净资产值折股整体变更为股份有限公司的，持续经营时间可以从有限责任公司成立之日起计算。"若采取发起方式新设股份公司，需在股份公司设立完成且运行三个完整会计年度后方能启动上市申报工作。而实务中，对于拟 IPO 企业，为保障在有限公司阶段运行的经营业绩能够连续计算，缩短股份公司的运行期，通常会通过整体变更方式设立股份公司，这样为上市申报争取了更大的时间窗口。关于整体变更与发起设立的操作程序比较，见本节内容之"三、股改条件及实操流程"。

相关案例

由于公司存在历史问题而通过新设方式实施股改[①]

某制造类公司拟筹备上市，但由于公司历史上财务基础薄弱、内控不规范，存在较大的税务风险，且历史上控股股东股权转让及变更存在重大瑕疵。公司近年业绩发展良好，拟通过上市进一步做大规模，现聘请了相关中介机构筹备上市，准备股改事宜，在探讨股改方案过程中，最终选择了通过新设方式实施股改的方案，放弃了原来有限公司的存续主体。

整体变更设立是实务中大多数拟 IPO 企业的通行做法，但一些公司在有限公司阶段存在诸多不符合上市条件的问题，对这些问题进行整改，一方面会面临较大的规范成本，另一方面即使规范解决了相关问题，因所涉问题构成重大事项，如主营业务变化、内控重大问题及股权重大瑕疵等问题，根据上市相关规范要求，也必须运行 36 个月后方能提交上市申请。这种情况下，

---

① 此案例根据真实案例改编。

采取新设股份公司方式，可以更彻底地解决原有问题，同时对后续申报 IPO 在时间和效率上也并无影响。但需要注意的是，采取新设方式要充分考虑新设股份公司的有效运营成本，如何承接原有限公司的相关业务资质、资产和人员，并核算清楚相关资产转移的财务及税务成本，在此基础上完成相关资产和人员转移后，一般还需对原公司主体办理清算注销手续。

三、股改条件及实操流程

根据《公司法》的相关规定，股份公司的设立需满足以下基本条件，公司在正式启动股改的相关工作时，应提前做好相关重点工作：

（一）发起人主体资格

股份公司发起人负责股份公司的筹办事务，并按照发起人协议约定完成股份公司的出资手续。设立股份公司，应当有 1 人以上 200 人以下为发起人，其中应当有半数以上的发起人在中华人民共和国境内有住所。

（二）签署发起人协议

发起人之间就筹办股份公司的事宜进行约定并达成发起人协议，其中最核心条款是关于股份公司的股本设计条款，明确股份公司各发起人股东在股份公司的出资金额、持股数额和比例，并履行相应的出资义务。

除此之外，发起人协议中对股份公司筹备及设立过程中的权利和义务，股份公司的名称、注册资本、住所、经营范围以及股份公司的组织结构和公司治理需作出约定。如果发起人未按照协议约定履行出资义务及发起过程中的相关义务，还要承担协议约定的违约责任；如果股份公司未按照约定完成设立，则需要依约承担风险并分担费用。

（三）缴足注册资本

1. 发起人股东的出资

根据《公司法》的相关规定，股份有限公司的注册资本为在公司登记机关登记的已发行股份的股本总额。在发起人认购的股份缴足前，不得向他人募集股份。以发起设立方式设立股份有限公司的，发起人应当认足公司章程规定的公司设立时应发行的股份；以募集设立方式设立股份有限公司的，发起人认购的股份不得少于公司章程规定的公司设立时应发行股份总数的35%。且发起人应当在公司成立前按照其认购的股份全额缴纳股款。

根据《监管规则适用指引——发行类第4号》的规定，发行人的注册资本已足额缴纳，发起人或者股东用作出资的资产的财产权转移手续已办理完毕，是申报发行上市的基本条件之一。

2. 注册资本的验资手续

发起人股东的出资，需经具备证券从业资格的会计师事务所[①]对股份公司的注册资本进行审验，并出具验资报告，以验证股东已完成出资手续，保障注册资本的真实充足性。

（四）搭建股份公司组织体系

有限公司的股东之间具有人合性特征，有限公司组织结构相对简单，《公司法》对有限公司的治理结构，允许在法律框架内遵循股东的自治约定。而股份公司相对有限公司有更强的资合性，《公司法》对股份公司也规定了更规范和复杂的公司组织结构和治理模式，股份公司需要建立规范的股东会、董事会及监事会的议事规则，与公司经营管理层做好明确的权责划分。

股份公司成立大会前需确定股份公司的董事、监事及高级管理人员候选人，根据《首次公开发行股票注册管理办法》的规定，公司的管理团队应保持稳定，首次公开发行股票并在主板上市的，最近3年内董事、高级管理人员不能发生重大不利变化；首次公开发行股票并在创业板上市的，最近2年内董事、高级管理人员不能发生重大不利变化；首次公开发行股票并在科创板上市的，最近2年内董事、高级管理人员和核心技术人员应当稳定且不能发生重大不利变化。因此，公司在股改确定董事及高级管理人员时，应尽量与公司发行上市时的董事和高级管理人员人选一致，在没有特殊情况下，后续不宜做重大调整。如果股改时对个别职位尚无特别合适人选，在不影响公司经营管理的前提下，也可考虑暂时空缺或不设，待人选确定后再补充，这样操作比后续频繁变动会更为妥当。

（五）召开股份公司成立大会

发起人股东在完成出资手续，完成股份公司的章程草案及内部制度草案，

---

① 2019年12月28日修订、2020年3月1日起施行的《证券法》取消了会计师事务所等证券服务机构从事证券业务的资质要求，将许可制改为备案制。

股东会、董事会、监事会规则草拟及确定董事、监事及高级管理人员等候选人后，股份公司筹备组即可召集召开股份公司的成立大会。以发起设立方式设立股份有限公司成立大会的召开和表决程序由公司章程或者发起人协议规定。

成立大会主要审议股份公司章程，选举产生股份公司的董事会、监事会成员（非职工代表监事），并对公司的股东会、董事会、监事会议事制度进行审议。在相关人员及制度经成立大会审议通过后，公司即召开股份公司第一届董事会、监事会，分别选举公司董事长、监事会主席，并由董事会聘请股份公司总经理及副总经理、财务总监等高级管理人员，股份公司即完成了基本组织结构搭建和核心人员选定。

实务问题

股份公司设立时的董事会、监事会及相关内部制度，是否与申报发行上市时的内部制度完全一致？

问题解析

自股份公司设立完成后至 IPO 申报，一般至少还需经历 6 个月的上市辅导期，其间，需要对公司内控制度和治理模式进一步规范梳理，同时，公司也可能因业务发展需要进行对外融资，导致股权结构变化，并相应调整内部治理结构。因此，股改时的股东会、董事会、监事会制度及内部管理制度，一般情形下会与上市申报时的主要制度保持一致，以避免上市辅导期内大幅修改，影响到公司规范运作及上市申报时间。而对于与上市规范运作紧密相关的内部制度，如关联交易规范、投资者关系处理等，则可以根据公司上市进程，在启动上市辅导工作后予以详细制定及施行。

（六）提交股份公司注册登记手续

根据《公司法》的规定，设立股份公司，应当依法向公司登记机关申请设立登记，登记事项包括名称、住所、注册资本、经营范围、法定代表人姓名、发起人的姓名或名称，并提交设立登记申请书、公司章程等文件。

表 4-1　有限公司整体变更为股份公司与发起设立股份公司的主要流程比较

程序阶段	整体变更	发起设立
前期筹备	1. 有限公司履行内部决策程序，决定整体变更设立股份有限公司； 2. 聘请审计机构与评估机构开展审计、评估工作，确定股改审计基准日； 3. 成立股份公司筹备组； 4. 办理名称自主申报手续等	1. 发起人签署框架协议，达成关于发起设立的主要工作安排； 2. 成立股份公司筹备组； 3. 办理名称自主申报手续等
发起人协议	1. 根据审计、评估结果确定股份公司的股改方案，以经审计的净资产值进行折股设立股份公司； 2. 召开有限公司股东会，达成整体变更设立股份公司的决议； 3. 有限公司全体股东签署股份公司发起人协议	股份公司发起人签署发起人协议，明确股份公司注册资本、股本及发起人股东出资等主要内容
成立大会筹备工作	1. 根据发起人协议准备股份公司章程（草案）、内部制度，明确董事会及监事会（非职工监事）候选人； 2. 发出成立大会通知； 3. 完成股份公司注册资本验资手续	基本相同
成立大会及设立登记手续	1. 召开股份公司成立大会，选举产生股份公司第一届董事会、监事会； 2. 通过公司章程及股份公司内部制度； 3. 通过职工代表大会、职工大会或者其他形式民主选举产生职工代表监事； 4. 董事会选举产生股份公司董事长、高级管理人员；监事会选举产生监事会主席； 5. 提交股份公司设立登记申请	基本相同
后续手续	办理有限公司相关资格证书的名称变更手续	不涉及

第二节　有限公司整体变更为股份公司的法律实务

一、净资产出资折股

（一）净资产值的真实充足性

有限公司整体变更为股份公司，是由有限公司的全体股东作为股份公司的发起人，按照在有限公司的持股比例，将有限公司净资产进行整体出资折股设立股份公司。因此，有限公司整体变更为股份公司前，用于出资的有限公司净资产值应当真实充足，不能存在虚假出资的情形，以保证股份公司注册资本的真实充足性。有限公司的净资产值是以截至股改基准日的账面经审计的净资产值为依据，如果有限公司用于出资折股的净资产值存在瑕疵，将直接影响股份公司注册资本的真实充足性，并对公司发行上市构成实质性影响。

（二）净资产折股方案

净资产折股，是以有限公司截至股改基准日经审计的净资产值按照一定比例折合为股份公司股本。净资产折股应遵循以下原则：

1. 用作折股计算依据的净资产，是股改基准日经审计的母公司净资产，而非公司合并报表的净资产，该净资产应是经审计的净资产，而不能采取评估值，否则不能连续计算公司的经营业绩。

2. 净资产折股后的股份公司股本数不能高于净资产数，折股后净资产剩余部分计入股份公司的资本公积。

3. 净资产折股虽不限制折股比例和股本数额，但应注意满足上市的最低股本总额要求。根据《上海证券交易所股票上市规则》《深圳证券交易所股票上市规则》的规定，发行后股本总额不低于人民币 5000 万元，公开发行的股份达到公司股份总数的 25% 以上；公司股本总额超过 4 亿元的，公开发行股份的比例为 10% 以上；根据《上海证券交易所科创板股票上市规则》《深圳证券交易所创业板股票上市规则》的规定，公开发行的股份达到公司股份总数的 25% 以上；公司股本总额超过 4 亿元的，公开发行股份的比例为 10% 以上；根据《北京证券交易所股票上市规则（试行）》的规定，公开发行后，公司股本总额不少于 3000 万元，公司股东不少于 200 人，公众股东持股比例不低于公司股本总额的 25%，公司股本总额超过 4 亿元的，公众股东持股比例不低于公司股本总额的 10%；根据《全国中小企业股份转让系统股票挂牌规则》的规定，申请挂牌公司股本总额应不低于 500 万元。

实务问题

有限公司净资产折股需要考虑哪些要素？是不是折股数额越大越好？如果净资产较少导致折股数额较小，股改后如何继续扩增股份数额？

问题解析

股份公司的股本设计要结合未来上市板块的选择（满足股本的基本要求）和公司未来业绩情况统筹考虑，并非股本设计越大越好。如果股改时股本设计过大，加上 IPO 后新增发的股份，会导致上市后每股收益进一步降低；如果每股收益过低，对于公司上市后的资本运作并无益。因此，在股改时应充分结合公司后续业绩情况，设计适合的股本规模。

如果股改时因为净资产限额导致折股时股本总额较低，可以在股改后采取增发股份的方式增大公司股本，上市前通常采取私募股权融资的方式增加公司股本，并且对于融资溢价形成的公司资本公积，也可以用于转增公司股本；或者后续通过公司持续经营积累未分配利润，并以未分配利润转增公司股本，但需要重点关注所得税成本。

（三）净资产的审计与评估

1. 净资产审计

虽然股改时的公司审计报告与公司申报上市时的审计报告出具时点不同，但二者具有承继关系，在会计处理方法、数据延续性及相关指标的勾稽关系上应当一致。如果存在重大不一致的情形，或在股改后进行了重大变更调整，则将成为后续上市审核的关注重点，需进行充分信息披露并有合理解释。

2. 净资产评估

依据《公司法》第四十八条第二款规定，对作为出资的非货币财产应当评估作价，核实财产，不得高估或者低估作价。因此，在整体变更设立股份公司过程中，有限公司净资产折股属于非货币资产出资，应当办理评估手续。如果资产评估值高于审计的净资产值，则净资产折股本身并无实质障碍；如果净资产评估值低于审计值（该情形在实务中属于特殊情形），则用于出资折股的净资产数额只能在评估值所确定的最小范围内进行折股。

二、整体变更时存在未弥补亏损事项

实务中一些拟 IPO 公司，尤其是互联网、生物医药等科技企业，在历史年度内由于在技术研发、市场培育方面投入较高，在准备股改时，公司还处于亏损状态，即账面累计的未分配利润为负数。在这种情形下实施股改，是否会影响到公司的 IPO？

根据《监管规则适用指引——法律类第 2 号：律师事务所从事首次公开发行股票并上市法律业务执业细则》的相关规定，重点还是关注整体变更设立股份有限公司时是否规范履行了相关决策程序，是否存在侵害债权人合法权益的情形，是否与债权人存在纠纷。

相关案例

拉卡拉：整体变更设立股份公司时未分配利润为负数，股改时一次性清零[①]

拉卡拉（300773）于 2015 年进行股改，截至股改基准日 2015 年 6 月 30 日，实收资本为 302916209.81 元，资本公积金为 1698490544.19 元，未分配利润为 -477275024.26 元，净资产值为 1524131729.74 元；截至 2015 年 6 月 30 日的净资产评估值为 161066.00 万元。整体变更时，由拉卡拉有限公司以净资产折合股份公司实收股本 360000000.00 元，大于股本的 1164131729.74 元计入资本公积金，股改基准日的未分配利润全部归零。

中国证监会在审核拉卡拉创业板发行上市过程中，对其整体变更设立股份公司，由公司资本公积填补未分配利润 477275024.26 元的事项进行了反馈问询，主要关注了两个问题：（1）股改时资本公积填补未分配利润的合法合规性；（2）如发行人前身不用资本公积填补未分配利润，根据发行人相关财

[①] 案例信息来源：拉卡拉在深圳证券交易所发行上市审核信息公开网站公告的《北京市中伦律师事务所关于拉卡拉支付股份有限公司首次公开发行人民币普通股票并在创业板上市的补充法律意见书（二）》。

务数据的情况，其是否符合《首次公开发行股票并在创业板上市管理办法》①规定的发行条件。

结合拉卡拉及相关案例，在股改时未分配利润为负，通过股改方式清零，在申请上市的信息披露和反馈回复中应重点关注以下四个方面：

第一，案例中公司实施整体变更方式设立股份有限公司，依据当时有效的《公司法》第七十六条（2023年修订的《公司法》已删除此条）规定，整体变更要符合关于发起设立股份公司的相关条件和程序；

第二，依据当时有效的《公司法》第九十五条（2023年修订的《公司法》第一百零八条）规定，有限责任公司变更为股份有限公司时，折合的实收股本总额不得高于公司净资产额。

第三，有限整体变更设立为股份有限公司时的折股，并不属于以资本公积金弥补亏损的情况，是设立股份公司的一种特殊处理方式。整体变更并非仅将公司部分资本公积金用于弥补亏损及/或转增公司资本的方式进行，而是发起人以经审计的净资产用作出资，一部分计入实收资本，多出部分计入资本公积金。

第四，整体变更过程中，并不存在损害公司股东和债权人利益，也不存在违反其他禁止性规定的情形。

三、股改净资产追溯调整及处理

实务中，对于拟申报 IPO 的企业，在按照股改基准日经审计的账面净资产值整体折股变更为股份有限公司后，在筹备 IPO 的过程中，个别项目会因为会计差错或其他事由导致需要对股改基准日的账面净资产值进行追溯调整。由于股改已经完成，如果进行追溯调整，将导致股改时的净资产值发生变化，甚至直接影响股份公司的出资及注册资本。

因此，公司应从财务、法律及上市规范角度进行多重分析，认定确实需要进行追溯调整的，应履行股东会决议程序。在 IPO 申报材料中，还需要充分披露追溯调整股改净资产值的具体原因、过程及影响。

---

① 该法规被《创业板首次公开发行股票注册管理办法（试行）》（2020年6月12日发布，于2023年2月17日失效）废止，现行有效规定见《首次公开发行股票注册管理办法》。

（一）股改净资产值追溯调高

如股改基准日经审计的账面净资产值，因为会计处理等原因需要调高，则股改的净资产基础没有减少反而增加了，并不影响发行人注册资本的充足性，也不会导致发行人股东出资不实的责任。在会计处理上，对追溯调整增加的净资产值则计入股份公司的资本公积。

相关案例

深圳瑞捷：因会计处理导致股改净资产值追溯调增[①]

根据深圳瑞捷（300977）IPO招股说明书的披露，由于公司前次已审财务报表涉及股份支付和应收款项坏账计提政策等事项需进一步完善，公司为本次发行聘请的审计机构中汇会计师事务所就股改基准日的净资产进行了复核审计，并出具了《深圳瑞捷工程咨询股份有限公司2018年7月31日净资产审计报告》，确认截至2018年7月31日瑞捷有限净资产值为88502462.72元，较原审定净资产增加2711350.41元，差异部分调增资本公积。后中汇会计师事务所出具了《深圳瑞捷工程咨询股份有限公司验资报告》及《关于深圳瑞捷工程咨询股份有限公司出资情况的专项复核报告》，确认该等净资产调整不会对公司设立时实收资本产生影响。深圳瑞捷于2019年11月21日召开2019年第四次临时股东大会，对上述净资产及整体变更为股份公司的折股方案调整事宜进行了确认。

（二）股改净资产值追溯调低

根据《公司法》第一百零八条的规定，有限责任公司变更为股份有限公司时，折合的实收股本总额不得高于公司净资产额。如果因为会计处理等导致需要追溯调低股改基准日经审计的净资产值，可能出现以下三种情况：

[①] 案例信息来源：深圳瑞捷在深圳证券交易所发行上市审核信息公开网站公告的《深圳瑞捷工程咨询股份有限公司首次公开发行股票并在创业板上市招股说明书》。

1. 股改净资产值调低，相应调低股份公司资本公积

> **相关案例**

青云科技：因会计差错调整导致股改净资产值减少，相应调低股份公司资本公积①

根据青云科技（688316）IPO 招股说明书的披露，由于前期会计差错事项的追溯调整，青云科技股改基准日（2019 年 1 月 31 日）财务报表所有者权益科目发生了变化，截至 2019 年 1 月 31 日的净资产由 472898925.92 元调整为 423659523.82 元。追溯调整前，公司以截至 2019 年 1 月 31 日经审计的净资产 472898925.92 元中的 35462175 元折合成股份公司股本，净资产超出股份公司注册资本的部分 437436750.92 元计入股份公司资本公积；追溯调整后，公司以截至 2019 年 1 月 31 日经审计的净资产 423659523.82 元中的 35462175 元折合成股份公司股本，净资产超出股份公司注册资本的部分 388197348.82 元计入资本公积。青云科技分别于 2020 年 2 月 20 日、2020 年 3 月 11 日召开第一届董事会第六次会议及 2019 年度股东大会，同意对股改基准日净资产项目进行追溯调整。上述调减后净资产仍高于实收资本，对股改时的出资情况未产生出资不实的影响。

2. 股改净资产值调低，以公司未分配利润进行补足

> **相关案例**

中复神鹰：因对前期会计差错更正导致股改净资产值减少，以公司股改基准日后净利润补足了调减的净资产值②

根据中复神鹰（688295）IPO 招股说明书的披露，因改制基准日公司财务报表中因无形资产资本化时间点有误、蒸汽管网建设费入账时间有误等，对公司股改基准日净资产进行了追溯调整。经追溯调整后，股改基准日净资产为 625592539.06 元，调减股改基准日净资产 25093332.65 元。由于经调整后股改基准日公司净资产大于股改时股本数 60000 万元，因此该调整事项不影响股改时注册资本充实情况。2021 年 5 月 13 日、28 日，公司分别召开董事

---

① 案例信息来源：青云科技在上海证券交易所发行上市审核网站公告的《北京青云科技股份有限公司首次公开发行股票并在科创板上市招股说明书》。

② 案例信息来源：中复神鹰在上海证券交易所发行上市审核网站公告的《中复神鹰碳纤维股份有限公司首次公开发行股票并在科创板上市招股说明书》。

会、股东大会，同意对会计差错进行追溯调整，以及通过股改基准日后实现的净利润对上述调减的股改时点净资产进行补足，确保改制中股东出资全部到位。

3. 股改净资产值调低，且低于折股后注册资本

若股改基准日经审计的净资产值被调低，且低于折股后的注册资本，则构成出资不实，无法确认股改的资本充足性及程序规范性。针对此种情形则需要进行整改，一般有三种处理方式：

（1）通过发起人股东补足出资的方式弥补被调减的净资产值；

（2）履行减资程序，减少注册资本至调整后的净资产值或低于经调整后的净资产值；

（3）认定股改程序不合规，将股份有限公司变更回有限责任公司后，再重新进行股改。

实务中为了避免减资程序及重新进行股改的烦琐性，在公司累计未分配利润充足的情况下，一般由发起人股东以未分配利润补足出资，并履行相应的股东会程序。

> **相关案例**
>
> **善水科技：因前期会计差错更正导致股改净资产值减少并低于整体变更股份后的实收资本，发起人股东补足了调减的净资产值**①
>
> 根据善水科技（301190）IPO申报文件的披露，善水科技前身以经上会会计师事务所（特殊普通合伙）审计的截至2016年6月30日的净资产43255006.31元为基准，整体变更设立为股份有限公司。股份公司股本为4000万股，每股面值1.00元，净资产超过股本总额部分计入资本公积。
>
> 后经公司自查，发现前期会计差错并进行更正，截至2016年6月30日账面净资产为35686258.28元，与股改时《审计报告》审定的净资产差额为7568748.03元，低于公司整体变更时的股本4000.00万元。
>
> 2019年3月9日，经公司2019年第二次临时股东大会决议通过，公司对上述会计差错进行更正并对追溯调整事项予以确认。为解决因会计差错引起的整体变更时净资产额低于实收股本问题，确保公司资本充实，公司发起人

---

① 案例信息来源：善水科技在深圳证券交易所发行上市审核信息公开网站公告的《九江善水科技股份有限公司首次公开发行股票并在创业板上市招股说明书》。

股东以自有货币资金按善水有限整体变更时各自持股比例向公司补足支付上述净资产差额7568748.03元，并计入公司资本公积。会计师对此予以审验并出具了《验资复核报告》。

结合上述案例，对于涉及股改净资产值追溯调整的问题，归纳起来主要有如下情形及处理方式：

表4-2 股改净资产值追溯调整的主要情形及处理方式

调整方式	影响	规范处理	相关案例
净资产值追溯调高	高于折股后实收资本	增加股份公司资本公积	深圳瑞捷（300977）
净资产值追溯调低	高于折股后实收资本，但涉及股改净资产值调整	减少股份公司资本公积	青云科技（688316）
		股东以未分配利润补足股改净资产	中复神鹰（688295）
	低于折股后实收资本	发起人股东补足出资	善水科技（301190）

四、整体变更的过渡期间及债权债务承接

（一）整体变更的过渡期间

整体变更的过渡期间，是指在有限公司整体变更设立股份公司过程中，自股改基准日至股份公司完成设立登记手续的期间。在股份公司设立登记完成前，有限公司继续存续经营，该期间所涉及的经营收益、亏损及相关事项变化带来的结果，均由设立后的股份公司予以承接。

（二）整体变更过渡期内股东变化

自股改审计基准日确定后，可能发生股东变化的情形，导致截至股改审计基准日的股东与股份公司发起人股东不一致，在实务中一般应尽力避免此情形，如确实发生了，是否构成对股改的实质性障碍，需要根据股东变化的情形具体分析。

如自股改基准日后，有限公司的股东发生股权转让行为，对公司净资产值并不构成直接影响，但发起人股东变化，需要履行股东会决议程序，新的股东必须对股改基准日的净资产值及股改的折股方式予以确认，否则会影响

到股份公司的设立程序。如果有新股东通过增资方式进入公司，则会造成股改基准日后有限公司净资产值的变化，需要重新调整股改基准日，对有限公司净资产值进行审计确认。

（三）债权人的特殊程序

根据《公司法》第十二条第二款规定，有限责任公司变更为股份有限公司的，或者股份有限公司变更为有限责任公司的，公司变更前的债权、债务由变更后的公司承继。因此，股份公司整体承接有限公司债权债务属于法定承接，公司整体变更设立股份公司并不需要取得公司债权人的同意及向相关债务人发送变更债权主体的履约通知。

需要注意的是，如果有限公司与相关债权人存在特殊约定，则要遵从协议约定处理。公司在股改前，需要协同中介机构全面梳理公司正在履行或即将履行的融资或借款协议等协议条款，核查相关协议中是否存在公司股改时应事先通知或取得债权人同意的约定，如存在上述相关约定的，公司应在股改前及时通知债权人或取得债权人的书面同意，以避免股改推进过程中因未履行外部第三方通知或同意程序而导致原协议无法履行，甚至承担相关违约责任。

第三节　股改中的特殊法律程序

一、股改中的国资管理审批程序

（一）国有资产主管部门的审批程序

国有控股企业进行股改，因为涉及国有股权管理的重大事项变更，根据国有资产管理的相关法律规定，应当履行事先审批程序。国有资产主管部门在对公司股改方案进行审核后，针对股份公司设立后的国有股份持股主体、持股数量、持股比例、股权性质等进行批复确认，在获得批复前提下，国有控股公司方能新设或整体变更股份公司。国有资产主管部门对股份公司股份管理方案的批复，是股份公司实施改制的前提，也是公司筹备发行上市的必备文件。

（二）公司净资产评估报告的备案程序

国有控股公司如以有限公司整体变更股份公司方式进行股改的，由于涉及净资产出资折股，除履行有限公司净资产审计及评估程序外，还应当对公司净资产评估值履行向国有资产主管部门的评估备案程序。

有限公司整体变更设立股份公司，净资产出资为非货币性资产出资，依据《公司法》关于非货币资产出资的规定，必须履行评估手续，以确保净资产出资不能高于评估值作价，该评估值仅为验证净资产出资的充分性，而并非以评估值作价出资。在国资控股公司整体变更设立股份公司过程中，对于有限公司净资产的评估报告，应当在完成国有资产主管部门评估备案程序后，方能召集股份公司的成立大会，后向公司登记机关提交股份公司的设立登记申请。

（三）国有控股企业整体变更设立股份公司的基本流程

1. 国有控股股东同意公司实施股改。
2. 公司履行内部决策程序，股东会决议启动股改筹备工作。
3. 办理股份公司名称自主申报，开展财务审计及评估工作，完成审计报告、资产评估报告的出具。
4. 向国有资产主管部门正式申报国有股权管理方案及资产评估报告，完成净资产评估报告的备案手续，并取得国有资产主管部门出具的国有股权管理方案的批复。
5. 有限公司股东会决议通过股改方案，发起人股东签署《发起人协议》；筹备成立大会事宜，准备股份公司章程、内部制度及相关人员安排；办理股份公司注册资本的验资手续。
6. 正式召开股份公司的成立大会，通过公司章程及内部制度，确定股份公司董事会、监事会成员；分别召开股份公司董事会、监事会，选举董事长、监事会主席及聘任高级管理人员等；通过职工代表大会、职工大会或者其他形式民主选举产生职工监事。
7. 提交股份公司设立登记申请及相关文件。

相关案例

南新制药：公司股改时未将整体变更涉及的资产评估报告提交国资主管部门履行备案手续[1]

根据南新制药（688189）IPO 申报文件的披露，2017 年 7 月 7 日，湖南省国资委出具了《关于湖南南新制药有限公司股份制改造有关事项的批复》，同意公司实施股份制改造。2018 年 2 月 8 日，公司完成本次整体变更的工商登记手续。股改过程中，公司未将整体变更涉及的评估报告提交国资主管部门履行备案手续，不符合《企业国有资产评估管理暂行办法》等法律法规的规定。

监管机构在反馈问询中要求公司说明前述股改程序瑕疵是否已取得国资主管部门确认。根据公司的回复，湖南省国资委于 2019 年 6 月 10 日出具《关于湖南南新制药股份有限公司国有股权管理的批复》，确认国有股东湘投控股（SS）持有南新制药 4000 万股，占总股本的 38.1%。同时，湖南省国资委于 2019 年 11 月 7 日出具了《关于湖南南新制药股份有限公司股份制改造有关问题的确认函》，确认公司 2018 年 2 月实施股份制改造未造成国有资产流失。

结合南新制药的案例，实务中确实存在一些国资企业在股份公司改制过程中，先完成了股改的工商登记手续，但因各种特殊情况，股改时并未依据国有资产管理的规范要求履行相关程序，例如，未取得国有资产主管部门对股改方案的最终批复，未履行股改净资产的评估备案手续等。针对上述问题，在 IPO 申报前，即需要由相应国有资产主管部门对相关问题和程序瑕疵进行追溯确认或完善，包括确认当时股改方案的合法性、对改制净资产评估报告予以补充备案等，否则既不符合国有资产管理的法律规范要求，也无法满足 IPO 申报的基本条件。

（四）国有参股公司股改的特殊程序

根据国有资产管理的规范性要求，对于国有参股公司，在股改过程中，其国有股东也应当履行其内部规范的国资管理审批程序，对股改方案取得国有股东的国资主管部门或授权部门的批准，并完成国有产权的登记手续。

---

[1] 案例信息来源：南新制药在上海证券交易所发行上市审核网站公告的《湖南启元律师事务所关于湖南南新制药股份有限公司首次公开发行股票并在科创板上市的法律意见书》。

二、特殊行业公司股改的前置审批

根据《市场监管总局关于调整企业登记前置审批事项目录的通知》（国市监注发〔2021〕17号）的相关规定，对相关特殊行业，如教育、金融、保险、烟草、航空、文化等行业的公司，在涉及公司设立及股改等重大事项时，须取得相关行业主管部门的前置审批手续方可实施。因此，对于特殊行业公司在启动股改前，应先取得相关主管部门的事前审批手续。

第四节　股改中的个人所得税实务

一、整体变更过程中个人所得纳税义务

有限公司整体变更为股份有限公司时，实际是全体发起人股东以所持有的有限公司净资产进行出资，净资产部分包括有限公司的注册资本、资本公积、盈余公积和未分配利润。

根据《企业所得税法》《企业所得税法实施条例》的相关规定，居民企业直接投资于其他居民企业而取得的股息、红利等权益性投资收益为免税收入。《国家税务总局关于贯彻落实企业所得税法若干税收问题的通知》（国税函〔2010〕79号）第四条规定，被投资企业将股权（票）溢价所形成的资本公积转为股本的，不作为投资方企业的股息、红利收入，投资方企业也不得增加该项长期投资的计税基础。因此，对于法人股东在股份公司整体变更中通过资本公积、盈余公积和未分配利润转增股份的部分，均免交企业所得税。

根据《国家税务总局关于股份制企业转增股本和派发红股征免个人所得税的通知》（国税发〔1997〕198号）规定："一、股份制企业用资本公积金转增股本不属于股息、红利性质的分配，对个人取得的转增股本数额，不作为个人所得，不征收个人所得税。二、股份制企业用盈余公积金派发红股属于股息、红利性质的分配，对个人取得的红股数额，应作为个人所得征税。"因此，对于股份公司以非股息、红利性质的资本公积转增股本，并不需要缴纳个人所得税；而对于股份公司以未分配利润和盈余公积转增股本，实际是

股东在取得利润和盈余公积后进行再投资,则应当缴纳个人所得税。但该条规定中的"资本公积"界定尚不明确。

根据《国家税务总局关于原城市信用社在转制为城市合作银行过程中个人股增值所得应纳个人所得税的批复》(国税函〔1998〕第289号)规定:"《国家税务总局关于股份制企业转增股本和派发红股征免个人所得税的通知》(国税发〔1997〕198号)中所表述的'资本公积金'是指股份制企业股票溢价发行收入所形成的资本公积金。将此转增股本由个人取得的数额,不作为应税所得征收个人所得税。而与此不相符合的其他资本公积金分配个人所得部分,应当依法征收个人所得税。"

如何理解上述"股票溢价发行收入所形成的资本公积金",在具体实务操作中并不统一,通常有以下两种处理方式:

1. 有限公司整体变更前通过增资吸引新股东以高于净资产价格增资入股形成的投资溢价,属于投资溢价形成的资本公积,在整体变更为股份公司时不需要缴纳个人所得税;

2. 对于股改前投资溢价形成的资本公积与"股票溢价发行收入所形成的资本公积金"完全不同,股改时应当缴纳个人所得税。

相关案例

创源股份:股权投资溢价形成的资本公积未予缴纳个人所得税[①]

创源股份(300703)前身于2014年进行股改,整体变更前公司注册资本为4000万元,股改以经审计的净资产92720603.73元按1:0.6471的比例进行折股,总股本为6000万元,每股面值为1元,折股溢价部分32720603.73元转为股份公司资本公积金。公司股改前经审计的净资产92720603.73元中,包含资本公积25777195.34元,其中资本公积(溢价收入)25384195.34元。

宁波市北仑地方税务局认为,因公司股改前经审计的资本公积(溢价收入)金额2538万元已足以覆盖股改中新增的注册资本金额2000万元,可参照《国家税务总局关于股份制企业转增股本和派发红股征免个人所得税的通知》《国家税务总局关于原城市信用社在转制为城市合作银行过程中个人股增值所得应纳个人所得税的批复》的规定,决定对公司整体变更为股份有限公

[①] 案例信息来源:创源股份在深圳证券交易所发行上市审核信息公开网站公告的《广东晟典律师事务所关于宁波创源文化发展股份有限公司首次公开发行股票并在创业板上市的补充法律意见书(四)》。

司自然人转增股本部分不作为个人所得,未予核定应纳税额,未予征收个人所得税。宁波市北仑地方税务局纳税评估局后续又对上述股改未征收个人所得税事项进行了风险识别、案头审核,并于 2016 年 1 月 22 日约谈创源股份,但未向其追究代扣代缴自然人股东的个人所得税。

凯龙高科:对于股权投资溢价形成的资本公积缴纳个人所得税①

凯龙高科(300912)前身于 2014 年进行了股改,整体变更前公司注册资本为 5000 万元,变更后股份有限公司是以经审计的净资产 96281246.67 元按 1∶0.6751 的比例折算股本 6500 万元,净资产折股后剩余 31281246.67 元计入资本公积。

根据无锡市惠山地方税务局出具的《个人所得税(转增股本)备案表》,本次整体变更涉及未分配利润转增金额为 31281246.67 元,资本公积转增股本金额为 15000000 元,均应缴纳个人所得税;涉及的自然人股东共 7 名,全部缴清了公司整体变更产生的个人所得税。

综合上述案例,有限公司整体变更为股份公司时,对于有限公司留存的盈余公积、未分配利润以及非投资溢价形成的资本公积用于增加股份公司的注册资本,均应当缴纳个人所得税,应无异议。但对于有限公司因为投资溢价留存的资本公积,公司的原始股东利用该投资溢价在股改中折合成自有股份是否需要缴纳所得税,实务操作中存在一定的差异,相关税收规定并非十分明确。但从近年税务监管情况来看,更趋向于认定自然人股东通过净资产折股方式已经获得溢价,产生了纳税义务,因此,在股改时针对该部分投资溢价折合的股份应当缴纳个人所得税。

二、关于个人所得税的迟延缴纳

在股改实操过程中,很多公司历史累积的未分配利润、盈余公积、资本公积数额较大,在整体变更为股份公司时,如果一次性缴纳个人所得税,对于股东在没有获得实际收益的情况下,将承担比较大的支付压力。因此,股东通过向税务主管部门提交缓缴申请,在取得相关税务主管部门认可的前提

---

① 案例信息来源:凯龙高科在深圳证券交易所发行上市审核信息公开网站公告的《北京国枫律师事务所关于凯龙高科技股份有限公司申请首次公开发行股票并在创业板上市的补充法律意见书(一)》。

下，可以避免过早缴纳股改中产生的个人所得税。对于申请缓缴的理由和方式主要有以下类型：

（一）高新技术企业股改时自然人股东申请缓缴个人所得税

根据《关于将国家自主创新示范区有关税收试点政策推广到全国范围实施的通知》（财税〔2015〕116号）及《关于股权奖励和转增股本个人所得税征管问题的公告》（国家税务总局公告2015年第80号），自2016年1月1日起，对于全国范围内的中小高新技术企业以未分配利润、盈余公积、资本公积向个人股东转增股本时，个人股东一次性缴纳个人所得税确有困难的，可以申请在不超过5个公历年度内（含）缓缴。

相关案例

迈为股份：以全国范围内中小高新技术企业名义申请缓缴股改时的个人所得税[①]

迈为股份（300751）前身于2016年整体变更为股份公司时，根据财政部、国家税务总局发布的《关于将国家自主创新示范区有关税收试点政策推广到全国范围实施的通知》和吴江区委、吴江区人民政府印发的《苏州市吴江区企业资本运作产业基金扶持政策（试行）》以及吴江区发改委、吴江区企业上市工作办公室、吴江区财政局印发的《苏州市吴江区企业资本运作产业基金扶持政策实施细则》，向主管部门提交了《吴江区拟上市企业自然人股东个人所得税缓征申请表》。经苏州市吴江区人民政府、苏州市人民政府金融工作办公室、苏州市吴江区企业上市工作办公室批准，苏州市吴江地方税务局第六税务分局确认了迈为股份自然人发起人的个人所得税缓缴计划，即按应税时点起算，两年内缓征，从第三年开始分年度缴清（第三年30%，第四年30%，第五年40%）。

（二）自然人股东以非货币资产投资可申请缓缴个人所得税

根据《关于个人非货币性资产投资有关个人所得税政策的通知》（财税〔2015〕41号），个人以非货币性资产投资，应在发生应税行为的次月15日

[①] 案例信息来源：迈为股份在深圳证券交易所发行上市审核信息公开网站公告的《国浩律师（南京）事务所关于苏州迈为科技股份有限公司首次公开发行股票并在创业板上市之补充法律意见书（二）》。

内向主管税务机关申报纳税。纳税人一次性缴税有困难的，可合理确定分期缴纳计划并报主管税务机关备案后，自发生上述应税行为之日起不超过5个公历年度内（含）分期缴纳个人所得税。

> **相关案例**
>
> **中新赛克：股东以非货币资产投资申请缓缴股改时的个人所得税**[①]
>
> 2015年，中新赛克（002912）以截至2014年11月30日经审计的净资产折股整体变更为股份有限公司，注册资本由1052.63万元变更为4500万元。中新赛克合伙企业股东和自然人股东应当按照各自的持股比例缴纳因盈余公积金和未分配利润转增股本相应的个人所得税。
>
> 中新赛克根据《关于个人非货币性资产投资有关个人所得税政策的通知》及深圳市有关中小企业上市的扶持政策，向深圳市中小企业上市培育工作领导小组办公室递交了缓缴个人股东个人所得税的协调申请。深圳市上市办于2015年向原南山区地税局出具协调函，允许中新赛克的个人股东在五年内分期缴纳有关公积金和未分配利润转增股本应纳个人所得税。在取得上市办协调函之后，2016年原深圳市南山区地税局正式受理了中新赛克提交的备案资料，并出具了《拟上市企业转增股本个税备案核准通知》。

（三）自然人股东缓缴股改中的个人所得税对上市的影响

由于有限公司整体变更股份公司过程中，往往涉及自然人股东个人所得税的缴纳义务，在上市审核中，股东纳税义务履行情况是关注重点之一，尤其是针对控股股东、高级管理人员及员工股东，发行主体是否履行相应代扣代缴义务，事关发行人的税务合规事项。

因此，对于自然人股东，无论其通过何种方式申请缓缴个人所得税，都应当取得所属税务主管机关的认可及相关书面文件，并且，对于申请缓缴期中其是否规范履行了相应缴纳义务，也需要予以充分披露。在实务操作中必须取得税务主管机构的同意缓缴证明及过往已经履行相应缴纳义务的相关凭证，避免产生税收滞纳金或被认定为税务违规行为进而影响公司上市。

[①] 案例信息来源：中新赛克在深圳证券交易所发行上市审核信息公开网站公告的《国信证券股份有限公司关于深圳市中新赛克科技股份有限公司首次公开发行股票并上市的发行保荐工作报告》。

小 结

本章对股改方案设计、实务操作流程作了整体介绍,其中,对股改的时点选择、股份公司股本设计、净资产出资折股的实务典型问题、股改中的特殊前置审批程序以及股改中个人所得税的缴纳作了重点说明:

(一)股改的时点选择

一般情形下,实务中是在公司上市前的股权架构已基本调整完成、主要合规问题得到规范处理、业务发展能够满足上市相关业绩标准要求、团队核心成员较为稳定,且股改完成后一段期限后(通常在6个月左右)即准备正式启动上市辅导和申报工作的基础上,予以正式实施股改。当然还要结合公司上市筹备的具体计划,由公司与聘请的上市中介机构共同商定。

(二)股份公司股本设计

股份公司的股本设计要结合未来上市板块的选择(满足股本的基本要求)和公司未来业绩情况统筹考虑,并非股本设计越大越好。如果股改时股本设计过大,加上IPO后新增发的股份,会导致上市后每股收益进一步降低,如对于公司上市后的资本运作并非有益。因此,在股改时应充分结合公司后续业绩情况,设定合适的股本规模。

(三)净资产出资折股的实务典型问题

有限公司整体变更为股份公司是以有限公司经审计净资产值为基础进行出资折股,为保证股份公司实收资本的充足性,整体变更前有限公司净资产值应足够夯实,避免股改后对股改时净资产值再进行调整而对公司上市造成不利影响。

(四)股改中的特殊前置审批程序

对于国有控股企业的股改,需要依据国有资产管理相关规定和程序完成国有股权登记管理;涉及特殊行业的企业,在股改前应当取得行业主管部门的审批。

(五) 股改中个人所得税的缴纳

股改中因自然人股东以未分配利润、资本公积等转增股本而涉及纳税义务的，申请缓缴要以税务主管机关认定为依据，避免产生滞纳金及/或税务违规行为。

第五章
业务合规

引　言

业务合规是企业长久发展的根本与核心，亦是监管机构在企业申报上市过程中的关注重点。业务合规涵盖企业开展业务的全流程，本章我们将根据相关法律法规、规范性文件、监管政策及 IPO 审核实践，从业务资质、业务模式、业务来源、与客户供应商相关事项、境外业务相关风险以及特殊行业关注重点等六个方面分析企业 IPO 过程中常见的业务合规问题，旨在提示拟 IPO 企业将合规经营业务的理念贯穿始终，同时为拟 IPO 企业在审核阶段解决可能遇到的难题提供参考。

第一节　行业概述

继 2018 年 11 月习近平主席在第一届进博会开幕式上发表主旨演讲时宣布将在上海证券交易所开设科创板并试点注册制后，注册制不断落实、各板块也逐步落地。2021 年 9 月，习近平主席宣布"设立北京证券交易所，打造服务创新型中小企业主阵地"。2021 年 11 月 15 日，北京证券交易所正式开市。至此，我国初步建立了包括上海证券交易所（主板、科创板）、深圳证券交易所（主板、创业板）、北京证券交易所、全国中小企业股份转让系统及区域性股权交易所（中心）等交易市场在内的多层次资本市场。本章主要介绍我国企业直接融资及证券交易的主要场内市场，即上海证券交易所、深圳证券交易所、北京证券交易所上市的业务相关问题。

《首次公开发行股票注册管理办法》第十三条规定，"发行人生产经营符合法律、行政法规的规定，符合国家产业政策"。我国目前大力发展多层次资本市场，明确不同证券交易市场定位，引导社会投资方向，促进产业结构调整和优化升级，能够通过投融资端进一步推动先进制造业高质量发展、加快传统行业改造提升并大力培育发展新兴产业。

企业在判断是否符合国家产业政策时，首先应关注所属行业是否属于最新的《产业结构调整指导目录》规定的限制和淘汰类行业、《外商投资准入特别管理措施（负面清单）》中规定的外商禁止投资行业以及产能过剩行业、房地产开发行业、学科类培训行业等禁止或限制进入资本市场的行业。

表 5-1　IPO 行业审核限制（不完全列举）

相关文件	具体限制内容
《产业结构调整指导目录（2024 年本）》	限制类十八项、淘汰类 （落后生产工艺装备十九项、落后产品十三项）
《外商投资准入特别管理措施（负面清单）（2024 年版）》①	包括"医疗机构限于合资、禁止（外商）投资人体干细胞、基因诊断与治疗技术开发和应用、禁止（外商）投资社会调查"等 29 项限制或禁止外商投资项目
《监管规则适用指引——发行类第 6 号》《深圳证券交易所创业板企业发行上市申报及推荐暂行规定（2024 年修订）》《北京证券交易所向不特定合格投资者公开发行股票并上市业务规则适用指引第 1 号》（2024 年修订）等	产能过剩行业（过剩行业的认定以国务院主管部门的规定为准）的企业原则上不得申报 A 股上市
《上海证券交易所科创板企业发行上市申报及推荐暂行规定（2024 年 4 月修订）》《深圳证券交易所创业板企业发行上市申报及推荐暂行规定（2024 年修订）》《北京证券交易所向不特定合格投资者公开发行股票并上市业务规则适用指引第 1 号》（2024 年修订）	不支持房地产行业企业申报上市，上海证券交易所、深圳证券交易所主板虽对此无明确规定，但实务中亦执行同样口径注
《关于进一步减轻义务教育阶段学生作业负担和校外培训负担的意见》	学科类培训机构一律不得上市融资，严禁资本化运作

注：2022 年 11 月 28 日，中国证监会新闻发言人就资本市场支持房地产市场平稳健康发展答记者问时表示，房地产市场平稳健康发展事关金融市场稳定和经济社会发展全局。中国证监会决定在股权融资方面调整优化五项措施，包括允许符合条件的房地产企业实施重组上市，重组对象须为房地产行业上市公司②。

近年来，多地开展"两高一低"（高能耗、高污染、低水平）企业专项整治工作，该类企业同样属于不符合国家产业政策的行业企业。

在全面注册制实施后，A 股各大板块的定位更加清晰。上海证券交易所主板、科创板，深圳证券交易所主板、创业板及北京证券交易所凸显不同的

---

① 该规定自 2024 年 11 月 1 日起施行。
② 《证监会新闻发言人就资本市场支持房地产市场平稳健康发展答记者问》，载中国证监会网站，http://www.csrc.gov.cn/csrc/c100028/c6763083/content.shtml，最后访问日期：2024 年 6 月 20 日。

行业定位。其中，上海证券交易所及深圳证券交易所主板上市企业主要为大型蓝筹企业及具有规模化效应的龙头企业，如贵州茅台（600519）、比亚迪（002594）、中国石油（601857）、顺丰控股（002352）等；上海证券交易所科创板则突出"硬科技"特色，支持新一代信息技术、高端装备、新材料、新能源、节能环保及生物医药等高新技术产业和战略性新兴产业，如金山办公（688111）、中芯国际（688981）、联影医疗（688271）等；深圳证券交易所创业板的定位是深入贯彻创新驱动发展战略，适应发展更多依靠创新、创造、创意的大趋势，主要服务成长型创新创业企业，并支持传统产业与新技术、新产业、新业态、新模式深度融合，如宁德时代（300750）、迈瑞医疗（300760）、汇川技术（300124）等；北京证券交易所主要服务创新型中小企业，重点支持先进制造业和现代服务业等领域的企业，推动传统产业转型升级，培育"专精特新"中小企业，如贝特瑞（835185）、颖泰生物（833819）、硅烷科技（838402）等。

根据《监管规则适用指引——发行类第 5 号》之"5-7 持续经营能力"的规定，如存在"一、发行人因宏观环境因素影响存在重大不利变化风险，如法律法规、汇率税收、国际贸易条件、不可抗力事件等。二、发行人因行业因素影响存在重大不利变化风险，如：1. 发行人所处行业被列为行业监管政策中的限制类、淘汰类范围，或行业监管政策发生重大变化，导致发行人不满足监管要求；2. 发行人所处行业出现周期性衰退、产能过剩、市场容量骤减、增长停滞等情况；3. 发行人所处行业准入门槛低、竞争激烈，导致市场占有率下滑……"等情况的，发行人会被重点关注其持续经营能力是否受到影响，因此建议拟 IPO 企业关注国家最新产业政策及行业变化情况，结合行业发展趋势，合理选择并积极调整发展方向及行业定位，以保证持续经营能力不受影响。

类似案例如 2022 年 12 月 27 日在深圳证券交易所创业板上市的川宁生物（301301），其属于抗生素中间体制造企业，主要从事生物发酵技术的研发与产业化，主要产品包括青霉素中间体、头孢类中间体等，其上市过程中监管机构曾要求其说明生产经营是否符合国家产业政策，是否纳入相应产业规划布局，生产经营和募投项目是否属于《产业结构调整指导目录》中的限制类、淘汰类产业，是否属于落后产能。川宁生物从行业准入、国家产业政策的规定、国家产业规划布局、《产业结构调整指导目录》及《国民经济行业分类》

等规定多方面说明其符合上市条件。[1]

　　因选择板块契合度影响 IPO 进程的企业例如大汉软件股份有限公司，其是一家专注于数字政府领域的软件开发商和技术服务商，主要为各级政府及其组成部门提供"互联网+政务服务"平台建设、数字政府门户平台建设及相关运维服务。2021 年 6 月 30 日，大汉软件科创板 IPO 获上海证券交易所受理。据其 2021 年 12 月 30 日第二轮审核问询函显示[2]，上海证券交易所针对其提出的首要问题就事关科创属性，要求其进一步说明关键技术难点的突破是否仅限在应用层面解决问题，应用类软件及其技术发展趋势与国家战略的匹配程度，是否符合科创属性的要求；是否具备持续创新能力；结合同业公司比较情况说明其核心竞争力及核心技术水平等。2021 年 12 月 31 日，大汉软件股份有限公司主动撤回 IPO 申请。[3] 之后，大汉软件股份有限公司调整板块定位，转战创业板 IPO，2022 年 6 月，发布申请在创业板上市的《招股说明书》[4]，于 2023 年 4 月获得深圳证券交易所上市审核委员会审议通过。[5]

　　综上所述，主板、科创板、创业板和北京证券交易所的不同定位，为不同领域、不同赛道的企业申报提供了有针对性的场所支持；此外，由于近年来社会经济条件的变化，主板的行业限制亦有所严格。企业在进行上市筹备时，应根据自身行业特点、盈利模式等特征，结合同行业企业的上市经验，判断是否属于资本市场认可的行业，并选择最为适宜的板块申报，以达到募集资金最大效益、实现企业及股东价值等目的。

---

[1] 案例信息来源：川宁生物在深圳证券交易所发行上市审核信息公开网站公告的《关于伊犁川宁生物技术股份有限公司首次公开发行股票并在创业板上市申请文件审核问询函的回复》。

[2] 案例信息来源：大汉软件股份有限公司在上海证券交易所发行上市审核网站公告的《关于大汉软件股份有限公司首次公开发行股票并在科创板上市申请文件的第二轮审核问询函的回复》。

[3] 案例信息来源：上海证券交易所发行上市审核网站公告的《关于终止对大汉软件股份有限公司首次公开发行股票并在科创板上市审核的决定》。

[4] 案例信息来源：大汉软件股份有限公司在深圳证券交易所发行上市审核信息公开网站公告的《大汉软件股份有限公司首次公开发行股票并在创业板上市招股说明书（申报稿）》。

[5] 案例信息来源：深圳证券交易所发行上市审核信息公开网站公告的《深圳证券交易所上市审核委员会 2023 年第 22 次审议会议结果公告》。

第二节 常见法律问题

一、业务资质

(一) 发行人资质

1. 概述

IPO 的具体审核细节和尺度虽不时地发生调整，但底层的核查原则仍是大体一致的，结合本章所述要点，即监管机构对于发行人高标准的合规经营要求，业务资质是其中重要的一环。企业在生产经营的各个方面首先应符合相关法律法规的强制性要求，才能保证其商业模式的合法性，保障其业务在法律搭建的框架内合规运行。

2. 关注重点

监管机构对于发行人资质的关注重点依据其所属行业的差异而不尽相同，对相对特殊业务模式的牌照、资质的强制性要求也随着行业的发展而不断更新。

站在发行人的角度，我们需要特别关注的问题集中在所需资质种类、资质合规性以及持续经营要求三方面。

(1) 所需资质种类

发行人应依据其营业执照载明的"经营范围"以及实际开展的业务类型确认其所必须取得的资质类型，避免触犯"无证经营"的雷区。

各类型企业所需资质的要求存在较大的差异，限于篇幅，我们仅对常见行业所需的主要牌照/资质要求进行了梳理。

表 5-2 常见行业所需的主要牌照/资质

序号	企业类型	牌照/资质要求
1	新能源企业	安全生产许可证、安全生产标准化证书、安全使用许可证、危险化学品经营许可证及登记证、辐射安全许可证、排污许可证、危险废物经营许可证

续表

序号	企业类型	牌照/资质要求
2	互联网企业	增值电信业务牌照、互联网新闻信息服务许可证、信息网络传播视听节目许可证、网络文化经营许可证、广播电视节目制作经营许可证、营业性演出许可证、第三方支付牌照、出版物经营许可证、网络出版服务许可证
3	医药企业	医疗机构执业许可证、医疗器械注册证、大型医用设备配置许可证、放射诊疗许可证、辐射安全许可证、排污许可证、母婴保健技术服务执业许可证、医疗机构制剂许可证、医疗广告审查证明、药品生产许可证、药品批准文号、安全生产许可证、危险化学品登记证书、麻醉药品和精神药品定点生产批件、药品经营许可证、互联网药品信息服务资格证书、互联网药品交易服务资格证书
4	医疗器械行业	医疗器械生产备案、医疗器械经营许可证/备案证明、医疗器械注册证/备案证明、互联网药品信息服务资格证书、互联网药品交易服务资格证书

其中,个案的牌照需求依据该企业开展业务的具体情况而有所差别。例如,某互联网企业若要经营线上食品销售业务,则必须取得食品经营许可证。

(2) 资质合规性

资质合规性主要指的是发行人资质取得的合规性。在监管机构对发行人的核查与问询过程中,对于资质合规性的验证是一大重点。通过查询总结监管机构向发行人发出的反馈意见可以发现,"相关资质取得过程的合法合规性""(资质)取得是否合法合规"已成为审核中重点关注的问题。

资质合规性的问题主要出现在:

①资质混用。每个证书都有其专属的适用范围,如若在业务范围外跨专业"调用"资质,则会导致资质违规使用的问题。

②级别混用。部分资质存在级别划分,如在生产经营中跨级别使用自身未曾达标、未曾申领的资质牌照,则会导致资质使用不合规,甚至有触犯相关法律法规的风险。

③有效期届满。拟 IPO 企业应特别关注资质的有效使用期间,在有效期间届满前提前准备续期展期工作,特别注意避免出现相关工程或项目在开工期资质有效而在项目进行中资质失效的尴尬局面。

为达到资质、牌照的合规性要求,我们建议发行人关注资质取得及续展的全过程,包括发行人历史上曾取得但已过期、被替换或者已续展的资质证书，重点关注相关资质的首次取得时间、有效期、复审日期、复审后的有效期等关键时间节点。同时，要时刻注意政策动向，精准对比发行人是否满足相关资质的持有条件，以达到满足相关法律法规要求的目的。

（3）持续经营要求

资质持续经营的要求是指发行人在取得相关资质后应合规经营，避免出现资质过期的风险。资质获取后的有效期间可分为两类：一类是长期有效；另一类是法定期限内有效。其中，对于有期限性要求的资质的续期方法也可分为两类：一类为企业申请续期，由主管部门进行形式审查；另一类为重新申请，由主管部门依据特定要求进行实质审查。

例如，《医疗机构管理条例实施细则》第三十五条第一款规定，床位在100张以上的综合医院、中医医院、中西医结合医院、民族医院以及专科医院、疗养院、康复医院、妇幼保健院、急救中心、临床检验中心和专科疾病防治机构的校验期为3年；其他医疗机构的校验期为1年。发行人取得的《医疗机构执业许可证》应按规定及时校验，以满足持续合规经营的要求。

监管机构对于持续经营的问询问题主要表述为：请发行人根据行业法律法规等，补充披露发行人及其子公司是否已具备从事生产经营业务的全部资质，发行人目前取得的相关资质是否均在有效期内、取得是否合法合规；并结合行业法律法规、政策文件的相关规定，补充说明相关资质到期后的续期条件及所需履行的续期程序、相关申请情况及进展，对照相关业务资质的许可或备案程序和条件，逐项说明是否存在丧失相关资质或证书、认证的风险，并就丧失相关资质对发行人的业绩影响进行分析。

可见，持续经营要求的合规性逻辑与资质合规性的本质并无二致，即基于相关资质管理的强制性要求对比发行人是否满足相应的条件。对于发行人主要业务赖以生存的资质，我们建议发行人保持高度关注以确认对其的持续持有，重点分析依赖该资质的业务占发行人总业务的比率。而对于发行人短期开展的业务、未来无计划进一步拓宽展业范围的业务类型，我们理解即使未来丧失该资质，亦不会对发行人的持续生产经营造成重大不利影响，但是公司可能进一步面临经营发展战略、毛利率是否发生重大变化等问题。

相关案例

腾远钴业：报告期存在未取得资质而经营的情形[①]

腾远钴业（301219）主要从事钴、铜产品的研发、生产与销售，是国内最具竞争力的钴盐生产企业之一。钴是一种较稀缺的战略性资源，国务院于2016年11月2日批复通过的《全国矿产资源规划（2016—2020年）》首次将钴等24种矿产列入战略性矿产目录。2018年1月23日，发审委问询发行人在报告期存在未取得《危险化学品登记证》和《安全生产许可证》而从事生产、储存和销售氯化钴和硫酸钴产品的行为，并要求发行人说明原因以及是否符合我国安全生产和环境保护方面的法律、法规及规范性文件的相关规定，是否属于重大违法违规行为，是否构成发行的实质法律障碍。

腾远钴业从以下角度回复了发审委的问询问题：

（1）行业因素：发行人成立于2004年，彼时其产品不属于危险化学品，因此无须办理生产《危险化学品登记证》和《安全生产许可证》。2015年，国家安全生产监督管理局修改危险化学品目录，发行人产品被列入危险化学品行列。安监局给予2个月的过渡期用于相关企业办理资格证书，但实践中该期限过短，地方安监局迟迟未出台办理该证书的具体措施。同时，当期行业规划仅要求化工集中园区办理相关证件，而发行人直至2017年3月才被划入集中园区。

（2）证明文件：发行人取得省级安监部门的证明文件，证明其无证经营行为系客观因素导致，并且承诺不会对发行人进行追加处罚。

在腾远钴业的案例中，其在报告期内曾经存在的无证经营问题具有一定的特殊背景，即国家法规政策发生变化，地方政府部门执行时未能做好落地措施。这意味着发行人在无证经营问题上并无违法的主观故意，而是受制于客观情况无法办理。对此，腾远钴业亦取得了省级安监部门的证明文件，证明确实是客观原因导致，未来不会对其进行处罚。

驰田汽车股份有限公司：资质取得合规性存疑[②]

驰田汽车股份有限公司主营业务为重型专用汽车产品的研发、生产和销

[①] 案例信息来源：腾远钴业在深圳证券交易所发行上市审核信息公开网站公告的《关于赣州腾远钴业新材料股份有限公司首次公开发行股票并在创业板上市申请文件审核问询函的回复》及《赣州腾远钴业新材料股份有限公司首次公开发行股票并在创业板上市招股说明书》。

[②] 案例信息来源：中国证监会网站发布的《关于驰田汽车股份有限公司首次公开发行股票申请文件反馈意见》《第十八届发审委2020年第183次会议审核结果公告》。

售，其在上市过程中被监管机构反馈要求说明"（1）发行人获得改装车生产资质的过程和程序合法合规性；（2）结合发行人的具体业务情况，列明经营各个环节需获得的审批、认证（含合格供应商认证）等事项，说明发行人是否具备前述全部资质、许可或认证，取得过程是否合法合规，是否存在违反相关规定超出资质规定范围或无资质开展业务的情形，是否存在因此受到处罚的风险……"结合发审委审核结果公告，由于"驰田装备拟与国营江华机械厂联合组建合资公司，以该资产重组为由发行人取得了改装车生产资质，但江华机械厂未合资入股"，驰田汽车股份有限公司资质取得的合规性存疑。驰田汽车股份有限公司上市最终被否。

何氏眼科：存在超出资质、经营范围被行政处罚[1]

报告期内，发行人何氏眼科（301103）及其子公司存在超出资质、经营范围进行经营的情形（未经许可开展医疗美容诊疗活动），发行人就此取得沈阳市卫生健康委员会出具的证明，确认其已及时采取整改措施，未造成严重社会影响，不属于重大行政处罚。

诺思格：对资质、证照等合规经营情况全面问询[2]

诺思格（301333）上市进程中，监管机构对其资质及合规经营情况进行了较为全面的问询，内容包括：（1）结合行业相关法律法规的规定，披露发行人是否完整持有经营所需的资质、证照，相关资质、证照是否已完整覆盖发行人主营业务及所有服务的类型、范围及经营时间；（2）发行人进行生产经营是否需要事前审批程序，是否需要特许经营；发行人是否拥有相关规定标准要求的管理体系、实验室、设备、人员，是否已按规定获取了必要的评价认证；（3）列表列示发行人从事研发的人员人数、学历、薪酬、从业时长，是否已获取相应证书及资质；（4）历史上是否存在无资质经营或超越资质范围经营的情况，是否导致行政处罚；（5）主要污染物及排放情况，排放量及方式是否满足国家和当地环保规定要求，环保设备投入及相关支出情况是否与公司生产经营产生污染物相匹配，发行人是否存在环保方面的行政处罚。

3. 提示及建议

资质与牌照作为企业开展经营的基础性文件，是企业合规性证明的第一

---

[1] 案例信息来源：何氏眼科在深圳证券交易所发行上市审核信息公开网站公告的《辽宁何氏眼科医院集团股份有限公司首次公开发行股票并在创业板上市招股说明书》。

[2] 案例信息来源：诺思格在深圳证券交易所发行上市审核信息公开网站公告的《关于诺思格（北京）医药科技股份有限公司首次公开发行股票并在创业板上市申请文件审核问询函的回复》。

步,势必为监管机构问询的重点要素。

发行人应依据自身所处的行业以及所开展的业务,对照同行业企业以及相关的法律法规,对持有资质的合规性及持续性予以关注。如若在报告期内因为客观原因未取得资质而出现无证经营的情形,除阐述客观原因强调无主观故意之外,核心是需要取得主管部门的专项合规证明,再加以实际控制人出具兜底承诺函。

(二)发行人获得政府特许经营权

1. 概述

拟 IPO 企业通过与政府有权机关签署协议而获得与基础设施和(市政)公用事业相关的政府特许经营权。作为一种经营模式,特许经营依赖于其高投资成功率的优势获得政府的认可,在某些领域快速地广泛铺开。由于特许经营权这一种特殊的业务模式对企业的持续经营影响重大,而且企业作为被特许的一方,其经营权的延续性在很大程度上依赖于政府部门,比较被动,因此,在 IPO 审核中监管机构会重点关注发行人的特许经营权问题,以下通过案例初步了解监管机构对特许经营模式的关注重点。

2. 关注重点

拟 IPO 企业获得基础设施和公用事业特许经营权或市政公用事业特许经营权的,监管机构重点关注特许经营权取得的合规性及可持续性,包括协议签署主体及出具合同正常履行说明的主体是否为有权机关,是否存在特许经营权被终止、变更或被政府收回的风险,是否存在特许经营权被提前中止/终止、提标改造、重新招投标等风险,以及特许经营协议的违约风险等。

相关案例

中科环保:特许经营权的内容及合规、持续性[①]

中科环保(301175)主要从事生活垃圾焚烧发电业务,于 2022 年 7 月 8 日在深圳证券交易所创业板上市。中科环保以特许经营模式负责项目的投资—建设—运营,并采用"热电联产"模式向周边工业企业提供供热服务。截至招股说明书签署日,已签署生活垃圾焚烧发电项目特许经营协议共计 9 份。

[①] 案例信息来源:中科环保在深圳证券交易所发行上市审核信息公开网站公告的《〈关于北京中科润宇环保科技股份有限公司首次公开发行股票并在创业板上市申请文件的第三轮审核问询函〉之回复报告》。

因中科环保的较多业务来自项目特许经营权，其特许经营权取得的合规性及可持续性对中科环保的持续盈利能力至关重要，因此，深圳证券交易所围绕特许经营权问题进行了详细的问询，问询重点总结如下：

（1）特许经营权是否为合规取得

问询表述：说明关于发行人合规取得项目特许经营权、合同正常履行说明出具机关是否为有权机关，是否为特许经营协议签署主体，是否存在因未按规定取得特许经营权而被其他有权机关处罚或要求中止、终止项目的风险。

主要回复意见：核查特许经营协议签署主体是否与合同正常履行说明出具机关一致并就不一致的情形进行解释，核查合同正常履行说明出具机关是否为有权机关，对特许经营权是否会被其他有权机关处罚或要求中止、终止发表明确意见。

（2）特许经营权的持续性

问询表述：结合特许经营权合同中关于特许经营权终止、变更或被政府收回的相关约定，同行业或同区域内类似项目提前中止、提标改造、重新招投标等情形，说明发行人未来是否存在特许经营权被中止的风险，并在招股说明书中完善重大风险提示。

主要回复意见：核查特许经营权合同中关于特许经营权终止、变更或被政府收回的相关约定，查询同行业或同区域内类似项目提前中止、提标改造、重新招投标等情形，说明发行人经营状况良好、使用国家政策鼓励的较为先进的垃圾焚烧发电炉排炉技术，发行人不存在同行业类似因被提前中止、提标改造、重新招投标造成的中止风险。同时结合特许经营协议的约定，说明在发行人如约履行特许经营协议的情形下，除因不可抗力、法律变更、项目所提供的公共产品或服务已经不合适或者不再需要或者会影响公共安全和公共利益的情形外，不存在特许经营权被中止的风险。并就不可抗力及特许经营协议约定的上述情形导致特许经营权提前终止的风险在招股说明书中进行了提示。

（3）特许经营权的许可内容

问询表述：说明各特许经营协议对公司是否享有垃圾处理厂转让、资产收购或补偿权利的约定情况，如未明确约定，说明特许经营权被中止情况下可能产生的不利影响及经营风险。

主要回复意见：协议取得特许经营权的项目，各特许经营协议对发行人是否享有垃圾处理厂转让、资产收购或补偿权利进行了约定。若发行人违约导致特许经营权终止，发行人存在因违约导致资产损失的风险，及因项目终止无法继续运行，影响未来经营业绩的风险。

3. 提示及建议

综合查阅监管机构对于特许经营权的询问逻辑，我们认为其与对资质、牌照的关注重点存在一致性，即主要关注内容、合规、持续性三方面。该三方面大致覆盖生产经营的全流程，具体因时间节点的不同而呈现一定的区分性。发行人应对特许经营权的合规性及持续性予以密切关注。

二、业务模式

（一）经销、代理、中介（居间）模式

1. 概述

经销模式主要是指拟 IPO 企业与经销商签订销售协议，将产品销售给经销商，由经销商再与终端客户签订销售协议将产品销售至终端客户；代理模式是由代理商接受拟 IPO 企业委托，直接或协助拟 IPO 企业与终端客户进行洽谈，最终使得终端客户直接向拟 IPO 企业下单或通过代理商下单的模式；中介（居间）模式则是由中介（居间）商协助拟 IPO 企业开拓终端客户，由终端客户直接向拟 IPO 企业下单，并向中介（居间）商支付中介（居间）服务费的模式。

代理模式主要受《民法典》第二十三章规定的"委托合同"所规范，而中介（居间）模式主要受《民法典》第二十六章规定的"中介合同"（原《合同法》称之为"居间合同"）所规范，代理模式和中介（居间）模式在实践中往往存在重叠情况。

2. 主要法律规定及关注重点

（1）主要法律规定

《监管规则适用指引——发行类第 5 号》之"5-12 经销模式"对首发企业经销商模式下的核查内容和核查要求进行了明确，核查要求的主要内容如下：

中介机构应实施充分适当的核查程序，获取经销商收入相关的可靠证据，以验证经销商收入的真实性。

（一）制定核查计划

中介机构应制定核查计划，详细记录核查计划制定的过程（过程如有调整，详细记录调整过程、原因及审批流程）。制定核查计划应考虑因素包括但不限于：行业属性、行业特点，可比公司情况，发行人商业模式，经销商分层级管理方式，财务核算基础，信息管理系统，发行人产品结构、经销商结构、终端销售结构及其特点；样本选取标准、选取方法及选取过程，不同类别的核查数量、金额及占比等。

（二）选取核查样本

中介机构可参考《中国注册会计师审计准则第1314号——审计抽样和其他选取测试项目的方法》，采用统计抽样、非统计抽样等方法选取样本，详细记录样本选取标准和选取过程，严禁人为随意调整样本选取。样本选取应考虑因素包括但不限于：经销商类别、层级、数量、规模、区域分布、典型特征、异常变动（如新增或变化较大）等具体特点。核查的样本量应能为得出核查结论提供合理基础。

（三）实施有效核查

中介机构应按核查计划，综合采用多种核查方法，对选取样本实施有效核查，如实记录核查情况，形成工作底稿。具体核查方法包括但不限于：

1. 内部控制测试：了解、测试并评价与经销商相关内控制度的合理性和执行有效性。

2. 实地走访：实地走访所选取经销商及其终端客户，察看其主要经营场所，发行人产品在经营场所的库存状态，了解进销存情况。了解经销商实际控制人和关键经办人相关信息、向发行人采购的商业理由，了解经销商经营情况、财务核算基础、信息管理系统等。核查经销商财务报表了解经销商资金实力。

3. 分析性复核：核查发行人、经销商相关合同、台账、销售发票、发货单、验收单/报关单/代销清单、回款记录等，核查发行人经销收入与经销商采购成本的匹配性，销货量与物流成本的匹配性，相互印证销售实现过程及结果真实性；核查发行人与经销商相关的信息管理系统可靠性，经销商信息管理系统进销存情况，与发行人其他业务管理系统、财务系统、资金流水等数据是否匹配。

4. 函证：函证发行人主要经销商，函证内容包括各期销售给经销商的产品数量、金额、期末库存和对应应收款等。

5. 抽查监盘：对经销商的期末库存进行抽查监盘，核实经销商期末库存真实性。

6. 资金流水核查：核查发行人及其控股股东、实际控制人、董事、监事、高管、关键岗位人员及其他关联方与经销商之间的资金往来。发现异常情况应扩大资金流水核查范围。

由于行业特征、经销商结构和数量等原因导致部分核查程序无法有效实施的，中介机构应充分说明原因，并使用恰当的替代程序，确保能合理地对经销商最终销售的真实性发表明确意见。

（四）发表核查意见

中介机构应按照以上要求进行逐一核查，说明核查程序、核查方法、核查比例、核查证据并得出核查结论，对经销商模式下收入真实性发表明确意见。

证监会及交易所未对代理模式及中介（居间）模式作出明确规定，该等模式的主要规范要求仍然可以参照上述经销相关规定。

（2）关注重点

在IPO中，因经销/代理/中介（居间）模式容易产生关联交易、利益输送等问题，因此是监管机构问询的重点之一。监管机构常见问询问题包括：

①采用经销/代理/中介（居间）模式的合理性，是否属于行业惯例；

②经销/代理/中介（居间）制度的制定及执行情况；

③经销/代理/中介（居间）/直销销售金额的占比情况；

④主要经销/代理/中介（居间）商基本情况；

⑤与经销/代理/中介（居间）商是否存在关联关系、资金往来或其他利益安排；

⑥主要经销/代理/中介（居间）/直销客户变动情况及变动原因；

⑦中介（居间）服务费的收取方式和标准，与中介（居间）业务的匹配情况，是否存在通过中介（居间）服务商进行变相利益输送的情况。

相关案例

英诺特：经销模式中还存在居间模式①

英诺特（688253）于2022年7月28日在上海证券交易所科创板上市，

---

① 案例信息来源：英诺特在上海证券交易所发行上市审核网站公告的《关于北京英诺特生物技术股份有限公司首次公开发行股票并在科创板上市申请文件审核问询函的回复》。

主营业务为快速诊断产品研发、生产和销售。

英诺特即时检测产品部分海外销售中的经销商由居间商推荐，除与经销商正常签订经销合同外，还与居间商签订居间服务合同，按照经销合同金额的一定比例支付居间服务费，对于此等模式，监管机构重点问询问题包括如下三点：

（1）发展居间商的背景，发行人与居间商的合作模式、协议主要条款、约定费率情况。

对于该问题，英诺特简要介绍了由于海外市场的特殊性而发展居间商的背景，并就协议条款、费率（平均佣金费率为9.96%）情况等进行了回复。

（2）列表说明2020年居间商的名称、实控人、注册时间、主营业务等基本情况，居间商推荐的客户名称、2020年销售金额、居间费金额，进一步分析发行人支付的居间费率的公允性。

英诺特对其居间商的名称、实控人、注册时间、主营业务等基本情况进行了统计并披露，同时举示其他同行业上市公司的居间商费率进行对比，说明与居间商之间不存在关联关系，居间服务费定价公允。

（3）其他问询。

在本案例中，监管机构还对英诺特居间模式涉及的如下问题进行了问询，如拟上市企业存在居间模式，应提前关注并尽早整改。

①发行人与居间商推荐的客户是否单独签订经销协议，居间商与其推荐的客户之间是否存在关联关系或其他特殊关系。

②居间模式下销售价格、毛利率、主要条款与一般经销模式下其他境外客户是否存在较大差异，除检测产品外发行人在其他产品销售过程中是否涉及居间商推荐。

③发行人及其关联方、关键岗位人员与居间商及其推荐的客户、关联方、关键岗位人员是否存在关联关系或其他特殊关系，是否存在除居间关系以外的资金往来情况。

④发行人对居间费用的会计处理与同行业可比公司是否一致，请发行人将居间合同作为本问询回复附件一并提交。

杰华特：采用"经销为主，直销为辅"的销售模式[①]

杰华特（688141）于2022年12月23日在上海证券交易所上市，是一家以虚拟垂直整合制造模式（虚拟IDM）为主要经营模式的模拟集成电路设计企业，从事模拟集成电路的研发与销售。采用"经销为主，直销为辅"的销售模式。

在杰华特上市过程中，监管机构对其经销模式的实际执行情况及采用经销模式的原因、合理性进行了如下问询：

（1）公司对经销商管理制度及执行情况，包括但不限于准入标准、定价机制、物流安排、验收标准、退换货机制、货物风险承担等

本案例中发行人对问询涉及的准入标准、定价机制、物流安排、验收标准、退换货机制、货物风险承担等方面进行了详细答复。发行人建立了《经销商管理制度》，并与合作的经销商签署了《合作协议书》，在该等制度及协议中明确前述准入标准、定价机制、物流安排等事项。

（2）各类产品主要采用经销模式的原因及合理性

就公司各类产品主要采用经销模式进行销售的原因及合理性，公司从如下四个方面进行了解释：

①降低客户服务成本，保持并提升公司在研发环节的核心竞争力。模拟芯片行业产品种类繁多，且下游应用领域和终端客户较为分散，采用经销模式有利于公司降低客户服务成本，无须针对各类终端客户建立多样化的销售政策，能更及时满足不同体量客户的多样化需求，提高销售效率；同时，公司可投入更多精力于产品的设计开发环节，保持并提升公司在研发环节的核心竞争力。

②有助于产品推广及客户开拓，利用供应商更快进入终端客户供应商体系。在经销模式下，公司经销商一般在所属区域内具备稳定的客户资源，有助于公司产品推广及客户开拓，提高市场占有率；同时，部分终端客户出于简化供应链渠道考虑，倾向于向经销商一站式采购包含芯片、功率器件等在内的各类所需元器件，公司通过经销模式可更快地进入上述终端客户的供应商体系。

③经销模式是模拟芯片行业普遍采用的销售模式。

[①] 案例信息来源：杰华特在上海证券交易所发行上市审核网站公告的《〈关于杰华特微电子股份有限公司首次公开发行股票并在科创板上市申请文件的审核问询函〉之回复报告》。

④采用"经销为主,直销为辅"的销售模式系基于自身业务特点和客户需求而开展,符合行业惯例,具有商业合理性。

3. 提示及建议

经销、代理、中介(居间)模式是目前较多研发、制造类企业常见的销售模式,但该类模式之下容易产生销售收入不真实、利益输送、商业贿赂等影响企业IPO的重点问题,特别是如不属于行业惯例或存在收入、毛利率等财务数据异常情况的,将引起监管机构的关注。拟IPO企业如存在经销、代理、中介(居间)销售模式的,应尽早引入中介机构,制定经销、代理、中介(居间)销售制度,起草制式合同,规范交易流程,使得该等销售模式符合法律法规的规定及监管机构的要求,并重点注意如下事项:

(1)避免与经销商、代理商、中介(居间)商发生实质和潜在的关联关系及异常资金往来或特殊利益安排;

(2)经销、代理、中介(居间)模式应当符合行业惯例,通过经销商、代理商、中介(居间)商实现的销售比例和毛利应当与同行业上市公司具有可比性;

(3)尽量避免出现经销商、代理商、中介(居间)商专门销售发行人产品的情形,如存在应合理说明;

(4)报告期内尽量避免出现经销商、代理商、中介(居间)商重大变动情况,如存在应合理说明;

(5)经销商、代理商、中介(居间)商应当为法人实体,应避免现金和第三方回款;

(6)尽早制定并完善经销/代理/中介(居间)管理制度;

(7)中介(居间)服务费的收取方式和标准应当符合市场行情,通过中介(居间)商获得的收入应当与中介(居间)服务费相匹配;

(8)给予经销商的信用政策与其他销售方式不宜差异过大,对经销商的应收账款应保持稳定水平,海外经销商毛利率与国内经销商毛利率如存在差异应具有合理性。

(二)特许经营权及加盟模式

1. 概述

发行人授权其他主体特许经营权一般指商业特许经营权,即拟IPO企业将注册商标、企业标志、专利、专有技术等经营资源以合同形式许可其他主体使用，并获得特许经营费用。商业特许经营实行全国联网备案。符合《商业特许经营管理条例》规定的特许人，依据规定通过商务部设立的商业特许经营信息管理系统进行备案。实践中常见的加盟模式也属于商业特许经营的一种形式。

《商业特许经营管理条例》第三条规定："本条例所称商业特许经营（以下简称特许经营），是指拥有注册商标、企业标志、专利、专有技术等经营资源的企业（以下称特许人），以合同形式将其拥有的经营资源许可其他经营者（以下称被特许人）使用，被特许人按照合同约定在统一的经营模式下开展经营，并向特许人支付特许经营费用的经营活动。企业以外的其他单位和个人不得作为特许人从事特许经营活动。"

《北京证券交易所向不特定合格投资者公开发行股票并上市业务规则适用指引第1号》"1-23特殊经营模式"之"四、加盟模式"规定："保荐机构及申报会计师应结合加盟协议关键条款、行业惯例、加盟商的经营情况、终端客户销售、退换货情况等，核查加盟相关业务收入确认政策是否符合企业会计准则规定。发行人频繁发生加盟商开业或退出的，保荐机构及申报会计师应核查发行人加盟相关收入确认政策是否谨慎、对部分不稳定加盟商的收入确认是否恰当，并结合与相关加盟商的具体合作情况说明发行人会计处理是否符合企业会计准则规定。保荐机构及发行人律师应核查发行人加盟协议的主要内容、加盟业务经营过程，并对其合法合规性发表明确意见。"

《首次公开发行股票注册管理办法》第十二条规定，"发行人业务完整，具有直接面向市场独立持续经营的能力；……（三）不存在涉及主要资产、核心技术、商标等的重大权属纠纷，重大偿债风险，重大担保、诉讼、仲裁等或有事项，经营环境已经或者将要发生重大变化等对持续经营有重大不利影响的事项"。

授权其他主体商业特许经营权作为拟IPO企业一种特殊的经营模式，对企业的持续经营影响重大，但凡涉及特许经营的业务模式，都是监管机构的问询重点。

2. 关注重点

（1）商业特许经营的合法合规性

拟IPO企业授权其他主体商业特许经营权的，应当按照《商业特许经营管理条例》《商业特许经营备案管理办法》《商业特许经营信息披露管理办法》等规定履行相关的审批或备案程序、签署符合规定的特许经营合同、履行信息披露义务并规范运营，同时还应确保加盟商符合相关法律法规和行业规范要求的资质。拟IPO企业如存在授权他人使用商业特许经营权的，应保证商业特许经营权的审批或备案覆盖完整的报告期，全面覆盖主营业务及所有产品的类型、范围及经营时间。

相关案例

嘉曼服饰：报告期内未就自其他主体处获得的商标涉及的加盟业务办理商业特许经营备案[①]

嘉曼服饰（301276）于2022年9月9日在深圳证券交易所创业板上市，主营童装的研发设计、品牌运营与推广、直营与加盟销售。产品覆盖0—16岁（主要为2—14岁）的男女儿童服装及内衣、袜子等相关附属产品。嘉曼服饰建立了线上与线下、直营与加盟的销售模式。运营品牌包括自有品牌、授权经营品牌、国际零售代理品牌三类。

在嘉曼服饰申报上市中，监管机构重点问询其开展加盟业务的合规性，开展该业务所需审批流程及资质、执照，涉及审批、备案主管机关，申请审批、备案的主体，报告期内发行人是否完整持有开展该业务的资质，是否完整覆盖发行人主营业务及所有产品的类型、范围及经营时间。

嘉曼服饰存在一个特殊情况，其除了授权加盟商使用自有的商标外，还授权加盟商使用其自其他主体处获得的HAZZYS（哈吉斯童装）及Hush Puppies（暇步士）的商标使用权，嘉曼服饰并不拥有HAZZYS（哈吉斯童装）及Hush Puppies（暇步士）的商标所有权，因此其前期未就此两项商标涉及的加盟业务办理商业特许经营备案。

针对此问题，嘉曼服饰认为《商业特许经营管理条例》《商业特许经营备案管理办法》未明确仅有商标使用权的企业开展加盟业务是否需要办理商业特许经营备案，其基于自身对前述规定的理解认为其并不拥有授权经营品牌HAZZYS（哈吉斯童装）及Hush Puppies（暇步士）商标所有权因而无须办理备案（发行人仅拥有暇步士和哈吉斯童装在中国大陆地区的独家经营权），因此报告期内未就暇步士、哈吉斯童装加盟业务办理商业特许经营备案，其后，发行人及其下属公司于2021年4月主动就哈吉斯、暇步士童装加盟业务向省

[①] 案例信息来源：嘉曼服饰在深圳证券交易所发行上市审核信息公开网站公告的《关于北京嘉曼服饰股份有限公司首次公开发行股票并在创业板上市申请文件审核问询函的回复》。

级商务主管部门完成商业特许经营备案；对此，嘉曼服饰的实际控制人出具书面承诺，嘉曼服饰及其下属公司如存在未及时办理商业特许经营权备案手续导致发行人及其下属公司被主管部门处以罚款等任何行政处罚措施进而给发行人及其下属公司造成任何经济损失的，将足额补偿。

（2）商业特许经营的管理问题

企业通过商业特许经营模式授权加盟商销售其产品或服务可以快速实现业务扩张，但这也可能导致加盟商向客户提供的产品或服务质量得不到保证，影响企业品牌形象。针对此问题，拟IPO企业可以通过完善加盟商管理体系、制定切实有效的加盟管理制度及监督制度等措施来规避风险。

相关案例

紫燕食品：对商业特许经营的管理模式[①]

紫燕食品（603057）主营业务为卤制食品的研发、生产和销售，主要产品为夫妻肺片、百味鸡、藤椒鸡等以鸡、鸭、牛、猪等禽畜产品以及蔬菜、水产品、豆制品为原材料的卤制食品，应用场景以佐餐消费为主、休闲消费为辅，主要品牌为"紫燕"。紫燕食品于2022年9月26日在上海证券交易所上市。

紫燕食品主要采用以经销为主的连锁经营模式，同时包括电商渠道销售、商超渠道销售、团购模式等销售方式。

在经销模式下，紫燕食品与经销商签订《特许经营合同》，授权经销商在协议约定的区域内经销公司的特许经营产品，使用公司的商标、招牌、服务标记、营运管理技术、宣传资料及宣传信息、食品安全标准等，在统一的品牌形象下销售公司品牌产品及提供相关服务。经销商向公司买断产品，获得公司授权其在约定经营区域内经销的特许产品，通过加盟门店实现终端销售。公司对经销商及其终端加盟门店不具有控制权，各经销商及终端加盟门店实行独立核算，自负盈亏，但在具体经营方面须接受公司的业务指导与监督。

在紫燕食品申报上市中，监管机构重点关注其对经销商及其终端加盟门店不具有控制权的情况下，如何保证对产品质量的管理、如何进行品牌保护。针对该问题，紫燕食品主要回复如下：

[①] 案例信息来源：中国证监会网站发布的《上海紫燕食品股份有限公司首次公开发行股票申请文件反馈意见》及紫燕食品在上海证券交易所发行上市审核网站公告的《上海紫燕食品股份有限公司首次公开发行股票招股意向书附录》。

（1）发行人基于完善的连锁运营管理体系，通过完善的经销商管理、加盟门店管理及监督机制有效保证销售环节中的产品质量管理；

（2）发行人的信息管理优势为终端销售环节产品质量管理提供重要支持；

（3）发行人在品牌保护方面已制定相应的内部控制制度和保护措施，且相关制度和措施均得到有效执行。

对于监管机构关注的特许经营权定价模式、推广模式，紫燕食品主要回复如下：

（1）特许经营权定价模式：发行人制定了全国统一的加盟管理费收取标准。根据标准合同《特许经营合同》相关约定，发行人向经销商收取的加盟费标准为8000元/店/年，门店管理费标准为1000元/店/年，信息系统使用费标准为2000元/店/年。经销商开展二级加盟业务时享有一定的经营自主权，可以根据所在市场情况灵活制定对加盟门店的加盟管理费政策，但不得高于公司制定的指导标准。

（2）推广模式：一方面，公司将继续深化与现有经销商的合作，巩固互利共赢的合作关系，加速现有市场门店的密度布局，进行销售区域的进一步细分和下沉；另一方面，公司也在加强对新经销商的开发力度，通过在新城市召开招商会以及线上推广（官网、抖音视频、今日头条、百度等）的方式引入新的经销商，以优化经销商结构，不断提高市场份额。

3. 提示及建议

商业特许经营常见于连锁、加盟等经营模式的企业中，除上述监管机构重点关注的商业特许经营合法合规性问题、品牌管理问题之外，拟IPO企业还应关注其经营模式稳定性问题（例如如何平衡不同加盟商以及加盟商与拟IPO企业之间的利益分配）、加盟商与拟IPO企业的关联关系问题（如关联加盟商与拟IPO企业关联交易的真实性、必要性、公允性）等。

（三）分包、转包

1. 概述

《建设工程质量管理条例》第七十八条第三款规定："本条例所称转包，是指承包单位承包建设工程后，不履行合同约定的责任和义务，将其承包的全部建设工程转给他人或者将其承包的全部建设工程肢解以后以分包的名义分别转给其他单位承包的行为。"

《房屋建筑和市政基础设施工程施工分包管理办法》第五条规定："房屋建筑和市政基础设施工程施工分包分为专业工程分包和劳务作业分包。本办法所称专业工程分包，是指施工总承包企业（以下简称专业分包工程发包人）将其所承包工程中的专业工程发包给具有相应资质的其他建筑业企业（以下简称专业分包工程承包人）完成的活动。本办法所称劳务作业分包，是指施工总承包企业或者专业承包企业（以下简称劳务作业发包人）将其承包工程中的劳务作业发包给劳务分包企业（以下简称劳务作业承包人）完成的活动。本办法所称分包工程发包人包括本条第二款、第三款中的专业分包工程发包人和劳务作业发包人；分包工程承包人包括本条第二款、第三款中的专业分包工程承包人和劳务作业承包人。"

因此分包、转包主要涉及建设工程相关领域，但是实践中，部分企业混淆了分包、转包与外包、外协的区别，将部分业务外包、外协表述为分包、转包。

根据《建筑法》《建设工程质量管理条例》《房屋建筑和市政基础设施工程施工分包管理办法》《建筑工程施工发包与承包违法行为认定查处管理办法》等规定，总承包单位可以分包的工程须满足以下条件：

（1）总承包合同中约定可以分包的或经建设单位许可分包的；

（2）分包的工程是建筑工程主体结构施工（钢结构除外）之外的部分工程；

（3）分包人具有相应资质；

（4）分包人不得将其承包的工程再分包（注：专业分包单位将其承包的工程中的劳务作业部分再分包的，不属于违法分包行为）；

（5）不属于违法分包和转包的情形。

转包行为违反法律法规的相关规定，建设工程任何施工部分均不得转包。

2. 关注重点

在分包、转包问题上，监管机构审核时主要关注发行人是否存在违法分包及转包情形；如存在该等情形的，监管机构将进一步关注发行人的违约风险、合规风险及质量风险，是否取得主管部门出具的证明。

相关案例

艾布鲁：违规分包问题①

在艾布鲁（301259）上市过程中（2022年4月26日上市），监管机构主要问询问题如下：

（1）报告期内，发行人存在商业贿赂与违规分包。分包项目中，不允许分包而实际分包的项目共28个，相关分包商52家；分包商不具备必需资质的项目共12个，相关分包商14家。

（2）发行人称相关内控制度健全有效，发行人已建立相关内控制度保障生产经营合法合规。

请发行人：

（1）披露上述违规分包履行的内部决策程序，是否符合发行人内部管理规定，违规分包是否存在安全事故、争议纠纷或受到行政处罚的风险。

（2）结合报告期内采购、销售等关键流程的内部控制规定及执行情况，评估并披露发行人是否存在内部控制风险。

针对分包商不具备资质的问题，艾布鲁在回复中详细说明了产生原因，并于报告期后期进行了整改，后续未再发生无资质分包问题。

针对招标文件或中标合同中约定不得分包的问题，发行人取得了大多数项目业主认可，并对当地生态环境局进行了访谈，同时由实际控制人出具了兜底承诺。

基康仪器：分包或转包行为是否符合相关法律法规要求以及合同约定②

在基康仪器（830879）上市审核过程中（2022年12月20日北京证券交易所上市），监管机构也问及分包、转包问题，主要问询问题包括：（1）各报告期分包费对应的主要分包商、分包内容、分包金额、项目名称及合同金额、合作背景、分包商及其关联方与发行人及其关联方是否存在关联关系，针对分包商注册地与项目所在地不一致的情形，请说明选取分包商的原因及合理性；（2）实际劳务外包成本与投标预算文件是否存在较大差异，不同供应商

---

① 案例信息来源：艾布鲁在深圳证券交易所发行上市审核信息公开网站公告的《〈关于湖南艾布鲁环保科技股份有限公司首次公开发行股票并在创业板上市申请文件的第三轮审核问询函〉之回复》。

② 案例信息来源：基康仪器在北京证券交易所网站（https://www.bse.cn/audit/project_news.html）公告的《基康仪器及申万宏源承销保荐关于基康仪器股份有限公司在北京证券交易所上市审核问询函的回复》。

之间同类分包服务采购价格是否存在较大差异、与项目所在地市场价格是否匹配，分包采购款项结算安排、支付方式、支付情况；（3）分包或转包行为是否符合相关法律法规要求以及合同约定，是否存在法律风险，报告期内是否存在因分包商的质量影响项目质量的情形，是否发生质量事件或安全事故，如有，请说明对公司生产经营的具体影响，并揭示相关风险。

对于"分包或转包行为是否符合相关法律法规要求以及合同约定"的问题，基康仪器分别说明并论证了"专业工程分包"的项目情况、分包商资质情况、不存在行政处罚及纠纷情况以及"劳务分包"符合法律法规规定的情况。

3. 提示及建议

拟 IPO 企业应当避免在报告期内出现违法分包或转包情形，如无法避免的，应当取得业主方或发包方的书面确认（业主方或发包方确认发行人承接的相关项目不存在工程质量问题，不存在违反合同约定的情形或者如有违反但已取得合同相对方的豁免，不涉及合同项下的违约责任，不会因此追究发行人法律责任），取得所在地住房和城乡建设部门、市场监督管理局或生态环境局等主管部门出具的合规证明及发行人行为不属于重大违法行为的证明，同时由发行人实际控制人出具承诺书，若发行人因瑕疵事项受到主管机关行政处罚或被第三方追究责任的，由实际控制人对发行人进行赔偿。

（四）线上销售

1. 概述

随着电子商务的不断发展，线上销售成为企业的重要销售方式之一，但线上销售同样也是业务造假的重灾区，越来越受到监管机构的重点关注。2023年2月17日，中国证监会及北京证券交易所颁布的新规中均对线上销售模式的核查要求进行了明确。

其中，中国证监会颁布的《监管规则适用指引——发行类第5号》之"5-13 通过互联网开展业务相关信息系统核查"，明确了通过互联网开展业务相关信息系统核查要求，具体如下：

部分发行人，如电商、互联网信息服务、互联网营销企业等，其业务主要通过互联网开展。此类企业，报告期任意一期通过互联网取得的营业收入占比或毛利占比超过30%，原则上，保荐机构及申报会计师应对该类企业通过互联网开展业务的信息系统可靠性分别进行专项核查并发表明确核查意见。

发行人应向保荐机构及申报会计师完整提供报告期应用的信息系统情况，包括系统名称、开发人、基本架构、主要功能、应用方式、各层级数据浏览或修改权限等；应向保荐机构及申报会计师核查信息系统数据开放足够权限，为其核查信息系统提供充分条件。

1. 对于直接向用户收取费用的此类企业，如互联网线上销售、互联网信息服务、互联网游戏等，保荐机构及申报会计师的核查应包括但不限于以下方面：①经营数据的完整性和准确性，是否存在被篡改的风险，与财务数据是否一致；②用户真实性与变动合理性，包括新增用户的地域分布与数量、留存用户的数量、活跃用户数量、月活用户数量、单次访问时长与访问时间段等，系统数据与第三方统计平台数据是否一致；③用户行为核查，包括但不限于登录 IP 或 MAC 地址信息、充值与消费的情况、重点产品消费或销售情况、僵尸用户情况等，用户充值、消耗或消费的时间分布是否合理，重点用户充值或消费是否合理；④系统收款或交易金额与第三方支付渠道交易金额是否一致，是否存在自充值或刷单情况；⑤平均用户收入、平均付费用户收入等数值的变动趋势是否合理；⑥业务系统记录与计算虚拟钱包（如有）的充值、消费数据是否准确；⑦互联网数据中心（IDC）或带宽费用的核查情况，与访问量是否匹配；⑧获客成本、获客渠道是否合理，变动是否存在异常。

2. 对于用户消费占整体收入比较低，主要通过展示或用户点击转化收入的此类企业，如用户点击广告后向广告主或广告代理商收取费用的企业，保荐机构及申报会计师的核查应包括但不限于以下方面：①经营数据的完整性和准确性，是否存在被篡改的风险，与财务数据是否一致；②不同平台用户占比是否符合商业逻辑与产品定位；③推广投入效果情况，获客成本是否合理；④用户行为真实性核查，应用软件的下载或激活的用户数量、新增和活跃的用户是否真实，是否存在购买虚假用户流量或虚构流量情况；⑤广告投放的真实性，是否存在与广告商串通进行虚假交易；⑥用户的广告浏览行为是否存在明显异常。

如因核查范围受限、历史数据丢失、信息系统缺陷、涉及商业秘密等原因，导致无法获取全部或部分运营数据，无法进行充分核查的，保荐机构及申报会计师应考虑该等情况是否存在异常并就信息系统可靠性审慎发表核查意见，同时，对该等事项是否构成本次发行上市的实质性障碍发表核查意见。

此外，发行人主要经营活动并非直接通过互联网开展，但其客户主要通过互联网销售发行人产品或服务，如发行人该类业务营业收入占比或毛利占比超过30%，保荐机构及申报会计师应核查该类客户向发行人传输交易信息、相关数据的方式、内容，并以可靠方式从发行人处获取该等数据，核查该等数据与发行人销售、物流等数据是否存在差异，互联网终端客户情况（如消费者数量、集中度、地域分布、消费频率、单次消费金额分布等）是否存在异常。对无法取得客户相关交易数据的，保荐机构及申报会计师应充分核查原因并谨慎评估该情况对发表核查意见的影响。

北京证券交易所颁布的《北京证券交易所向不特定合格投资者公开发行股票并上市业务规则适用指引第1号》之"1-23 特殊经营模式"也要求，在线上销售模式中，"保荐机构及申报会计师应结合客户名称、送货地址、购买数量、消费次数、消费金额及付款等实际情况，以及其他数据、指标、证明资料等，对线上销售收入确认是否符合企业会计准则规定、是否存在通过刷单虚增收入的情形以及收入的真实性等进行核查，说明采取的核查方法、程序以及核查结果或结论，并就报告期发行人线上销售收入的真实性、准确性、完整性发表明确意见"。

2. 关注重点

在线上销售模式中，监管机构主要关注包括线上销售的稳定性、系统数据的可靠性、是否存在篡改风险、与财务数据的一致性、是否存在刷单问题以及收入确认的准确性等方面的问题。

相关案例

润本股份：信息系统数据是否真实、完整、准确并与财务数据一致[①]

润本股份（603193）于2023年10月17日在上海证券交易所主板上市，主要从事驱蚊类、个人护理类产品的研发、生产和销售，核心产品包括驱蚊产品、婴童护理产品、精油产品三大系列。监管机构对其关于线上销售模式的问询问题主要包括：（1）与发行人业务、财务相关的主要信息系统情况，各层级数据浏览和修改的权限，各层级授权人员对应的岗位和职责，是否存在过度授权、信息篡改的风险；（2）主要信息系统中的运营数据及财务数据

---

① 案例信息来源：润本股份在上海证券交易所发行上市审核网站公告的《关于润本生物技术股份有限公司首次公开发行股票并在沪市主板上市申请文件的审核问询函之回复》。

类型、数据区间和间隔，属于直接生成还是经加工的数据，是否存在数据缺失和指标口径错误等情况；（3）线上销售各平台及后台平台针对用户的不同消费数据的保存期限，是否还存在其他数据缺失的情况，结合IT审计范围、部分数据获取范围受限等情况，说明信息系统是否可靠，存储于信息系统的运营和财务数据是否真实、完整、准确、一致。

对于上述问题，润本股份详细介绍了其信息系统的架构、功能、应用方式、数据浏览或修改权限等信息，以及系统授权人员的岗位、职责、权限，各个环节的控制措施及有效性；说明其数据区间完整覆盖报告期；另外详细统计了各个线上销售平台的不同消费数据保存期限，并结合IT审计范围、信息技术内控运行情况、业财一致性核对等方面论证其信息系统的可靠性。

乖宝宠物：提供信息系统专项核查报告①

乖宝宠物（301498）于2023年8月16日在深圳证券交易所创业板上市，就其线上销售模式，监管机构主要询问：（1）结合业务流程说明信息系统的相关控制环节，对关键控制环节的设置、执行情况，详细说明线上各种模式下，发行人如何获取终端客户信息，包括IP地址、邮寄地址、付款记录等，如何保证上述信息真实、准确、完整；（2）说明相关信息系统与财务信息的对接情况，财务数据是否依赖相关系统的运行情况，能否保证财务数据的真实、准确、完整；（3）请补充提供信息系统专项核查报告。

乖宝宠物详细论述了其业务节点、控制环节、具体执行流程以说明其业务控制环节的可靠性以及数据获取的过程，并说明其核对数据的方式，以确保其信息的真实、准确、完整；关于信息系统与财务信息的对接问题，乖宝宠物也说明了具体对接流程及会计凭证的生成方式；同时补充了会计师事务所出具的信息系统核查报告。

3. 提示及建议

对于存在线上销售模式的拟IPO企业，需要根据中国证监会及交易所的相关规定，尽早完善线上销售信息系统内部控制，保证内部控制的有效性；避免刷单行为、篡改数据行为；保证信息系统数据与财务数据的一致性；确保信息系统数据不存在异常缺失。如存在不符合规定的情形的，应当尽早引入中介机构，制订可靠的解决方案并有效执行，对不规范的情形进行整改，

---

① 案例信息来源：乖宝宠物在深圳证券交易所发行上市审核公告的《关于乖宝宠物食品集团股份有限公司首次公开发行股票并在创业板上市申请文件的审核问询函之回复》。

以降低因此对 IPO 申报可能造成的不利影响。

三、业务来源

（一）招投标

1. 概述

部分拟 IPO 企业因开展业务的特殊性或政府类客户较多等原因，业务合同须履行严格的招投标程序。实践中部分业主方并不一定清楚其采购商品或服务是否必须履行招投标程序，对此，可先从主体、项目类型入手，确定适用的法律法规，比如，主体为国家机关、事业单位等，需要适用《政府采购法》等相关规定；项目类型为特定工程建设项目的，需要适用《招标投标法》等相关规定。再结合具体项目金额以及所属行业的特殊规定，判断是否须履行招投标程序。实践中，因各种客观原因，或将存在应履行招投标程序而未履行或履行程序不符合相关规定要求的情形。招标方可能会因违反《招标投标法》《政府采购法》的相关规定被处以行政处罚，对投标方而言，其作为非过错方，不存在被处以行政处罚的风险。但根据《民法典》第一百五十三条的规定，"违反法律、行政法规的强制性规定的民事法律行为无效。但是，该强制性规定不导致该民事法律行为无效的除外"，《全国法院民商事审判工作会议纪要》也进一步明确规定了"违反招投标等竞争性缔约方式订立的合同"属于合同无效的效力性强制性规定。因此，应履行但未履行招投标程序而订立的合同存在合同无效的法律风险。

此外，拟 IPO 企业如与其他投标人协商投标价格可能会被认定为构成串通投标，在构成串通投标的情况下不仅中标无效，且可能导致行政处罚或涉及刑事责任。

2. 关注重点

结合监管机构的问询问题，拟 IPO 企业及中介机构可从以下方面判断是否存在招投标程序瑕疵：（1）核查拟 IPO 企业应履行招投标程序的相关合同所对应的招标文件、投标文件、中标通知书等全套文件；（2）核查客户的供应商选择模式以及应遵守的制度；（3）访谈相关业务部门负责人员；（4）对相关客户进行走访并访谈相关负责人员；（5）由主管机关出具证明；（6）核查拟 IPO 企业相关内控制度。

针对招投标问题，监管机构通常重点关注的事项包括：（1）是否存在应当履行而未履行招投标程序的情形，招投标获取业务收入及非招投标方式获取业务收入的各自金额和占比情况，并与同业公司进行对比；（2）未履行招投标程序的原因；（3）是否存在合同无效或被撤销风险；（4）是否存在被处罚的风险；（5）是否存在纠纷或潜在纠纷以及对公司经营的影响；（6）招投标过程中是否存在串标、围标、商业贿赂等违反招投标有关法律法规及规范性文件规定的情形。

相关案例

天能重工：应履行而未履行招投标程序[①]

天能重工（300569）主要从事风机塔筒的销售且客户多为国有控股企业，相关业务合同存在非因发行人原因未履行招投标程序的情形，监管机构在反馈中要求发行人补充披露报告期内未能履行招投标程序的合同金额以及占发行人已履行合同的比例，并根据未公开招投标的具体原因披露各类原因项下对应合同的金额及比例。在后续的问询中，监管机构继续要求发行人逐一列明报告期内未履行公开招投标程序的签约主体、合同金额、销售产品类型、合同有效期、约定付款时间、实际付款时间。

天能重工解释，相关合同未履行公开招投标程序的原因为部分合同业主方采用邀请招标的方式；部分合同为总包合同下的分包合同，公司无须直接参与业主方的招投标；部分客户履行了询价、比价、综合评审等内部审批程序。公司部分销售合同非因公司原因未履行公开招投标程序，合同双方已履行必备的内部审批程序，未出现因该等合同未履行公开招标程序而导致无效或者被撤销的情形，其执行过程中未出现因未履行公开招标程序而引起争议或纠纷的情形，对公司的生产经营不存在重大不利影响。

中亦科技：应履行而未履行招投标程序[②]

中亦科技（301208）业务取得方式包括公开招投标、邀标、竞争性谈判及其他。报告期内，中亦科技存在应当履行招投标程序而未履行的情况。

[①] 案例信息来源：中国证监会网站公告的《青岛天能重工股份有限公司创业板首次公开发行股票申请文件反馈意见》；天能重工在深圳证券交易所发行上市审核信息公开网站公告的《青岛天能重工股份有限公司首次公开发行股票并在创业板上市招股说明书》。

[②] 案例信息来源：中亦科技在深圳证券交易所发行上市审核信息公开网站公告的《关于北京中亦安图科技股份有限公司首次公开发行股票并在创业板上市申请文件的审核问询函的回复》。

监管机构要求发行人补充披露：

（1）获得业务的具体方式及对应收入占比；

（2）报告期内各期发行人参与招投标的数量，中标的数量及中标率，各期招投标费用，中标金额和招投标费用率波动情况及原因；

（3）报告期内应履行招投标程序而未履行的原因，是否存在因未正当履行程序而被交易对方终止履行合同的情形，是否因此给发行人业务造成损失及其合法合规性。

中亦科技在回复中称，报告期内，公司可能应履行招投标程序而未履行的项目的采购方主要为国有金融企业客户，该类客户通常具备良好的内部控制能力并制定有明确的采购管理制度。届时适用的《关于加强国有金融企业集中采购管理的若干规定》及《国有金融企业集中采购管理暂行规定》等相关法规在企业履行书面报告或按企业内部集中采购管理规定报批后允许其采取招投标以外的方式进行集中采购。公司客户依据其内部采购制度自行决策是否采用招投标方式，在客户确定采购方式后，公司参与客户的相关招投标或商务磋商、谈判，无权决定客户对于该等项目的采购方式。保荐机构及公司律师在难以取得相关客户的内部采购管理规定的情形下，对主要客户进行了访谈，相关客户确认已取得内部批准和决策，公司不存在重大违法违规或不诚信行为。

报告期内，公司不存在客户要求履行招投标程序而公司未履行的情形，不存在商业贿赂或与客户恶意串通规避履行招投标程序被主管财政部门查处或追究责任的情形。不存在因未正当履行程序而被交易对方终止履行合同的情形，未因此给公司业务造成损失。

若拟IPO企业存在法律规定应履行招投标程序而未履行的情形，建议考虑通过以下方式进行论证解释：（1）说明应当履行招投标程序而未履行即取得合同的数量、金额、占同期总收入的比例，根据实际情况说明未履行法定招投标程序取得的合同对应的收入占主营业务收入或者营业收入比例较低，且呈下降趋势；（2）发行人非招标主体，属于无过错方，未受到行政处罚；（3）确认合同正常履行，不存在因招投标程序不规范而导致合同终止或引起诉讼的情形，不存在商业贿赂行为或恶意串通行为，故不会对发行人的生产经营及持续盈利能力造成重大不利影响。

若拟IPO企业存在根据客户内部规定（如金融机构、铁路系统等特殊机构内部制定的采购制度）应履行招投标程序而实际未履行的情形，建议考虑通过以下方式进行论证解释：（1）发行人提供的业务服务不属于法律规定的应当招投标的业务；（2）说明发行人作为供应商仅能被动根据客户的具体要求执行相应的磋商程序；（3）通过客户内部的采购管理制度，说明客户未履行相应招投标流程的法律后果主要由客户承担；（4）通过对发行人客户代表的访谈，确认与发行人在报告期内签订的合同不存在撤销或无效情形，亦不存在商业贿赂行为或恶意串通行为。

> **相关案例**

深水规院：串通投标[①]

深水规院（301038）于2014年因串标行为被处以行政处罚，3年内禁止参加政府采购活动，但因其2017年的客户中仍存在深圳市、区水务局、水务建设中心等深圳市区政府部门，监管机构重点问询问题包括如下三点：

（1）存在政府部门客户的原因及合理性，是否违反了深圳市财政委员会的行政处罚指令，是否构成重大违法违规，是否对本次发行构成实质性障碍；

（2）该处罚措施对发行人业务开展、承揽业务及各期经营业绩的不利影响；该不良诚信档案记录是否对发行人持续经营构成重大不利影响；

（3）受到该处罚后发行人内控制度的完善过程，目前发行人内控制度是否健全有效；报告期内发行人是否存在围标、串标等违法违规行为。

深水规院通过深圳市有关地方规定，即"深圳市达到限额标准的建设工程的采购渠道为深圳市建设工程交易服务中心，主管部门为深圳市住房和建设局；除达到限额标准的建设工程外的其他货物、服务类项目的采购渠道为深圳市政府采购中心，是受市财政部门委托而建立的"，论证其因串标行为系被深圳市财政局处以行政处罚，因此无法参与受深圳市财政局委托而建立的深圳市政府采购中心的招投标项目，但仍可以参与深圳市建设工程交易服务中心的招投标项目。同时，深水规院亦取得了深圳市财政局关于行政处罚不属于重大违法行为的回复函。

深水规院针对上述问题的整改情况如下：

（1）开展合规培训：为提高相关业务人员在投标方面的合规意识，公司召开专题合规培训，通过聘请专家讲座等方式组织业务人员学习招投标法律

[①] 案例信息来源：深水规院在深圳证券交易所发行上市审核信息公开网站公告的《关于深圳市水务规划设计院股份有限公司首次公开发行股票并在创业板上市申请文件的审核问询函回复》。

法规及公司规章制度等，向所有业务人员重申并强调了守法依规的投标原则，明确告知公司严禁员工以违法方式获取商业机会，以及相关行为可能造成的法律后果。

（2）完善内部控制制度：为防范员工在投标过程中可能发生的合规风险，公司进一步完善了投标方面的内部控制制度，在此基础上修订完善了《深圳市水务规划设计院有限公司投标管理办法》。该制度明确规定参与投标工作的各部门、分公司及人员必须遵守《招标投标法》《政府采购法》等法律法规，遵守国家各级行政主管部门制定的招投标相关管理规定，不得提供虚假投标证明材料，不得组织和参与围标、串标等违法活动。

若拟上市公司存在串通投标、围标等违规投标情形，则相关中标无效，且可能被处以行政处罚以及刑事处罚。串通投标导致的行政处罚，可能导致构成重大违法行为；中标无效则可能会导致发行人通过此次串通投标取得的合同无效，通过该合同取得的收入可能无法确认；而《政府采购法》中规定的政府采购禁入的法律后果，则将会导致对发行人持续经营能力的质疑。因此，串通投标的行为可能会构成IPO的障碍。

针对该风险，建议考虑通过以下方式进行论证解释：（1）若导致行政处罚，则通过具体的行政处罚内容及行政处罚依据的规定，必要时取得主管部门作出的不属于重大违法违规情形的证明，论述该处罚不构成重大违法行为；（2）若行政处罚还进一步限制拟IPO企业参与政府采购或某大客户采购的，需结合发行人实际的经营情况，说明对发行人的持续经营能力不产生重大影响。

3. 提示及建议

结合A股上市案例，拟IPO企业的招投标程序瑕疵一般不会构成企业上市的实质性障碍，但从对发行人的业绩影响、发行人业务的合法合规性以及信息披露等方面来看，拟IPO企业以及中介机构均应特别关注该问题，并应对涉及的合同数量、金额及占比情况进行核查、披露。

对于存在以招投标方式承揽业务的企业，建议按照有关规定履行招投标程序，建立招投标台账，并妥善保存招投标过程中涉及的相关文件，包括但不限于招标公告、邀标文件、投标文件、中标通知书、项目合同、招投标费用的支付凭证等，以降低招投标程序合规问题导致的风险，避免对企业上市造成不利影响。

(二) 商业贿赂

1. 概述

在药品、医疗器械企业、建筑工程企业、计算机软件与通信等企业的IPO过程中，商业贿赂问题通常会受到监管机构的重点关注。根据《反不正当竞争法》及《关于禁止商业贿赂行为的暂行规定》的相关规定，商业贿赂是指经营者为谋取交易机会或者竞争优势而采用财物或者其他手段贿赂对方单位或者个人的行为。

商业贿赂的认定主要包括主体、目的、对象和手段四个方面：（1）主体方面，既包括经营者，也包括经营者的员工；（2）目的方面，在于违反公平竞争的原则提供或获取交易机会或者其他经济利益；（3）对象方面，包括交易相对方的工作人员、受交易相对方委托办理相关事务的单位或者个人、利用职权或者影响力影响交易的单位或者个人；（4）手段方面，包括经营者为销售或者购买商品，假借促销费、宣传费、赞助费、科研费、劳务费、咨询费、佣金等名义，或者以报销各种费用等方式，给付对方单位或者个人的财物等。一旦认定构成商业贿赂，根据情节轻重、数额大小，将导致发行人被处以行政处罚，甚至涉及刑事责任；同时易被监管机构质疑其核心竞争力及持续经营能力。

根据《首次公开发行股票注册管理办法》第十三条的规定，"发行人生产经营符合法律、行政法规的规定，符合国家产业政策。最近三年内，发行人及其控股股东、实际控制人不存在贪污、贿赂、侵占财产、挪用财产或者破坏社会主义市场经济秩序的刑事犯罪，不存在欺诈发行、重大信息披露违法或者其他涉及国家安全、公共安全、生态安全、生产安全、公众健康安全等领域的重大违法行为。董事、监事和高级管理人员不存在最近三年内受到中国证监会行政处罚，或者因涉嫌犯罪正在被司法机关立案侦查或者涉嫌违法违规正在被中国证监会立案调查且尚未有明确结论意见等情形"。根据《公开发行证券的公司信息披露编报规则第25号——从事药品及医疗器械业务的公司招股说明书内容与格式指引》第十三条的规定，"发行人应披露报告期内下列与公司经营资质及业务合规性有关的信息：……（七）报告期内产品或发行人是否存在因商业贿赂等医药购销领域违法违规行为受到的行政、刑事处罚事项，是否存在控股股东、实际控制人、董事、监事、高级管理人员等因医药购销领域违法违规行为受到处罚或被立案调查"。实践中，商业贿赂极有可能被主管部门处以行政处罚并构成情节严重的情形，从而进一步成为企业上市的实质性障碍。而 2019 年之后，在医药行业反商业贿赂风暴的背景下，上会医药企业几乎无一例外被询问销售模式、销售费用等与商业贿赂存在相关性的问题。部分药企在 IPO 过会过程中因推广费用问题遭遇监管机构重点问询，导致中止或终止上市。因此，拟 IPO 企业应当从严规范业务获取方式，避免被认定为构成商业贿赂。

2. 关注重点

结合监管机构的反馈意见，可考虑从以下方面核查拟 IPO 企业是否存在商业贿赂：

（1）核查拟 IPO 企业报告期内与主要客户、供应商的业务合同、资金凭证、发票，核查前述文件是否相匹配，是否存在以咨询费、劳务费、佣金等名义收支的费用或收入。如有，需进一步核查背景及原因。

（2）核查拟 IPO 企业及其控股股东、实际控制人、主要关联方、董事、监事、高级管理人员及关键岗位人员的银行流水。

（3）通过走访客户、供应商，特别是与拟 IPO 企业具有长期合作关系的客户、供应商及政府类客户，了解业务获取的主要方式、过程、其内部相关客户开发、供应商选择机制（如有）等情况。

（4）除与负责人员访谈了解情况外，还可进一步与公司员工进行抽样访谈或进行问卷调查，了解企业和政府的商务往来情况，是否曾经直接或间接支付金钱给公司客户、终端客户、政府官员，以影响收款人购买企业产品或服务，或取得优惠待遇。

结合监管机构的反馈意见，针对商业贿赂问题，监管机构常见重点关注问题包括：（1）发行人获取业务的过程是否合法合规，是否存在商业贿赂的情形；（2）发行人是否制定了防范商业贿赂的内部管理制度和有效措施及其执行情况；（3）发行人或其工作人员是否存在因商业贿赂行为被立案调查、处罚或媒体报道的情况；（4）发行人的控股股东、实际控制人最近 3 年是否存在贿赂的刑事犯罪；（5）发行人的董事、监事和高级管理人员最近 3 年内是否因涉嫌贿赂犯罪被司法机关立案侦查，尚未有明确结论意见等情形；（6）广告推广费是否存在无发票入账的情形、是否存在商业贿赂的情形，广告推广费是否合规。

2023 年以来，在医药领域反腐高压态势之下，交易所开始重点关注医疗企业在 IPO 的过程中，其销售服务费、市场推广费的真实性及合法合规性。

特别是以下四个方面：

一是各类推广活动开展的合法合规性。其一，推广服务商是否具有合法的经营资质，医药代表是否按照《医药代表备案管理办法（试行）》在国家药品监督管理局指定备案平台进行备案；其二，发行人、控股股东及实际控制人等是否通过推广活动进行商业贿赂或变相利益输送。若发行人、控股股东及实际控制人涉嫌商业贿赂被调查或被处罚的，中介机构应核查相关问题的成因并分析影响，主动报告最新进展及经核查的结论依据。

二是各类推广活动所涉各项费用的真实性和完整性。其一，各项推广活动如学术会议、展会、客户拜访、调研咨询等开展频次、参会人数、收费标准、人均费用是否合理，推广服务费率与同行业公司相比是否存在显著差异；其二，发行人是否严格执行支付结算报销流程，推广活动中出具及获取的各类发票、相关原始凭证是否真实、完整、有效；其三，发行人是否存在通过推广活动代垫成本和费用，或存在资金直接或间接流向客户后虚增销售收入的情形。

三是各类推广活动相关内控制度的有效性。其一，对于第三方承担推广职能的情形，发行人是否制定推广服务商的选取标准、相关定价机制、考核机制、结算机制、终端销售管理等制度的设计与执行是否健全有效，第三方与发行人销售部门的权责划分是否清晰；其二，对于发行人自身开展推广活动的情形，发行人对各类推广活动审批及管理措施是否规范有效，主要销售人员任职要求、薪资水平、资金流水情况是否合理。

四是经销商、推广服务商同发行人及其关联方的关联关系及交易公允性。其一，关注主要经销商、推广服务商成立时间，服务的主要内容，与发行人合作历史，是否仅为发行人服务，销售规模变化是否异常；其二，关注经销商或推广服务商与发行人及其主要关联方或前员工是否存在关联关系，关联交易定价是否公允，是否与发行人及其主要关联方存在异常资金往来、利益输送等情形。

相关案例

汇宇制药：学术推广活动的真实性[①]

在汇宇制药（688553）上市过程中，监管机构就其学术会议营销模式进

---

① 案例信息来源：汇宇制药在上海证券交易所发行上市审核网站公告的《关于四川汇宇制药股份有限公司首次公开发行股票并在科创板上市申请文件的审核问询函之回复》。

行了细致、深入的问询，问题涉及学术推广费的构成，推广服务商的主体信息、人员数量与经营规模，学术推广机构是否具有合法的经营资质及能力，学术推广机构的主要人员和股东是否存在发行人员工和前员工的情形，报告期内举办学术推广会议等的具体情况，包括举办时间、地点、次数、参会人数、规模、协办单位等，相关会议召开的真实性，场均费用支出情况、主要支出用途，发行人与学术推广机构的合同签订方式、服务费确定方式、开票方式、结算方式等，是否存在代垫报销款情形，是否存在向参会人员直接给付现金或报销的行为，是否存在直接向客户及无商业往来第三方账户汇入资金的情况，发行人及其推广机构是否存在商业贿赂和变相商业贿赂情形，发行人相关内部控制制度能否有效防范商业贿赂风险。

对此，汇宇制药的解释主要如下：（1）列明报告期学术推广费的具体召开情况，说明学术推广费用主要向第三方推广服务商支付，推广服务商承担推广会议相关的场地及会议设备租赁费、会议资料、宣传材料费等；（2）报告期内与发行人签约学术推广机构均具有合法的经营资质及推广能力，学术推广机构的主要人员和股东不存在属于发行人员工和前员工的情形；（3）说明报告期学术推广费的构成明细，说明费用及其结算方式与合同约定一致；（4）发行人及其推广机构不存在商业贿赂和变相商业贿赂情形；（5）发行人针对产品销售以及学术推广制定了《关于学术推广业务的管理规范》《反舞弊、贿赂管理制度》等内控制度，对产品销售及学术推广过程中反商业贿赂作出明确要求并严格执行。发行人相关内部控制制度能有效防范商业贿赂风险。

威高骨科：历史上存在经销商向医院医生进行商业贿赂的行为[①]

历史上威高骨科（688161）经销商存在向医院医生进行商业贿赂的行为，医生按骨科耗材使用业务量的一定比例分别收受返点回扣的情况。

监管机构要求发行人披露：（1）发行人对相关涉案人员的处置情况；（2）报告期内发行人及其经销商在业务经营过程中，是否存在不正当竞争、商业贿赂等违法违规情形；（3）发行人或其员工、经销商或其员工是否存在因商业贿赂行为被立案调查、处罚或媒体报道的情况，发行人是否制定有关防范商业贿赂的内部管理制度，相关制度是否健全并得到有效执行；（4）报

[①] 案例信息来源：威高骨科在上海证券交易所发行上市审核网站公告的《北京市中伦律师事务所关于山东威高骨科材料股份有限公司首次公开发行股票并在科创板上市的补充法律意见书》。

告期内是否存在其他医务工作人员因收受发行人或其员工、经销商或其员工商业贿赂被立案调查、处罚或媒体报道的情况，如有，请详细披露具体情况。

威高骨科回复：（1）相关涉案人员不是发行人的关联人士，发行人作为民事行为主体没有处置的职权；（2）报告期内发行人及主要经销商在业务经营过程中，不存在不正当竞争、商业贿赂等违法违规情形，发行人与经销商签订了《反商业贿赂协议书》，严禁经销商商业贿赂行为并约定了商业贿赂的责任归属；（3）发行人或其员工、主要经销商或其员工不存在因商业贿赂行为被立案调查、处罚的情况，发行人制定了有关防范商业贿赂的内部管理制度，相关制度健全并得到有效执行；（4）报告期内，不存在其他医务工作人员因收受发行人或其员工、经销商或其员工商业贿赂被立案调查、处罚或媒体报道的情况；（5）向医生返点行为不属于发行人销售推广的通常做法，发行人报告期内不存在向医生销售返点以进行商业贿赂的情形，同时禁止经销商上述返点行为。

3. 提示及建议

结合A股上市案例，针对商业贿赂问题，企业应规范自身行为，并论证商业模式的合理性（包括销售费用与公司业务发展情况的匹配性等），确保销售费用支出具有合同基础及凭证支撑，制定并实行规范销售行为、销售防范商业贿赂的内部控制制度。商业贿赂属于企业上市的红线，拟IPO企业应当杜绝出现该等情形，对于监管机构反馈涉及商业贿赂相关问题时，可考虑从以下角度进行回复及自证：（1）取得相关主管部门及司法部门出具的合规证明、无犯罪记录证明及专项说明等文件；（2）通过网络核查拟IPO企业及相关主体不存在其他因商业贿赂受到处罚或被立案调查的情况；（3）分析拟IPO企业是否已经建立完善的内控制度防范可能发生的商业贿赂行为，其相关内控制度是否得到了有效执行。

四、与客户供应商相关事项

（一）客户集中及大客户依赖

1. 概述

客户集中及大客户依赖是指向单个客户的销售占比超过50%的，或严重依赖于少数客户的情形（该指标为常见情形，仅作为参考，发行人与中介机构应根据行业特征、业务模式等实际情况进行专业判断）。主要相关规定如下：

《监管规则适用指引——发行类第 5 号》之 "5-17 客户集中" 规定：

一、总体要求

发行人存在单一客户主营业务收入或毛利贡献占比较高情形的，保荐机构应重点关注该情形的合理性、客户稳定性和业务持续性，是否存在重大不确定性风险，进而影响发行人持续经营能力。

发行人来自单一客户主营业务收入或毛利贡献占比超过 50% 的，一般认为发行人对该客户存在重大依赖。

保荐机构应合理判断发行人是否符合发行条件，督促发行人做好信息披露和风险揭示。

二、核查要求

（一）客户集中情形核查要求

保荐机构通常应关注并核查以下方面：

1. 发行人客户集中的原因及合理性。

2. 发行人客户在行业中的地位、透明度与经营状况，是否存在重大不确定性风险。

3. 发行人与客户合作的历史、业务稳定性及可持续性，相关交易的定价原则及公允性。

4. 发行人与重大客户是否存在关联关系，发行人的业务获取方式是否影响独立性，发行人是否具备独立面向市场获取业务的能力。

对于因行业因素导致发行人客户集中度高的，保荐机构通常还应关注发行人客户集中与行业经营特点是否一致，是否存在下游行业较为分散而发行人自身客户较为集中的情形。对于非因行业因素导致发行人客户集中度偏高的，保荐机构通常还应关注该客户是否为异常新增客户，客户集中是否可能导致发行人未来持续经营能力存在重大不确定性。

（二）单一客户重大依赖情形核查要求

发行人对单一客户存在重大依赖的，保荐机构除应按照"（一）客户集中情形核查要求"进行核查外，通常还应关注并核查以下方面：

1. 发行人主要产品或服务应用领域和下游需求情况，市场空间是否较大；

发行人技术路线与行业技术迭代的匹配情况,是否具备开拓其他客户的技术能力以及市场拓展的进展情况,包括与客户的接触洽谈、产品试用与认证、订单情况等。

2. 发行人及其下游客户所在行业是否属于国家产业政策明确支持的领域,相关政策及其影响下的市场需求是否具有阶段性特征,产业政策变化是否会对发行人的客户稳定性、业务持续性产生重大不利影响。

3. 对于存在重大依赖的单一客户属于非终端客户的情况,应当穿透核查终端客户的有关情况、交易背景,分析说明相关交易是否具有合理性,交易模式是否符合行业惯例,销售是否真实。

如无法充分核查并说明发行人单一客户重大依赖的合理性、客户稳定性或业务持续性,保荐机构应就发行人是否具备持续经营能力审慎发表核查意见。

……

《公开发行证券的公司信息披露内容与格式准则第57号——招股说明书》第四十五条规定:"发行人应披露销售情况和主要客户,主要包括:……(二)报告期各期向前五名客户合计销售额占当期销售总额的比例;向单个客户的销售占比超过百分之五十的、新增属于前五名客户或严重依赖少数客户的,应披露客户名称或姓名、销售比例;上述客户为发行人关联方的,应披露产品最终实现销售情况;受同一实际控制人控制的客户,应合并计算销售额。"

《北京证券交易所向不特定合格投资者公开发行股票并上市业务规则适用指引第1号》之"1-14 客户集中度较高"规定:

发行人存在客户集中度较高情形的,保荐机构应重点关注该情形的合理性、客户的稳定性和业务的持续性,督促发行人做好信息披露和风险揭示。

对于非因行业特殊性、行业普遍性导致客户集中度偏高的,保荐机构在执业过程中,应充分考虑相关大客户是否为关联方或者存在重大不确定性客户;该集中是否可能导致发行人未来持续经营能力存在重大不确定性。

对于发行人由于下游客户的行业分布集中而导致的客户集中具备合理性的特殊行业(如电力、电网、电信、石油、银行、军工等行业),发行人应与同行业可比公众公司进行比较,充分说明客户集中是否符合行业特性,发行人与客户的合作关系是否具有一定的历史基础,是否有充分的证据表明发行人采用公开、公平的手段或方式独立获取业务,相关的业务是否具有稳定性以及可持续性，并予以充分的信息披露。

针对因上述特殊行业分布或行业产业链关系导致发行人客户集中情况，保荐机构应当综合分析考量以下因素的影响：一是发行人客户集中的原因，与行业经营特点是否一致，是否存在下游行业较为分散而发行人自身客户较为集中的情况及其合理性。二是发行人客户在其行业中的地位、透明度与经营状况，是否存在重大不确定性风险。三是发行人与客户合作的历史、业务稳定性及可持续性，相关交易的定价原则及公允性。四是发行人与重大客户是否存在关联关系，发行人的业务获取方式是否影响独立性，发行人是否具备独立面向市场获取业务的能力。

保荐机构如发表意见认为发行人客户集中不对持续经营能力构成重大不利影响的，应当提供充分的依据说明上述客户本身不存在重大不确定性，发行人已与其建立长期稳定的合作关系，客户集中具有行业普遍性，发行人在客户稳定性与业务持续性方面没有重大风险。发行人应在招股说明书中披露上述情况，充分揭示客户集中度较高可能带来的风险。

拟IPO企业如存在客户集中或大客户依赖的，需在申报上市过程中披露该等大客户的名称或姓名、销售比例，并关注是否可能进一步对发行条件构成重大不利影响。根据前述规定，只要能够进行合理解释，说明客户的稳定性及业务的可持续性、拟IPO企业具备独立性、与大客户不存在不正常的关联交易和资金往来，同时充分披露风险，客户集中或大客户依赖并不必然构成IPO的实质性障碍。

2. 关注重点

客户集中或对大客户严重依赖，将影响拟IPO企业的抗风险能力及独立性，因此属于监管机构重点关注问题，实践中，监管机构常见问询要点如下：

（1）客户集中度高的背景、原因及合理性，是否符合行业特征、产品特征及经营策略；

（2）发行人业务及大客户合作是否具有稳定性及可持续性，发行人对大客户销售产品的可替代性及被替代风险；

（3）与主要客户的销售情况、合作模式、客户获取方式、定价政策等；

（4）与主要客户是否存在关联关系或利益输送；

（5）发行人是否具备独立面向市场获取业务的能力；

（6）对于客户重大依赖是否采取应对措施。

相关案例

宏英智能：客户集中度高①

宏英智能（001266）于 2022 年 3 月 1 日上市，其对第一大客户三一集团从 2019 至 2021 年度的销售收入占比均较高。对此，宏英智能解释："（1）公司客户集中度较高符合移动机械与专用车辆细分行业如汽车起重机、履带起重机、挖掘机等市场高集中度的特点，不存在下游行业较为分散而公司自身客户较为集中的情况……上述市场由于技术水平及门槛较高等原因，行业龙头集中明显……2019 年，三一集团作为行业龙头在汽车起重机、履带起重机、挖掘机市场占有率分别为 22.45%、46.45%、26.36%。因此，公司产品应用的汽车起重机、履带起重机、挖掘机市场集中度较高属于行业普遍特征。（2）以移动机械和专用车辆整机制造商为客户的公众公司普遍存在客户集中度较高的情况，发行人客户集中符合行业特点。（3）公司与三一集团具备良好的合作历史和合作关系，业务具备较强的持续性和稳定性。（4）公司对三一集团销售产品定价公允，具备独立面向市场获取业务的能力。三一集团入股对发行人持续获得三一集团订单不存在积极作用，不存在利益绑定和利益输送，发行人的业务获取方式不影响其独立性。（5）三一集团不构成发行人关联方……"

博菱电器：第一大客户被收购，交易所多次问询合作关系②

博菱电器（873083）于 2018 年 11 月在新三板挂牌上市，2021 年申报创业板 IPO 并于 2022 年 11 月 4 日通过上市委会议。博菱电器对第一大客户 Capital Brands（小家电公司）2018 年、2019 年、2020 年的销售收入占营业收入比例分别为 57.86%、68.39%、66.91%。Capital Brands 于 2020 年被德龙收购后，其与博菱电器不再续签独家供应协议，而是重新签署一年期的合作协议。就此，交易所对双方的合作模式、协议约定、对公司产生的影响等事项进行多轮问询。博菱电器自"德龙总部已经就除 Capital Brands 外的其他品牌与发行人展开合作""Capital Brands 更换供应商的成本较高、时间长"等方面论述双方合作的稳定性。2024 年，博菱电器申请撤回上市相关申请文件并

---

① 案例信息来源：宏英智能在深圳证券交易所发行上市审核信息公开网站公告的《上海宏英智能科技股份有限公司首次公开发行股票并上市招股说明书》。

② 案例信息来源：博菱电器在深圳证券交易所发行上市审核信息公开网站公告的《关于宁波博菱电器股份有限公司申请首次公开发行股票并在创业板上市的审核中心意见落实函的回复》。

于 2 月 23 日于新三板复牌。

3. 提示及建议

拟 IPO 企业存在客户集中或大客户依赖情形的，应当作出合理解释。对于非因行业特殊性、行业普遍性导致客户集中或大客户依赖的，需考虑在扣除该等客户集中的收入及利润后是否仍然满足上市指标；对由于下游客户的行业分布集中而导致的客户集中具备合理性的特殊行业（如电力、电网、电信、石油、银行、军工等行业），应说明客户集中度与同行业可比公司的差异情况，是否符合行业特性，与客户的合作关系是否具有一定的历史基础，相关交易的定价原则及公允性，是否有充分的证据表明发行人采用公开、公平的手段或方式独立获取业务，发行人是否具备独立面向市场获取业务的能力，相关的业务是否具有稳定性以及可持续性。

（二）供应商集中

1. 概述

供应商集中是指向单个供应商采购占比超过 50% 的，或严重依赖于少数供应商的情形（该指标为常见情形，仅作为参考，发行人与中介机构应根据行业特征、业务模式等实际情况进行专业判断）。拟 IPO 企业供应商集中将引起监管机构对采购合理性、供应商的稳定性以及业务的持续性的重点关注。

2. 关注重点

对于供应商集中问题，监管机构常见问询要点如下：

（1）供应商集中度较高的原因及合理性、是否符合行业特征、与同行业可比公司的对比情况、供应商的稳定性和业务的持续性；

（2）是否有对重要原材料供应的备选安排；

（3）原材料的供应及价格是否具有稳定性；

（4）公司严重依赖的供应商是否为寡头/垄断型企业，如是，是否影响公司的议价能力及采购价格的公允性；

（5）发行人与供应商的合作关系是否具有一定的历史基础，相关交易的定价原则及公允性，是否有充分的证据表明发行人采用公开、公平的手段或方式独立获取原材料，集中度较高的供应商是否为关联方；

（6）对于非因行业特殊性、行业普遍性导致供应商集中度偏高的，核查该单一供应商户是否为关联方或者存在重大不确定性；

(7) 相关的业务是否具有稳定性及可持续性，供应商集中度较高是否对发行人持续经营能力构成重大不利影响。

判断拟 IPO 企业是否存在供应商集中问题，需要由中介机构结合供应商性质、规模及采购模式等因素，通过实地走访、访谈、书面审查采购合同、采购发票、产品入库单、运输单、银行回执单以及函证等方法取得拟 IPO 企业主要供应商（至少前 10 名）的相关资料，计算报告期拟 IPO 企业向主要供应商的采购金额占拟 IPO 企业同类原材料采购金额和总采购金额比例（属于同一实际控制人控制的供应商，应合并计算采购额），判断是否存在严重依赖个别供应商的情况（如采购占比超过 50%），存在供应商集中度较高情形的，将核查该情形的合理性、供应商的稳定性和业务的持续性，判断对拟 IPO 企业持续经营能力的影响以及拟 IPO 企业是否对重要原材料的供应做出备选安排；取得拟 IPO 企业同前述供应商的长期供货合同（如有），分析交易条款及实际履行情况，判断拟 IPO 企业原材料供应及价格的稳定性。

> 相关案例

川宁生物：供应商集中度较高[①]

川宁生物（301301）系一家医药中间体制造企业，主要从事生物发酵技术的研发和产业化，于 2022 年 12 月 27 日在深圳证券交易所创业板上市。监管机构就其供应商集中问询了如下主要问题：（1）说明报告期内供应商集中度较高是否符合行业特征；（2）说明报告期各主要原材料的前五大供应商情况，包括但不限于供应商名称、股权结构、成立时间、注册资本、采购内容、采购数量、采购金额及占比、付款方式、定价依据及其公允性；（3）说明发行人对主要供应商的采购金额占供应商自身销售收入的比例较高的合理性，是否存在供应商专门为发行人服务的情形；（4）说明新源县众粮汇通贸易有限公司在成立当年即成为发行人的前五大供应商的商业合理性；（5）说明发行人对主要供应商的采购金额与预付款项、应付票据、应付账款等会计科目的金额及主要付款对象的匹配性；（6）结合前述问题及主要供应商经营财务情况等，分析并说明是否存在供应商替发行人承担成本费用的情形。

[①] 案例信息来源：川宁生物在深圳证券交易所发行上市审核信息公开网站公告的《关于伊犁川宁生物技术股份有限公司首次公开发行股票并在创业板上市申请文件审核问询函的回复》。

国科天成：监管机构询问降低向供应商采购占比的措施①

国科天成（301571）申请于创业板上市，已于 2023 年 4 月 1 日通过上市委会议，并于 2024 年 5 月 30 日注册生效，2019 年、2020 年、2021 年、2022 年 1—6 月，该公司向第一大供应商 Z0001 采购金额占当期采购总额的比例逐年上升，并超过 60%。根据申请文件及问询回复，公司未来拟主要通过与 F0004 建立合作关系、启动下一代制冷型探测器自主研发和产线建设、维持进口渠道等方式，降低向 Z0001 采购占比。据此，除供应商集中度较高的合理性、稳定性及可持续性，监管机构还就此问询：结合发行人公司未来拟采取的降低向 Z0001 采购占比的各项措施的时间安排、目前进展等，说明相关降低依赖措施的有效性及对发行人的影响。

3. 提示及建议

基于上述，供应商集中与客户集中的风险问题大体一致，拟 IPO 企业如存在供应商集中问题，应重点说明供应商的稳定性及业务的可持续性，拟 IPO 企业具备独立性，与供应商不存在不正常的关联交易和资金往来，不存在利用供应商替拟 IPO 企业承担成本费用等情况。

（三）客户供应商资质

1. 概述

对于一些特殊行业，如军工企业、涉及工程建筑的企业、涉及公共安全的企业、特种化学品企业、医药或医疗器械企业等，拟 IPO 企业应审查客户、供应商是否具备采购或销售相关产品/服务的资质或资格，或是否应对相关产品销售、采购履行法律法规规定的审批、备案程序。

2. 关注重点

在企业 IPO 过程中，供应商不具有相应资质被监管机构问询的情形较客户缺乏资质被问询的情况更多，常见于上述提及的军工企业、涉及工程建筑的企业、涉及公共安全的企业、特种化学品企业、医药或医疗器械企业等。对此，监管机构通常会重点关注下述相关问题：

（1）客户/供应商资质和审批、备案情况；

（2）供应商未取得资质的原因，是否存在违法或需要整改的事项，是否

---

① 案例信息来源：国科天成在深圳证券交易所发行上市审核信息公开网站公告的《关于国科天成科技股份有限公司首次公开发行股票并在创业板上市审核中心意见落实函的回复报告》。

存在重大违法违规风险，是否存在被立案调查或行政处罚的风险，是否会对发行人生产经营造成重大不利影响；

（3）向未取得资质的供应商采购的种类、金额及比例等情况；

（4）是否向客户充分告知供应商未取得资质的情况，是否存在违约风险；

（5）是否存在质量纠纷，是否存在被监管机构问责、罚款、要求召回产品、撤销资质的风险；

（6）采取了哪些措施整改供应商未取得资质问题。

相关案例

华如科技：军工业务销售流程是否需履行备案、审批手续[①]

对于客户资质或销售审批、备案流程相关问题，类似案例如华如科技（301302），其部分业务涉及军工业务，监管机构重点关注其签署销售合同或销售相关产品是否必须履行军工等主管部门的备案、审批等流程，是否需要对客户资质、主营业务进行必要审查，相关销售是否涉及审价、改价及具体情况。

泰坦科技：销售化学品备案情况[②]

泰坦科技（688133）业务涉及特种化学品销售，客户在购买时需要在公安机关专门网站上进行备案。发行人须对备案文件进行严格核查，并在销售环节在公安机关专门网站上进行销售备案，确保相关流程的合法合规性。

尚太科技：外协厂商合规性[③]

对应供应商资质问题，类似案例如2022年12月28日在深圳证券交易所主板上市的尚太科技（001301），主营业务为锂离子电池负极材料及碳素制品的研发、生产加工和销售，其申报上市过程中监管机构问及："（1）外协厂商是否具备生产经营所必备资质；（2）委外加工的产品和生产环节是否存在较大环境污染等情形，是否合法合规。"

---

① 案例信息来源：华如科技在深圳证券交易所发行上市审核信息公开网站公告的《〈关于北京华如科技股份有限公司首次公开发行股票并在创业板上市申请文件的审核问询函〉之回复报告》。

② 案例信息来源：泰坦科技在上海证券交易所发行上市审核网站公告的《〈关于上海泰坦科技股份有限公司首次公开发行股票并在科创板上市申请文件的审核问询函〉之回复报告》。

③ 案例信息来源：中国证监会网站发布的《石家庄尚太科技股份有限公司首次公开发行股票申请文件反馈意见》。

中汽股份：供应商资质①

2022年3月8日在深圳证券交易所创业板上市的中汽股份（301215），监管机构要求其说明"主要工程采购、劳务采购供应商资质情况"。

五洲医疗：各项许可证的取得情况明细②

2022年7月5日在深圳证券交易所创业板上市的五洲医疗（301234），监管机构要求其补充披露报告期内向未取得国内的生产许可证、生产备案凭证或经营许可证或产品备案证书的集成供应商以及仅取得生产备案凭证的集成供应商进行采购的种类和金额，前述采购产品对外销售的具体区域等情况，说明向未取得资质的供应商采购产品是否违反《医疗器械经营监督管理办法》，是否向客户充分告知部分集成供应商未取得CE认证或未进行备案的情形，是否存在违约风险，是否存在被境外监管机构追溯问责、召回产品、罚款或资质被撤销的风险，并进一步说明是否存在影响发行人持续经营能力的风险。

3. 提示及建议

监管机构在企业上市过程中，不仅关注拟IPO企业本身的问题，还会延伸关注其客户、供应商资质及销售、采购流程的合法合规性，对于军工企业、涉及工程建筑的企业、涉及公共安全的企业、特种化学品企业、医药或医疗器械企业等拟IPO企业，在注重自身资质问题的同时，还应注意收集客户、供应商的资质文件，如客户、供应商不具备相应资质的，应当尽快整改或逐渐减少与该等客户、供应商的交易量，寻找拥有合规资质的客户/供应商并与之合作。

（四）客户与供应商重叠

1. 概述

拟IPO企业如存在客户与供应商重叠的情形，可能会被监管机构怀疑存在自买自卖以达到虚增收入等不正当目的的情形，如存在该等情形的，应尽早清理，如确实无法清理的，也应提前准备相关证明文件，以确保在IPO过

---

① 案例信息来源：中汽股份在深圳证券交易所发行上市审核信息公开网站公告的《关于中汽研汽车试验场股份有限公司首次公开发行股票并在创业板上市申请文件的审核问询函的回复》。

② 案例信息来源：五洲医疗在深圳证券交易所发行上市审核信息公开网站公告的《关于安徽宏宇五洲医疗器械股份有限公司首次公开发行股票并在创业板上市的发行注册环节反馈意见落实函的回复》。

程中能够合理解释。

2. 关注重点

客户与供应商重合是企业 IPO 进程中备受监管机构关注的问题，常见问询问题如下：

（1）客户与供应商重合的背景、原因，是否具有合理性、必要性，是否符合商业惯例和企业经营模式；

（2）采购及销售价格是否公允，是否存在承担成本费用或利益输送情形；

（3）属于受托加工或委托加工业务还是独立购销业务，会计处理的合规性；

（4）对客户销售的产品与采购的原材料是否具有对应关系；

（5）客户与供应商重叠情况所涉及的具体交易内容、金额及占比；

（6）重叠的客户及供应商与发行人、发行人主要股东、董事、监事、高级管理人员、其他核心人员、离职员工是否存在关联关系或无商业实质的资金往来、共同投资、利益输送等情况。

类似案例如 2023 年 1 月 31 日在上海证券交易所主板上市的江瀚新材（603281），监管机构问询"供应商与客户重叠的合理性，是否存在为发行人承担成本费用或其他利益安排的情形"。①

> **相关案例**

鼎际得：详细说明供应商和客户重叠情况②

鼎际得（603255）申报上市中，监管机构问询"请发行人说明：（1）披露供应商和客户重叠的具体情况，存在重叠客户、供应商的原因和合理性，是否为行业惯例；（2）相关客户的基本情况，发行人、控股股东、实际控制人、董事、监事、高级管理人员及其主要关联方与其是否存在关联关系；（3）请结合具体业务流程、公司内部机制、与第三方交易价格或市场价对比等，说明相关交易定价是否公允，是否存在利益输送"。鼎际得解释称："公司与同为客户和供应商的主体的交易主要集中在非同种产品，实质为公司与客户或供应商的主营业务不同，会根据生产需求向对方购买自身不生产的产品作为

---

① 案例信息来源：中国证监会网站发布的《第十八届发审委 2022 年第 102 次会议审核结果公告》。

② 案例信息来源：鼎际得在上海证券交易所网站公告的《辽宁鼎际得石化股份有限公司首次公开发行股票招股意向书附录》及《辽宁鼎际得石化股份有限公司首次公开发行股票招股说明书》。

原材料；抑或是受限于现时产能，公司会与客户或供应商就临时产品需求缺口而进行交易。少部分交易涉及同种产品，主要原因系供给和需求在时间上存在错配，公司根据库存量和需求量，在不同时间段与行业内企业分别进行销售和采购。"

矩阵股份：客户与供应商重叠的合理理由[①]

在矩阵股份（301365）IPO 中，对于客户与供应商重叠情形，其从三方面解释如下：（1）客户与供应商重叠情形下涉及的销售、采购，均为一方交易金额较小，不存在报告期内向单个客户或供应商采购与销售累计金额均超过 50 万元的情形。有关销售与采购分属不同的业务性质，发行人内部分属不同的业务部门实施，客户内部也分属不同的业务部门对接管理，彼此基于市场化原则，独立履行相应的定价程序。（2）客户销售方面，发行人主要通过招投标和直接委托的方式获取业务。招投标模式下，通常是在招标控制价范围内，结合市场情况、业务策略、设计难度、竞争情况等因素，确定投标价格。客户通过招标比选，并经协商谈判，确定销售价格；在直接委托模式下，根据业主具体项目设计需求、设计难度、市场情况等因素，经过竞争性谈判议定价格。因此，发行人与客户的定价均是基于市场化原则决定，价格公允、合理。（3）供应商采购方面，发行人内部建立了严格的采购管理制度，并建立了供应商库，充分考察供应商的产品质量、售后服务、响应速度等。在具体定价环节，发行人听取多家供应商报价，综合评定价格、供应商履约能力等因素后确定最后价格与入围供应商。发行人向供应商采购的价格是根据市场化原则，双方谈判的结果，价格公允、合理。

3. 提示及建议

拟 IPO 企业如存在客户与供应商重合情形的，应当具备商业合理性，不得存在虚构财务数据、利益输送，避免被认定为自买自卖等不符合 IPO 监管要求等情形。

（五）客户/供应商入股

1. 概述

拟 IPO 企业的主要客户/供应商同时作为重要股东，往往会引起关于拟

[①] 案例信息来源：矩阵股份在深圳证券交易所发行上市审核信息公开网站公告的《关于矩阵纵横设计股份有限公司首次公开发行股票并在创业板上市申请文件审核问询函的回复》。

IPO 企业业绩真实性、采购销售定价公允性等方面的质疑，但随着市场的发展和注册制改革的实施，部分拟 IPO 企业基于自身的商业模式或发展安排，存在将主要客户/供应商引入股东的安排。

2. 关注重点

监管机构对于客户、供应商入股拟 IPO 企业并无禁止性规定，但该问题容易伴随着其他影响拟 IPO 企业申报上市的问题出现，监管机构对此常见的问询问题如下：

（1）客户/供应商入股的背景、原因及合理性，是否影响发行人的独立性；

（2）客户/供应商入股价格的定价依据及公允性，与其他投资者是否有显著差异；

（3）同类产品股东客户/供应商销售或采购价格的公允性及与其他客户/供应商相比的销售或采购毛利率差异；

（4）客户/供应商与发行人之间的交易占发行人销售收入、采购金额的比例，客户/供应商入股前后发行人的业务、财务变化情况，发行人业绩提升与客户/供应商入股是否存在相关性；

（5）客户/供应商入股前后的销售协议或采购协议主要条款是否存在变化、与其他客户/供应商是否一致、是否存在特殊条款；

（6）客户/供应商入股后关联交易发展趋势，关联交易是否具有必要性及合理性；

（7）客户/供应商入股是否涉及股份支付，是否按照规定进行了相应的会计处理；

（8）是否以采购发行人产品或低价向发行人提供产品/服务作为客户/供应商入股的前提条件，与股东客户/供应商是否存在利益输送或其他利益安排。

对于入股合理性的解释通常包括看好企业未来发展前景以及加强合作关系等原因，具有一定的商业逻辑和合理性。例如杰华特（688141），其报告期内存在海康威视（002415）、昶伸电子股份有限公司（UNIQUESTAR ELECTRONICS INC.）、大华股份（002236）、A 公司、比亚迪（002594）、华勤技术（603296）等 6 家客户以及中芯国际（688981）等供应商入股的情况，监管机构对其客户供应商入股问询内容包括"①发行人引入客户和供应商股东的原因、合理性和必要性，入股价格及定价公允性；②客户和供应商入股前后与发行人销售金额和单价变动情况，双方之间的交易价格、交易条件、信用政策与对其他客户和供应商的对比情况，交易价格是否公允，双方是否存在销售、采购等相关特殊安排，是否存在利益输送的情形"。① 结合杰华特等过会案例，在注册制改革背景下，如实披露并解释客户/供应商入股商业合理性通常不会构成审核的实质性障碍，但不主动披露可能反而会被市场质疑其背后存在利益输送。

为引入客户作为股东，发行人可能会要求客户对后续带来的业务指标进行一定的兜底承诺保障，作为其入股的前提条件。实践中，客户入股约定了一定的业绩前提条件或"对赌"安排时，在后续申报进程中可能会被重点关注发行人业务的真实性与独立性，客户股东是否会为了该等业绩承诺或"对赌"安排在报告期内刻意为发行人增加业绩的情形，相关业绩承诺的稳定性、完成情况以及中小股东权益如何保障以及对该等客户的依赖问题等。

对于入股价格的合理性问题，根据《监管规则适用指引——发行类第5号》之"5-1 增资或转让股份形成的股份支付"，"发行人向职工（含持股平台）、顾问、客户、供应商及其他利益相关方等新增股份，以及主要股东及其关联方向职工（含持股平台）、客户、供应商及其他利益相关方等转让股份，发行人应根据重要性水平，依据实质重于形式原则，对相关协议、交易安排及实际执行情况进行综合判断，并进行相应会计处理。有充分证据支持属于同一次股权激励方案、决策程序、相关协议而实施的股份支付，原则上一并考虑适用"。因此，若客户入股价格低于净资产或市盈率或同期外部投资人入股价格等，可能需要进行股份支付处理，且若报告期内客户突击入股的，相关价格公允性及入股必要性等问题亦会被进一步关注。

相关案例

深圳市首航新能源股份有限公司：供应商关联方低价入股的合理性②

深圳市首航新能源股份有限公司供应商宁德时代子公司问鼎投资通过增资方式入股公司。2023年3月31日，发行人获创业板上市委员会审议会议通

---

① 案例信息来源：杰华特在上海证券交易所发行上市审核网站公告的《〈关于杰华特微电子股份有限公司首次公开发行股票并在科创板上市申请文件的审核问询函〉之回复报告》。

② 案例信息来源：深圳市首航新能源股份有限公司在深圳证券交易所发行上市审核信息公开网站公告的《关于深圳市首航新能源股份有限公司首次公开发行股票并在创业板上市的上市委审议意见落实函的回复报告》。

过。同时，就上市委要求发行人说明问鼎投资低价入股发行人的原因及合理性，发行人作出如下解释：宁德时代全资子公司问鼎投资入股发行人在发行人开展储能电池业务之后，系其基于双方合作关系、技术特点以及对发行人发展前景和投资价值的独立判断而进行的投资行为。发行人决定引入问鼎投资，并同意其以略低于同期财务投资者的价格入股的主要原因如下：保障公司储能电池产品的整体品质；保障电芯供应的稳定性；加深双方战略合作；问鼎投资入股发行人符合行业惯例。

3. 提示及建议

客户/供应商入股并不构成拟 IPO 企业申报上市的实质性障碍，目前 A 股中涉及客户/供应商入股的形式包括直接入股、间接持股、关联方持股等，但为避免被认定为关联方进而增加关联交易，持股比例一般低于 5%。拟 IPO 企业引入客户/供应商股东的，应当注意是否具有商业合理性，且不应因客户/供应商入股对拟 IPO 企业业绩造成重大影响，入股价格亦应保持公允，不应存在利益输送或其他特殊利益安排，不得因客户/供应商入股而导致销售或采购价格严重偏离市场价格等。

（六）委托加工、委托研发与外协加工

1. 概述

委托加工是指由委托方提供原材料和主要材料，受托方按照委托方的要求制造货物并收取加工费和代垫部分辅助材料加工的业务。而外协加工是指由委托方提供原材料和技术文件，由受托方按照委托方的要求完成加工工序。委托加工中委托方并不参与加工工作，由受托方完成加工后向委托方交货，但外协加工中委托方会完成部分加工工作或参与生产。

根据《首次公开发行股票注册管理办法》等相关规定，发行人的主要资产、商标、核心技术等不得存在重大权属纠纷，而委托研发可能导致前述资产存在争议或被监管机构认为发行人存在对第三方的技术依赖等问题。

2. 关注重点

结合 IPO 问询案例，本部分总结委托加工、外协加工与委托研发模式下监管机构的关注重点如下：

(1) 委托加工、外协加工

①委托加工、外协加工的原因及必要性，是否属于行业惯例；

②委托加工、外协加工的具体内容、流程及合作模式，是否涉及发行人产品的核心技术或核心生产环节，对外协厂商是否构成重大依赖，对发行人生产及业务独立性、完整性的影响；

③委托加工、外协加工的定价依据及成本的占比；

④委托加工、外协加工产品质量控制措施及如何与受托方确定产品质量责任分摊；

⑤委托加工、外协加工的相关工序是否有特殊的资质认证要求，是否存在政策、技术等方面的进入门槛，受托方是否取得了必备的生产资质；

⑥外协加工是否存在规避环保核查的情形，是否取得相应的环评资质；

⑦受托方是否存在代发行人支付成本、费用的情形；

⑧受托方曾经或现在是否为发行人控制或与发行人及其实际控制人、主要股东、董事、监事、高级管理人员存在关联关系、亲属关系，是否与发行人保持独立，如存在关联关系，须说明交易价格的公允性；

⑨受托方是否有个体户或者小厂商，是否所有的受托方均得到最终客户的验证和许可。

（2）委托研发

①委托研发的成果归属；

②委托研发是否具有保密措施；

③委托研发项目是否涉及发行人的核心技术，是否存在对受托方发生依赖的情况；

④委托研发的成果投入生产经营情况及收益分配相关约定。

相关案例

美好医疗：涉及委托加工的问询问题[①]

美好医疗（301363）在上市过程中，监管机构着重问询其涉及委托加工的下述问题：（1）委托加工涉及的产品、工序、原因，是否符合行业惯例；（2）加工数量和加工费金额、加工费的定价依据、加工费定价是否公允；（3）发行人控制外协加工质量的主要措施，发行人与委托加工厂商关于产品质量责任分摊的具体安排；（4）采用外协、委托加工的异地存放的货物是否完整纳入存货范围；（5）主要委托加工厂商的基本情况及是否与发行人存在

---

① 案例信息来源：美好医疗在深圳证券交易所发行上市审核信息公开网站公告的《关于深圳市美好创亿医疗科技股份有限公司首次公开发行股票并在创业板上市申请文件审核问询函回复》。

关联关系及其他利益约定，是否存在员工或前员工设立的委托加工厂商；（6）发行人采购占主要委托加工厂商提供同类产品或服务的比例。

铂力特：供应商的具体信息及未来安排①

铂力特（688333）在 IPO 申报过程中，监管机构问询涉及：（1）以列表方式补充披露报告期内主要外协供应商名称、工序、交易金额等，分析说明变动原因，说明公司保证外协加工生产质量的方式；（2）对于招股书披露的"公司已逐步完善自身上述外协生产环节，未来将逐步减少相关外协费用"，补充披露计划安排、设备及人员到位情况、报告期后的外协业务占比变动情况。

观想科技：委外研发的原因及被委托方信息等问题②

2021 年 12 月 6 日在深圳证券交易所创业板上市的观想科技（301213），2017—2019 年及 2020 年 1—9 月委外研发费用占研发费用比例分别为 75.32%、65.75%、48.12%、17.80%，对此监管机构主要问询了如下问题：（1）委外研发的技术是否属于关键技术，委外研发的原因，自主研发是否存在困难；（2）委外研发的内容、具体项目和涉及金额，在研发费用中的占比；（3）被委托方的具体情况，是否与发行人董事、监事、高级管理人员及实际控制人存在关联关系；（4）各期是否存在客户指定发行人供应商或服务商的情形，相关定价方式，发行人对委外研发及其他供应商的确定方式及具体服务内容、合作的持续性，委外单位在项目中的角色，发行人委外是否需要客户的认可，如需要，是否已获取相关认可，是否存在（潜在）纠纷，各类供应商相关服务内容的成果形式、验收流程、研发项目及物料的可核查性，是否存在利益输送的情形。

江苏知原药业股份有限公司：委外研发费用持续超 40% 引关注③

江苏知原药业股份有限公司主要从事皮肤领域药品、功效性护肤品、肾病领域药品的研发、生产、销售及推广服务，于 2023 年 4 月首次申请公开发

---

① 案例信息来源：铂力特在上海证券交易所发行上市审核网站公告的《关于西安铂力特增材技术股份有限公司首次公开发行股票并在科创板上市申请文件审核问询函的回复》。

② 案例信息来源：观想科技在深圳证券交易所发行上市审核信息公开网站公告的《关于四川观想科技股份有限公司首次公开发行股票并在创业板上市申请文件审核问询函的回复》《关于四川观想科技股份有限公司首次公开发行股票并在创业板上市审核中心意见落实函的回复》。

③ 案例信息来源：江苏知原药业股份有限公司在深圳证券交易所发行上市审核信息公开网站公告的《江苏知原药业股份有限公司首次公开发行股票并在主板上市招股说明书》及《关于江苏知原药业股份有限公司首次公开发行股票并在主板上市申请文件审核问询函的回复》。

行股票并在主板上市。发行人委托第三方医药研发合同外包服务机构（CRO）企业进行研发。2020年至2022年，知原药业的委外研发费用分别为1175.23万元、1382.81万元和1493.20万元，占当期研发费用总额的比例分别为49.23%、46.91%和40.67%。对此，监管机构问询了如下问题：说明委外研发的内容、具体项目和涉及金额，委外合同关于双方权利义务和成果归属的约定，历史上是否发生过相关纠纷及解决措施；委外研发的技术是否属于关键技术，采取委外的原因，委外研发费用占比较高的原因，是否符合行业惯例。

3. 提示及建议

委外加工、外协加工可以提高生产效率、高效利用生产资源，属于常见的经营模式，拟IPO企业委外加工、外协加工具备合理性的，不会构成IPO实质性障碍，建议拟IPO企业提前采取措施，规范委外加工、外协加工，例如：（1）要求受托方尽快取得必备的资质及认证（包括环评手续）；（2）制定完善的委托加工、外协加工质量控制措施，明确委托方与受托方之间的质量责任分摊安排；（3）保持业务完整性，建立保密机制，避免核心技术泄露，减少核心生产环节的对外委托；（4）合理调整委托加工、外协加工、委托研发的比例及变动，确保委托加工、外协加工、委托研发不会影响拟IPO企业的持续经营能力及独立性；（5）避免与受托方存在不必要的关联关系，降低对受托方的业务依赖；（6）确保委托加工、外协加工的定价公允，避免被认定为由受托方为拟IPO企业承担成本、费用的情形。

而委托研发则应注意：（1）避免关键技术的委托研发；（2）降低委外研发的金额及占比；（3）避免与受托方存在不必要的关联关系，降低对受托方的依赖；（4）保证委外研发的定价公允；（5）明确委外研发的成果归属及收益分配；（6）制定有效的保密措施等。

五、境外业务相关风险

（一）境外业务合规性和经营风险

1. 概述

部分拟上市企业存在境外子公司或者境外业务，该等境外子公司的业务以及境外业务是否合法、合规、真实、有效亦是监管机构的关注重点,其中,境外投资程序合规性、海关关税监管、外汇监管等均是审核重点。

2. 关注重点

(1) 境外投资程序的合规性

我国企业境外投资主要涉及发改委境外投资项目核准/备案、商务主管部门境外投资备案、外汇管理部门外汇登记三项主要法律程序,具体如下:

表 5-3 境外投资程序及法律依据梳理

境外投资程序	法律依据
发改委境外投资项目核准/备案	《企业境外投资管理办法》第四条规定,投资主体开展境外投资,应当履行境外投资项目核准、备案等手续,报告有关信息,配合监督检查。
商务主管部门境外投资备案	《境外投资管理办法》第五条规定,商务部和各省、自治区、直辖市、计划单列市及新疆生产建设兵团商务主管部门负责对境外投资实施管理和监督。
外汇管理部门外汇登记	《国家外汇管理局关于进一步简化和改进直接投资外汇管理政策的通知》(汇发〔2015〕13号)第一条规定,改由银行按照本通知及所附《直接投资外汇业务操作指引》直接审核办理境内直接投资项下外汇登记和境外直接投资项下外汇登记,国家外汇管理局及其分支机构通过银行对直接投资外汇登记实施间接监管。

在 IPO 审核过程中,对于境外投资程序的瑕疵问题,一般从以下角度进行论证:①历史上未及时办理境外投资手续的原因,非企业主观故意导致;②取得相关政府主管部门开具的证明文件或就相关瑕疵事项与政府主管部门进行现场访谈,确认相关境外投资程序的缺失不属于重大违法行为;③实际控制人出具兜底承诺。

对于境外子公司在收入、资产、利润等财务指标占发行人整体数据比例较小(低于5%)的情况,还可以从不涉及发行人核心业务及相关瑕疵不会对发行人业务可持续经营产生重大不利影响的角度进行论述。如境外子公司收入、资产、利润等任一财务指标占发行人整体数据比例较高(高于5%),且整改规范时间相对充裕,企业可考虑另行合规新设境外子公司,并将相关业务转移至新主体。

相关案例

华勤技术：境外投资履行程序存在瑕疵[①]

以华勤技术（603296）为例，其在申报科创板时被上海证券交易所关注境外投资程序方面的瑕疵问题。根据华勤技术的回复，华勤技术在中国境外拥有 8 家控股子公司、7 家参股子公司，其进行前述境外投资时存在未办理或未及时办理发改部门、商务部门、外管部门审批/备案手续的情形。就前述瑕疵问题，除直接投资设立香港海勤未办理发改部门审批手续，通过香港海勤再投资香港华勤、进科投资有限公司未办理发改部门审批及外汇备案手续，且目前无法再进行补办外，公司其他境外直接投资及再投资项目涉及的境外投资手续已进行规范。在论述该等瑕疵情形是否影响上市时，华勤技术主要从以下方面着手：

（1）就发改审批/备案程序而言，根据当时行之有效的法律法规，项目核准机关有权对投资主体执行境外投资情况进行监督检查，并对查实问题依法进行处理，但其中未规定其他罚则，亦未规定如未办理有关发改部门审批手续属于情节严重或重大违法情形；就外汇备案手续而言，存在被外管部门责令改正，给予警告，以及可处以 30 万元以下罚款的处罚风险。

（2）相关瑕疵行为系经办人员理解偏差，即公司不存在违法的主观故意。

（3）通过访谈政府部门工作人员确认、超过行政处罚的追责期限，论证未来发生行政处罚的风险较小。

（4）相关境外子公司的净资产、净利润占比较低，不会对公司的生产经营造成重大不利影响。

华勤技术在回复中称，其通过香港海勤再投资香港华勤、进科投资有限公司未及时办理商务部门的再投资备案手续，存在合规性瑕疵，但已完成整改；其余有关无法补办整改的合规性瑕疵不属于重大违法行为，且距今时间较久，截至该回复出具之日，公司不存在因此被处罚的情况，未来被处罚的风险亦较小，该等事项不构成该次发行上市的实质性法律障碍。

结合上述法规和实践案例，就境外投资程序合规事项提出以下建议：（1）提高合规意识，依法办理境外投资相关手续。（2）针对历史上境外投资相关手续缺失，及时予以补办。商务部门的境外投资手续多数地区可以补办，

[①] 案例信息来源：华勤技术在上海证券交易所发行上市审核网站公告的《关于华勤技术股份有限公司首次公开发行股票并在科创板上市申请文件的审核问询函的回复》。

但发改部门的境外投资项目手续可能难以事后补办，在此情形下，可以考虑在后续对境外公司进行增资时，就增资事项及时办理投资项目核准/备案手续。（3）针对无法补办境外投资手续或存在相关行政处罚情形的，则需要从上文所述的角度多维度充分论证不会对发行上市构成实质性法律障碍。

（2）海关关税监管

对于主营业务涉及海关行政监管的拟 IPO 企业，进出口过程是其 IPO 进程中合法合规性审查的重点内容之一。根据《海关注册登记和备案企业信用管理办法》的规定，海关根据企业合规情况和信用水平将企业分为高级认证企业、实施常规管理措施的企业和失信企业三个等级，如果企业"违反进出口食品安全管理规定、进出口化妆品监督管理规定或者走私固体废物被依法追究刑事责任"以及"非法进口固体废物被海关行政处罚金额超过 250 万元"，还将被列入严重失信主体名单。

相关案例

宿迁联盛：商品编号申报错误[①]

宿迁联盛（603065）因出口货物的出口申报商品编号错误（出口申报商品编号决定了出口退税率，不同的商品适用 5% 或者 13% 的退税率，其间有 7%—8% 的利润空间），分别于 2018 年 3 月和 2021 年 10 月受到行政处罚。监管机构反馈要求其说明：（1）商品编号申报错误的原因，2018 年初至今产品的商品编号变更的原因及依据；（2）其他出口产品是否存在申报商品编号错误的情形；（3）目前是否因出口申报商品编号错误正在受到海关、税务部门的调查，是否构成本次发行障碍。

（3）外汇管制

违法规避外汇管制是企业受到行政处罚的重灾区。实践中，由于各个国家和地区外汇管制规定不尽相同，企业在与其进行贸易进出口结算时难免会出现各种模式。这些模式是否符合外汇监管要求、是否存在违反外汇管制的情形，是监管机构的关注重点。

[①] 案例信息来源：中国证监会网站发布的《第十八届发审委2022年第112次会议审核结果公告》。

相关案例

睿联技术：外商投资与外汇管理合规性关注[①]

深圳市睿联技术股份有限公司（以下简称睿联技术，2023年12月提交注册）使用关联方与供应商之间的关系，通过关联方在境外向供应商出借美元，供应商通过境内公司偿还人民币，进而相关财务人员将资金转到发行人实际控制人等股东的境内账户，发行人相关股东以此实现了外汇间接汇入境内的目标。监管机构在反馈时问询其是否存在规避外商投资与外汇管理相关规定的情形，是否符合外汇管理方面的有关规定，是否符合海关、税务等法律法规的规定。睿联技术主要从以下四个方面进行了解释：

（1）时效问题：睿联技术涉及情形已逾两年，超过了外汇管理办法规定的处罚期限，相关主体行为如被认定为违反外汇管理相关规定的，根据《行政处罚法》相关规定，监管机构也不再给予行政处罚。

（2）实际控制人兜底：实际控制人出具承诺函，承诺由其担任可能引起的一切风险和责任，并解释该情形主要涉及关联方和供应商，与发行人无关。

（3）银行说明：中国人民银行深圳市中心支行办公室出具证明，证明未发现睿联技术在报告期内因违反人民银行及外汇管理相关法律法规、规章及规范性文件而受到中国人民银行深圳市中心支行及国家外汇管理局深圳市分局行政处罚的记录。

（4）中介机构核查：引入中介机构对涉及的相关问题展开核查，调取征信报告、犯罪记录等文件信息，确认其不存在违法情形。

3. 提示及建议

为防止拟上市企业涉及的境外业务风险影响其申报，建议涉及境外业务的企业提高合规意识，依法设立境外企业，并依法办理境外贸易相关手续；采取同行业较为普遍且被监管机构接受的付款模式，避免被特别关注。

（二）境外原材料采购风险

鉴于目前国际政策的不确定性，如企业生产涉及境外原材料采购，且采购涉及采购原材料所在国的出口管制，则需要特别关注境外原材料采购风险，加强供应链管理。

[①] 案例信息来源：睿联技术在深圳证券交易所发行上市审核信息公开网站公告的《关于深圳市睿联技术股份有限公司首次公开发行股票并在创业板上市申请文件的审核问询函的回复》。

结合监管机构的反馈意见，针对境外采购原材料问题，监管机构常见重点关注问题包括：(1) 报告期内分境内、外的原材料采购金额、占比，境外采购原材料的主要类型、主要供应商金额、占比；(2) 是否存在关键、核心或客户指定的原材料对境外供应商存在依赖，原材料供给不足的风险是否充分披露。

菲沃泰（688371）主要从事高性能、多功能纳米薄膜的研发和制备，其在上市过程中被要求说明："报告期内分境内、外的原材料采购金额、占比，境外采购原材料的主要类型、主要供应商金额、占比，是否存在依赖境外采购的原材料或供应商。"① 路维光电（688401）在上市过程中亦被反馈要求"结合产品主要原材料构成、境外材料金额及占比、采购对象，说明是否受所在国的贸易政策限制及对生产经营的影响，是否存在境内可替代厂商，并视情况进行重大事项提示"。②

若拟上市公司涉及境外原材料采购，建议全面评估现有的供应链安排，确认其安全性和稳定性；寻找境内、境外替代供应商，避免对境外供应商，特别是境外某一家供应商、某一个国家的供应商形成依赖。

六、特殊行业关注重点

（一）反垄断合规相关问题

1. 概述

2021年以来，随着市场监管总局对互联网平台巨头的一连串行政处罚，《关于平台经济领域的反垄断指南》《关于原料药领域的反垄断指南》的出台，国家反垄断局正式挂牌成立，《反垄断法》自2008年实施后的首次修改，无疑是党中央、国务院向社会释放出的强烈的信号——"强化反垄断和防止资本无序扩张"。"反垄断"也因此作为重要议题被不断推向热点。

---

① 案例信息来源：菲沃泰在上海证券交易所发行上市审核网站公告的《关于江苏菲沃泰纳米科技股份有限公司首次公开发行股票并在科创板上市申请文件的第二轮审核问询函之回复》。

② 案例信息来源：路维光电在上海证券交易所发行上市审核网站公告的《关于深圳市路维光电股份有限公司首次公开发行股票并在科创板上市申请文件审核问询函的回复》。

2. 关注重点

(1) 互联网行业可能面临平台经济领域的反垄断问题

2021年被业内人士公认为"中国互联网反垄断实质性启幕之年": 从2月7日发布《国务院反垄断委员会关于平台经济领域的反垄断指南》(以下简称《平台经济领域反垄断指南》), 到8月17日市场监管总局发布《禁止网络不正当竞争行为规定(公开征求意见稿)》, ① 再到8月18日发布《最高人民法院关于适用〈中华人民共和国反不正当竞争法〉若干问题的解释(征求意见稿)》。② 自2021年开始, 对于互联网领域的反垄断监管正式进入了强监管、全面监管的新时代。

就平台经济领域的反垄断问题而言, 首先要清楚如何认定互联网平台和平台经营者。《平台经济领域反垄断指南》第二条规定, 本指南所称平台为互联网平台, 是指通过网络信息技术, 使相互依赖的双边或者多边主体在特定载体提供的规则下交互, 以此共同创造价值的商业组织形态; 平台经营者, 是指向自然人、法人及其他市场主体提供经营场所、交易撮合、信息交流等互联网平台服务的经营者。

从内容上来看,《平台经济领域反垄断指南》所称互联网平台服务既包括交易促成型平台, 比较典型的有电商平台、支付平台、网约车平台、外卖平台等, 在以上平台, 平台经营者的服务内容主要是提供交易场所、交易撮合; 也包括内容传输型平台, 传输新闻、动态、音乐、观点、思想等内容信息, 促进内容分享, 包括社交平台、短视频平台等, 在这种平台, 平台经营者提供的是信息交流服务。

从主体上来看, 在《平台经济领域反垄断指南》所称互联网平台经济下, 应该至少有三方主体, 除了平台经营者, 还包括两个以上依赖平台进行交互的主体, 如果只是发行人与客户之间通过平台进行交易, 那么平台实际上并没有起到对多方主体的交互作用。

在最近的IPO审核中, 审核机构已经开始关注发行人是否属于《平台经济领域反垄断指南》所称的平台、平台经营者、平台内经营者或平台经济领域经营者及判断依据, 例如卓创资讯(301299)、汉仪股份(301270)、上海

---

① 2024年5月6日, 市场监管总局发布《网络反不正当竞争暂行规定》, 自2024年9月1日起施行。

② 《最高人民法院关于适用〈中华人民共和国反不正当竞争法〉若干问题的解释》已于2022年1月29日由最高人民法院审判委员会第1862次会议通过, 自2022年3月20日起施行。

文华财经资讯股份有限公司（以下简称文华财经）、杭州小影创新科技股份有限公司（以下简称小影科技）、土巴兔集团股份有限公司（以下简称土巴兔）等。从目前的回复来看，卓创资讯、文华财经、汉仪股份、小影科技均认为其不属于《平台经济领域反垄断指南》所称的互联网平台或平台经营者，其基本是从服务内容和参与主体的角度进行辨析，例如，小影科技在回复中称，"发行人不存在向第三方提供经营场所、撮合第三方与用户进行交流或发生交易的情形，同时，亦不存在第三方因发行人为其提供经营场所、撮合交易等服务而向发行人支付服务佣金的情形"①，汉仪股份的回复基本也是这个思路②；而卓创资讯则是从参与主体入手，认为除发行人与客户之间的单线交互外，"客户之间无法在发行人的网站或手机客户端进行交互或交易，亦不存在其他第三方通过网站或手机客户端向客户提供服务的情形"。③

如果发行人所经营的网站或 APP 属于《平台经济领域反垄断指南》语境下的互联网平台，则需要结合公司业务经营行为、各类经营协议条款等关注是否存在反垄断领域的相关违法违规行为，包括但不限于达成或实施垄断协议，滥用市场支配地位，实施具有或可能具有排除、限制竞争效果的集中等情形，以及是否存在与反垄断相关的行政处罚、相关诉讼等。在 IPO 审核过程中，审核机关一般还会要求从发行人与其他主体之间的关系、具体业务内容来详细分析是否存在平台经济领域的垄断行为。例如，在美登科技（838227）的审核问询函中，北京证券交易所要求发行人结合"发行人具体业务的开展过程、业务开展过程中与电商用户、淘宝/天猫等电商平台等主体的关系"进行说明④；在文华财经和卓创资讯的审核问询函中，深圳证券交易所则要求发行人结合"业务开展过程中与客户、同行业公司、数据来源方的关

---

① 案例信息来源：小影科技在深圳证券交易所发行上市审核信息公开网站公告的《关于杭州小影创新科技股份有限公司首次公开发行股票并在创业板上市申请文件审核问询函的回复》。

② 案例信息来源：汉仪股份在深圳证券交易所发行上市审核信息公开网站公告的《关于北京汉仪创新科技股份有限公司首次公开发行股票并在创业板上市申请文件的第三轮审核问询函的回复》。

③ 案例信息来源：卓创资讯在深圳证券交易所发行上市审核信息公开网站公告的《关于山东卓创资讯股份有限公司首次公开发行股票并在创业板上市申请文件第四轮审核问询函的回复》。

④ 案例信息来源：美登科技在北京证券交易所官网公告的《关于杭州美登科技股份有限公司公开发行股票并在北京证券交易所上市申请文件的审核问询函的回复》。

系、数据采集是否独家或排他等"进行说明①；在土巴兔的审核问询函中，深圳证券交易所甚至还要求其说明"发行人对业主及平台上注册的家装企业、内容提供方，是否存在独家或排他等"。②

（2）经销模式下价格管理条款的反垄断问题

在经销模式下，业务模式开展的核心之一就是对经销商的管理。在IPO审核中，监管机构也十分关注发行人对下游经销商的管理能力。从管理内容来讲，对下游分销商的管理可以分为价格管理和非价格管理，其中价格管理是指对供应商对下游分销商、上级分销商对下级分销商销售产品/服务价格的管控，例如，固定分销的价格或者是限定最低价；非价格管理主要体现在销售量、信用额度等方面。对经销商的价格管理是经销模式下的核心与关键，但是这种价格管理很有可能触及纵向垄断协议，进而触发反垄断的合规风险。

纵向价格垄断协议一直是我国反垄断执法的重点之一，在汽车销售、家电、医药领域，针对转售价格维持的反垄断调查和处罚在中央和地方层面也都多次发生。

相关案例

公牛集团：因实施固定和限定价格垄断协议被罚款③

2021年9月，公牛集团（603195）被浙江省市场监督管理局罚款2.9481亿元，因其在转换器、墙壁开关插座、LED照明、数码配件等电源连接和用电延伸性产品销售渠道与交易相对人（经销商）达成并实施固定和限定价格的垄断协议，浙江省市场监督管理局认为其行为排除、限制了市场竞争，损害了消费者利益。

公牛集团公告了针对上述事项的整改情况：自公司收到反垄断立案调查告知后，第一时间成立了由董事长兼总裁为组长的反垄断合规自查及整改小组，组织内部全面自查、整改和落实，不断强化企业及相关人员的法律意识、

---

① 案例信息来源：文华财经在深圳证券交易所发行上市审核信息公开网站公告的《关于上海文华财经资讯股份有限公司首次公开发行股票并在创业板上市申请文件审核问询函的回复》；卓创资讯在深圳证券交易所发行上市审核信息公开网站公告的《关于山东卓创资讯股份有限公司首次公开发行股票并在创业板上市申请文件第四轮审核问询函的回复》。

② 案例信息来源：土巴兔在深圳证券交易所发行上市审核信息公开网站公告的《关于土巴兔集团股份有限公司首次公开发行股票并在创业板上市申请文件审核问询函的回复》。

③ 案例信息来源：浙江省市场监督管理局（浙江省知识产权局）网站公告的《浙江省市场监督管理局行政处罚决定书》（浙市监案〔2021〕4号）；公牛集团在上海证券交易所官网公告的《公牛集团股份有限公司关于收到〈行政处罚决定书〉的公告》。

责任意识，守法合规经营，实现可持续和高质量发展，为投资者创造持续的价值回报。

而在 IPO 审核中，监管机构也开始关注发行人与下游供应商之间的价格协议是否会触发反垄断问题。

> **相关案例**
>
> **新农股份：被问及是否存在被认定为纵向垄断的风险**[①]
>
> 新农股份（002942）在审核中被关注到"买断式销售规定经销商销售范围和价格区间的原因及合理性，是否属于纵向垄断，是否符合《反垄断法》的规定，存在被反垄断部门行政处罚的风险"。
>
> 根据《反垄断法》第十八条的规定，经营者与交易相对人之间达成的具有排除、限制竞争效果的价格垄断协议应予以禁止，具体表现形式如下：（1）固定向第三人转售商品的价格；（2）限定向第三人转售商品的最低价格；（3）国务院反垄断执法机构认定的其他垄断协议。同时，该条第三款还设定了安全港制度，即经营者能够证明其在相关市场的市场份额低于国务院反垄断执法机构规定的标准，并符合国务院反垄断执法机构规定的其他条件的，不予禁止。
>
> 在经销模式下，供应商与经销商之间、存在上下级关系的经销商相互之间（例如一级经销商与二级经销商之间）所达成的合作协议中，如果设定了关于价格限制的条款，将有可能触发《反垄断法》所规制的纵向垄断协议，除非能够证明该等协议本身不具备排除、限制竞争效果，或者是证明其在相关市场的市场份额低于国务院反垄断执法机构规定的标准，并符合国务院反垄断执法机构规定的其他条件。
>
> 在安全港制度出台以前，反垄断执法机关对纵向价格垄断协议的处理原则是"原则违法+例外禁止"，即只要存在固定价格或限定价格的行为，即被认定为违法，除非能够举证证明符合《反垄断法》项下的豁免情形（例如，为改进技术、研发新产品、提高质量、降低成本、节约能源、保护环境、缓解生产过剩等），并且未造成严重竞争损害且能为消费者带来福利，但是这种证明标准非常高。而安全港制度则意味着，对市场份额占比小的中小企业而言，价格管理条款是相对安全的，但是市场占比份额较高的公司仍需要严格

[①] 案例信息来源：中国证监会网站发布的《上海新农饲料股份有限公司首次公开发行股票申请文件反馈意见》。

注意避免触发纵向价格垄断协议。

国家市场监督管理总局 2022 年 6 月发布的《禁止垄断协议规定（征求意见稿）》对安全港制度进行了细化，第十五条第一款规定："经营者与交易相对人之间达成协议，经营者能够证明符合下列条件，不予禁止：（一）经营者与交易相对人在相关市场的市场份额低于 15%，国务院反垄断执法机构另有规定的从其规定；（二）无相反证据证明其排除、限制竞争。"① 但是，2023 年 4 月正式施行的《禁止垄断协议规定》却删除了《禁止垄断协议规定（征求意见稿）》中的具体适用规则，依旧沿用《反垄断法》中的原则性表述。究其原因，可能是具体适用规则依旧存在一定的争议和不确定性，如市场份额标准及计算口径、举证责任分配等。在"安全港"细则还未落实之际，建议公司仍按照较为严格的合规口径，谨慎评估纵向限制的反垄断合规风险。

3. 提示及建议

对互联网行业或自营网站、APP 的企业而言，需要注意是否会构成《平台经济领域反垄断指南》所称的平台经营者，若是，则需要进一步关注是否存在平台经济领域的垄断行为；对采取经销模式的企业而言，在对经销商进行价格管理时，应当注意在业务合同、销售政策、考评标准中避免限制经销商转售价格、折扣或者定价方式，并且在实际经营中避免提出类似要求，例如在微信群发布相关政策。从合规的角度，公司可以设定产品销售给最终消费者的推荐零售价，但是不得通过处罚或激励等方式使推荐零售价实质上变为固定零售价。

（二）捆绑销售

1. 概述

捆绑销售是医疗器械行业中较为常见的一种商业模式，它通常是指医疗器械供应商为医疗机构提供免费医疗器械，而要求医疗机构从该供应商处采购并使用与该器械相关的耗材。这种商业模式的表现形式多样，比较典型的是供应商先行将设备借用给医疗机构，在一定周期内如果耗材等产品采购量达标则设备所有权归属医疗机构，如果未达标则供应商回收或医疗机构承担一定违约责任；也有前期直接赠送即转移所有权的，但是要求医疗机构在未

---

① 《市场监管总局关于公开征求〈禁止垄断协议规定（征求意见稿）〉意见的通知》，载市场监管总局网站，https://www.samr.gov.cn/zt/ndzt/2022n/scjgzjlswjjylzzcjchjxzc/zcwj/art/2023/art_3cd54c-86c31e40a19d9b2212b681afc3.html，最后访问日期：2024 年 7 月 10 日。

来一定周期内采购耗材等产品达到一定的数量。捆绑销售的商业模式存在商业贿赂以及违规捐赠的风险。对于以捐赠形式将设备提供给医疗机构的，如果附加销量或者其他要求，将不符合《卫生计生单位接受公益事业捐赠管理办法（试行）》规定的非营利性、无偿的要求。

2. 关注重点

结合监管机构的反馈意见，针对捆绑销售问题，监管机构常见重点关注问题包括：（1）发行人是否存在因捆绑销售而被主管部门处罚的情形，捆绑销售是否违反《反不正当竞争法》等相关规定、是否构成商业贿赂；（2）发行人的设备和耗材/试剂是否存在赠送情况，若存在，需说明其合规性。

在硕世生物（688399）上市案例中，由于仪器和试剂的匹配性对检验质量有较大影响，使得诊断试剂与诊断仪器联动销售成为国内外体外诊断产品生产企业普遍采用的业务模式，因此，其被监管机构问询"联动销售是否构成捆绑销售，是否存在违反《反不正当竞争法》或者违反卫生部相关规定的情形"。[①] 在热景生物（688068）上市案例中其亦被监管机构问询"发行人仪器及试剂销售的两种模式（'联动销售'模式和'买仪器赠送试剂'模式，并且主要以'联动销售'模式实现报告期内试剂产品的销售），是否构成捆绑销售、是否违反《反不正当竞争法》及其对发行人生产经营的影响、是否存在违反相关税收法律法规情形。"[②]

3. 提示及建议

投放设备给医疗机构使用的方式并非必然被认定为违规行为，但免费投放模式下耗材等产品和设备的捆绑或打包形式将可能影响公平竞争、排除竞争对手进入，进而被认定为涉及商业贿赂的不正当竞争。拟上市企业如存在类似模式，建议及时梳理、规范；如存在已发生合规风险或已发生违规、违约的，建议对现有合同和投放情况、客情情况和整改成本整体梳理并规范合规后再进行上市申报。

---

① 案例信息来源：硕世生物在上海证券交易所发行上市审核网站公告的《关于江苏硕世生物科技股份有限公司首次公开发行股票并在科创板上市申请文件审核问询函的回复报告》。

② 案例信息来源：热景生物在上海证券交易所发行上市审核网站公告的《关于北京热景生物技术股份有限公司首次公开发行股票并在科创板上市申请文件审核问询函的回复》。

(三) 数据合规

1. 概述

随着《网络安全法》《数据安全法》《个人信息保护法》相继颁布实施，《反不正当竞争法》的修订也被提上日程，我国数据合规配套法规体系日益完善。在面对上述机遇与挑战的背景下，数据收集、数据使用、数据共享、数据存储、数据出境及数据安全保障等各个环节的合规性作为IPO审核关注重点，已成为影响企业上市成功与否的重要因素。虽然《首次公开发行股票注册管理办法》等规定未明确要求披露数据合规情况，但由于数据已经成为部分企业重要的业务驱动力，数据合规问题可能构成对企业经营稳定性产生重大不利影响的风险因素，亦可能构成对投资者作出投资决策有重大影响的信息。对于以计算机、互联网、信息传输、软件和信息技术服务为主营业务的企业，监管机构早已将数据合规事项纳入其监管范围。

2. 关注重点

根据《深圳证券交易所股票发行上市审核业务指南第3号——首次公开发行审核关注要点（2023年修订）》的核查要求，发行人属于数字经济、互联网平台企业，或发行人涉及数据开发利用等数据处理活动的，保荐人、发行人律师应当对公司相关经营是否符合《个人信息保护法》《数据安全法》《网络安全法》等法律法规进行核查，并发表明确意见。根据《上海证券交易所发行上市审核业务指南第4号——常见问题的信息披露和核查要求自查表》的核查要求，相关企业应在招股书、保荐工作报告、专项核查报告、律师工作报告、会计师核查报告等文件中披露或核查相关要求的落实情况。

结合监管机构的反馈意见，针对数据合规问题，监管机构常见重点关注问题包括：

（1）数据收集、数据使用等各环节的合规性：①数据收集（数据来源）是否具备合法性基础；②数据收集是否遵循最小必要原则；③数据收集的具体方式是否满足法律的合规要求；④不同类别个人信息的收集是否满足其具体和相应的合规要求；⑤拟上市公司在使用数据时是否满足最小必要原则；⑥是否超出相应的授权范围使用数据；⑦是否存在侵犯个人隐私或其他合法权益的情形。

对主营业务依赖于外部数据的公司而言，数据收集是业务活动的开端，也是决定后续数据处理活动是否合法合规的基础。因此，数据收集成为数据处理全流程中监管机构重点问询的环节。监管机构通常要求公司结合具体业务，从数据来源、数据类型、是否取得相应授权及是否发生过侵权事件及其风险、数据收集方式等进行合法合规性的阐述。2019年10月11日，北京墨迹风云科技股份有限公司首发申请上会被否，根据发审会的审核意见，被否的原因之一即为数据合规性存疑。①

（2）数据合规制度的建设及执行情况：①数据合规制度是否完善、有效执行；②数据合规制度是否符合法律法规的规定。广道高新（839680）在北京证券交易所上市过程中即被问及是否已建立完善的防泄密和保障网络安全的内部管理制度及其执行情况。②

（3）数据合规风险披露：①是否发生过网络、数据安全风险，以及该风险造成的损失、整改情况、内控效果以及后续风险防范措施；②是否发生过行政处罚、被相关部门要求整改、核查等；③是否存在被客户投诉、举报、提起诉讼的情形。

（4）政策及法律环境变化对公司经营活动的影响：①公司的业务开展是否适用或者是否符合政策或法律的规定；②政策和法律的变化对公司业务产生何种影响；③发行人是否对该影响采取充分的风险提示措施。

零点有数（301169）系为公共事务和商业领域的客户提供数据分析与决策支持服务的公司，其在上市过程中即被问及是否适用《电信和互联网用户个人信息保护规定》等相关法律法规，如适用，需要说明是否符合相关法律法规的规定。③

（5）境外数据安全问题

2022年9月1日起正式施行的《数据出境安全评估办法》以及配套的《数据出境安全评估申报指南（第二版）》也将数据出境合规的重要性推上了新的高度。除经济属性外，数据资源有着显著的安全属性。因而在数据出境环节，考虑到个人隐私、国家安全和公共利益的保护，监管机构会尤为关注企业数据出境的合规情况。

---

① 案例信息来源：中国证监会网站公告的《北京墨迹风云科技股份有限公司创业板首次公开发行股票申请文件反馈意见》。
② 案例信息来源：广道高新在北京证券交易所网站公告的《关于深圳市广道高新技术股份有限公司精选层挂牌申请文件的审查问询函》。
③ 案例信息来源：零点有数在深圳证券交易所发行上市审核信息公开网站公告的《关于北京零点有数数据科技股份有限公司首次公开发行股票并在创业板上市的上市委审议意见落实函回复》。

结合监管机构的反馈意见，针对数据出境问题，监管机构常见重点关注问题包括：①个人信息是否合规出境；②重要数据（如人类遗传资源信息）是否合规出境；③数据境外销售是否符合国家数据安全和个人信息保护相关法律法规。

若涉及数据出境业务，建议拟 IPO 企业严格按照法律法规的要求开展数据分类分级工作、制订数据出境计划并与境外接收方签署保密协议、履行相应数据出境程序并且完善保密和档案管理规章制度。涉及个人信息出境的，通过用户协议和隐私政策等路径，单独列明信息出境的细节，并取得个人的明确授权；涉及国家秘密出境的，除获得主管政府部门批准外，企业还须与接受方签订保密协议；涉及与国家安全、经济发展、公共利益密切相关的数据出境的，须报行业主管机构同意。

3. 提示及建议

拟 IPO 企业的数据合规问题已经成为企业上市所需要关注的重要问题。目前证券监管机构在相关审核和问询中所重点关注的风险不仅涵盖最基础的数据收集、数据购买、数据使用和管理等问题，而且对用户的行权问题、自动化访问收集等问题均有详细的问询。

对于拟上市企业，针对潜在的数据合规风险，建议从以下三个方面关注和提升数据合规性：（1）加强数据管理制度建设。从合规制度建立层面，按照《网络安全法》《数据安全法》《个人信息保护法》及相关数据合规领域的行政法规、规章、监管规则等制定网络、数据安全管理制度；从制度实施层面，通过设立防火墙、系统访问权限控制、数据加密、数据操作权限管理、数据备份、安全事件预警等保障信息系统的安全和数据安全。（2）规范数据处理流程，重点关注数据收集、数据共享、数据提供的合规情况。（3）持续跟进政策和立法动态，并据此及时采取应对措施。

（四）刷单行为

1. 概述

我国相关法律法规未对"刷单"进行明确定义，《反不正当竞争法》《电子商务法》等法规存在关于经营者不得通过虚假交易、编造用户评价等方式进行虚假或者引人误解的商业宣传以及不得欺骗、误导消费者的相关规定。刷单行为属于对商品销售状况做虚假的商业宣传、欺骗误导消费者的行为，主要系通过非真实交易达到虚构业绩或获取虚假评价和商业信誉的目的。根据《反不正当竞争法》《电子商务法》的规定，若存在刷单行为，企业将被监督检查部门责令停止违法行为，处以罚款，情节严重的，除处以罚款外，还可能被吊销营业执照。刷单行为触碰了上市相关规定中涉及的"虚构收入""违规经营"红线，将导致监管机构对发行人的核心竞争力、可持续盈利能力及诚信产生质疑。

2. 关注重点

结合监管机构的反馈意见，可考虑从以下三个方面核查拟 IPO 企业是否存在刷单行为：（1）核查是否存在通过刷空邮包、刷好评等手段提高品牌知名度的行为，包括：①查阅报告期内发行人在电商平台上店铺的销售统计表、抽查订单、发货单、出库单、货物运输信息、销售收入明细、收款凭证等；②查阅发行人的往来明细账、费用明细账等财务资料以及实际控制人、财务负责人、出纳等人的个人银行卡流水；③对比发行人网店评分情况与主要竞争对手评分情况；④抽取部分大额订单进行访谈、访谈电商平台的相关负责人、取得发行人出具的说明等。（2）通过网络核查、主管部门出具守法证明等方式核查发行人是否存在诉讼、仲裁、行政处罚的情形。（3）梳理发行人与电商平台签订的合同内容，取得主要电商平台关于发行人违规行为的数据、电商平台的相关规则，核查发行人是否存在违反电商规定的情形等。

结合监管机构的反馈意见，针对刷单行为，监管机构常见重点关注问题包括：（1）结合主要运营模式、收费模式，说明发行人是否存在利用其他公司、组织刷空单的情形；（2）说明报告期内刷单的具体情况及其整改措施；（3）说明电商销售防止刷单的内部控制情况，发行人是否因刷单被举报或被电商平台惩罚。

相关案例

欣兴工具：报告期内存在刷单行为并已整改[①]

浙江欣兴工具股份有限公司（以下简称欣兴工具）是国内领先的孔加工刀具生产企业，拟在上海证券交易所主板上市，其在申报文件中披露：报告期内，公司在天猫和阿里巴巴等电商平台存在刷单行为，并存在对"欣兴工具"微信小程序、"欣兴工具商城"应用程序进行订单测试行为。对此，上海证券交易所进一步追问，发行人刷单资金如何形成闭环，与线上直销业务相

---

① 案例信息来源：欣兴工具在上海证券交易所发行上市审核网站公告的《关于浙江欣兴工具股份有限公司首次公开发行股票并在主板上市申请文件的审核问询函的回复》。

关的信息系统的建设情况及与该信息系统相关的内部控制建设与运行情况。欣兴工具在回复中详细解释了刷单资金的流转过程，并说明刷单情况仅存在于 2020 年 6 月至 2021 年 2 月，自 2021 年 3 月起，欣兴工具完善内控要求，已停止刷单行为。在内控管理方面，欣兴工具进一步阐释，刷单资金支取履行了相应审批程序，相关刷单业务形成的订单未确认收入，刷单支付的手续费均作为销售费用入账，不存在通过刷单虚增收入和利润的情形。

虹越花卉：监管机构关注刷单行为披露的完整性以及是否存在合规风险[①]

虹越花卉股份有限公司（以下简称虹越花卉）是一家以倡导低碳环保、美丽生活为己任，专业从事花卉园艺产品的引进、研发、生产、推广和销售的综合性园艺企业。报告期内，线上销售绝大部分归类为直销，少部分为经销和代销。线上直销主要通过虹越 APP、微信群接龙、天猫、淘宝、京东、抖音等进行销售。线上经销渠道主要是公司授权南京君家怡智能科技有限公司销售，线上代销渠道主要通过天猫超市销售。但报告期内，公司线上销售业务存在刷单行为。

在第一轮审核问询函中，北京证券交易所对刷单事项进行了详细问询，反馈问题包括：说明刷单事项具体产生背景、涉及人员情况、刷单形式、过程，刷单相关销售手续费的支付标准、结算方式及账务处理过程，刷单行为对发行人收入真实性、业务合规性的影响，是否存在通过刷单行为虚增收入的情形，是否存在其他未披露的刷单情形，是否存在因刷单、刷好评等被销售平台封号、处罚的情形和风险，是否构成重大违法违规行为，请结合实际情况充分揭示风险并作重大事项提示。

虹越花卉在回复中说明，对刷单事项产生的相应订单公司已进行单独标识，未进入公司的旺店通系统，未确认收入，不影响销售收入的真实性；公司不存在通过刷单行为虚增收入的情形，也不存在其他未披露的刷单情形；公司不存在因刷单、刷好评等被销售平台封号、处罚的情形和风险，该行为不构成重大违法违规。

3. 提示及建议

刷单行为轻则引起监管机构的关注，重则可能构成上市的障碍，建议拟上市企业尽早规范，杜绝并防范刷单行为，以免影响上市。对于发行人在报

[①] 案例信息来源：虹越花卉在北京证券交易所网站公告的《关于虹越花卉股份有限公司公开发行股票并在北京证券交易所上市申请文件的审核问询函的回复》。

告期内曾存在刷单情况，但占比较低且已停止该等行为并全面规范的，可通过以下方面进行论述：（1）发行人已停止刷单行为，并说明采取刷单行为的原因；（2）论述刷单行为不影响财务真实性，即发行人财务报表收入数据不包含刷单金额，发行人报告期内财务报表的收入及利润真实、客观地反映了其经营成果；（3）分析停止刷单后发行人业务的可持续盈利性；（4）通过网络核查、主管部门出具证明文件等方式核查发行人是否存在涉及不正当竞争、违法广告宣传、欺诈消费者等诉讼、仲裁、行政处罚的情形；（5）实际控制人对发行人由此遭受的损失以及责任进行兜底承诺。

小　结

　　总体而言，业务合规问题最终反映了企业自身经营的可持续性、稳定性和发展前景。例如，业务资质的瑕疵将有可能直接导致企业无法继续开展经营活动；如果企业存在招投标违规行为，将会影响企业未来的业务开拓能力；境外原材料采购风险则可能会直接影响企业的生产进度、交付进度；对单个客户、供应商的过分依赖则会影响企业未来的持续经营能力、业务稳定性。同时，企业所处行业以及业务模式的不同，将会面临不同的法律问题，例如，互联网企业往往会涉及反垄断合规、数据合规问题，电商类企业则需要特别关注是否存在刷单行为以及线上销售的稳定性、系统数据的可靠性等法律问题，建设工程类企业则比较容易出现分包、转包的法律问题。随着经济社会的不断发展，未来会涌现出更多的商业模式、新兴行业，届时亦将面临新的业务合规问题，但是，不论商业模式如何变化、行业如何更新，监管机构对业务合规要求的实质不会改变，企业仍应在各个业务环节贯彻合规经营。

第六章
关联方与关联交易

引　言

在上市审核过程中关联方与关联交易问题是参与上市工作的券商、律师和会计师均需要关注、核查的问题，综合了法律、业务、财务多方面因素。对于关联方的认定是否符合实际情况，关联交易行为的发生是否合规，需要各家中介机构从法律规定、业务实质及财务规范性的角度分别进行剖析。

纵观近年来的上市公司披露信息，关联方的认定和关联交易的信息披露是企业上市过程中出现最多的问题，更有不少企业的上市之路折戟于关联方披露和关联交易问题。因此关联方和关联交易一直以来都是中介机构核查和上市审核中的重点关注问题。本章将结合上市审核中对关联方和关联交易的相关规定与 IPO 实务案例，重点对关联方的识别与披露，关联交易的披露和合规性核查进行分析和总结。

第一节　关联方与关联交易概述

一、概述

企业在设立之初为了能在诸多竞争者中生存下来并快速发展壮大，往往采取与相关方进行交易的方式获取最开始的订单，或者通过以有关联的人士的名义设立公司并与其进行交易来扩大业绩或者实现税收筹划的目的。与关联方进行交易的方式在创业者中广为流传，也得到很多企业家的认可。对初创企业而言，采取与相关方进行交易确实是企业生存和扩张的捷径，但是在上市过程中监管机构出于对公众投资者的保护，在上市规则中要求对关联方进行披露并限制关联交易的比例。

对拟上市公司而言，清楚了解哪些是关联方、与什么样的企业/个人进行交易属于关联交易，对于后续上市至关重要，以便公司在后续对报告期内相关交易进行规范时作出判断和取舍。

二、上市关注要点

（一）关联方事宜的上市关注要点

企业在上市过程中需要根据上市规则及中国证监会、证券交易所的相关规定对被认定为关联方的自然人和企业进行详细信息披露。审核机构对关联方的披露信息中关注的要点主要包括：

1. 关联方认定的合规性

根据《监管规则适用指引——发行类第 4 号》的要求，发行人应当按照《公司法》《企业会计准则》和中国证监会、证券交易所的相关规定认定并披露关联方。实际在企业 IPO 申报过程中，既要严格按照相关法律法规的规定对关联方进行认定和披露，也要根据交易实质来判断是否要对关联方范围进行扩大认定。

2. 关联方的生产经营情况

对于控股股东、实际控制人控制的关联方，如其经营范围与拟上市公司存在相同或类似的情形，则可能被认定为同业竞争。此外，对于控股股东、实际控制人控制的关联方还需要关注其业务的独立性，了解其未被纳入发行人整体上市的原因。

3. 关联方的合法设立情况、出资情况

需要关注是否会导致发行人、实际控制人存在大额负债风险或存在被行政处罚的风险，从而对拟上市公司上市构成实质性障碍。

（二）关联交易事宜的上市关注要点

1. 根据《监管规则适用指引——发行类第 4 号》的规定，中介机构在尽职调查过程中，应当尊重企业合法合理、正常公允且确实有必要的经营行为，如存在关联交易，应就交易的合法性、必要性、合理性及公允性，以及关联方认定、关联交易履行的程序等事项，基于谨慎原则进行核查，同时请发行人予以充分信息披露。具体要求为：

（1）关于关联交易的必要性、合理性和公允性。发行人应披露关联交易的交易内容、交易金额、交易背景以及相关交易与发行人主营业务之间的关系；还应结合可比市场公允价格、第三方市场价格、关联方与其他交易方的价格等，说明并摘要披露关联交易的公允性，是否存在对发行人或关联方的利益输送。

对于控股股东、实际控制人与发行人之间关联交易对应的收入、成本费用或利润总额占发行人相应指标的比例较高（如达到30%）的，发行人应结合相关关联方的财务状况和经营情况、关联交易产生的收入、利润总额合理性等，充分说明并摘要披露关联交易是否影响发行人的经营独立性，是否构成对控股股东或实际控制人的依赖，是否存在通过关联交易调节发行人收入利润或成本费用、对发行人利益输送的情形；此外，发行人还应披露未来减少与控股股东、实际控制人发生关联交易的具体措施。

（2）关于关联交易的决策程序。发行人应当披露章程对关联交易决策程序的规定，已发生关联交易的决策过程是否与章程相符，关联股东或董事在审议相关交易时是否回避，以及独立董事和监事会成员是否发表不同意见等。

（3）关于关联方和关联交易的核查。保荐机构及发行人律师应对发行人的关联方认定，发行人关联交易信息披露的完整性，关联交易的必要性、合理性和公允性，关联交易是否影响发行人的独立性、是否可能对发行人产生重大不利影响，以及是否已履行关联交易决策程序等进行充分核查并发表意见。

2. 根据《北京证券交易所向不特定合格投资者公开发行股票并上市业务规则适用指引第 1 号》中"1-13 关联交易"的规定，保荐机构、申报会计师及发行人律师应重点关注：关联方的财务状况和经营情况；发行人报告期内关联方注销及非关联化的情况，非关联化后发行人与上述原关联方的后续交易情况；关联交易产生的收入、利润总额合理性，关联交易是否影响发行人的经营独立性，是否构成对控股股东或实际控制人的依赖，是否存在通过关联交易调节发行人收入利润或成本费用、对发行人利益输送的情形；发行人披露的未来减少关联交易的具体措施是否切实可行。

首次公开发行股票并上市、向不特定合格投资者公开发行股票并在北京证券交易所上市过程中，审核机构对关联方和关联交易的关注重点不尽相同，相较而言，在北京证券交易所上市过程中对关联交易的容忍度更高，不会对关联交易存在的比例做严格要求。在欧普泰（836414）披露的《上海欧普泰科技创业股份有限公司招股说明书》中显示前五大客户中的奥特维为欧普泰关联方且在报告期最后一期位列第二，销售金额占营业收入比例为 13.52%[1]；在连城数控（835368）《大连连城数控机器股份有限公司向不特定合格投资者公开发行股票说明书》中显示，报告期内前五大客户中的隆基股份、釜川超声波为公司关联方，2017—2019 年公司向隆基股份的销售占比分别为 69.12%、83.40%、67.84%。公开发行说明书认为向关联方隆基股份销售占比较高主要是受下游光伏单晶制造行业双寡头竞争格局影响，公司关联交易定价公允，主要通过招投标获取销售合同，公司对隆基股份和非隆基股份客户的产品销售价格不存在重大差异。[2]

第二节　识别关联方

各板块股票上市规则、《公司法》《企业会计准则》以及《上市公司信息披露管理办法》等均对关联方的概念有规定，但具体规定条文略有不同。《监管规则适用指引——发行类第 4 号》要求发行人应当按照《公司法》《企业会计准则》和中国证监会、交易所的相关规定认定并披露关联方。因此在上市申报过程中，中介机构和拟上市公司往往需要按照上述规则的最大范围对关联方进行认定和披露。

一、关联自然人

（一）关联自然人的法律规定

根据《公司法》《企业会计准则第 36 号——关联方披露》《上市公司信息披露管理办法》及中国证监会、交易所的相关规定，关联自然人一般包括：

1. 直接或者间接持有上市公司 5% 以上股份的自然人；
2. 上市公司董事、监事及高级管理人员；
3. 直接或者间接地控制上市公司的法人（或者其他组织）的董事、监事

---

[1] 案例信息来源：欧普泰在北京证券交易所网站公告的《上海欧普泰科技创业股份有限公司招股说明书》。

[2] 案例信息来源：连城数控在北京证券交易所网站公告的《大连连城数控机器股份有限公司向不特定合格投资者公开发行股票说明书》。

及高级管理人员；

4. 上述第1项、第2项所述人士的关系密切的家庭成员，包括配偶、父母、年满十八周岁的子女及其配偶、兄弟姐妹及其配偶，配偶的父母、兄弟姐妹，子女配偶的父母；

5. 在过去12个月内或者根据相关协议安排在未来12个月内，存在上述情形之一的；

6. 中国证监会、证券交易所或者上市公司根据实质重于形式的原则认定的其他与上市公司有特殊关系，可能或者已经造成上市公司对其利益倾斜的自然人。

除上述规定外，不同交易所不同上市板块对关联自然人的定义也存在差异，主要为：

1. 上海证券交易所科创板股票上市规则将直接或间接地控制上市公司的法人或其他组织的"其他主要负责人"增加认定为关联自然人。"其他主要负责人"的范围虽然规则中没有明确界定，但是应当是与公司的董事、监事、高级管理人具有类似或等同地位并履行相应职责的人员。如：正元地信（688509）上市过程中，将控股股东"中国冶金地质总局"的主要负责人副局长牛某华、许某迅、古某仁、琚某太、丁某锡、李某，纪委书记王某良，总会计师王某鹍，总法律顾问卢某珠①，认定为公司的关联方；信科移动（688387）将控股股东的纪委书记向某、总会计师肖某作为其他主要负责人认定为关联方②。

2. 深圳证券交易所创业板股票上市规则将"直接或者间接地控制上市公司的法人或其他组织的董事、监事及高级管理人员"的关系密切的家庭成员增加认定为关联自然人。

可见拟上市公司在识别其关联方时可依据已选定的目标板块来进行，对上市目标板块不明确的企业从谨慎性考虑可选取各板块合并的范围来处理。

---

① 案例信息来源：正元地信在上海证券交易所发行上市审核网站公告的《正元地理信息集团股份有限公司首次公开发行股票并在科创板上市招股说明书》。

② 案例信息来源：信科移动在上海证券交易所发行上市审核网站公告的《中信科移动通信技术股份有限公司首次公开发行股票并在科创板上市招股说明书》。

二、关联法人

根据《公司法》《企业会计准则第 36 号——关联方披露》《上市公司信息披露管理办法》及各板块上市规则的规定，企业的关联法人一般包括：

1. 直接或者间接地控制上市公司的法人（或者其他组织）。

2. 由前项所述法人（或者其他组织）直接或者间接控制的除上市公司及其控股子公司以外的法人（或者其他组织）。

3. 关联自然人直接或者间接控制的，或者担任董事、高级管理人员的，除上市公司及其控股子公司以外的法人（或者其他组织）。但不同交易所不同上市板块对于关联自然人对外担任的重要职务的范围也存在差异，主要为：

（1）上海证券交易所主板、深圳证券交易所主板：关联自然人担任董事（不含同为双方的独立董事）、高级管理人员；

（2）上海证券交易所科创板：关联自然人（独立董事除外）担任董事、高级管理人员；

（3）深圳证券交易所创业板：关联自然人担任董事（独立董事除外）、高级管理人员；

（4）北京证券交易所：关联自然人担任董事、高级管理人员。

4. 持有上市公司 5% 以上股份的法人（或者其他组织）及其一致行动人。

5. 在过去 12 个月内或者根据相关协议安排在未来 12 个月内，存在上述情形之一的。

6. 中国证监会、证券交易所或者上市公司根据实质重于形式的原则认定的其他与上市公司有特殊关系，可能或者已经造成上市公司对其利益倾斜的法人（或者其他组织）。

从上述规定来看，对于关联法人的判断基础是关联自然人的识别以及对"控制"关系的认定，对企业而言判断是否存在上文中所述的"控制"情形目前的主要依据为：

1. 《企业会计准则第 36 号——关联方披露》第三条规定："控制，是指有权决定一个企业的财务和经营政策，并能据以从该企业的经营活动中获取利益。"

2. 《上市公司收购管理办法》第八十四条规定："有下列情形之一的，为拥有上市公司控制权：（一）投资者为上市公司持股 50% 以上的控股股东；

(二）投资者可以实际支配上市公司股份表决权超过 30%；（三）投资者通过实际支配上市公司股份表决权能够决定公司董事会半数以上成员选任；（四）投资者依其可实际支配的上市公司股份表决权足以对公司股东大会的决议产生重大影响；（五）中国证监会认定的其他情形。"

三、"视同关联人"的认定

从上述《上市公司信息披露管理办法》第六十二条对于关联自然人和关联法人的定义及各板块上市规则可见，除通常意义上的关联自然人和关联法人之外，为避免公司通过协议安排或未实现协议目的而作出特殊安排来规避关联方的认定，还规定在过去 12 个月内或者根据相关协议安排在未来 12 个月内符合关联人认定情形的自然人或法人仍旧被视同关联人。常见的情形有：不再担任公司董事、监事、高级管理人员的相关人员，以及关联自然人不再控制或担任重要职务的企业等。

需要注意的是，对于 12 个月的起算时间点并无强制性规定，一般以申报之日起算即可。

四、实质重于形式原则认定的其他关联方

虽然上市规则对于关联方有较为明确的界定，但实操中往往一些并不属于上市规则范围内的"关键人士"反而成为公司老板心目中值得信赖的"关联人"，交易有时还倚仗人与人之间关系的生疏程度、感情深浅程度来进行。比如公司前台、司机、秘书、出纳、远房亲戚、前员工等，都可能在公司发展过程中扮演关联方的角色，与公司发生"关联交易"。

各板块上市规则、《企业会计准则第 36 号——关联方披露》及《上市公司信息披露管理办法》均存在对关联方认定的兜底性条款，公司可以根据实质重于形式的原则认定其他与公司有特殊关系、可能或者已经造成公司对其利益倾斜的法人（或者其他组织）为公司关联方。

（一）常见的"非关联方"被扩大认定为关联方的类型

1. 员工、前员工（亲属）控制、投资、担任重要职务的企业

员工、前员工及其亲属施加重大影响的企业虽不属于法律法规明确规定

的关联方,但由于其与发行人存在交易或往来,可能导致发行人资源或利益的倾斜,因此将其关联关系予以披露。发行人实际控制人、董事、监事及高级管理人员通过员工、前员工或其亲属来间接控制其他主体与发行人进行交易的情况也时有出现。凡是该等企业与发行人存在交易的,均应考虑是否根据实质重于形式的原则将该等人员认定为"非关联方"并参照关联方要求进行披露。

在IPO申报过程中,将员工、前员工控制的企业认定为关联方的案例不在少数,也存在不少因未将员工、前员工认定为关联方而被审核机构认为未完整披露关联方及关联交易的案例。

相关案例

三六五网:将前员工投资企业认定为关联方[①]

三六五网(300295)披露,南京雅兰展览服务有限公司注销前的股东为三六五网的三名员工王某、朱某、韦某,且朱某为三六五网的股东,中介机构基于实质重于形式原则,认定南京雅兰展览服务有限公司为其他关联方。

顺博合金:未认定前员工出资设立企业为关联方[②]

顺博合金(002996,首次申报被否,再次申报后于2020年8月成功上市)2014年、2015年第一大供应商为重庆志德再生资源利用有限公司(以下简称重庆志德),该公司由发行人前员工和第三方自然人于2014年共同出资设立,前员工出资比例为10%,但担任重庆志德的法定代表人、执行董事、经理,2017年重庆志德停止了与发行人的购销交易。中国证监会反馈请发行人说明是否完整披露所有关联方关系及其交易。首次申报时顺博合金并未在其招股说明书中将重庆志德披露为关联方。2017年12月5日,中国证监会第十七届发审委2017年第61次会议否决了顺博合金IPO项目,在会议上发审委对关联方进行了重点关注,要求说明重庆志德不属于关联方的理由,顺博合金是否完整披露关联方关系、恰当披露关联交易;发行人或其关联方与重庆志德股东之间是否存在股权代持关系,发行人或其关联方是否实际控制重庆志德,等等。

[①] 案例信息来源:三六五网在中国证监会网站公告的《江苏三六五网络股份有限公司首次公开发行股票并在创业板上市招股说明书》。

[②] 案例信息来源:中国证监会网站公告的《重庆顺博铝合金股份有限公司首次公开发行股票招股说明书》《第十七届发审委2017年第61次会议审核结果公告》。

明微电子：前员工亲属所创办的公司未披露为关联方[①]

明微电子（688699，前两次IPO均被否）2016年的前五大客户之壹卡科技为明微电子原销售业务员王某英弟弟王某华所创办的公司，壹卡科技及其关联方与明微电子2016年的销售金额占明微电子当期主营业务收入的7.28%。经检索明微电子的申报文件，明微电子在其招股说明书中未提及壹卡科技系发行人前员工亲属所创办的公司，也未将其披露为关联方。2018年2月，中国证监会第十七届发审委2018年第36次会议否决了明微电子IPO项目，会议上发审委对2016年、2017年第一大经销商客户壹卡科技是明微电子前员工亲属所创办的公司这个事项进行了重点关注。

明微电子于2020年12月首发上市，《深圳市明微电子股份有限公司首次公开发行股票并在科创板上市招股说明书》显示壹卡科技已与王某英设立的创锐微电子重组且不再与发行人进行交易，招股说明书在重大事项提示中披露发行人前员工王某英和赵某波分别持有发行人经销商创锐微电子49%的股权和巴丁微电子85%的股权，王某英之弟王某华亦曾于2013年5月至2014年4月在山东贞明光电科技有限公司销售部任职，并详细说明交易情况。

2. 进一步扩大关系密切的家庭成员

《上市公司信息披露管理办法》及各板块上市规则均明确"关系密切的家庭成员"包括：配偶、父母、年满18周岁的子女及其配偶、兄弟姐妹及其配偶，配偶的父母、兄弟姐妹，子女配偶的父母。《企业会计准则第36号——关联方披露》规定，与主要投资者个人或关键管理人员关系密切的家庭成员，是指在处理与企业的交易时可能影响该个人或受该个人影响的家庭成员。从这一点来讲，《企业会计准则第36号——关联方披露》对于关系密切的家庭成员的认定主要是关注该等家庭成员对于交易的影响力。

在IPO项目中，如拟上市企业的客户或供应商为实际控制人亲属担任重要职务或能够施加重大影响的企业，即便该等亲属关系不属于《上市公司信息披露管理办法》及各板块上市规则中明确的"关系密切的家庭成员"，但因报告期内与拟上市企业存在经常性交易，中介机构基于谨慎性原则，一般也

[①] 案例信息来源：明微电子在上海证券交易所发行上市审核网站公告的《深圳市明微电子股份有限公司首次公开发行股票并在科创板上市招股说明书》；中国证监会网站公告的《深圳市明微电子股份有限公司首次公开发行股票并在创业板上市招股说明书（申报稿）》《第十七届发审委2018年第36次会议审核结果公告》。

应当将这类交易按照关联交易进行披露,并将该等亲属作为"非关联方"进行认定。

3. 与实际控制人存在其他社会关系的人士控制的企业

与实际控制人存在密切关系的人士,除近亲属外通常还包括存在社会关系、雇佣关系的其他人士,例如实际控制人的朋友、同学、秘书、司机等。将实际控制人的其他社会关系人士控制的企业认定为关联方的案例在上市审核中也较为常见。光华股份(001333)在深圳证券交易所主板上市过程中,认为朗月贸易实际控制人褚某龙系光华股份实际控制人之一孙某松多年的朋友,朗月贸易成立之初与光华股份之间交易金额较大,且存在资金拆借、转贷等情形,因此根据实质重于形式原则将朗月贸易认定为光华股份关联方[①]。

从已经通过审核的案例来看,北京证券交易所对关联交易和关联方的认定较为宽松,已经通过审核的百甲科技(835857)的供应商衡綦冶金为百甲科技实际控制人朋友实际控制的企业,即便在报告期内存在衡綦冶金向百甲科技子公司转贷、与百甲科技实际控制人控制的其他企业进行资金往来的情形,百甲科技也未将衡綦冶金作为关联方进行信息披露[②]。

4. 因存在投资关系而被认为构成实质性的关联方

投资方与拟上市公司之间可能因为存在持股关系,例如在晓鸣股份(300967)上市时,大北农为持有发行人3.56%股份的第四大股东并向发行人委派董事,因此晓鸣股份招股书中将大北农及其下属子公司披露为公司关联企业,将晓鸣农牧与大北农集团及其体系内各公司交易认定为关联交易。[③]

但也存在未将投资方及其控制的企业、实际控制人认定为关联方而过会的案例。

---

① 案例信息来源:光华股份在深圳证券交易所发行上市审核信息公开网站公告的《浙江光华科技股份有限公司首次公开发行股票招股说明书》。

② 案例信息来源:百甲科技在北京证券交易所网站公告的《徐州中煤百甲重钢科技股份有限公司招股说明书》《关于徐州中煤百甲重钢科技股份有限公司公开发行股票并在北交所上市申请文件的审核问询函之回复》。

③ 案例信息来源:晓鸣股份在深圳证券交易所发行上市审核信息公开网站公告的《宁夏晓鸣农牧股份有限公司首次公开发行股票并在创业板上市招股说明书》。

相关案例

迪普科技：未将投资方认定为关联方而过会[①]

在迪普科技（300768）IPO 的过程中，因迪普科技持股 4.55% 的股东中移创新产业基金（深圳）合伙企业（有限合伙）（以下简称中移创新）为其客户中国移动通信有限公司参与投资并控制的企业，其没有认定中移创新为关联方。但在审核过程中，监管机构参照关联交易的标准对迪普科技与中国移动的交易进行了多轮问询。

迪普科技披露的《上海锦天城律师事务所关于杭州迪普科技股份有限公司首次公开发行股票并在创业板上市的补充法律意见书（八）》认为，中移创新与迪普科技之间不因为中国移动通信有限公司为迪普科技的客户而构成关联方，中国移动通信有限公司与迪普科技之间的交易也不构成关联交易。理由如下：（1）中移创新不属于上市规则等法规明确规定的关联方；（2）从股权及决策角度来看，中国移动通信有限公司未控制中移创新；（3）交易的取得方式为招投标，价格形成机制公允；（4）中移创新增资后，迪普科技与中国移动通信有限公司的交易金额有所下降。

后经中国证监会多轮问询，迪普科技最终未认定中国移动通信有限公司为关联方。

实践中，也存在发行人客户的关联方投资发行人的股份虽高于 5% 但却没有被认定为关联方的情形，监管机构对该等关联关系和相关交易进行了多轮问询，最终该股东将其持有的发行人股权全部转出，以消除中国证监会对关联关系以及发行人业务独立性的疑虑。

5. 因存在不公允的交易而被扩大认定为关联方或按照关联方进行处理

因第三方公司与拟上市企业存在大额资金往来/交易，导致发行人资源或义务的倾斜和转移，据此认定第三方公司为拟上市企业的关联方的情形也比较常见。

[①] 案例信息来源：迪普科技在深圳证券交易所发行上市审核信息公开网站公告的《上海锦天城律师事务所关于杭州迪普科技股份有限公司首次公开发行股票并在创业板上市的补充法律意见书（八）》。

相关案例

因存在大额的资金往来而被扩大认定为关联方①

传艺科技（002866）招股说明书中披露，金业盈辉实际控制人与传艺科技及其控股股东、实际控制人以及持股5%以上股东、董事、监事、高管人员之间不存在会计准则、上市规则所列示的关联关系。但因2014年存在与传艺科技之间大额的资金往来，供金业盈辉短期资金周转，该往来事实上导致传艺科技资源或者义务的倾斜和转移，传艺科技根据实质重于形式原则认定金业盈辉为"其他与本公司有特殊关系的关联方"。

6. 重要子公司的少数股东

《上海证券交易所上市公司关联交易实施指引》（2022年1月7日废止）曾规定根据实质重于形式原则认定的其他与上市公司有特殊关系，可能导致上市公司利益对其倾斜的法人或其他组织，包括持有对上市公司具有重要影响的控股子公司10%以上股份的法人或其他组织。

虽在该规定实施期间，中国证监会及深圳证券交易所均无类似规定，但在实际上市审核过程中多家深圳证券交易所上市公司均将重要子公司的少数股东按照实质重于形式原则认定为关联方。例如，深圳证券交易所创业板上市公司珠城科技（301280，2022年12月15日首发上市）将持有其子公司佛山泓成5%股份的自然人王某涛视为公司关联方②；上海证券交易所科创板上市公司赛恩斯（688480，2022年11月25日首发上市）将发行人控股子公司东城污水的少数股东长沙金洲新城开发建设投资有限公司作为关联方进行披露③；北京证券交易所上市公司利尔达（832149，2023年1月20日上市）将物芯科技少数股东何某、安芯技术少数股东北京豆荚科技有限公司和南京智汇湾企业管理中心（有限合伙）均作为关联方进行披露。④

从上述规定和案例来看，虽然目前境内发行上市分为上海证券交易所、

---

① 案例信息来源：传艺科技在深圳证券交易所发行上市审核信息公开网站公告的《江苏传艺科技股份有限公司首次公开发行股票招股说明书》。
② 案例信息来源：珠城科技在深圳证券交易所发行上市审核信息公开网站公告的《浙江珠城科技股份有限公司首次公开发行股票并在创业板上市招股说明书》。
③ 案例信息来源：赛恩斯在上海证券交易所发行上市审核网站公告的《赛恩斯环保股份有限公司首次公开发行股票并在科创板上市招股说明书》。
④ 案例信息来源：利尔达在北京证券交易所网站公告的《利尔达科技集团股份有限公司招股说明书》。

深圳证券交易所及北京证券交易所三处，且不同板块均有不同的上市规则和信息披露要求，但在对关联方进行认定过程中各板块之间存在相互借鉴的情形。目前虽然上海证券交易所已不再强制要求"持有对上市公司具有重要影响的控股子公司10%以上股份的法人或其他组织"应当被认定为关联方，但在实践中基于谨慎性原则，不少企业仍旧按照该规定对关联方进行认定。

（二）根据实质重于形式原则认定关联方的主要考虑因素

在上市过程中实质性认定关联方通常是担心拟上市公司通过与相关方虚构交易或进行非公允交易虚构业绩、进行利益输送，在实际认定过程中应仔细甄别是否存在以下情形：

1. 相关方与发行人或其实际控制人、董事、监事、高级管理人员、持股5%以上的股东存在某种亲属关系或社会关系，例如：前员工、远房亲属、同学等。此外还需要特别关注与发行人及其实际控制人控制的企业注册地址相同/相近、工商注册电话一致、业务经办人员一致的情形的企业。

2. 该等相关方及其控制或担任重要职务的企业与发行人之间存在交易，或者其他的利益安排。

3. 已经存在的交易不存在商业合理性。

总的来看，对关联方的识别首先应当基于法律法规和中国证监会的相关规则进行全面、谨慎的认定，然后在此基础上从交易的角度出发根据实质重于形式原则考虑是否需要对关联方的范围进行实质性扩大认定。需要特别注意的是，若相关交易条件不公允，则需要深挖背后的交易背景，了解交易对手与拟上市企业之间的关系，谨慎判断是否存在常理上的"关联"，继而作出最终判断。完成关联方的识别和认定后，对于关联交易的认定和披露就水到渠成。

第三节 关联交易

一、关联交易的类型

根据《企业会计准则第36号——关联方披露》及各板块上市规则、中国证监会的相关规定，关联方交易的类型通常包括下列几种类型：购买或出售资产、对外投资（含委托理财、对子公司投资等）、提供财务资助（含有息或者无息借款、委托贷款等）、提供担保（含对控股子公司担保等）、租入或者租出资产、委托或者受托管理资产和业务、赠与或者受赠资产、债权或者债务重组、转让或者受让研发项目、签订许可使用协议、放弃权利（含放弃优先购买权、优先认缴出资权利等）、购买原材料、燃料、动力、销售产品、商品、提供或者接受劳务、委托或者受托销售、存贷款业务、与关联人共同投资、其他通过约定可能造成资源或者义务转移的事项，以及中国证监会认定的其他交易事项。

二、合规的"关联交易"应具备的特质

存在关联交易并不是上市审核中的红线，企业没必要"谈关联交易色变"。就拟上市企业而言，为规避审核风险，了解审核机构对于关联交易的态度和关注点，处理好关联交易的规范工作与企业正常发展运行的关系才是重点。从《监管规则适用指引——发行类第4号》及上市公司案例来看，审核机构认可的关联交易往往存在以下特性：

（一）关联交易存在必要性、合理性和公允性

监管机构对于关联交易的必要性、合理性和公允性的核查，源于对交易真实性的天然怀疑。监管机构希望能够详细地了解关联交易产生的原因和其存在的背景，企业历史上存在的关联交易发展至申报阶段是否具备普通人认识中的必要性和合理性。企业在作出是否进行关联交易的决策时，应当着重考虑关联交易是否具备必要性、合理性和公允性，特别是对于非经常性关联交易更应当谨慎决策。

（二）关联交易不会影响公司独立性、不会对企业产生其他重大不利影响

《首次公开发行股票注册管理办法》明确要求拟上市公司与控股股东、实际控制人及其控制的其他企业间不存在对发行人构成重大不利影响的同业竞争，不存在严重影响独立性或者显失公平的关联交易。

从审核要点及上市案例来看，监管机构对于关联交易特别关注的原因之一为对存在大量关联交易业务企业的独立性保持怀疑。现行有效的《监管规

则适用指引——发行类第 4 号》"4-11 关联交易"明确要求"对于控股股东、实际控制人与发行人之间关联交易对应的营业收入、成本费用或利润总额占发行人相应指标的比例较高（如达到 30%）的，发行人应结合相关关联方的财务状况和经营情况、关联交易产生的营业收入、利润总额合理性等，充分说明并摘要披露关联交易是否影响发行人的经营独立性、是否构成对控股股东或实际控制人的依赖，是否存在通过关联交易调节发行人收入利润或成本费用、对发行人利益输送的情形；此外，发行人还应披露未来减少与控股股东、实际控制人发生关联交易的具体措施"。需要注意的是，此处所述比例较高针对的是控股股东、实际控制人与发行人之间的交易，如拟上市公司与其他类型关联方之间的交易占比较高的原因为行业原因，且并不会导致拟上市公司经营独立性存在瑕疵，则也可能被认定不会对上市构成实质性障碍。

相关案例

湖南裕能：关联交易占比超过 30%通过审核[①]

在湖南裕能（301358）的案例中，2020 年 12 月，公司增资扩股并引入了主要客户宁德时代、比亚迪作为战略投资者入股，进一步深化了合作关系。宁德时代、比亚迪持有公司股份比例超过 5%，构成公司关联方。报告期内，公司对宁德时代、比亚迪合计销售收入占比均超过 80%，主要是因为公司产品下游锂离子电池产业的市场集中度较高。

（三）关联交易制度的完备性及决策程序的合法性

1. 制度的建立

为确保关联交易的必要性、合理性和公允性且交易的存在不会影响公司独立性，不会对企业构成重大不利影响，审核机构要求拟上市公司建立健全关联交易管理的相关制度，包括公司章程中规定的关联交易决策机制、关联交易管理办法等相关制度。企业在进行关联交易时应当按照已经建立的制度履行相关的董事会、股东大会审议程序，且在审议关联交易时关联董事、关联股东应当回避表决。

2. 关联交易决策程序的执行

上市公司董事会审议关联交易事项时，关联董事应当回避表决，也不得

[①] 案例信息来源：湖南裕能在深圳证券交易所发行上市审核信息公开网站公告的《湖南裕能新能源电池材料股份有限公司首次公开发行股票并在创业板上市招股说明书》。

代理其他董事行使表决权。股东大会审议相关关联交易时,关联股东也应当回避表决,也不得代理其他股东行使表决权。各板块上市规则均明确规定股东/董事与股东大会/董事会拟审议事项有关联关系的,应当回避表决。

3. 关联股东和关联董事的认定

深圳证券交易所、上海证券交易所的股票上市规则均对关联股东和关联董事的范围进行了明确规定。

关联董事一般指:(1)交易对方;(2)在交易对方任职,或者在能直接或者间接控制该交易对方的法人(或者其他组织)、该交易对方直接或者间接控制的法人(或者其他组织)任职;(3)拥有交易对方的直接或者间接控制权;(4)交易对方或者其直接、间接控制人的关系密切的家庭成员;(5)交易对方或者其直接、间接控制人的董事、监事和高级管理人员的关系密切的家庭成员;(6)中国证监会、证券交易所或者上市公司认定的因其他原因使其独立的商业判断可能受到影响的董事。

关联股东的范围为:(1)交易对方;(2)拥有交易对方直接或者间接控制权;(3)被交易对方直接或者间接控制;(4)与交易对方受同一法人(或者其他组织)或者自然人直接或者间接控制;(5)在交易对方任职,或者在能直接或者间接控制该交易对方的法人(或者其他组织)、该交易对方直接或者间接控制的法人(或者其他组织)任职(注:科创板股票上市规则未规定该情形);(6)交易对方及其直接、间接控制人的关系密切的家庭成员(注:科创板股票上市规则未规定该情形);(7)因与交易对方或者其关联人存在尚未履行完毕的股权转让协议或者其他协议而使其表决权受到限制或者影响;(8)中国证监会或者证券交易所认定的可能造成上市公司对其利益倾斜的股东。

需要注意的是,如董事会在审议相关交易事项时,因需要回避的董事人数过多导致董事会有表决权的董事人数不足半数的,应当对该事项暂不予以表决,直接提交股东大会审议。对于每年发生的数量众多的日常关联交易,公司可以按类别合理预计日常关联交易的年度金额,履行审议程序并及时披露即可。

(四)上市申报对关联交易进行完整披露

《首次公开发行股票注册管理办法》及《上市公司信息披露管理办法》要求发行人应完整披露关联方关系并按重要性原则恰当披露关联交易,关联交易价格公允,不存在通过关联交易操纵利润的情形。

企业在确保存在的关联交易满足上述特质的情况下，还应当在上市申报文件中就关联交易事宜进行完整的披露，不得存在遗漏。

三、将非关联交易比照关联交易进行披露的情形

虽然中国证监会颁布的《关于进一步规范股票首次发行上市有关工作的通知》（证监发行字〔2003〕116号）已被废止，但是也有不少关联交易占比超过30%的企业成功上市，在辅导阶段中介机构一般仍旧要求拟上市企业尽量减少不必要的关联交易，以免过多的关联交易对上市主体的业务独立性构成重大不利影响。对于某些既不属于法律法规明确规定的关联方，又无法基于实质重于形式原则将其认定为关联方的交易对象，有些企业在上市申报文件中基于谨慎原则将这部分单独披露为"比照关联交易披露的交易"，与关联交易区分开，也给关联交易占比过高留有解释余地。

> **相关案例**
>
> **"非关联方"原为发行人关联方，不再作为发行人关联方后交易仍旧继续**
>
> 日辰股份（603755）[①]控股股东青岛博亚持有日盈食品14%的股权，且日辰股份实际控制人张某君曾任日盈食品的董事职务（任职期间为2008年1月至2016年12月）。在日辰股份IPO申请文件中，公司将2018年1月之后与日盈食品之间的交易比照关联交易进行披露。
>
> 国联股份（603613）[②]披露，2017年3月，发行人在第二次定向发行股票后，盛景网联合计持有发行人股权比例降低到3.9535%，不再构成发行人关联方，发行人与盛景网联之间的交易不再构成关联交易，2018年发行人与盛景网联之间的交易仍比照关联交易进行了披露。
>
> **智莱科技：发行人小股东对外投资的企业，且与发行人存在大额交易**[③]
>
> 持有智莱科技（300771）3.70%股权的股东顺丰投资持有丰巢科技14.43%的股份。报告期内，公司对丰巢科技累计销售逾8.0亿元，且丰巢科

---

① 案例信息来源：日辰股份在中国证监会网站公告的《青岛日辰食品股份有限公司首次公开发行股票招股说明书》。
② 案例信息来源：国联股份在中国证监会网站公告的《北京国联视讯信息技术股份有限公司首次公开发行股票招股说明书》。
③ 案例信息来源：智莱科技在深圳证券交易所发行上市审核信息公开网站公告的《深圳市智莱科技股份有限公司首次公开发行股票并在创业板上市招股说明书》。

技为发行人的第一大客户。在智莱科技的招股书中,将对丰巢科技的销售比照关联交易进行披露。

罗博特科:与公司股东、董事、监事、高级管理人员及其近亲属原任职单位及其控股子公司发生的交易①

罗博特科(300757)创始股东李某(申报时持股 15.07%)的配偶章某军于 2012 年 10 月至 2014 年 7 月在阿特斯阳光电力集团有限公司担任副总裁,于 2012 年 2 月至 2014 年 7 月在苏州阿特斯太阳能电力科技有限公司担任总经理,该公司于 2015 年注销。招股说明书中,发行人将与阿特斯阳光及其控股子公司之间的交易比照关联方进行披露。

顶固集创:与持有公司股权的客户、供应商之间的交易②

顶固集创(300749)披露,因公司在新三板挂牌后,部分经销商、供应商的实际控制人、股东及其亲属等陆续通过新三板交易系统的协议转让方式受让了少部分本公司股票,且 2016 年 10 月,公司完成向 8 家长期合作的经销商或其实际控制人定向增发股票。截至招股说明书签署日,该 15 位经销商、供应商持有发行人股份比例均不足 5%,顶固集创将与该 15 位经销商、供应商之间的交易比照关联交易进行了披露。

宁德时代:与公司曾经联营企业之间的交易③

宁德时代(300750)披露,普莱德为公司曾经的联营企业,持股 23%,公司向东方精工出售了该部分股权,并于 2017 年 4 月完成资产交割;实际控制人曾某群 2010 年 1 月至 2015 年 10 月任董事。2017 年 4 月之后普莱德不再是公司的联营企业。2017 年 5 月至 2018 年 4 月普莱德与公司的交易比照关联交易进行披露。

奥士康:公司在职销售人员和已离职人员直接、间接控制或曾参股的公司④

奥士康(002913)披露,斯格特、香港斯格特、奥仕达、腾捷电子、深

---

① 案例信息来源:罗博特科在深圳证券交易所发行上市审核信息公开网站公告的《罗博特科智能科技股份有限公司首次公开发行股票并在创业板上市招股说明书》。
② 案例信息来源:顶固集创在深圳证券交易所发行上市审核信息公开网站公告的《广东顶固集创家居股份有限公司首次公开发行股票并在创业板上市招股说明书》。
③ 案例信息来源:宁德时代在深圳证券交易所发行上市审核信息公开网站公告的《宁德时代新能源科技股份有限公司首次公开发行股票并在创业板上市招股说明书》。
④ 案例信息来源:奥士康在深圳证券交易所发行上市审核信息公开网站公告的《奥士康科技股份有限公司首次公开发行股票招股说明书》。

圳奥士维、奥士维和达庆电子等7家公司与公司的关联关系主要系因该7家公司为公司在职销售人员和已离职人员直接、间接控制或曾参股。其中，斯格特、奥仕达、腾捷电子、深圳奥士维、奥士维和达庆电子6家公司属于报告期内与公司存在关联关系的关联方，截至2016年6月，与公司已不存在关联关系；2016年起，香港斯格特与公司已不存在交易。奥士康将与该等7公司之间的交易比照关联交易进行披露。

珀莱雅：与实际控制人其他亲属实际控制的企业之间的交易①

珀莱雅（603605）披露，将与实际控制人姐姐之女及其配偶、实际控制人姐姐之子实际控制的企业广州娇兰佳人化妆品连锁有限公司及其相关公司、南京致远化妆品有限公司之间的交易比照关联交易进行披露。

贵州燃气：与主要股东的子公司、子公司的重要股东之间的交易②

贵州燃气（600903）披露，华能焦化为发行人主要股东贵阳工投的控股子公司，遵义市公共交通（集团）有限责任公司为发行人子公司绿道能源的重要股东，元亨燃气为发行人子公司习水金桥公司及参股公司华亨能源的重要股东。发行人基于谨慎性以及实质重于形式原则，参照《上市公司信息披露管理办法》及《上海证券交易所上市公司关联交易实施指引》等相关规定，将发行人与上述有关企业的交易比照关联交易进行披露。

创业黑马：与发行人股东的有限合伙人（股东）之间的交易③

创业黑马（300688）披露，发行人的股东蓝创文化传媒（天津）合伙企业（有限合伙）的合伙人盛某强曾为发行人导师；蓝创文化的合伙人江某强之子江某春（分众传媒董事长）、蓝创文化的合伙人俞某（美年大健康董事长）曾为发行人导师；发行人的股东深圳市达晨创丰股权投资企业（有限合伙）的间接合伙人何某权（乐百氏创始人、今日投资董事长）曾任发行人导师；发行人的股东北京用友创新投资中心（有限合伙）的间接合伙人王某京（用友董事长兼总裁）曾任发行人导师。发行人将与该等人员的交易比照关联交易进行披露。

---

① 案例信息来源：珀莱雅在中国证监会网站公告的《珀莱雅化妆品股份有限公司首次公开发行股票招股说明书》。

② 案例信息来源：贵州燃气在中国证监会网站公告的《贵州燃气集团股份有限公司首次公开发行股票招股说明书》。

③ 案例信息来源：创业黑马在深圳证券交易所发行上市审核信息公开网站公告的《创业黑马（北京）科技股份有限公司首次公开发行股票并在创业板上市招股说明书》。

中科信息：发行人子公司董事向子公司进行资金拆借①

中科信息（300678）披露，2012年、2013年，发行人子公司中科石油为开拓石油领域业务，在项目承揽过程中的支出较大，同时，当期销售回款较差，中科石油现金流较差，中科石油副董事长孙某良在项目回款上没有起到预期效果。为了缓解资金紧张压力，孙某良于2012年6月向中科石油拆借100万元自有资金，用于中科石油经营周转。2014年3月，中科石油归还了孙某良的100万元借款，但其未向孙某良支付利息。保荐机构经核查认为，孙某良无息向中科石油提供100万元的临时资金拆借符合当时的历史背景，具有合理性，不存在损害发行人利益的情形。

三超新材：与子公司高级管理人员及其控制企业之间的交易②

三超新材（300554）披露，公司2016年6月29日设立全资子公司株式会社SCD，并聘任西城某文为该公司的代表取缔役（相当于我国《公司法》中的董事长或执行董事）、社长。公司将与西城某文及其控制的三源株式会社比照关联方进行管理和披露。

广和通：通过第三方向持股5%以上股东实际控制的企业进行采购的交易③

广和通（300638）披露，报告期内，公司主营业务产品无线通信模块的核心零件所用的基带芯片部分为英特尔产品，自2014年9月成为公司持股5%以上股东的大连英特尔为英特尔控股的公司，虽然公司未直接向英特尔采购基带芯片，为充分披露公司与持股5%以上股东大连英特尔的控股股东英特尔的业务关联，便于投资者对公司业务发展情况作出审慎判断，将公司通过第三方采购的英特尔产品比照关联交易进行披露。

虽然上述列举不能穷尽所有应当比照关联交易进行披露的情形，但对发行人来讲基于谨慎性原则，与发行人及其控股股东、实际控制人、相关关联方存在某种关系的非关联方主体，如与发行人及其控股子公司存在交易，则应当考虑将其该等交易比照关联交易进行披露，打消监管机构的疑虑。

---

① 案例信息来源：中科信息在深圳证券交易所发行上市审核信息公开网站公告的《中科院成都信息技术股份有限公司首次公开发行股票并在创业板上市招股说明书》。

② 案例信息来源：三超新材在深圳证券交易所发行上市审核信息公开网站公告的《南京三超新材料股份有限公司首次公开发行股票并在创业板上市招股说明书》。

③ 案例信息来源：广和通在深圳证券交易所发行上市审核信息公开网站公告的《深圳市广和通无线股份有限公司首次公开发行股票并在创业板上市招股说明书》。

第四节 关联交易的合规化

关联交易的存在具有普遍性，在企业非上市阶段实实在在地为企业发展壮大起到了重要作用。在企业筹备上市工作过程中，企业一般会在聘请的上市辅导中介机构的帮助下，对不符合上市审核要求的关联交易进行规范。主要规范方式如下：

一、剥离关联方或关联业务

如经初步核查发现关联方或疑似关联方的业务与拟上市公司主营业务不相关，关联方业务规模较小、盈利水平较低，且注销或者剥离关联方不会对拟上市公司业务独立性、完整性、持续经营能力造成重大影响的，可以考虑将关联方进行剥离或注销。

二、将关联方业务/主体纳入拟上市公司

若关联方业务与拟上市企业主营业务相同或属于上下游关系，注销关联方将会对拟上市公司业务完整性、经营活动的可持续性构成重大不利影响，可采取将关联方所从事的相关业务并入拟上市公司主体中的方式解决关联交易。具体的方式为：

1. 收购关联方从事的与拟上市公司业务相关的资产和业务，从而实现将相关业务纳入上市公司体系的目的。收购资产的方式常见于关联方从事业务类型繁多，存在大量与拟上市公司业务无关的资产和业务，资产收购完成后关联方仍旧可以依赖其他业务独立运营；或关联方存在主体资格瑕疵，采取股权收购的方式可能会对拟上市主体资格的合法合规性构成重大不利影响。

2. 对关联方实现股权收购，一般收购其100%股权，将其作为拟上市公司全资子公司，实现业务的整合。收购关联方股权适用于关联方主体与拟上市公司业务完全一致或依赖于与拟上市公司的关联交易而存活，中止交易后无法独立运营的情形。

三、减少关联交易

虽然《北京证券交易所股票上市规则（试行）》《北京证券交易所向不特定合格投资者公开发行股票并上市业务规则适用指引第1号》对于关联交易占比问题不再作强制性要求，但是《监管规则适用指引——发行类第4号》仍然重点关注关联交易比例过高的情形（超过30%）。

1. 根据《监管规则适用指引——发行类第4号》及审核中对于关联交易的关注，拟上市公司申报时关联交易占比整体应当低于30%，且尽可能地在报告期内减少关联交易，将交易转向独立的第三方，确保关联交易处于较低水平。

2. 在减少关联交易过程中，如存在多家关联方均与拟上市公司存在交易的情形，或者关联方与发行人业务交易规模较小且不依赖于拟上市公司亦可独立运营的，可直接中止交易并结清相关资金往来。

四、停止关联交易并结清与关联方之间的资金往来

对于拟上市公司与关联方之间缺乏公允性和必要性的交易，建议发行人立即停止相关交易并结清往来，与其他非关联方开展相关交易。

五、制度规范

在公司章程中制定关联交易相关决策机制，并依据公司章程建立关联交易管理制度，完善公司的治理结构，建立股东会、董事会、监事会、高级管理层的管理和决策机构。在制定完备关联交易制度的情况下，严格遵照相关制度来对关联交易进行规范，确保关联交易的合法合规性。

小　结

总的来讲，对关联方与关联交易的核查应当基于独立性和业务真实性两个要点。其根本目的是发现是否存在通过关联交易进行利益输送、调节拟上

市公司利润的情形，以便综合判断公司业务的真实性和独立性。在识别关联方的过程中，一方面要按照现行法律、法规及审核要求严格认定，更重要的是通过调查拟上市公司交易中的不合理因素来甄别是否存在可能会导致利益倾斜的主体，从而对关联方的范围作实质性判断。另一方面要根据已存在的关联交易的类型、交易金额及交易占比情况来综合判断是否会存在影响公司独立性的因素。

第七章
同业竞争

引 言

同业竞争是 IPO 的重点核查事项之一，特别是在注册制施行之前，存在同业竞争一度是 IPO 审核的红线问题，一旦被认定构成同业竞争则无法通过审核。随着科创板注册制的试点以及全面实行注册制改革政策落地，原来的"不得存在同业竞争"放松为"不得存在重大不利影响的同业竞争"。即便如此，由于同业竞争事项天然地与实际控制人是否间接损害上市公司以及中小股东利益相关，因此在全面实行注册制的今天，该事项仍值得所有企业在筹备上市过程中予以重点关注。

同业竞争的判断在实践中较为复杂，一方面该事项涉及实际控制人的认定，如实际控制人的认定可能有其他方案，则对同业竞争的审查就更为严格。另一方面由于观察角度不同，不同主体对于行业、专业的主观理解不同，因此在针对繁复多样的具体案例进行分析的时候，就会产生仁者见仁、智者见智的结果。本文结合事务所及笔者多年从事证券法律的实务经验以及市场公开案例，探析审核部门对同业竞争问题的监管核心点变化情况，站在拟上市公司或上市公司负责人、管理人员的角度，关注其在处理同业竞争类似问题时遇到的困惑，并提供有效的解决策略。

第一节 同业竞争的概念以及审核关注同业竞争的原因

一、"同业竞争"的界定及审核标准的演变

《公司法》《证券法》并未对同业竞争作出明确的概念界定，其是 IPO 审核中的独有概念，是指发行人所从事的业务与其控股股东、实际控制人及其所控制的企业所从事的业务相同或近似，双方构成或可能构成直接或间接的竞争关系。

以 2019 年科创板试点注册制为分水岭，审核部门对于同业竞争的审核标准经过了从严格禁止到适度放松的演变过程。了解该演变过程也有助于企业

理解审核惯性，从而在筹备上市过程中合理安排其控股、参股公司从事的主营业务，并作出合理的投资布局。

1. 2015 年之前

2006 年中国证监会发布《首次公开发行股票并上市管理办法》（已被修改，以下简称主板《首发管理办法》），2009 年中国证监会发布《首次公开发行股票并在创业板上市管理暂行办法》（已失效，以下简称创业板《首发管理办法》），上述两个文件以下合称主板及创业板《首发管理办法》。其在发行的实质条件中均要求，发行人的业务独立。

因此，独立性作为发行条件而存在，"五独立"原则之一是指发行人的业务应当独立于控股股东、实际控制人及其控制的其他企业，与控股股东、实际控制人及其控制的其他企业间不得有同业竞争或者显失公平的关联交易。因此存在同业竞争通常将导致发行人因不具备独立性而无法通过 IPO 审核。

2. 2016 年至 2019 年科创板试点注册制之前

2015 年 12 月 30 日，主板及创业板《首发管理办法》均进行了一次重要修订。根据主板《首发管理办法》立法部门的修订说明，"经过多年以来的实践，独立性带来的问题和矛盾已经基本解决，不需要再作为发行上市的门槛，拟采用披露方式对同业竞争和关联交易问题进行监管"。① 因此修订后的主板及创业板《首发管理办法》均将"独立性"删除，转而作为信息披露事项在招股说明书中予以披露，亦即删除了在招股说明书中，"发行人应披露已达到发行监管对公司独立性的下列基本要求：……（五）业务独立方面。发行人的业务独立于控股股东、实际控制人及其控制的其他企业，与控股股东、实际控制人及其控制的其他企业间不存在同业竞争或者显失公平的关联交易"的规定。②

由上述可知，2015 年主板及创业板《首发管理办法》的修订只是由于"避免同业竞争"已经达成广泛共识，而不再构成一个需要在发行实质条件中重点强调的事项，从发行实质条件转为信息披露要求并不意味着审核条件的

---

① 《关于修改〈首次公开发行股票并上市管理办法〉的立法说明》，载中国政府网，https://www.gov.cn/xinwen/2015-11/27/5017697/files/5af76db28ff14f85b55f258961d34318.pdf，最后访问日期：2024 年 6 月 27 日。

② 见《公开发行证券的公司信息披露内容与格式准则第 1 号——招股说明书》（2015 年修订，已废止）第 51 条、《公开发行证券的公司信息披露内容与格式准则第 28 号——创业板公司招股说明书》（2015 年修订，已废止）第 49 条。

放松，无论是从文字表述方面还是从审核实践方面看，在科创板试点注册制之前，"同业竞争"延续了2015年主板及创业板《首发管理办法》修订之前的审核要求，不存在变化。

3. 自2019年科创板试点注册制至今

2019年科创板试点注册制之前，同业竞争事项严格的审核标准确实能够保证拟上市公司的独立性，进而保护上市公司及中小股东的利益，但可能影响科技创新，毕竟通常而言，实际控制人很难跨界从事完全不相关的两个领域并均将企业培育为符合IPO的条件，而为了以更大覆盖面、更强包容性为科技创新企业赋能，让优质企业的上市渠道更为畅通，注册制改革一定程度上放松了原来的标准。《科创板首次公开发行股票注册管理办法（试行）》（2019年3月1日公布并施行，现已失效）第十二条规定，"发行人业务完整，具有直接面向市场独立持续经营的能力：（一）资产完整，业务及人员、财务、机构独立，与控股股东、实际控制人及其控制的其他企业间不存在对发行人构成重大不利影响的同业竞争……"由此拉开了适度放松同业竞争审核的序幕。

基于科创板试点注册制的成功经验，后续颁布的《首次公开发行股票注册管理办法》《北京证券交易所股票上市规则（试行）》及《北京证券交易所向不特定合格投资者公开发行股票并上市业务规则适用指引第1号》均明确了创业板、主板以及北京证券交易所就同业竞争事项采取与科创板相同的口径，亦即均要求发行人与控股股东、实际控制人及其控制的其他企业间不存在对发行人构成重大不利影响的同业竞争，因此，目前三家交易所关于同业竞争事项的审核标准达到了统一，均从严格禁止走向适度放松。

二、对同业竞争事项予以重点关注的原因

审核部门为何如此关注同业竞争事项呢？这是因为同业竞争可能产生以下两方面的问题：

1. "同业竞争"可能影响上市公司的独立性。竞争方如果从事与上市公司相同或相似业务，则可能存在利益冲突，不利于上市公司保持独立性；上市公司可能存在生产经营业务严重依赖或受制于竞争方的情况，从而严重影响上市公司的独立运营。

2. "同业竞争"可能侵害上市公司及中小股东的合法权益。如果允许实

际控制人在上市公司之外从事相竞争的业务,则实际控制人客观上具备了利用其控制上市公司的优势地位,将本该属于上市公司的商业机会、资源等倾斜至其控制的其他同业公司,而由于实际控制人在上市公司以及其他同业公司的持股比例不同,实际控制人从该等商业机会、资源中最终获取的利益占比也存在差异,因此最终可能损害上市公司及中小股东的利益。基于上述原因,无论是民营公司还是国有控股公司,审核部门均对实际控制人在上市公司之外还留有"自留地"予以密切关注。

第二节　IPO中同业竞争的核查事项与判断标准

在IPO过程中,审核关注的事项必然是中介机构核查的事项,根据笔者的执业经验,在核查过程中,中介机构通常会比照当时的审核标准适度提高核查标准,为后续审核留有适当"安全垫",以应对审核标准突然提高或者审核尺度突然收紧。

一、核查对象的范围

根据《证券期货法律适用意见第17号》等相关规定,同业竞争事项的核查对象应当包括发行人控股股东、实际控制人及其近亲属全资或者控股的企业,而根据《民法典》第一千零四十五条第二款的规定,配偶、父母、子女、兄弟姐妹、祖父母、外祖父母、孙子女、外孙子女为近亲属。因此,上述范围内主体控制的企业,均属于"同业竞争"的核查范围,亦即"竞争方"。

结合相关审核实践,在筹备IPO过程中,为应对审核问询,中介机构也通常将下述主体纳入核查范围:

1. 发行人控股股东、实际控制人不控制该企业,但发行人控股股东、实际控制人对其有重大影响,甚至是仅参股的企业,例如:

（1）实际控制人与第三人分别持股50%的企业;

（2）股东人数较多、持股较为分散,实际控制人在其中持股比例较高,难以判断该企业是否为发行人的实际控制人所控制;

（3）原为发行人控股股东、实际控制人所控制,后续降低持股比例为参股;

（4）发行人控股股东、实际控制人参股且同时从事与发行人相同或类似业务的其他企业。

2. 发行人的控股股东、实际控制人的近亲属以外的亲属控制的公司，其资产、业务来源于发行人后被剥离出发行人的。

3. 对发行人有重大影响，或除控股股东外的其他持股5%以上的股东及其控制的企业。审核部门还会依据实质重于形式的原则关注控股股东、实际控制人之外的重要股东（通常为第二大股东）是否与发行人从事相竞争的业务。特别是对于原控股股东、实际控制人通过股权转让变更为第二大股东的，或者第二大股东持股比例与第一大股东持股比例较为接近的，需要对第二大股东是否从事与发行人相同或类似业务进行核查，以判断是否通过股权转让的方式规避对同业竞争的认定，或者是否存在第二大股东与发行人存在利益冲突，从而损害中小股东利益的情形。

4. 对于无实际控制人、无控股股东的发行人，应将其第一大股东的实际控制人控制的其他主体作为核查对象，当第一大股东为私募投资基金或者其他明显为财务投资人的，核查范围还会扩大到持股比例较高的产业投资人。

相关案例

达梦数据：审核关注了作为国有控股上市公司的二股东的参股企业情况，关注理由从同业竞争扩大到"利益冲突""保护投资者权益"[①]

达梦数据（688692）的股权结构存在一定特殊性，其实际控制人为创始人冯某才，其合计实际控制40.5527%的表决权，包括直接持有10.1872%股份、由冯某才担任执行事务合伙人并实际控制的梦裕科技等8个有限合伙平台间接控制28.0847%的表决权，以及通过与韩某忠、周某等管理团队的一致行动关系（2021年11月签署了《一致行动协议》）实际控制2.2807%的表决权。而中国软件自2008年11月起成为发行人第一大股东，截至2019年10月其持股比例始终在30%以上，IPO审核时持股25.21%；中国软件是国务院国资委监管的央企中国电子信息产业集团有限公司控制的上市公司。中国软件入股后，冯某才、中国软件提名的非独立董事席位数始终分别为4名、3名。

[①] 案例信息来源：达梦数据在上海证券交易所发行上市审核网站公告的《关于武汉达梦数据库股份有限公司首次公开发行股票并在科创板上市申请文件的审核问询函之回复》《关于武汉达梦数据库股份有限公司首次公开发行股票并在科创板上市申请文件的第二轮审核问询函之回复》。

鉴于中国软件对发行人的较高持股比例以及提名3名非独立董事，在第一轮问询中深圳证券交易所关注中国软件在发行人上市后是否可能谋求上市公司控制权，以及中国软件入股后在技术研发、业务拓展、经营管理等方面对发行人的影响，要求发行人结合中国软件持股比例、对发行人的定位及未来发展计划等情况，说明发行人就防范相关利益冲突、保护投资者权益采取的措施。

在第二轮审核问询中，深圳证券交易所进一步检索了公开的信息，发现中国软件对同样从事数据库业务的易鲸捷进行了增资，因此问询：易鲸捷的主营业务与发行人是否相同或类似、是否与中国软件存在业务往来，要求结合中国软件为发行人单一第一大股东并提名3名非独立董事的情况，说明中国软件是否参股、投资等与发行人同业或有业务往来的企业，中国软件和发行人就防范相关利益冲突、保护投资者权益已采取和拟采取的措施。

在回复中，发行人说明：(1) 发行人产品种类与应用环境相较于易鲸捷更为丰富，但也存在一定的重叠；(2) 发行人与易鲸捷的相似业务系在中国软件投资前双方独立发展的结果，报告期内，发行人不存在与易鲸捷研发合作、人员交叉任职等情形；(3) 易鲸捷收入规模及毛利水平相对较低，未形成对发行人构成重大不利影响的竞争关系。

固高科技：审核部门关注实际控制人原控股、后变更为参股企业的同业竞争情况，以及该企业的后续处置安排[①]

固高科技（301510）主要从事运动控制器业务，其实际控制人控制的香港固高为其第一大股东，香港固高持股46%的参股公司台湾固高（原为香港固高控股子公司）从事在中国台湾市场集成销售发行人产品、开拓中国台湾市场的业务，台湾固高销售的主要产品均系向香港固高或发行人采购，经过二次开发后向中国台湾地区客户进行销售，与发行人为上下游关系。

如果严格按照同业竞争的概念，台湾固高仅系实际控制人间接参股的企业，原本不在同业竞争的"竞争方"范围内，但审核部门仍然两轮问询台湾固高的相关情况。

在第一轮问询中，审核部门要求结合台湾固高等公司具体业务情况、生产经营规模、主要客户情况及与发行人是否重合等说明上述公司是否与发行

[①] 案例信息来源：固高科技在深圳证券交易所发行上市审核信息公开网站公告的《关于固高科技股份有限公司首次公开发行股票并在创业板上市申请文件的审核问询函的回复》《关于固高科技股份有限公司首次公开发行股票并在创业板上市申请文件的第二轮审核问询函的回复》。

人存在同业竞争，并要求分析说明是否简单依据经营范围对同业竞争作出判断，是否仅以经营区域、细分产品、细分市场的不同来认定不构成同业竞争。

所幸发行人在筹备 IPO 阶段即已经作出彻底规避同业竞争的安排，香港固高已通过台湾固高向中国台湾地区有关部门提交股权转让申请，申请转让其持有台湾固高 46% 的股权至香港固高的全资子公司固高发展；在此之后，拟再由发行人全资子公司收购固高发展之股权，该步骤实施完毕之后，不再构成任何的潜在同业竞争。

对于上述安排，深圳证券交易所第二轮问询进一步要求说明香港固高向中国台湾地区有关部门提交股权转让申请审批进展情况，是否存在障碍，如未能审批通过对发行人的影响。

在回复第二轮问询的过程中，香港固高向中国台湾地区有关部门提交的台湾固高之股权转让申请已经完成审批程序，香港固高、台湾固高将相应办理该股权转让变更登记手续，因此得以完美回复深圳证券交易所问询问题。

在固高科技案例中，对于实际控制人原控股、后降低持股比例为参股公司的主体也纳入同业竞争的核查及后续审核范围，由于应对得当，在 IPO 申报前即已开始实施将参股公司的股权纳入发行人体系内的重组步骤，后续得以顺利通过审核。

二、判断原则以及不构成同业竞争的解释思路

在核查对象亦即"竞争方"的范围确定后，需要围绕"同业"与"竞争关系"进行核查并作出判断。

（一）何为"相同或相似的业务"

"同业"的认定标准未因注册制而发生变化，目前根据《证券期货法律适用意见第 17 号》的规定，同业竞争的"同业"是指竞争方从事与发行人主营业务相同或者相似的业务。基于上述表述以及审核实践，判断竞争方从事的"业务"与发行人从事的"主营业务"是否相同或类似，需关注：（1）考察的是竞争方从事的"业务"，因此，即使竞争方仅从事少量竞争性业务也必然构成同业竞争；（2）审核实践中会将发行人从事的"主营业务"扩大理解为发行人从事的"业务"，如发行人从事了少量与竞争方相同或类似的业务，有

可能被认为需要清理,参见本章第四节成都华微案例。

判断该相同或者相似的业务是否与发行人构成"竞争"时,应当按照实质重于形式的原则,结合相关企业历史沿革、资产、人员、主营业务(包括但不限于产品服务的具体特点、技术、商标商号、客户、供应商等)等方面与发行人的关系,以及业务是否有替代性、竞争性,是否有利益冲突,是否在同一市场范围内销售等,论证是否与发行人构成竞争;不能简单以产品销售地域不同、产品的档次不同等认定不构成同业竞争。

紧扣《证券期货法律适用意见第17号》的规定以及审核实践,发行人及中介机构应基于"实质重于形式"的原则考察以下方面:

1. 行业:发行人经常倾向于以国民经济行业分类中的细类作为论证相关主体不是发行人竞争方的依据,在审核中,过细的行业分类通常不被审核部门所接受,但所属行业存在天然地域特征的则有利于解释不构成同业竞争。

2. 历史沿革:历史上双方不存在相互持股的关系,各自独立发展。需要注意的是,如果相关方从事的业务或拥有的主要资产系从发行人剥离而来,则剥离需要经过较长时间。

3. 主营业务及主要产品:这是核查是否构成同业竞争最核心的事项,需要深入核查双方的业务有何不同,各自产品或者服务的具体特点、双方的差异点,如果涉及特定国家或者行业的准入壁垒则更有利于解释不构成同业竞争。

4. 生产流程、生产工艺、技术和设备:双方应尽量在生产流程、生产工艺、技术和设备等方面存在实质性差异,且不易相互转换。注意,"不易相互转换"更多的应是法律、行业政策等客观因素下的考量,而不是商业、成本等方面的考量。

5. 经营模式:双方是否采用不同的经营模式,例如直销模式、经销模式,或者自产模式、代工模式等。

6. 采购渠道及供应商:双方是否存在共有采购渠道或拥有相同供应商的情形,如存在部分共同供应商,需要判断是否可以从原料种类较多、上游行业原料应用领域广泛、行业区域集中等特殊性角度进行解释,但共同供应商占比应较小、逐年下降且交易定价公允。

7. 销售渠道及客户:双方是否存在共有销售渠道或拥有相同客户的情形,如存在部分共同客户,则需要判断是否可以从客户规模较大,其所具体提供的产品或服务不同等角度进行解释,但共同客户占比应较小、逐年下降且交易定价公允。

8. 关联交易等业务往来、资金往来：双方是否存在关联交易或其他业务往来、资金往来。一般情况下，双方不应当存在关联交易或其他业务往来、资金往来，除非存在充分必要的理由。

9. 获取业务：双方是否存在通过共同市场开拓、共同投标等方式获取业务，如存在该种情形，则存在相互输送利益、影响独立性之嫌。

10. 资产（特别是商标、商号、专利等无形资产）：双方应当在资产方面保持独立，不应当存在共用或拥有相同/近似商标、商号、专利等无形资产或其他资产的情况。

11. 人员、财务、机构的独立性：双方在人员、财务、机构方面均应当相互独立，不存在交叉、混同、相互兼职的情形。

上述系根据审核规则及审核实践列出的若干考察与论证角度，并不意味着通过上述十余项测试后一定能够得出不构成同业竞争的结论，"同业竞争"的考察应当立足于实质，即是否会导致发行人与竞争方之间的非公平竞争、是否会导致发行人与竞争方之间存在利益输送、是否会导致发行人与竞争方之间相互或者单方让渡商业机会，对发行人未来发展是否构成潜在不利影响，而非拘泥于形式。

（二）对于直系亲属控制的竞争方

如果发行人控股股东、实际控制人是自然人，其配偶及夫妻双方的父母、子女控制的企业与发行人存在竞争关系的，应直接认定为构成同业竞争。需要说明的是，该种情形下无法通过任何相反证据论证不构成同业竞争。

（三）对于非直系亲属控制的竞争方

除实际控制人配偶、父母、子女外的其他亲属及其控制的企业与发行人存在竞争关系的，应当按照上文所列示的角度核查相关企业在历史沿革、资产、人员、业务、技术、财务等方面与发行人之间的关系，二者销售渠道、主要客户及供应商的重叠等情况等，如果该等业务脱胎于发行人，或二者存在千丝万缕的关系无法正面认定双方各自具有独立性的，则应当认定构成同业竞争。

如竞争方相关业务是非直系亲属独立发展的，且历史沿革、资产、人员、业务、技术、财务等方面均独立，客户和供应商、销售渠道可能存在少量重叠并且能合理解释，报告期内不存在交易和资金往来或存在少量交易并且能合理解释的，可以综合考虑不认定为竞争方。

三、何为"不构成重大不利影响的同业竞争"

如上文所述，全面注册制下，审核部门将原来的不得存在同业竞争放松为不得存在构成重大不利影响的同业竞争，如果根据上文测试得出竞争方与发行人存在同业竞争，则需要进一步考察该等同业竞争是否对发行人构成重大不利影响。那么何为具有重大不利影响的同业竞争？根据《证券期货法律适用意见第17号》的规定，竞争方的同类收入或者毛利占发行人主营业务收入或者毛利的比例达30%以上的，如无充分相反证据，原则上应当认定为构成重大不利影响的同业竞争。需要说明的是，这里对于相反证据的要求极高，通常审核部门不会认可一般意义上的"相反证据"。同时，对于"同类"业务的口径审核部门可能也与发行人的把握有所不同，发行人通常倾向于限缩"同类收入"的范围，而审核部门则相反。

相关案例

微创网络：发行人详细论述了其与控股股东的业务具有多角度差异从而认为不构成同业竞争，未获审核部门认可；后经测算，相关指标超过30%，构成重大不利影响的同业竞争[①]

在实践中，很多企业均有意保留一定的原有业务，并独立孵化体系内的企业独立上市，但客观上独立孵化的企业与母公司原有业务存在一定牵连关系，也许站在企业的角度会认为独立孵化的企业已经具备较强"独立性"，与母公司不构成"同业竞争"，但审核部门可能持不同意见，因此可以从本案例探知审核部门对于"同业竞争"的把握尺度，非常值得借鉴。

1. 简介

微创（上海）网络技术股份有限公司（以下简称微创网络或发行人）在

[①] 案例信息来源：微创网络在上海证券交易所上市审核网站公告的《关于微创（上海）网络技术股份有限公司首次公开发行股票并在科创板上市申请文件审核问询函的回复》《关于微创（上海）网络技术股份有限公司首次公开发行股票并在科创板上市申请文件二轮审核问询函的回复》《关于微创（上海）网络技术股份有限公司首次公开发行股票并在科创板上市申请文件三轮审核问询函的回复》。

提交 IPO 申请后，共收到上海证券交易所三轮审核问询函，其中第二轮、第三轮审核问询函的第 1 个问题均为"同业竞争"，虽然微创网络系主动撤回 IPO 申请，但相信撤回的原因应与同业竞争事项密切相关。

微创网络主营业务分为三类，分别为销售其标准化软件产品、提供数字化转型解决方案、提供 IT 运维服务。其中数字化转型解决方案是为客户提供需求咨询、业务规划、方案设计、软件系统开发、后期维护与二次开发等一系列信息技术服务。

发行人的控股股东为微创软件，微创软件及其子公司的主营业务为 IT 人力资源外包业务和业务流程外包业务，其中 IT 人力资源外包业务又细分为离岸外包业务和人员派遣业务，对于离岸外包业务，其唯一客户为微软公司。

2. 存在同业竞争的嫌疑

从所属行业看，发行人和微创软件均属软件行业，对发行人提供的数字化转型解决方案而言，微创软件从事 IT 人力资源外包业务与之存在相似的情形。同时，微创软件的子公司微创北美有限公司也存在解决方案业务，主要为购买微软公司产品的客户在其已采购的微软公司产品的基础上进行二次开发，对客户采购微软公司产品的增强适用、配置等提供解决方案服务。

从历史沿革看，发行人脱胎于微创软件，其系微创软件于 2015 年 7 月设立的全资子公司，设立之时定位于微创软件旗下唯一的数字化转型解决方案提供商，并同时将微创软件相关解决方案业务划分至微创网络开展。微创网络成立后，微创软件的主营业务保留了 IT 人力资源外包业务和业务流程外包业务两大类。

因此微创软件与发行人存在明显的同业竞争之嫌。

3. 三轮问询回复无法打消审核疑虑

第一轮问询回复中，发行人按照上文所列举的相关角度比较了微创软件从事的 IT 人力资源外包业务和发行人从事的数字化转型解决方案业务、IT 运维服务之间业务的差异，论述角度包括提供产品和服务的交付内容、实施方式、提供产品和服务面向的客户需求、验收和评价标准、商业模式、核心技术、核心产品、销售客户、合同期限、项目方案、技术方案、实施方式、技术人员等十余项。

根据第一轮问询回复，发行人与竞争方的差异基本可以概括为发行人最终交付的是产品或者完整的解决方案，而竞争方业务之一人力派遣业务是向客户提供技术人员，该等技术人员按照客户的需求分配至各个客户主导的项目、接受客户的管理和安排，技术人员不交付最终产品；竞争方业务之二离岸外包业务系为唯一客户微软提供离岸软件开发测试等外包服务。可以说双方的业务确实存在一定差异，但第一轮问询回复亦披露了双方业务的诸多共同点，例如：（1）工作方式上，双方均存在相关技术人员在客户现场开展工作的方式；（2）收费方式上，发行人部分项目也存在人月（人天）收费模式，与人力派遣业务的收费方式相同；（3）人员都包括软件技术人才；（4）微创软件的离岸外包业务亦需要由微创软件向客户交付成果，而这个相同点可能足以模糊微创软件和发行人的业务界限；（5）微创北美有限公司也从事解决方案业务。

由于上述不构成同业竞争的解释并未揭示出两家公司业务有何实质性差异，上海证券交易所在第二轮问询中对同业竞争事项进一步追问：（1）微创北美解决方案业务相关工作是否主要在境内完成，从事业务与发行人是否可以替代转换；（2）微创软件"离岸外包业务"的具体含义、业务实质，与发行人是否实质上均属于软件项目外包业务；（3）控股股东及关联方上述业务是否构成同业竞争及潜在可能，竞争方的同类收入或毛利是否占发行人该类业务收入或毛利的比例30%以上。

从上述问题可以推测出上海证券交易所已经倾向于认为构成同业竞争，需要发行人测算其收入和毛利占比是否构成重大不利影响的同业竞争，但是发行人在第二轮问询回复中仍然认定双方业务不构成同业竞争，因此没有测算收入和毛利占比。

显然，上述回复仍然没有打消上海证券交易所的疑虑，其发出第三轮审核问询：（1）对于控股股东派遣人员参与的项目和业务，发行人是否具备实施能力；（2）控股股东人员技术水平与发行人员工是否存在明显差距，IT行业解决方案业务是否存在显著技术壁垒，控股股东人员对于发行人所实施的同等需求项目是否具备开发能力，若派遣员工到场是否可以进行开发；（3）结合前述事项以及均采用现场工作方式、人月（人天）收费模式的情况，进一步说明发行人与控股股东派遣人员所从事业务是否属于同类或相似业务，是否会导致发行人与控股股东之间相互或者单方让渡商业机会，是否会导致发行人与控股股东之间的非公平竞争及利益输送，不属于重大不利影响的同业竞争的依据是否充分；（4）结合软件行业广泛存在离岸外包的情况以及微创北美从事业务是否存在显著技术壁垒的情况，说明发行人是否也能做微创北美的业务、微创北美是否也能在我国开展IT行业解决方案，未将微创北美并入发行人的考虑；(5) 要求说明不构成重大不利影响的同业竞争的依据是否充分。

截至第三轮问询，可以说审核部门已经形成了"自由心证"：竞争方和发行人从事相同或类似的业务，构成同业竞争，因此要求判断是否构成"重大不利影响的同业竞争"，即同类收入或者毛利占发行人主营业务收入或者毛利的比例是否达30%。

在本轮问询回复中，虽然发行人仍在坚持竞争方与发行人从事的业务不构成同业竞争，但最终也对微创软件IT人力资源外包业务和发行人解决方案业务的收入、毛利进行了比对，收入角度：竞争方是发行人的15.1倍，毛利角度：竞争方是发行人的8.89倍，远远超出了30%。

在提交了第三轮问询回复后，微创网络撤回了IPO申请。

由微创网络案例可知，判断同业竞争的原则仍是"实质重于形式"，即使在形式上可以对双方业务列举大量细节上的差异，但该等差异的"分量"并不足够大到区分为两种业务：软件行业的核心是人，而微创软件的人员经由一定的组织或整合客观上可承接发行人实际从事的IT行业解决方案业务，发行人的人员被打散后即可作为派遣人员用于IT人力资源外包业务，更不必说微创北美有限公司本身就从事解决方案业务；技术上也未见存在明显壁垒，这种状态就会导致审核部门质疑发行人与竞争方之间存在利益输送、可能导致发行人与竞争方之间相互或者单方让渡商业机会，进而认定对发行人未来发展构成潜在不利影响。

第三节 同业竞争问题的解决方式

对于拟IPO企业，通常应在整体变更设立股份公司前规范解决同业竞争问题，处理方式与本书第六章第四节所述减少关联交易的措施类似，包括：(1) 将竞争方从事的资产与业务纳入发行人；(2) 竞争方不再从事竞争业务；(3) 竞争方将相关资产与业务转让于无关联关系第三方；(4) 竞争方将相关业务或股权委托给发行人经营；(5) 发行人不再从事竞争业务。具体为：

一、通过收购股权或资产等方式，将相竞争的业务纳入拟上市企业

如果根据上文所列举的标准判断竞争方从事的业务与发行人构成同业竞争或者潜在的同业竞争，且正常经营，通常应将相关公司、业务及资产通过转让的方式纳入拟上市公司，该种方式能彻底解决同业竞争问题，从根本上打消后续审核疑虑。采取这种方式应重点关注收购资产或业务价格的公允性、相关资产的规模大小，是否由于收购资产规模较大而影响拟上市公司主营业务持续经营时间等方面。

二、竞争方停止从事相竞争的业务

如竞争方实际从事的主营业务确实与发行人构成竞争，发行人基于各种因素考虑并不打算将该等资产或业务纳入发行人，而由于自身价值等因素又难以转让给无关联第三方，则此种情况下，竞争方应当逐步萎缩直至停止从事竞争业务；如果该公司仍有存续必要，后续应修改竞争方的经营范围为投资管理等与发行人经营范围、主营业务完全不相关的内容；如果该公司无存续必要，则建议予以清算注销。

三、竞争方将业务转让给无关联的第三方

如发行人存在充分合理的理由不收购竞争方的业务，且该等竞争业务直接停止亦存在较大困难，则竞争方可以将相关股权、业务或资产转让给其他无关联关系的第三方。在该种方式下，需要有足够充分的理由说明不纳入发行人体系内的合理性，且后续审核部门将重点关注受让方的背景、交易价格是否具备合理性，并就受让方受让资产是否符合常识、常理、常情，是否是一项真实的交易形成自由心证，同时，应当避免转让后该公司继续与发行人发生业务或资金往来，否则将被审核部门认为关联交易非关联化。

四、特殊情形下的解决方式——委托经营/股权托管

采取委托经营/股权托管的方式不属于解决同业竞争的主流方式，由于该种方式下解决同业竞争并不彻底，其主要用于特殊情形下无法将标的股权/资产转让给发行人或无关联第三方的权宜之策，或者作为实施上述三项措施的过渡性措施。其中，特殊情形主要如下：

1. 标的股权或资产因提供担保或受到其他限制而（暂时）无法转让；
2. 历史沿革存在严重瑕疵从而无法纳入发行人；
3. 业务因资质问题短期内无法变更；
4. 涉及履行中标业务合同、业务单位不同意转让相关业务或业务承担主体等原因无法直接转让。

在上述情形下，发行人与竞争方签署明确的委托经营/股权托管协议，竞争方需将相关业务、资产的经营权明确委托给发行人行使，明确约定收益权的归属及管理费的支付（通常管理费支付与资产收益相当），保证发行人对竞争业务控制力的稳定，同时应明确后续由发行人收购或履行完毕相关业务、合同后将其注销或转出的安排。

五、特殊情形下的解决方式——发行人不再从事竞争业务

本方式适用情形极为有限，仅针对发行人有少量业务与竞争方从事的主营业务相竞争，实际控制人基于整体利益最大化的考虑，主导发行人放弃该等相竞争的少量业务，参见本章第四节成都华微案例。

相关案例

晶科科技（601778）[1] 主营业务包括光伏电站运营、转让和光伏电站EPC等，涉及太阳能光伏电站的开发、投资、建设、运营和管理、转让等环节，以及光伏电站EPC工程总承包、电站运营综合服务解决方案等。发行人的实际控制人为李某德、陈某平和李某华，实际控制人控制的晶科能源持有

---

[1] 案例信息来源：晶科科技在上海证券交易所上市审核网站公告的《晶科电力科技股份有限公司首次公开发行股票招股说明书》《北京君合律师事务所关于晶科电力科技股份有限公司申请首次公开发行股票并上市的补充法律意见书之二》。

少数光伏电站资产、技术领跑者基地及个别 EPC 项目。

其中，晶科能源持有的少数光伏电站资产似乎与发行人构成同业竞争，按照解决同业竞争的通行方式，晶科能源将其中部分光伏电站项目转让给无关联第三方，已签署交易协议但尚未交割，并且仍有部分光伏电站项目尚未转让。虽然基于光伏电站的特殊性，尚未交割或者尚未转让存在合理理由——对外转让光伏电站受到所在国电力公司的限制，例如约定在电站投入商业运营前或其后一段时间内，原股东晶科能源必须保持对项目公司 100%的控股权或者转让控制权需要取得外国电力公司批准，但仅陈述该等理由并不足以让发行人通过 IPO 审核。因此发行人与晶科能源等主体签署《股权托管协议》，约定晶科能源等公司将其直接/间接所持海外电站项目公司的全部股权所对应的相关股东权利（除知情权、利润分配请求权、剩余财产分配请求权以及处分权等以外的其他权利）委托给发行人或相关方行使。通过该种方式，晶科能源实际不再负责海外电站项目的运作，亦不实际从事光伏发电业务之行为。

通过本案例可知，发行人的竞争方虽有意将持有竞争性的业务全部转让，但由于客观条件受限（需海外光伏电站所在国电力公司同意），因此在转让前采取股权托管的方式不失为一种合理的解决方案。

另外，虽然当时有效的规则①亦规定"中介机构应当针对发行人控股股东（或实际控制人）及其近亲属全资或控股的企业进行核查"，但本项目中，仍然按照 IPO 审核的惯常标准亦将控股股东参股的海外电站纳入核查范围。

第四节　国有企业同业竞争事项的特殊性

一、核查对象的范围存在特殊性

国有企业同业竞争事项的特殊性首先体现在国有企业的关联方认定。由于国有企业通常由中央或地方各级国有资产监督管理部门履行出资人职责，

---

① 参见中国证监会发行监管部 2019 年 3 月发布的《首发业务若干问题解答》（现已失效）问题 15。

根据《企业会计准则第 36 号——关联方披露》第三条的规定,"一方控制、共同控制另一方或对另一方施加重大影响,以及两方或两方以上同受一方控制、共同控制或重大影响的,构成关联方"。根据该准则第六条的规定,"仅仅同受国家控制而不存在其他关联关系的企业,不构成关联方"。上海、深圳、北京三家证券交易所不同板块的上市规则亦均有类似规定:上市公司与受同一国有资产管理机构控制的企业,不因此构成关联关系,但该法人或其他组织的董事长、经理或者半数以上的董事兼任上市公司董事、监事或高级管理人员的除外。

根据上述规定,受同一国有资产监督管理机构控制的不同国有企业不构成关联方,因此在界定国有企业同业竞争关系时,通常在国资委控制的某一国有企业下属各企业之间进行核查,例如国资委在其官方网站上公告了央企名录,则发行人应对其所属的央企的下属各企业从事的业务进行核查,而无须核查其他的央企及其下属企业。

但需要注意的是,根据一般情况下的审核实践,发行人实际控制人为省级以上(含副省级)的国资监管机构的,其控制的其他企业虽存在与发行人业务相同、相似的情形,如无相反证据,原则上不认定为同业竞争;实际控制人为副省级以下的国资监管机构的,对国资监管机构及其控制的其他企业进行全面核查与披露,与发行人存在相同或者相似业务的,应当提供充分证据证明不构成重大不利影响的同业竞争。因此,如实际控制人为副省级以下的国资监管机构控制的下属企业之间涉及同业竞争问题时,应予以从严把握。

二、国有企业同业竞争事项的特殊规定与审核尺度

2013 年 8 月 23 日,国资委、中国证监会联合发布《关于推动国有股东与所控上市公司解决同业竞争规范关联交易的指导意见》指出:一是要通过业务范围与边界的划分,为解决同业竞争、规范关联交易奠定基础。二是要按"一企一策、成熟一家、推进一家"的原则,研究提出解决同业竞争的总体思路,并通过适当方式最终将存在同业竞争的业务纳入同一平台(这一平台可以是上市公司,也可以是非上市公司)。三是要通过建立健全内控体系,规范必要的关联交易,并公开披露相关信息。四是要在依法合规、充分协商的基础上,对市场作出公开承诺,对于因政策调整、市场变化等客观原因确实不能履行或需要作出调整的承诺,要提前向市场做好公开解释,并提出相应的

处置措施。

同业竞争问题作为国有企业改革的主线之一,该指导意见公布后,国有企业包括国有控股上市公司据此对下属企业同业竞争问题逐步进行规范,包括国有企业 IPO 前对下属企业进行内部资产重组、国有控股上市公司通过向有竞争业务的关联方发行股份购买资产的方式实现整体上市,以解决同业竞争问题。因此,近年申请 IPO 的国有企业的同业竞争问题已并非主要核心问题,但由于国有企业特别是中央国有企业规模较大,下属子公司、分支机构较多,以及中央国有企业在推进国有经济布局结构调整,落实供给侧结构性改革,以及服务国家战略等方面需要发挥重要作用,所以仍可能存在竞争方与拟上市主体存在上下游关系,或在部分非主营业务中存在相同、相似情况,中介机构在前期尽职调查过程中,需要对此详细排查。

对于国有企业同业竞争事项,审核部门采取的审核口径与其他企业无明显差异,但在审核过程中对于避免同业竞争所采取的措施是否已经执行完毕存在适度容忍:在其他企业申报 IPO 前,相关避免同业竞争的措施通常应已执行完毕,但国有企业由于其内部审批流程的特殊性、复杂性,不可避免地存在审核过程中仍有相关措施正在执行中的情况。

相关案例

成都华微:随着审核问询的深入强化了避免同业竞争的措施,并在回复问询的过程中将避免同业竞争的措施执行完毕。其中对于非发行人主要产品的放大器业务,发行人采取放弃业务机会、向关联方转让相关资产的方式彻底解决同业竞争[1]

成都华微(688709)的控股股东为中国振华,实际控制人为国务院国资委监管的央企中国电子信息产业集团有限公司。本项目中涉及疑似同业竞争的业务主要包括三类,分别为:

1. 放大器业务——通过发行人放弃从事该等业务予以解决

发行人存在少量放大器业务,报告期(2019 年、2020 年、2021 年、2022 年 1—6 月)内,发行人放大器的销售收入分别为 415.36 万元、1592.00 万元、3680.26 万元、1991.48 万元,销售收入增速较快,但总共只有三款放大

---

[1] 案例信息来源:成都华微在上海证券交易所上市审核网站公告的《关于成都华微电子科技股份有限公司首次公开发行股票并在科创板上市申请文件的审核问询函的回复》《关于成都华微电子科技股份有限公司首次公开发行股票并在科创板上市申请文件的第二轮审核问询函的回复》。

器类产品，合计销售收入占主营业务收入的比例分别为 2.92%、5.04%、7.20%和4.82%，并非主要业务构成。发行人的控股股东中国振华控制的振华风光是中国振华体系内放大器产品的主要生产主体。

在第一轮问询时，发行人及其控股股东关于避免同业竞争的措施仅仅是维持发行人原有放大器业务，不再新增研发、新增业务，但该等措施并不能彻底解决同业竞争，因此没有得到审核部门的认可。在第二轮问询时，发行人承诺放弃放大器类产品相关业务，并将放大器类业务全部技术资料、产品库存等资产转让给振华风光，彻底剥离该类业务。通过该措施，彻底解决了在放大器产品上的同业竞争问题。

2. 高速高精度 ADC/DAC 芯片业务——通过收购竞争方控制权予以解决

发行人承接了国家科技重大专项及国家重点研发计划，正在研发应用于通讯领域的采样精度为 12 位的高速高精度 ADC，预计将于 2023 年逐步投放市场，上述产品在未来投产后，将与中国振华控制的苏州云芯目前的产品存在竞争。

在第一轮问询回复的时候，发行人拟受让中国振华以及其他主体合计持有的苏州云芯 85.37%的股份，但该等交易尚需中国振华及中国电子履行相关审议程序，相关评估报告尚需经中国电子进行备案，还需要经苏州云芯股东会全体股东的一致同意。在第二轮问询回复之时，方执行完毕上述收购方案。

3. 集成电路业务——论述不构成同业竞争

发行人从事特种集成电路业务，而华大半导体（发行人实际控制人中国电子控股的企业集团）从事工业及消费级集成电路业务，产品应用于工业控制、汽车电子、安全物联网等领域。

对于发行人与华大半导体从事的集成电路业务，二者在底层设计方法、设计工具、基础技术及通用技术方面存在相同之处，但是由于特种集成电路业务对于可靠性的要求更高，所以在设计方法、流程方面存在显著差异，例如特种集成电路更加侧重于可靠性的增强设计，需要在芯片性能、面积和可靠性之间进行取舍。在应用领域上，发行人的产品主要应用于特种行业电子、通讯、控制、测量等领域，而华大半导体相关子公司主要应用于工业控制、汽车电子、安全物联网等领域。因此，发行人认为其与华大半导体在产品性能及设计路线、应用领域及客户群体等方面均存在显著差异，不存在同业竞争的情形。

小　结

无论何种所有制形式，也无论企业拟申请在境内哪家证券交易所上市抑或在全国中小企业股份转让系统挂牌，同业竞争都是审核极为关注的事项，建议企业在筹划资本运作之初即与实际控制人、控股股东充分协商，明确发行人与竞争方的业务定位与发展方向，充分论证与竞争方从事的业务是否存在同业竞争。特别地，为合理预留审核"安全垫"，笔者建议在前期论证时从严把握，避免临近 IPO 申报方予以规范同业竞争从而造成 IPO 申报推迟，甚至在审核过程中被认为构成重大不利影响的同业竞争而带来不可挽回的结果。

第八章
兼并收购和主营业务变化

引 言

拟上市公司在 IPO 申报前，可能涉及整合、剥离、重组相关内外部经营性资产（股权）的情形，通过资产重组解决自身存在的关于业务、资产、股权等方面的架构性问题以及规范关联交易、同业竞争、独立性等常见审核关注问题，从而满足中国证监会和证券交易所的发行上市要求。同时，IPO 各板块均对主营业务变化作出了限制性规定，要求一定期间内（如报告期内）发行人主营业务不存在重大不利变化，因此，实践中发行人在上市申报前，应对兼并收购进行审慎操作。

第一节 兼并收购

一、上市前进行兼并收购的主要目的

（一）兼并收购、整合重组的主要目的

1. 突出主营业务

虽然主营业务突出不是目前各板块明确要求的审核条件，但绝大部分拟上市公司常见的情况还是有突出的主营业务，业务发展方向清晰明确。公司将资金、资源集中在专门的领域、专门的产品或提供特别的服务和技术上，以增强自身的市场竞争力，明确发展战略并展示持续经营能力。因此，有些企业为了能够清晰地突出主营业务，需要通过兼并收购、整合重组的方式，对主营业务进行优化调整，明确业务发展定位、突出主营业务，是上市前必须理顺的工作。

2. 规范关联交易及同业竞争

无论哪个上市板块，其发行条件都有不同程度的关于避免同业竞争、减少和规范关联交易的要求。通过上市前的并购重组过程，可以厘清上市资产业务的边界，将控制体系内与上市主营业务相关的资产、人员，以及与上市

业务形成上下游关系可能导致持续且占比较大的关联交易的相关资产、人员纳入上市主体;将上市主体合并报表范围内的其他非主业资产、业务剥离、出售、清理出上市主体,从而明确划分上市资产和非上市资产的边界;清理、注销不必要的存在同业竞争和关联交易的关联方,从而减少经营过程中经常性的、持续的关联交易,解决同业竞争问题。

3. 实现公司独立性

上市前,拟上市公司应当达到人员、资产、财务、机构、业务独立,具有独立完整的供应、生产、销售系统,以及面向市场自主经营的能力。监管机构对公司独立性的基本要求如下:(1)资产完整方面。生产型企业具备与生产经营有关的主要生产系统、辅助生产系统和配套设施,合法拥有与生产经营有关的主要土地、厂房、机器设备以及商标、专利、非专利技术的所有权或者使用权,具有独立的原料采购和产品销售系统;非生产型企业具备与经营有关的业务体系及主要相关资产。(2)人员独立方面。发行人的总经理、副总经理、财务负责人和董事会秘书等高级管理人员不在控股股东、实际控制人及其控制的其他企业中担任除董事、监事以外的其他职务,不在控股股东、实际控制人及其控制的其他企业领薪;发行人的财务人员不在控股股东、实际控制人及其控制的其他企业中兼职。(3)财务独立方面。发行人已建立独立的财务核算体系、能够独立作出财务决策、具有规范的财务会计制度和对分公司、子公司的财务管理制度;发行人未与控股股东、实际控制人及其控制的其他企业共用银行账户。(4)机构独立方面。发行人已建立健全内部经营管理机构、独立行使经营管理职权,与控股股东和实际控制人及其控制的其他企业间不存在机构混同的情形。(5)业务独立方面。发行人的业务独立于控股股东、实际控制人及其控制的其他企业,与控股股东、实际控制人及其控制的其他企业间不存在对发行人构成重大不利影响的同业竞争或者显失公平的关联交易。为了符合上述独立性方面的审核要求,企业可以运用资产重组或兼并收购等手段使企业拥有完整、独立的资产、业务、人员等。

4. 整理上市主体资产股权架构

上市前,拟上市公司可以通过收购重组进一步清晰股权和管理结构。例如,划分上市主体及各子公司、分公司之间的业务资产人员归集,明晰各单体的业务线或经营目标,从而有利于在多个单体间平衡税收筹划、平衡收益分配,或者达到突出某单体符合高新技术企业条件或其他优惠政策以便合理利用税收优惠等目的。同时,通过重组建立完善高效的法人治理结构,优化业务、管理流程，从而提升上市主体整体的运营效率。

（二）兼并收购、整合重组过程中应避免的负面问题

在 IPO 上市前进行兼并收购、整合重组为了能够达成上述目的，除关注正向目标外，同时也要避免遇到以下负面问题：

1. 避免拼凑业绩

"拼凑上市"是指已将上市纳入公司未来发展规划，但由于自身暂不具备上市条件，而与其他公司进行整合，以此方式弥补自身短板，满足上市指标要求，从而谋求上市。

发行监管机构对"拼凑上市""捆绑上市"在审核中会予以高度关注，并对发行人直接面向市场独立持续经营的能力以及企业核心竞争力构成负面影响或质疑。因此，上市前的兼并收购应当避免有拼凑业绩的嫌疑，公司想成功上市必须满足审核机构对持续经营能力、业务发展明确清晰的具体要求，但切不可仅为拼凑业绩、收入而使拟上市公司的主营业务分散，经营重点不突出。

上市过程中，发行人主营业务需要保持相对稳定，一定期间内主营业务不存在重大不利变化是各板块上市的要求，因此，如果为拼凑业绩而收购业务相关性不强的公司，可能对主营业务的稳定性构成负面影响或障碍。

2. 避免无法有效控制被收购公司的不利结果

在某些情形下，拟上市公司为了拼凑业绩、开拓业务等而收购一家或多家非同一控制下的公司，却未能完全掌握被收购公司的控制权，导致拟上市公司的持续经营能力无法得到有效保障，反而对上市造成不利后果。

兼并收购本意是吸纳资源、整合资源，应当结合被收购公司的法人治理制度，董事高管的选聘权利，收购前后管理人员、财务人员等核心管理人员的变化情况，证明发行人对被收购公司的治理结构和管理机制具有有效控制力。发行人是否有能力自主决定整合、处置被收购公司的业务与资产，也是具有有效控制力的体现。

3. 避免商誉对发行人的影响

一般情况下，在并购重组中收购企业会支付较高溢价从而形成商誉，即购买方对合并成本大于合并中取得的被购买方可辨认净资产公允价值份额的差额。监管机构通常也会关注后续商誉减值测试的准确性、合理性，以核实财务报表是否真实反映了公司的财务状况，以及未来是否存在商誉减值及其

对上市主体的后续影响和潜在风险。因此，如果并购重组过程中会形成较大金额的商誉，则需要购买方审慎对待，以免对发行人报告期及未来的财务报表构成重大影响。

二、兼并收购的主要内容与程序

(一) 什么是构成"业务"的兼并收购

1. 兼并收购的内涵

兼并收购的内涵非常广泛，从字面理解就是分为兼并与收购，简称并购。其中兼并，指两家或更多的独立企业合并组成一家企业，通常由一家占优势的公司吸收合并其他一家或多家公司。收购指一家企业用现金或有价证券购买另一家企业的股票或者资产，以获得对该企业的全部资产或某项资产的所有权，或对该企业的控制权。构成兼并收购的衡量标准之一就是被收购标的是否"构成业务"，如果是对单纯的一块土地、几件设备的收购，即使价格很高也不构成业务，亦不属于本章节讨论的兼并收购。能够构成业务的被收购标的主要有股权、经营性资产（可包含负债）。

2. 兼并收购的方式

兼并收购的方式主要有加法形式和减法形式两大类型，是不同方向的选择决定，其中加法形式包括股权收购、资产收购、以资产（股权）增资、吸收合并，可以理解为主要是对企业增加资产（股权）的不同方式。在《〈首次公开发行股票并上市管理办法〉第十二条发行人最近3年内主营业务没有发生重大变化的适用意见——证券期货法律适用意见第3号》第二条也对兼并收购通常的主要方式进行了列示："重组方式遵循市场化原则，包括但不限于以下方式：（一）发行人收购被重组方股权；（二）发行人收购被重组方的经营性资产；（三）公司控制权人以被重组方股权或经营性资产对发行人进行增资；（四）发行人吸收合并被重组方。"

而减法形式主要就是资产剥离。当企业多元化程度太广，会导致业务分散，而且很多边缘业务并不会增加企业的盈利能力，反而导致拟上市公司在不够专业的领域消耗了过多精力和管理资源，这时候需要把不能突出主营业务的其他资产（股权）剥离或对外出售，达到拟上市主体精简的效果，增强企业的核心竞争力。兼并收购的五种方式的具体内容如下：

（1）股权收购方式：拟上市主体通过以现金等财产为对价的方式购买目标公司的股权，从而使目标公司成为拟上市主体的子公司，收购后，目标公司纳入拟上市主体的合并报表。股权收购又可以分为以现金为对价的收购和以非现金为对价的资产置换两种方式。

在同一控制下选择股权收购一般是为了解决发行人与其控股股东或实际控制人控制的其他企业存在同业竞争或存在较大金额的关联交易的情况，为了保证发行人业务和资产的完整性、独立性，解决同业竞争或消除不必要的、持续的影响独立性的关联交易，决定将关联方纳入发行人的合并报表范围。

此外，也存在一种情况是非同一控制下的股权收购，即发行人希望通过外部兼并收购获得新的业务、生产性资产、技术团队、重要资质等，为拓展公司的业务领域或增强公司的盈利能力、市场竞争力，会决定采取收购非同一控制下的股权成为自身的控股子公司。但该方式需要谨慎处理，因为这样的并购方式可能会面临前面提到的拼凑业绩、无法有效控制被收购公司、过大的商誉对发行人产生负面影响以及是否符合正常商业逻辑等审核关注的问题。

（2）资产收购方式：拟上市主体通过现金等方式收购被收购方的经营性资产（可能包含负债）。

资产收购与前面股权收购的差别主要是，标的资产是股权还是狭义上的经营性资产，采取收购经营性资产而不是收购股权的方案，主要考虑的原因有：①被收购方存在难以解决的历史沿革瑕疵；②被收购方存在难以解决的财务不规范问题；③被收购方主体内同时存在不纳入拟上市主体的资产、业务、人员，无法整体转让给发行人；④被收购的财产本身就是以经营性资产形态存在的，无公司载体。

若采取资产收购的方式，经营性资产的转让方需要根据资产的不同性质缴纳相关税费，存在一定的税务成本。例如，涉及土地使用权转让的需要缴纳增值税、契税、土地增值税。

此外，如果经营性资产是包含负债的净资产类型，对于债务转移，还需要取得相关债权人的同意。

（3）增资方式：被重组方股东以其持有的被重组方的资产、股权向拟上市主体增资。

该增资方式也可以看作被重组方股东以其持有的资产、股权为对价，换取了发行人的股份。该方式的优势在于，发行人不必支付较大金额的现金，有利于保持发行人上市前的现金流充足,同时被重组方股东能够获得发行人的股份。既使得被重组方股东出于对发行人上市的期望而有利于达成交易,又可以保证被重组标的在收购完成后一段时间内平稳过渡,保障收购中的潜在风险由被重组方股东继续有效承担。

(4)吸收合并方式。合并方(或购买方)通过企业合并取得被合并方(或被购买方)的全部净资产,合并后注销被合并方(或被购买方)的法人资格,被合并方(或被购买方)原持有的资产、负债,在合并后成为合并方(或购买方)的资产、负债。

吸收合并相较于其他方式的兼并收购行为,虽然在税费成本方面更有优势,但在其他方面差别不大。

(5)资产剥离方式。为了保证发行人主营业务的明确、突出,有些情况下也存在将与公司主营业务不相关的资产(包括子公司股权或参股股权)进行剥离的情形。

(二)兼并收购的主要过程和程序

在兼并收购的整个实施过程中,主要经历以下四个阶段:

1. 尽职调查及兼并收购方案设计阶段

有并购需求的企业通常都需要聘请法律、财务等中介机构协助其进行并购活动,包括但不限于:(1)根据企业发展战略需要拟定并购的初步计划;(2)对拟收购的标的资产进行法律、财务等方面的尽职调查;(3)结合尽职调查的结论,设计确定具体的兼并收购方案及时间表;(4)对拟收购的标的资产进行审计、评估(如有)。通过专业的中介机构协助,可以避免收购方在接触被收购方之初因信息不对称遭遇重大潜在风险。

2. 交易各方商务谈判签约阶段

依据确定的兼并收购方案,收购方与被收购方开展磋商谈判,并按照谈判结果,由交易各方订立兼并收购的相关协议。同时,交易各方及标的公司分别履行各自的内部决策程序。

3. 履行外部审批阶段(如有)

在订立兼并收购的相关协议后,如果需要有权部门或机构审批才能生效的,则应该履行相应的审批手续使其生效,例如交易是否应履行且已履行行业监管、商务、外管、反垄断等前置审批或备案程序,相关程序是否合法合规。

4. 标的资产交割以及整合阶段

兼并收购正式实施并履行时，并购双方应当对标的资产进行交割，包括移交所有财产、财务报表、法律文件、权属证书、印章、人员等，双方签署交割确认书及办理登记过户手续，并购方向交易对方支付并购价款（对价）。

标的资产交割完成后，并购方需要对目标公司的治理结构、经营管理、资产负债、人力资源、企业文化等所有企业要素作出进一步的整合，使目标公司完全融入并购方，并实现预期的经济效益，真正实现并购的最终目标。

三、兼并收购需关注的重要实务问题

（一）兼并收购法律尽职调查的关注重点

在兼并收购法律尽职调查过程中，针对调查对象目标公司，主要涉及以下八方面的法律尽职调查内容。

1. 企业的主体资格与治理结构

（1）主体资格

核查依法设立与经营必备的相关证照，如营业执照等。

（2）治理结构

通过公司章程、股东会、董事会、监事会议事规则等文件，核查股东会、董事会、监事会、高级管理层的设置情况与职权范围、会议记录、职能部门与内部管理制度、机构独立情况。其中，需要重点关注公司章程中的特殊约定条款，是否对并购构成实质性障碍，例如并购事项的决策是否受制于某一个或几个股东，并购后的公司章程中是否仍有特殊权利条款无法修改，能否修改公司章程以符合并购方内控体系的管理要求等。

2. 企业的历史沿革、股权结构与控制关系

主要核查内容包括：（1）全套企业登记资料，包括但不限于设立、历次变更的全部资料，了解历次股权变动的原因、背景、定价依据、资金来源、是否为真实意思表示、是否存在纠纷等；（2）现有股权结构设置，并确认是否存在权利限制、股权代持等股权瑕疵或纠纷争议；（3）各股东的基本情况以及目标公司的控制结构，核查股东之间是否存在关联关系、一致行动关系等，并确认目标公司的实际控制人。

3. 企业的业务与资质

主要核查内容包括：（1）主营业务情况、业务演变或变化情况、主营业务的收入和成本构成；（2）主要业务资质，包括经营许可证书、资质证书、备案登记文件；（3）所从事业务应遵循的法律法规，以确定是否已经获得必要的资质及是否守法经营。其中应重点关注：业务的稳定性、业务资质的取得情况与所经营的业务是否完全匹配。

4. 企业的资产、债权债务与对外投资

（1）资产

核查公司各项资产明细表，对其中涉及登记的不动产、重要动产、知识产权（专利、商标、计算机软件著作权等）应核查权属证书原件，并向相关登记机关调取权利登记档案，确认是否权属清晰，是否存在权利瑕疵或权利限制，是否存在权属争议纠纷或其他权属不明的情形。

（2）债权债务

核查公司的财务报表中各项应收、应付明细，对于金额较大的债权债务，核查形成原因、合同、协议等相关文件，判断重大债权债务对并购重组的影响以及是否存在限制性规定（如银行贷款合同的限制性条款）；核查目标公司对外担保情况，到当地中国人民银行（或其他银行）打印贷款卡信息及企业信用报告，确认对外担保情况；向目标公司财务负责人了解公司是否存在因环境保护、知识产权、产品质量、劳动安全、人身权侵害等原因产生的侵权之债。

（3）对外投资

取得目标公司的对外投资明细表，并通过网络检索国家企业信用信息公示系统、企查查、天眼查等方式，梳理目标公司的对外投资情况，核查各子公司的全套企业登记资料、营业执照、公司章程以及各子公司的财务报表或审计报告等文件。

5. 企业的关联交易与同业竞争

（1）关联方与关联交易

首先，发行人及中介机构应按照相应板块的股票上市规则、《公司法》《企业会计准则第36号——关联方披露》以及《上市公司信息披露管理办法》等规定，确定发行人关联方的范围。

其次，取得发行人报告期内的关联交易明细，包括发生时间、产生原因、交易内容、定价依据等，核查重大关联交易合同，分析关联交易发生的原因及合理性，分析定价依据是否充分，定价是否公允，判断是否按照公司章程或其他制度规定履行了必要的审议程序，是否符合相关法律法规的规定；并购完成后是否存在持续的关联交易或业务上的依赖。

（2）同业竞争

核查目标公司控股股东和实际控制人及其控制的企业主营业务情况；通过查阅控股股东和实际控制人及其控制的企业营业执照、财务报告等文件，与目标公司进行比较，分析是否存在同业竞争以及并购完成后被并购方与目标公司之间是否存在持续的同业竞争关系。

6. 企业的财务、税务与财政补贴

主要核查内容包括：（1）目标公司最近三年的财务报表、审计报告；（2）目标公司最近三年的纳税资料（包括纳税申报表、完税凭证等），核查目标公司最近三年来执行的税种和税率（含城市维护建设税和其他法定税费）情况以及公司所执行的税种、税率是否符合现行法律、法规的要求；（3）目标公司最近三年获得的税收优惠或财政补贴的相关资料，核查税收优惠及财政补贴的政策依据、来源、归属、用途等情况，确认其是否符合财政管理部门和税收管理部门的有关规定。

7. 董事、监事、高级管理人员及人事情况

主要核查内容包括：（1）董事、监事、高级管理人员的身份证明复印件及个人简历、调查表并了解其兼职和领取薪酬情况，董事、监事、高级管理人员的适格性（例如，是否存在公务员等特殊身份以及是否符合《公司法》规定的任职条件）、是否存在竞业限制情形、个人资信情况等；（2）目标公司员工名册，抽查劳动合同签署情况，取得社会保险及住房公积金的缴纳明细及凭证，了解其劳动合同签署情况及社会保险、住房公积金缴纳情况，取得关于员工人数及其变化、专业结构、受教育程度、年龄分布的情况说明，取得目标公司执行社会保障制度、住房制度改革、医疗制度改革的情况的说明。

如果收购标的是目标公司股权，则目标公司的员工仍继续在原用人单位劳动，员工人事上不存在重大调整。如果收购的是经营性资产，则依照人随资产走的原则，收购方应当接收与被收购资产相关的人员，并重新与相关人员签署劳动合同。

8. 合法合规与诉讼仲裁

主要核查内容包括：（1）目标公司生产经营的合法合规性（包括市场监督、税务、环保、产品质量、安全生产、劳动人事、海关、外汇等），最近三

年是否存在行政处罚；（2）目标公司是否存在尚未了结或可预见的重大诉讼、仲裁；（3）公司主要股东、董事、监事、高级管理人员是否存在尚未了结或可预见的重大诉讼、仲裁。

（二）兼并收购的定价公允性

由于上市前的兼并收购可能会对发行人报告期的财务情况、经营业绩构成影响，因此，兼并收购过程中，对于收购标的的定价公允性也会重点关注，主要涉及以下三方面：

1. 发行人报告期内兼并收购交易的作价依据是否合理，交易作价是否公允，是否损害发行人利益或存在利益输送的行为。

2. 结合标的资产历史交易价格，核实与本次兼并收购交易作价之间是否存在较大差异，以及存在差异的原因和合理性，是否存在定价不公允的情形。

3. 收购标的资产若采取了收益法等将被评估企业预期收益资本化或折现以确定评估对象价值的评估方法，核实评估报告与盈利预测报告、公司管理层讨论与分析之间是否存在重大矛盾，是否存在减值风险。

（三）兼并收购的合理性及必要性

报告期内的兼并收购行为，是发行人报告期内经营过程中发生的、可能引起业务运行情况发生变化的行为，该等行为也会引起审核的关注，对此，审核人员会结合兼并收购行为的合理性和必要性，提出问询问题。常见的或可能涉及的问询问题主要包括：

1. 发行人兼并收购行为是否构成业务重组和业务的重大不利变化，兼并收购行为的原因、合理性以及重组对管理层、实际控制人的影响。

2. 发行人资产重组的合理性、资产交付和过户情况，交易当事人涉及的与交易相关的承诺情况及承诺的履行情况，盈利预测或"对赌"情况，人员整合、公司治理情况、重组业务的最新发展情况。

3. 发行人分多次收购的原因及其合理性，是否存在规避税务、外汇等相关监管要求的情形。

上市审核中，中国证监会和证券交易所重点关注拟上市公司进行并购重组的原因、合理性及商业逻辑等。

(四)兼并收购后的整合情况

兼并收购后,发行人将目标公司纳入合并报表范围,仍有以下问题可能形成审核关注重点:

1. 兼并收购交易的交割和履行:发行人业务重组标的资产的交付和过户情况、标的资产盈利预测的实现情况、交易对方的承诺履行情况和业绩"对赌"的完成情况。

2. 兼并收购后的业务整合:发行人收购完成后的业务整合情况,业务是否已稳定运行,是否对发行人整体业务的稳定性构成存在重大不利影响。

3. 兼并收购后的人员和管理架构整合:发行人收购目标公司后的人员整合情况,发行人收购目标公司后其董事、监事、高级管理人员及核心技术人员变化情况,公司管理架构的整合情况,公司治理是否有效运行。

4. 兼并收购后是否存在潜在风险:结合收购后上述业务、资产、人员在发行人内部的实际营运情况,说明实施兼并收购后业务、资产和人员的整合措施及结果,标的资产与发行人原有业务是否具有协同性,是否存在无法充分整合的风险。

四、兼并收购的税务筹划

在兼并收购中,结合不同的资产形态(资产、股权、土地使用权等)、不同的交易方式,会涉及相应的税种和税费,其中比较常见的税种、税费及其税务筹划如下:

(一)关于企业所得税

1. *两种税务处理*

兼并收购过程中,涉及企业所得税的有两种情况:应税并购和免税并购。首先了解一下谁交税:谁出售,谁交税,在企业并购过程中,相当于被并购方出售资产,因此应该是被并购方交税。

(1)应税并购,即普通税务处理

并购方:以被并购方的全部资产的公允价值(经评估确认的价值)作为计税基础;

被并购方:应视为按公允价值转让,处置全部资产计算资产转让所得

（公允价值与账面价值的差额），依法缴纳所得税。

（2）免税并购，所谓免税，并不是真正意义上的免税，而是递延纳税，即特殊税务处理

并购方：以被合并方全部资产的原账面价值作为计税基础。

被并购方：被并购方的全部资产的价值相当于没有发生增值（是按照账面价值进行转让的），也就不用确认转让所得和损失，不计算所得税。

2. 免税条件

根据《财政部、国家税务总局关于企业重组业务企业所得税处理若干问题的通知》①（财税〔2009〕59号）以及《财政部、国家税务总局关于促进企业重组有关企业所得税处理问题的通知》（财税〔2014〕109号）的规定，企业重组同时符合下列条件的，适用特殊性税务处理规定：

（1）具有合理的商业目的，且不以减少、免除或者推迟缴纳税款为主要目的。

（2）被收购、合并或分立的资产或股权比例符合规定的比例（具体指标见表8-1）。

（3）企业重组后的连续12个月内不改变重组资产原来的实质性经营活动。

（4）重组交易对价中涉及股权支付金额符合规定比例（具体指标见表8-1）。

（5）企业重组中取得股权支付的原主要股东，在重组后连续12个月内，不得转让所取得的股权。

---

① 该篇法规于2014年1月1日被《财政部、国家税务总局关于促进企业重组有关企业所得税处理问题的通知》（〔2014〕109号）修改。

表 8-1 适用特殊性税务处理的主要方式及适用效果

重组方式	适用条件	特殊性税务处理的效果	简单举例解释
股权收购	收购企业购买的股权不低于被收购企业全部股权的50%，且收购企业在该股权收购发生时的股权支付金额不低于其交易支付总额的85%	1. 被收购企业的股东取得收购企业股权的计税基础，以被收购股权的原有计税基础确定。 2. 收购企业取得被收购企业股权的计税基础，以被收购股权的原有计税基础确定。 3. 收购企业、被收购企业的原有各项资产和负债的计税基础和其他相关所得税事项保持不变	一、基础情况 1. A公司2021年向B公司收购其持有的C公司100%的股权。 2. B公司持有C公司100%股权的初始投资成本为3000万元。 3. A公司以其自身股权作为支付对价，被收购的C公司100%股权的评估作价为10000万元。 4. 假设2023年，B公司将其因重组取得的A公司股权全部转让，转让价格为11000万元。 二、特殊性税务处理的理解 被收购企业的股东取得收购企业股权的计税基础，以被收购股权的原有计税基础确定；收购企业取得被收购企业股权的计税基础，以被收购股权的原有计税基础确定。 B公司持有C公司股权的原计税基础延续到B公司取得A公司作为支付对价的股份的计税基础以及A公司取得C公司股权的计税基础上。 综上，对规则的具体理解如下： 1.（被收购企业原股东）B公司持有（被收购企业）C公司股权的原计税基础为3000万元。 2.（收购方）A公司自B公司处取得C公司100%股权的计税基础为原计税基础3000万元。 3. B公司取得A公司股权的计税基础为原计税基础3000万元。 4. B公司转让C公司100%股权行为适用特殊性税务处理，暂不纳税。 5. B公司2023年转让其因重组取得的A公司股权的纳税金额=（11000万元-3000万元）×25%=2000万元

续表

重组方式	适用条件	特殊性税务处理的效果	简单举例解释
企业合并	企业股东在该企业合并发生时取得的股权支付金额不低于其交易支付总额的85%，以及同一控制下且不需要支付对价的企业合并	1. 合并企业接受被合并企业资产和负债的计税基础，以被合并企业的原有计税基础确定。 2. 被合并企业合并前的相关所得税事项由合并企业承继。 3. 可由合并企业弥补的被合并企业亏损的限额＝被合并企业净资产公允价值×截至合并业务发生当年年末国家发行的最长期限的国债利率。 4. 被合并企业股东取得合并企业股权的计税基础，以其原持有的被合并企业股权的计税基础确定	参考股权收购的理解

3. 适用特殊性税务处理的程序性规定

企业发生重组业务适用特殊性税务处理的程序性规定：在业务发生时先由企业自主判断是否适用特殊性税务处理，在当年度办理企业所得税纳税申报时报送与特殊性税务处理相关的报告表及附表和申报资料。税务机关不作事先确认，而改为在重组业务发生后按规定建立台账，完善申报资料，重点在日后的股权或资产转让环节进行跟踪检查和监督，如认为不符合特殊性税务处理的则要求企业进行调整。

《财政部、国家税务总局关于企业重组业务企业所得税处理若干问题的通知》（财税〔2009〕59号）第十一条规定："企业发生符合本通知规定的特殊性重组条件并选择特殊性税务处理的，当事各方应在该重组业务完成当年企业所得税年度申报时，向主管税务机关提交书面备案资料，证明其符合各类特殊性重组规定的条件。企业未按规定书面备案的，一律不得按特殊重组业务进行税务处理。"

（二）增值税

根据《国家税务总局关于纳税人资产重组有关增值税问题的公告》（国家税务总局公告 2011 年第 13 号）、《国家税务总局关于纳税人资产重组有关增值税问题的公告》（国家税务总局公告 2013 年第 66 号）和《财政部、国家税务总局关于全面推开营业税改征增值税试点的通知》（财税〔2016〕36 号）[①]规定，纳税人在资产重组过程中，通过合并、分立、出售、置换等方式，将全部或者部分实物资产以及与其相关联的债权、负债和劳动力一并转让给其他单位和个人，经一次或多次转让后，最终的受让方与劳动力接收方为同一单位和个人的，不属于增值税的征税范围，其中涉及的货物一次或多次转让，均不征收增值税。

（三）个人所得税

依据《财政部、国家税务总局关于个人非货币性资产投资有关个人所得税政策的通知》（财税〔2015〕41 号），个人以非货币性资产投资，属于个人转让非货币性资产和投资同时发生。对个人转让非货币性资产的所得，应按照"财产转让所得"项目，依法计算缴纳个人所得税。非货币性资产，是指现金、银行存款等货币性资产以外的资产，包括股权、不动产、技术发明成果以及其他形式的非货币性资产。非货币性资产投资，包括以非货币性资产出资设立新的企业，以及以非货币性资产出资参与企业增资扩股、定向增发股票、股权置换、重组改制等投资行为。

1. 个人所得税纳税主体

非货币性资产投资个人所得税以发生非货币性资产投资行为并取得被投资企业股权的个人为纳税人，由纳税人向主管税务机关自行申报缴纳。

2. 征管机关

纳税人以不动产投资的，以不动产所在地税务机关为主管税务机关；纳税人以其持有的企业股权对外投资的，以该企业所在地税务机关为主管税务机关；纳税人以其他非货币性资产投资的，以被投资企业所在地税务机关为主管税务机关。

[①] 该通知被《财政部、税务总局关于建筑服务等营改增试点政策的通知》（2017 年 7 月 1 日起实施）、《财政部、税务总局、海关总署关于深化增值税改革有关政策的公告》（2019 年 4 月 1 日起实施）修订。

3. 应纳税所得额

纳税人非货币性资产投资应纳税所得额为非货币性资产转让收入减除该资产原值及合理税费后的余额。个人以非货币性资产投资，应按评估后的公允价值确认非货币性资产转让收入。纳税人无法提供完整、准确的非货币性资产原值凭证，不能正确计算非货币性资产原值的，主管税务机关可依法核定其非货币性资产原值。纳税人以股权投资的，该股权原值确认等相关问题依照《股权转让所得个人所得税管理办法（试行）》①有关规定执行。

4. 纳税时点及分期缴纳

个人以非货币性资产投资，应于非货币性资产转让、取得被投资企业股权时，确认非货币性资产转让收入的实现。个人应在发生上述应税行为的次月15日内向主管税务机关申报纳税，并向主管税务机关报送《非货币性资产投资分期缴纳个人所得税备案表》、纳税人身份证明、投资协议、非货币性资产评估价格证明材料、能够证明非货币性资产原值及合理税费的相关资料。

纳税人一次性缴税有困难的，可合理确定分期缴纳计划并报主管税务机关备案后，自发生上述应税行为之日起不超过5个公历年度内（含）分期缴纳个人所得税。个人以非货币性资产投资交易过程中取得现金补价的，现金部分应优先用于缴税；现金不足以缴纳的部分，可分期缴纳。个人在分期缴税期间转让其持有的上述全部或部分股权，并取得现金收入的，该现金收入应优先用于缴纳尚未缴清的税款。

5. 创投企业的特别规定

根据《财政部、税务总局、发展改革委、证监会关于创业投资企业个人合伙人所得税政策问题的通知》②（财税〔2019〕8号）《财政部、税务总局、国家发展改革委、中国证监会关于延续实施创业投资企业个人合伙人所得税政策的公告》规定，为支持创业投资企业（含创投基金，以下统称创投企业）发展，创投企业可以选择按单一投资基金核算或者按创投企业年度所得整体核算两种方式之一，对其个人合伙人来源于创投企业的所得计算个人所得税应纳税额。创投企业选择按单一投资基金核算的，其个人合伙人从该基金应

---

① 该办法被《国家税务总局关于修改部分税收规范性文件的公告》（2018年6月15日起实施）修订。

② 该通知的执行期限为2019年1月1日至2023年12月31日。2023年8月21日起实施的《财政部、税务总局、国家发展改革委、中国证监会关于延续实施创业投资企业个人合伙人所得税政策的公告》延续了该通知规定的内容，执行至2027年12月31日。

分得的股权转让所得和股息红利所得，按照20%税率计算缴纳个人所得税。创投企业选择按年度所得整体核算的，其个人合伙人应从创投企业取得的所得，按照"经营所得"项目、5%—35%的超额累进税率计算缴纳个人所得税。

（四）契税

依据《财政部、税务总局关于继续支持企业事业单位改制重组有关契税政策的通知》（财税〔2018〕17号）、《财政部、税务总局关于继续执行企业事业单位改制重组有关契税政策的公告》（财政部、税务总局公告2021年第17号）、《财政部、税务总局关于继续实施企业、事业单位改制重组有关契税政策的公告》（财政部、税务总局公告2023年第49号）等规定，对企业、事业单位改制，公司合并、分立，企业破产，资产划转、债权转股权等情形，符合条件的，免征契税。

（五）土地增值税

依据《财政部、税务总局关于继续实施企业改制重组有关土地增值税政策的通知》（财税〔2018〕57号）和《财政部、税务总局关于继续实施企业改制重组有关土地增值税政策的公告》（财政部、税务总局公告2021年第21号）、《财政部、税务总局关于继续实施企业改制重组有关土地增值税政策的公告》（财政部 税务总局公告2023年第51号）等规定，企业改制、合并、分立以及单位、个人在改制重组时以房地产作价入股投资到被投资的企业，暂不征土地增值税。

（六）印花税

为贯彻落实国务院关于支持企业改制的指示精神，规范企业改制过程中有关税收政策，就经县级以上人民政府及企业主管部门批准改制的企业，在改制过程中涉及的印花税政策依据《财政部、国家税务总局关于企业改制过程中有关印花税政策的通知》（财税〔2003〕183号）执行。

五、兼并收购可能触发的反垄断程序

上市前的兼并收购，通常收购规模不会触发反垄断/经营者集中的程序，但对自身及所收购标的规模较大的企业来说，仍需要考虑是否触发反垄断/经营者集中并履行相应申报程序，以下结合《反垄断法》《国务院关于经营者集中申报标准的规定》（2024年修订，以下简称《经营者集中申报标准》）等对反垄断/经营者集中的事项进行简要梳理：

（一）经营者集中的概要

《反垄断法》第三条规定："本法规定的垄断行为包括：（一）经营者达成垄断协议；（二）经营者滥用市场支配地位；（三）具有或者可能具有排除、限制竞争效果的经营者集中。"因此，经营者集中是垄断行为中的一种情形。

拟上市公司实施并购重组的方式可能导致经营者集中，经营者集中即两个独立主体通过资产（股权）收购（获取控制权）聚合市场影响力的行为。经营者集中的本质是聚合不同经营者的市场控制力，具有或者可能具有排除、限制竞争效果的经营者集中是国家规定的垄断行为。

（二）经营者集中的标准

1. 经营者集中的标准

拟上市公司实施并购重组过程中，如果达到了规定的经营者集中的标准，应当先申报，未申报的不得实施集中。

《反垄断法》第二十六条规定："经营者集中达到国务院规定的申报标准的，经营者应当事先向国务院反垄断执法机构申报，未申报的不得实施集中。经营者集中未达到国务院规定的申报标准，但有证据证明该经营者集中具有或者可能具有排除、限制竞争效果的，国务院反垄断执法机构可以要求经营者申报。经营者未依照前两款规定进行申报的，国务院反垄断执法机构应当依法进行调查。"

《经营者集中申报标准》第三条规定："经营者集中达到下列标准之一的，经营者应当事先向国务院反垄断执法机构申报，未申报的不得实施集中：（一）参与集中的所有经营者上一会计年度在全球范围内的营业额合计超过120亿元人民币，并且其中至少两个经营者上一会计年度在中国境内的营业额均超过8亿元人民币；（二）参与集中的所有经营者上一会计年度在中国境内的营业额合计超过40亿元人民币，并且其中至少两个经营者上一会计年度在中国境内的营业额均超过8亿元人民币。营业额的计算，应当考虑银行、保险、证券、期货等特殊行业、领域的实际情况，具体办法由国务院反垄断执法机构会同国务院有关部门制定。"

2. 经营者集中的例外情形

同一控制下的企业合并、重组，不属于需要申报的经营者集中。

《反垄断法》第二十七条规定："经营者集中有下列情形之一的，可以不向国务院反垄断执法机构申报：（一）参与集中的一个经营者拥有其他每个经营者百分之五十以上有表决权的股份或者资产的；（二）参与集中的每个经营者百分之五十以上有表决权的股份或者资产被同一个未参与集中的经营者拥有的。"

（三）经营者集中的审查程序

经营者集中的审查程序包括，经营者申报，反垄断执法机构受理并进行初步审查，进一步审查，决定并公告。《反垄断法》第三十条、第三十一条作了具体规定。

《反垄断法》第三十条规定："国务院反垄断执法机构应当自收到经营者提交的符合本法第二十八条规定的文件、资料之日起三十日内，对申报的经营者集中进行初步审查，作出是否实施进一步审查的决定，并书面通知经营者。国务院反垄断执法机构作出决定前，经营者不得实施集中。国务院反垄断执法机构作出不实施进一步审查的决定或者逾期未作出决定的，经营者可以实施集中。"

第三十一条规定："国务院反垄断执法机构决定实施进一步审查的，应当自决定之日起九十日内审查完毕，作出是否禁止经营者集中的决定，并书面通知经营者。作出禁止经营者集中的决定，应当说明理由。审查期间，经营者不得实施集中。有下列情形之一的，国务院反垄断执法机构经书面通知经营者，可以延长前款规定的审查期限，但最长不得超过六十日：（一）经营者同意延长审查期限的；（二）经营者提交的文件、资料不准确，需要进一步核实的；（三）经营者申报后有关情况发生重大变化的。国务院反垄断执法机构逾期未作出决定的，经营者可以实施集中。"

第二节 主营业务变化

上一节主要介绍了兼并收购在 IPO 过程中的主要关注事项，在 IPO 之前若发生了兼并收购行为，需要结合兼并收购行为对 IPO 的影响，判断是否会导致主营业务变化，从而对 IPO 审核构成实质性影响；当然，即使没有发生兼并收购行为，若发行人自身经营情况发生变化，也可能导致主营业务变化，从而影响发行上市条件。

一、关于主营业务不存在重大不利变化的具体规定要求

中国证监会于 2023 年 2 月 17 日通过了《首次公开发行股票注册管理办法》，该办法中第十二条"发行人业务完整，具有直接面向市场独立持续经营的能力"之第二项规定，"主营业务、控制权和管理团队稳定，首次公开发行股票并在主板上市的，最近三年内主营业务和董事、高级管理人员均没有发生重大不利变化；首次公开发行股票并在科创板、创业板上市的，最近二年内主营业务和董事、高级管理人员均没有发生重大不利变化；首次公开发行股票并在科创板上市的，核心技术人员应当稳定且最近二年内没有发生重大不利变化"。该办法自公布之日起施行，此外《首次公开发行股票并上市管理办法》《科创板首次公开发行股票注册管理办法（试行）》《创业板首次公开发行股票注册管理办法（试行）》同时废止。

由此，自《首次公开发行股票注册管理办法》正式公布后，除了要求的期限不同（主板要求最近 3 年内，科创板、创业板要求最近 2 年内）外，主板、科创板、创业板在主营业务没有发生重大不利变化时的规则标准完全统一，保持一致。

二、关于"主营业务不存在重大不利变化"认定的标准

在 2023 年 2 月 17 日中国证监会通过《首次公开发行股票注册管理办法》之前，各板块都有不完全统一的关于主营业务没有发生重大（不利）变化的要求和解释，当时主要依据的是《〈首次公开发行股票并上市管理办法〉第十

二条发行人最近 3 年内主营业务没有发生重大变化的适用意见——证券期货法律适用意见第 3 号》和《首发业务若干问题解答》（2020 年 6 月修订）规定的审核标准。自《首次公开发行股票注册管理办法》正式公布后，新的配套解释《监管规则适用指引——发行类第 4 号》《监管规则适用指引——发行类第 5 号》中没有关于主营业务不存在重大不利变化的具体解释和认定标准。鉴于法规的文字表述从"没有发生重大变化"改为"没有发生重大不利变化"，可以看出增加的"不利"的定语，更倾向于合理判断该重大变化的合理性和是否有利于发行人的持续经营。由于审核的思路有其渊源和延续性，因此，建议谨慎参考此前审核思路中的几个维度去合理判断发行人主营业务是否发生了重大不利变化。可供判断的维度标准具体如下。

（一）被重组方和发行人重组前业务是否具有高度相关性

所谓被重组进入发行人的业务与发行人重组前的业务是否具有高度相关性，主要是看是否属于相同、类似或相关行业、类似技术产品、同一产业链的上下游产业等。

（二）各项财务指标是否超过一定比例

所谓各项财务指标包括重组前一个会计年度末的资产总额、资产净额或前一个会计年度的营业收入或利润总额，上述指标中被重组标的是否达到或超过重组前发行人相应各项财务指标的 100%，或者被重组标的达到或超过重组前发行人相应各项财务指标的 50%。

结合上述两个维度标的，如果重组新增业务与发行人重组前业务具有高度相关性的，被重组标的重组前一个会计年度末的资产总额、资产净额或前一个会计年度的营业收入或利润总额若未达到 100%，则应当不认定为主营业务发生重大不利变化。如果重组新增业务与发行人重组前业务不具有高度相关性的，被重组标的重组前一个会计年度末的资产总额、资产净额或前一个会计年度的营业收入或利润总额占重组前发行人相应项目若比例较大（超过 50%），则可能构成主营业务发生重大不利变化。

小　结

公司上市前的兼并收购、整合重组，其主要目的是突出发行人主营业务，通过整合重组规范关联交易及同业竞争，强化发行人的独立性，通过收购重组进一步厘清上市主体的股权和管理结构。同时，在上市前的兼并收购，要避免拼凑业绩、无法对被收购公司形成有效控制以及形成较大金额的商誉增加未来商誉减值风险等不利结果。

兼并收购的具体实施过程中，既有加法形式的收购、增资、吸收合并等增加企业资产（股权）的行为，也有减法形式的资产（股权）剥离行为，本质上都是为了增强企业的核心竞争力。兼并收购主要经历四个阶段：尽职调查及兼并收购方案设计阶段、交易各方商务谈判签约阶段、履行外部审批阶段（如有）、标的资产交割以及整合阶段。在此过程中，会面临许多法律实务问题，例如对兼并收购标的的法律尽职调查、收购标的的定价公允性、兼并收购行为的合理性和必要性、兼并收购后的整合情况、兼并收购过程中涉及的税务筹划以及是否触发反垄断/经营者集中的程序，这些问题都是兼并收购中需要重点考虑的，同时也会延续到上市审核中被重点关注。

除了上市前的兼并收购行为在上市审核中受到重点关注外，根据《首次公开发行股票注册管理办法》的规定，发行人主营业务没有发生重大不利变化也是发行条件之一，若发行人自身经营情况发生重大变化，也可能导致主营业务产生重大不利变化，从而影响发行条件。

第九章
财产合规

引 言

企业上市过程中,发行人的主要财产是否满足权属清晰、合规、无潜在风险等要求一直以来是核查的重点。发行人的财产不仅包括专利、商标、著作权、域名、特许经营权等各类无形资产,还包括土地使用权、房屋建筑物、在建工程、机器设备等各类有形资产。在发行人的主要财产中,知识产权及不动产权的取得方式和使用情况,是否实际由发行人使用,是否存在生产经营所必需的主要财产为关联方或者其他主体控制、占有、使用的情形,是否存在抵押、质押、查封等权利受到限制的情况,是否存在纠纷或者潜在纠纷等问题均需要被重点关注。

第一节 知识产权

一、上市审核要求

(一)法律规定

发行人的知识产权应当满足权属清晰、合规、无潜在风险等基本要求,主要规定如下:

表 9-1 上市审核中涉及发行人知识产权的主要相关规定

序号	法律法规	主要相关内容
1	《首次公开发行股票注册管理办法》	第十二条:"发行人业务完整,具有直接面向市场独立持续经营的能力;……(三)不存在涉及主要资产、核心技术、商标等的重大权属纠纷,重大偿债风险,重大担保、诉讼、仲裁等或有事项,经营环境已经或者将要发生重大变化等对持续经营有重大不利影响的事项。"

续表

序号	法律法规	主要相关内容
2	《公开发行证券的公司信息披露内容与格式准则第57号——招股说明书》	第四十七条："发行人应披露对主要业务有重大影响的主要固定资产、无形资产等资源要素的构成，分析各要素与所提供产品或服务的内在联系（如分析各要素的充分性、适当性、相关产能及利用程度），对生产经营的重要程度，是否存在瑕疵及瑕疵资产占比，是否存在纠纷或潜在纠纷，是否对发行人持续经营存在重大不利影响。发行人与他人共享资源要素（如特许经营权）的，应披露共享的方式、条件、期限、费用等。" 第七十三条："发行人应分析披露其具有直接面向市场独立持续经营的能力，主要包括：（一）资产完整方面。生产型企业具备与生产经营有关的主要生产系统、辅助生产系统和配套设施，合法拥有与生产经营有关的主要土地、厂房、机器设备以及商标、专利、非专利技术的所有权或者使用权，具有独立的原料采购和产品销售系统；非生产型企业具备与经营有关的业务体系及主要相关资产；……"
3	《监管规则适用指引——发行类第4号》	4-9 诉讼或仲裁："……（4）涉及主要产品、核心商标、专利、技术等方面的诉讼或仲裁可能对发行人生产经营造成重大影响，或者诉讼、仲裁有可能导致发行人实际控制人变更，或者其他可能导致发行人不符合发行条件的情形，保荐机构和发行人律师应在提出明确依据的基础上，充分论证该等诉讼、仲裁事项是否构成本次发行的法律障碍并审慎发表意见。" 4-10 资产完整性："发行人租赁控股股东、实际控制人房产或者商标、专利来自于控股股东、实际控制人授权使用的，保荐机构和发行人律师通常应关注并核查以下方面：相关资产的具体用途、对发行人的重要程度、未投入发行人的原因、租赁或授权使用费用的公允性、是否能确保发行人长期使用、今后的处置方案等，并就该等情况是否对发行人资产完整性和独立性构成重大不利影响发表明确意见。如发行人存在以下情形之一的，保荐机构及发行人律师应当重点关注、充分核查论证并发表意见：一是生产型企业的发行人，其生产经营所必需的主要厂房、机器设备等固定资产系向控股股东、实际控制人租赁使用；二是发行人的核心商标、专利、主要技术等无形资产是由控股股东、实际控制人授权使用。"

（二）上市审核要求

1. 常规审核关注点

企业IPO时，对知识产权的主要审核关注如下：

（1）发行人知识产权的取得方式、法律状态及应用情况，知识产权是否存在权利限制、是否存在权利提前终止和宣布无效等异常情况；知识产权的来源和取得过程是否符合相关法律法规的规定等。

（2）如存在知识产权转让情况的，关注知识产权的转让方/受让方、转让时间节点、价格及定价公允性（是否委托第三方评估机构评估作价），受让知识产权是否存在权利上的限制或约束，是否存在通过知识产权转让输送利益、是否存在纠纷或潜在纠纷等。

（3）如存在通过与第三方合作/委托的方式进行技术开发的，关注研发协议约定、合作/委托研发背景、研发人员、研发费用投入、权利归属、是否存在权利限制、合作研发进展情况及对发行人（核心）技术的影响，发行人是否具有独立研发能力、是否对合作方存在依赖等。

（4）如存在许可第三方使用知识产权的，关注许可的原因、背景及合理性，尤其是许可使用的定价合理性，是否存在导致利益输送的情形等。

（5）如存在被许可使用知识产权的，关注发行人的核心技术对第三方是否存在依赖，如果相关许可使用授权被终止对发行人的影响等。

（6）如涉及境外知识产权的，关注取得相关知识产权是否已经履行相关程序、是否符合当地政策及是否存在权利受限或权利终止的可能性。

（7）发行人知识产权是否存在侵权或被侵权的情况，是否存在知识产权方面尚未了结的诉讼与潜在诉讼，是否会影响发行人的持续经营能力。

（8）控股股东和实际控制人控制的企业、发行人实际控制人及其关系密切的近亲属等关联方是否拥有、使用与发行人业务相关的商标或专利，是否影响发行人商标等资产的独立性；与发行人业务相关的商标、专利等知识产权是否均已实际归属发行人。

2.科创板特别审核关注点

科创板更加强调企业拥有科创硬实力，特别关注发行人是否有真正的科研实力，参考《科创属性评价指引（试行）》（2023年修订）中的"4+5"指标，即上市企业需满足"应用于公司主营业务的发明专利5项以上""形成核心技术和应用于主营业务的发明专利（含国防专利）合计50项以上"，同时关注：

（1）专利数量：其计算是否准确，是否存在境内/境外专利重复计算的情况；是否存在较短时间申请大量专利或近年未申请专利/未取得发明专利的情况；发明专利数量与同行业或竞争对手的对比情况。

一般情况下，发行人的专利越多说明技术越强，但应是发行人生产经营必需且应用在发行人的核心产品/服务中的。

（2）关联性：需要关注核心技术与专利的对应关系，核心技术是否有专利保护，专利对应核心技术在产品中的应用；说明相关专利实现的技术提升效果及产品竞争力效果，是否存在专利门槛和技术壁垒，如专利技术到期后进入公共领域对核心技术优势是否会产生重大不利影响。

3. 创业板特别审核关注点

关注是否符合创业板"三创四新"定位，各项主要业务在创新、创造、创意方面的具体特征，公司是否属于同行业中业务、技术、模式创新的企业，取得的科技成果与产业深度融合的具体情况；对于知识产权的要求除权属清晰外，关注侧重点还在于知识产权的产业化，是否具有充足的知识产权储备及管理规范等。

二、重点关注问题

（一）专利

1. 核心技术

（1）核心技术的来源

发行人的核心技术来源主要分为自主研发、合作研发、受让取得等，并可以通过专利、软件著作权、商业秘密、技术秘密等多种形式呈现。上市监管审核机构一般会要求发行人披露其各项核心技术与专利等的对应情况，并说明核心技术的取得方式、详细形成过程、在主营业务及产品中的具体应用等基本情况，以便判断；发行人对于核心技术是否具备独立自主的研发能力、发行人的核心技术是否对第三方存在依赖；核心技术的权属是否清晰、是否存在纠纷或潜在纠纷。

如果发行人存在合作研发，则监管审核机构会重点问询合作研发的模式、具体权利义务划分、发行人在合作研发中承担的工作任务、发行人是否对合作研发单位存在技术依赖，发行人是否具备独立、可持续的研发能力，合作研发形成的核心技术对发行人生产经营的重要程度，相关专利或技术成果等权属是否清晰等。

(2) 核心技术的先进性

监管审核机构通常会要求发行人对比同行业公司论证其核心技术具有先进性，包括但不限于：反映发行人核心技术先进性的指标，对产品性能的具体提升作用；在行业内所处水平，相对于同行业竞争对手的技术水平，先进性的具体表现形式；是否存在技术壁垒、技术迭代风险等。如发行人不能充分地论述其核心技术的先进性，可能会对其上市进程造成实质性的障碍，例如，上海吉凯基因医学科技股份有限公司[1]、武汉珈创生物技术股份有限公司[2]等被终止审核，与未能充分论证其核心技术的先进性有重要关联。

(3) 核心技术人员

监管审核机构关于核心技术人员的问询重点主要围绕三个方面：

一是认定依据，核心技术人员认定是否全面充分、是否符合发行人实际情况、是否符合法律规定等。

二是核心技术人员与原任职单位之间是否存在竞业限制、保密约定等，是否涉及职务发明情形，与原任职单位是否存在纠纷或潜在纠纷，核心技术人员是否在外兼职及其合规性等。

三是稳定性，发行人最近两年核心技术人员的变动情况，是否存在核心技术人员流失等风险，核心技术人员离职对发行人未来主营业务开展、专利技术研发的影响，离职人员是否签署竞业限制或保密协议等。

2. 职务发明

如果拟上市企业的董事、监事、高级管理人员、核心技术人员是来自高等院校、研究院的学者专家，或者是具有在同行业公司从业经历的人员，其任职经历、专利是否涉及职务发明等问题是上市审核的关注重点。

(1) 认定

根据《专利法》《专利法实施细则》《民法典》《最高人民法院关于审理技术合同纠纷案件适用法律若干问题的解释》等规定，除另有约定外，职务发明的权利人为用人单位，包括临时用工单位。主要分如下四种情形：

一是在本职工作中作出的创造发明。

二是在履行单位交付的本职工作之外的任务中所作出的创造发明。

---

[1] 案例信息来源：上海证券交易所发行上市审核网站公告的《关于终止对上海吉凯基因医学科技股份有限公司首次公开发行股票并在科创板上市审核的决定》。

[2] 案例信息来源：上海证券交易所发行上市审核网站公告的《关于终止武汉珈创生物技术股份有限公司首次公开发行股票并在科创板上市审核的决定》。

三是在退休、调离原单位后或者劳动、人事关系终止后 1 年内作出的，与其在原单位承担的本职工作或者原单位分配的任务有关的发明创造。在判断是否属于与其在原单位承担的本职工作或者原单位分配的任务"有关的发明创造"时，根据最高人民法院指导案例 158 号，应注重维护原单位、离职员工以及离职员工新任职单位之间的利益平衡，具体综合考虑以下因素：①离职员工在原单位承担的本职工作或原单位分配的任务的具体内容；②涉案专利的具体情况及其与本职工作或原单位分配任务的相互关系；③原单位是否开展了与涉案专利有关的技术研发活动，或者是否对有关技术具有合法的来源；④涉案专利（申请）的权利人、发明人能否对涉案专利的研发过程或者技术来源作出合理解释。

四是主要是利用本单位的资金、设备、零部件、原材料或者不对外公开的技术资料等物质技术条件所完成的发明创造。在判断是否属于"主要是利用单位的物质技术条件"的职务发明时，根据《最高人民法院关于审理技术合同纠纷案件适用法律若干问题的解释》的相关规定，这类情形是指全部或者大部分利用了单位的物质技术条件，且前述物质技术条件对于该技术成果的形成具有实质性的影响，也包括技术成果的实质性内容是在单位尚未公开的技术成果、阶段性技术成果基础上完成的，但对利用物质技术条件约定返还资金、交纳使用费或仅在技术成果完成后利用单位的物质技术条件对技术方案进行验证、测试的情形除外。

（2）审核要点

发行人实际控制人、董事、监事、高级管理人员、核心技术人员等主要人员的兼职或历史任职情况；与原任单位是否存在竞业禁止协议、保密协议等，是否涉及职务发明问题，发行人及前述人员是否与相关科研院所或同行业企业存在纠纷及潜在纠纷等，是上市审核中发行人常常被问询的问题。主要目的在于确认发行人合法拥有相关资产的所有权或使用权，且不存在主要资产、核心技术等的重大权属纠纷。

企业在面对监管机构的上述问询时，通常遵循以下回复思路：从相关人员的任职经历、与原任职单位签署竞业限制等协议情况，论证发行人的核心技术等不涉及相关人员在其他单位任职时的职务发明，亦不存在纠纷或潜在纠纷等。更进一步，发行人则会结合其核心技术的研发和取得情况，通过比对相关人员的任职经历、在其他单位任职时的主要工作内容、在原任职单位完成的职务发明与发行人核心技术、产品的明显区别等，或结合职务发明的认定要点，论证发行人的核心技术不涉及相关人员在其他单位任职时的职务发明，亦不存在纠纷或潜在纠纷。

3. 专利授权许可

技术密集型行业往往涉及大量的知识产权，除自主研发和受让取得专利外，发行人也存在通过第三方授权使用相关专利的情形。监管审核机构一般较为关注以下三个方面：

（1）专利授权许可的稳定性

专利授权许可的稳定性，尤其是对发行人生产经营有较大影响的专利授权，会直接影响着发行人业务的稳定性及可持续经营能力，因此，专利授权许可的稳定性问题是监管审核机构常常关注的重点问题。

专利授权许可双方通常会签署专利许可协议约定双方的权利义务，故而在很大程度上专利授权许可的稳定性取决于协议约定是否清晰、周延，是否存在对发行人明显不利的条款等。

在上市审核实践中，监管审核机构常常要求发行人披露专利许可协议的主要内容、许可期限、许可使用费及定价依据、定价公允性、是否存在其他限制性约定等，并要求发行人说明专利许可是否具有排他性，许可协议到期后的续约安排，发行人能否长期、稳定地使用许可专利，如无法续约对发行人持续经营的影响，专利授权许可是否存在纠纷等。

（2）授权许可专利是否涉及核心技术

除直接问询授权许可专利是否涉及发行人的核心技术外，监管审核机构还会关注授权许可专利在发行人产品中的应用情况及对应产品销售占比情况、发行人核心技术的研发过程、发行人的核心技术是否对授权专利存在依赖、发行人的持续经营能力是否依赖于授权专利或相关单位等问题，从而综合判断发行人的核心技术来源是否包含授权许可专利、发行人是否对授权许可专利形成重大依赖等。

（3）专利授权许可的背景、原因及合理性

专利授权许可的背景、原因及合理性也是发行人在上市审核中常常被问询的问题之一。如涉及发行人从关联方处获得授权使用专利、授权许可费用明显偏低，以及对公司生产经营有重要影响作用并长期以授权方式使用但不予纳入发行人体系内的专利等情形，都可能会引发监管审核部门对相关专利授权许可的合理性、公允性、是否存在利益输送等的质疑。

4. 专利出资

根据《公司法》等法律法规规定，股东可以以专利作价出资。相较于货币出资，专利等无形资产出资则具有特殊性，监管审核机构关于专利出资的问询问题主要为以下两个方面：

（1）专利出资是否履行了相关程序

根据《公司法》等法律法规规定，股东以专利出资的，需要对出资专利进行评估作价并依法办理财产转让过户手续。如涉及国有资产出资的，还需根据相关法规履行必需的国资程序、手续。

（2）出资专利的评估价值是否公允、是否涉及出资不实

除专利出资须履行评估作价程序外，出资专利的评估价值是否公允、是否存在出资不实的情形也是监管审核机构的重点问询问题，发行人往往会以现金进行置换。

相关案例

希荻微：为避免专利出资被认为存在出资不实的风险及纠纷，股东在问询阶段将以等额现金置换专利出资①

根据希荻微（688173）补充法律意见书的披露，首轮问询中，监管审核机构注意到发行人存在专利出资的情形，要求发行人说明"用于出资专利的评估价格合理性及入股价格公允性"，希荻微说明在无形资产出资时即已履行评估作价程序，鉴于后续出资专利由实用新型专利转变为发明专利，为谨慎起见，希荻微委托具有证券期货从业资质的评估机构对转化后的发明专利进行了追溯评估。但在第二轮问询中，监管审核机构依旧提问"相关出资是否属于瑕疵出资"，发行人"为避免上述专利出资被认为存在出资不实的风险及纠纷，戴某渝、何某珍已将对应该等专利出资的等额现金投入公司，相关出资不属于瑕疵出资"。

（3）出资专利的权属是否清晰

出资专利是否涉及职务发明、是否存在纠纷或潜在纠纷，也是上市审核中关于专利出资的常见问询问题。股东以无形资产出资时，需要确保无形资

---

① 案例信息来源：希荻微在上海证券交易所发行上市审核网站公告的《北京市金杜律师事务所关于广东希荻微电子股份有限公司首次公开发行股票并在科创板上市之补充法律意见书（一）》及《北京市金杜律师事务所关于广东希荻微电子股份有限公司首次公开发行股票并在科创板上市之补充法律意见书（二）》。

产权属清晰且无瑕疵,出资人拥有完全的处分权,监管审核机构关注前述问题的主要目的在于确认发行人股东用于出资的专利权属是否清晰。

(4) 出资专利与发行人核心技术、主营业务的关系

在上市审核中,出资专利与发行人核心技术、主营业务的关系也是监管审核机构较为关注的问题。例如,在中科飞测(688361)IPO 首轮问询中,发行人被要求说明"出资专利技术的具体内容,与发行人现有核心技术、主营产品之间的关系,延续及发展情况;结合前述情况分析发行人核心技术是否主要来源于股东出资"。①

5. 专利诉讼

(1) 主要关注点

发行人拥有专利的状态可以直接或间接地体现其经营情况,因此监管机构首先关注报告期内专利纠纷、诉讼或仲裁的具体情况,如金额、背景、诉讼进程等,最终落脚点为专利诉讼对发行人资产完整性、持续经营能力的影响。

IPO 审核现在并不要求专利诉讼必须有明确的结果,但对于争议大、社会舆论关注度高的核心专利,如果负面的结果影响发行人的可持续经营,则无法通过信息披露解决。竞争对手借此提起知识产权诉讼阻碍企业上市进程的案例也屡见不鲜。

(2) 知识产权诉讼产生的原因及应对方式

知识产权诉讼产生的原因主要存在以下三种:

①与主营业务相关的专利、商标权属不清晰而引发的纠纷,如在合作研发、委托开发、共有过程中对于权利的申请、使用和转让产生纠纷;

②与职务发明相关产生的纠纷,包括专利、核心技术涉及相关技术人员在原单位的职务成果,相关员工是否存在违反竞业禁止、保密协议的情形,以及本公司离职人员导致商业秘密泄露等情况;

③高校教师兼职引发的权属纠纷。

因此,拟上市企业在上市前,应充分、全面地对自身知识产权情况进行核查,具体应对方式如下:

①调查受让专利等是否存在权属争议、是否存在侵权及纠纷等风险。

---

① 案例信息来源:中科飞测在上海证券交易所发行上市审核网站公告的《北京市君合律师事务所关于深圳中科飞测科技股份有限公司首次公开发行(A股)股票并在科创板上市之补充法律意见书(一)》。

②如涉及共有知识产权的，需关注共有人身份，是否为合并报表范围内的企业、员工、关联方，与前述人员的权利划分及利益分配是否存在纠纷或潜在纠纷。

③如已存在相关风险或已产生争议的，建议通过沟通、协商等方式，争取与相关方达成和解，尽量避免争议升级成为正式的诉讼争议程序。

④如已进入诉讼或仲裁程序，应当积极应对，包括从程序上提起管辖权异议，或基于提起的专利无效申请请求中止审理，及从实体上采取不侵权抗辩、现有技术抗辩、损害赔偿抗辩等，争取完全胜诉或大幅减少赔偿额；必要时提起反制措施，如向国家知识产权局专利局相关部门提出专利无效宣告请求，提起新的专利侵权诉讼、不正当竞争诉讼或提起因对方恶意提起知识产权诉讼损害赔偿诉讼。

⑤应根据实际情况在上市申请文件及问询回复中说明涉诉知识产权不存在侵权，如实披露所涉诉讼或仲裁的受理情况和基本案情、诉讼或仲裁请求、判决、裁决结果及执行情况、诉讼或仲裁事项对发行人的影响等情形的具体表现、影响程度、反制措施和预期结果等内容，说明包括涉诉专利相关产品在内的销售收入占比，并说明知识产权诉讼不会对发行人的持续经营造成重大不利影响。

6. 特许经营权

特许经营权一般包括商业特许经营权及市政特许经营权。根据《商业特许经营管理条例》的规定，商业特许经营，是指拥有注册商标、企业标志、专利、专有技术等经营资源的企业（以下简称特许人），以合同形式将其拥有的经营资源许可其他经营者（以下简称被特许人）使用，被特许人按照合同约定在统一的经营模式下开展经营，并向特许人支付特许经营费用的经营活动。根据《市政公用事业特许经营管理办法》规定，市政公用事业特许经营，是指政府按照有关法律、法规规定，通过市场竞争机制选择市政公用事业投资者或者经营者，明确其在一定期限和范围内经营某项市政公用事业产品或者提供某项服务的制度。

对于存在特许经营的企业，监管机关在上市申请中关注的重点如下：

（1）程序合规。依据《商业特许经营管理条例》第八条规定，特许人应当自首次订立特许经营合同之日起15日内向商务主管部门备案。发行人如许可他人特许经营，对于被特许人的经营及经营备案情况同样受到关注；对于市政特许经营，则主要关注特许经营权项目取得的主要方式、履行的主要程序、审批手续情况及合规性，即特许经营权的取得是否履行了招投标或竞争性谈判程序、是否经过政府或其授权单位审批，其授权程序与授权范围是否存在违反《招标投标法》《政府采购法》《市政公用事业特许经营管理办法》《基础设施和公用事业特许经营管理办法》及当地市政特许经营相关法律法规、规范性文件的情况。

（2）合同内容。无论是商业特许经营还是市政特许经营，特许经营合同的约定为核心，其合同权利义务约定是否清晰，授权地域范围、期限及授权内容是否明确，风险责任承担划分情况以及是否存在潜在的违约风险为关注重点。

（3）特许经营权的稳定性。对商业特许经营而言，发行人经营模式是否稳定，授权许可是否涉及侵权或泄露商业秘密，经营扩张是否存在利益冲突与潜在纠纷易受关注；而市政特许经营中，发行人是否能够持续拥有该项特许经营权会直接影响其经营及盈利能力，除授权期限以外，企业经营中是否存在违反特许经营协议或相关法律法规的情况导致其可能失去特许经营权的问题为关注重点。

（4）关联交易及利益输送。商业特许经营中，部分企业与关联加盟商之间存在往来交易，因此关联交易价格公允性、程序完备性、减少关联交易措施等以及特许经营授权许可合理性，有无利益输送等易受关注；同样，市政特许经营中，是否存在对项目审批人员/负责人进行利益输送、项目审批人员/负责人持股等特殊利益安排、商业贿赂，及其他以不正当竞争手段获取特许经营权等问题易受关注。

（二）商标

1. 商标诉讼

对于原始取得的商标，公司须确保商标取得合法、不存在侵权行为，尤其是对公司业务经营或收入实现有较大影响的商标应当避免与他人发生纠纷或诉讼。针对涉及诉讼的商标，监管机关会着重关注商标纠纷对公司持续经营的影响，一般会要求公司就使用涉诉商标的产品或服务的具体情况、败诉风险及财务状况影响等方面进行详细说明。

此外，如果对公司业务经营或收入实现有较大影响的商标涉及诉讼，公司上市进程可能会因此受到实质性影响。

2. 商标转让

对于受让取得的商标，公司一方面应当关注己方是否已经完整取得相应商标的所有权，避免转让方仍保留部分权利的情形出现，另一方面应确保商标转让的交易背景、对价及定价依据合法合理。因为针对商标转让的情形，监管机关要求公司就交易具体情况进行披露的同时，会着重关注商标转让过程中是否存在利益输送。

相关案例

日日顺供应链科技股份有限公司、冠龙节能因存在商标转让引发监管机关关注[①]

日日顺供应链科技股份有限公司在招股说明书中披露其以5320万元受让了3个39类商标的情形，监管机关随即要求其补充披露收购商标的具体情况，包括交易对手方的基本情况、是否与其控股股东、实际控制人或发行人董事、监事、高级管理人员存在关联关系，交易价格确定依据及合理性，商标的来源、有效期以及对发行人生产经营的重要程度等。

就冠龙节能（301151）披露其拥有的商标中有三个来自其经销商的无偿转让的情形，监管机关则要求该公司进一步说明商标转让背景、采取无偿转让的原因、商标的法律状态及知识产权纠纷、公司与转让方的关系以及双方是否存在业务竞争等情形。

3. 商标共用及许可使用

对于共用或者被许可使用的商标，公司应当避免主营商品或服务存在使用共用商标或许可商标的情形出现，确保在生产经营上对于共用或授权使用的商标不构成重大依赖，不会对发行人的资产完整性和独立性构成重大不利影响。针对与他人共用商标或者使用被授权商标的情形，监管机关一般会要求公司就相关商标对公司的重要程度、公司未取得所有权的原因、授权使用费用的公允性、是否能确保公司长期使用以及今后的处置方案等方面进行披露。

[①] 案例信息来源：日日顺供应链科技股份有限公司在深圳证券交易所发行上市审核信息公开网站公告的《日日顺供应链科技股份有限公司首次公开发行股票并在创业板上市招股说明书》及《关于日日顺供应链科技股份有限公司首次公开发行股票并在创业板上市申请文件的审核问询函回复》。

冠龙节能在深圳证券交易所发行上市审核信息公开网站公告的《上海冠龙阀门节能设备股份有限公司首次公开发行股票并在创业板上市招股说明书》及《关于上海冠龙阀门节能设备股份有限公司首次公开发行股票并在创业板上市申请文件的审核问询函之回复报告》。

相关案例

杭州民生健康药业股份有限公司因授权商标受到资产完整性和独立性质疑①

杭州民生健康药业股份有限公司因存在拥有部分商标为控股股东无偿授权其使用的情形，因此被要求说明相关商标的授权背景、报告期内使用情况、产生收益，授权使用商标对公司的重要性，被授权使用商标是否对公司资产完整性和独立性构成重大不利影响、是否能够确保公司长期使用等问题。其在问询回复中说明公司授权商标主要用于展示企业名称，公司向终端消费者推广的品牌主要为"21金维他"。报告期内，公司"21金维他"系列产品收入占主营业务收入的比例均在90%以上，因此该公司生产经营中虽存在使用授权商标的情形，但其生产经营上并不对授权商标构成重大依赖，公司使用授权商标亦不会对资产完整性和独立性构成重大不利影响。前述披露和说明为监管机关所接受，因此该公司于2022年9月23日通过了上市委审核会议。

（三）其他

1. 软件著作权

在申报时，拟上市公司一般应就软件著作权的取得、权利期限、他项权利等进行披露，对于主要知识产权为软件著作权的软件行业公司，其会进一步面临监管机关就软件著作权的全方面问询，因此此类公司应更为全面、细致地关注其软件著作权的相关情况，具体包括软件著作权的形成过程、技术和研发是否独立、研发人员是否涉及竞业限制、使用的底层软件是否存在使用限制或者侵权纠纷的可能等方面。

---

① 案例信息来源：杭州民生健康药业股份有限公司在深圳证券交易所发行上市审核信息公开网站公告的《杭州民生健康药业股份有限公司首次公开发行股票并在创业板上市招股说明书》及《杭州民生健康药业股份有限公司及财通证券股份有限公司关于杭州民生健康药业股份有限公司首次公开发行股票并在创业板上市申请文件审核问询函之回复报告》。

相关案例

南京中卫信软件科技股份有限公司、创智和宇信息技术股份有限公司等软件行业公司的软件著作权相关问题受到重点关注[①]

南京中卫信软件科技股份有限公司、创智和宇信息技术股份有限公司等公司在申请上市时，受到监管机关一系列关于软件著作权的问询，在软件著作权的取得方面，要求公司披露受让取得的软件著作权的来源，原权利人的具体情况，受让取得该等软件著作权的原因及合理性、定价依据及公允性，公司主要使用的软件著作权和受让取得的软件著作权之间的关系；并需要说明是否存在就受让所得软件著作权进一步研发的情况，以及相关软件是否属于公司核心技术和主要产品等。在软件著作权的使用方面，要求公司区分用于日常管理的软件和用于生产经营的软件，对软件著作权的具体用途进行披露，并需要结合业务模式披露相关著作权的必要性，以及与报告期内主营业务收入的关联性等。

因此，拟上市公司对于自主研发、原始取得的软件著作权，需要着重避免研发人员与其前面任职的单位之间出现竞业限制纠纷等情况，以及避免使用盗版底层软件造成侵权；对于受让取得的软件著作权，在保证受让背景、价格等均具备合理性的同时，尤其是软件公司还需要尽量避免使用受让取得的软件著作权进行主营产品的开发，以免难以论证自身具备独立开发主营产品的能力。

2. 域名

对于域名，一般来讲，拟上市公司应重点关注：（1）自身是否合法拥有该域名且域名在有效期内；（2）是否需要并已完成备案；（3）对于不使用的域名是否已注销备案。

[①] 案例信息来源：南京中卫信软件科技股份有限公司、创智和宇信息技术股份有限公司在深圳证券交易所发行上市审核信息公开网站分别公告的招股说明书，以及《关于南京中卫信软件科技股份有限公司首次公开发行股票并在创业板上市申请文件审核问询函的回复》《〈关于创智和宇信息技术股份有限公司首次公开发行股票并在创业板上市申请文件的审核问询函〉之回复报告》。

相关案例

云汉芯城（上海）互联网科技股份有限公司被要求解释其部分域名未取得备案许可证的合理性①

云汉芯城（上海）互联网科技股份有限公司在申请创业板上市过程中，针对其拥有较多域名但部分未取得备案许可证的情况，监管机关要求中介机构就其拥有较多域名的背景和原因进行披露，并说明相关域名是否均实际使用，以及部分域名未取得备案许可证的原因和合理性。根据《非经营性互联网信息服务备案管理办法》第五条第一款的规定，在中华人民共和国境内提供非经营性互联网信息服务，应当依法履行备案手续。因此一般而言，未实际投入使用的域名不需要办理域名备案手续；已投入使用但服务器在境外即不属于在中华人民共和国境内提供非经营性互联网信息服务的，也无须办理域名备案；除前述情形外，公司均需办理域名备案。

根据《非经营性互联网信息服务备案管理办法》第十五条及第二十六条的相关规定，非经营性互联网信息服务提供者在备案有效期内需要终止提供服务的，应当在服务终止之日登录工业和信息化部备案系统向原备案机关履行备案注销手续；未依法履行备案注销手续的，由住所所在地省通信管理局责令限期改正，并处 1 万元罚款。因此对于不使用的域名，公司应当及时注销，未依法履行备案注销手续的，可能面临被通信管理局责令限期改正，并处 1 万元罚款的行政处罚。

3. 商业秘密

拟上市公司在申报过程中可能会面临商业秘密两方面的问题：一是如何合理地申请信息豁免披露；二是如何应对商业秘密诉讼。

《公开发行证券的公司信息披露内容与格式准则第 57 号——招股说明书》第七条规定，发行人有充分依据证明本准则要求披露的某些信息涉及国家秘密、商业秘密及其他因披露可能导致违反国家有关保密法律法规规定或严重损害公司利益的，可按程序申请豁免披露。因此，公司可以通过申请豁免披露的方式避免因申报过程中信息披露而造成商业秘密的泄露。但同时，公司

---

① 案例来源：云汉芯城（上海）互联网科技股份有限公司在深圳证券交易所发行上市审核信息公开网站公告的《云汉芯城（上海）互联网科技股份有限公司首次公开发行股票并在创业板上市招股说明书》及《关于云汉芯城（上海）互联网科技股份有限公司首次公开发行股票并在创业板上市申请文件的审核问询函的回复》。

也需要注意确保信息披露豁免申请的合规、合理性。高华科技（688539）[①]、安徽佳力奇先进复合材料科技股份公司[②]被监管机关指出其部分信息披露豁免申请的理由论述不充分，被要求公司按照有关规定的要求重新说明豁免申请的依据和理由。因此公司在申请豁免披露时，应当与中介机构充分沟通，确保豁免申请的内容和理由合理、合法。

拟上市公司在上市过程中遭遇商业秘密纠纷或诉讼也是较为常见的情形。因此，拟上市公司一方面需要建立健全商业秘密保护制度，日常经营中明确涉密信息及商业秘密保护范围，并与公司重要成员及时签署保密协议及竞业禁止协议，以防止公司商业秘密被侵犯；另一方面在引进新员工时，需要仔细核查其在原单位任职时是否签署过保密协议、竞业禁止协议，是否收到过竞业禁止补偿金等并做好存档工作。

> **相关案例**
>
> **甬矽电子及其六名员工被举报侵害商业秘密**[③]
>
> 甬矽电子及其六名员工于 2021 年 11 月 19 日被长电科技（600584）以侵害商业秘密为由向无锡市中级人民法院提起诉讼，并被向上海证券交易所进行了举报。因此，甬矽电子不得不于 2022 年 2 月 14 日回复了长达上百页的《举报信专项核查报告》，就主要生产设施的形成过程、主要产品的研发过程、生产过程所涉及的知识产权和技术秘密的形成过程、主要客户的取得和导入过程以及公司产品与举报方在具体实现工艺及内部微观结构上存在的差异等方面作出说明。

三、合规提示

知识产权是企业资产的重要组成部分，不仅涉及企业的合规运营，更关

---

① 案例信息来源：高华科技在上海证券交易所发行上市审核网站公告的《南京高华科技股份有限公司首次公开发行股票并在科创板上市申请文件的审核问询之回复报告》。

② 案例信息来源：安徽佳力奇先进复合材料科技股份公司在深圳证券交易所发行上市审核信息公开网站公告的《关于安徽佳力奇先进复合材料科技股份公司首次公开发行股票并在创业板上市申请文件的第二轮审核问询函的回复》。

③ 案例信息来源：甬矽电子在上海证券交易所发行上市审核网站公告的《关于甬矽电子（宁波）股份有限公司首次公开发行股票并在科创板上市申请的举报信相关内容的自查报告》。本案中的诉讼，见浙江省宁波市中级人民法院（2022）浙02知民初81号民事裁定书，原告江苏长电科技股份有限公司自愿撤诉。

系到论证企业的核心竞争力及可持续经营能力。企业应尽早聘请专业机构对其知识产权进行全面梳理，并根据业务实体保护需求和上市审核要求，建立知识产权维持和保护的完整的体系，有规划地提前进行战略布局，既能为未来登陆资本市场打下坚实的基础，又能实质提升企业无形的核心竞争力。

第二节 不动产权

我国不动产权主要分为土地权利和房屋及其他建筑物的权利，即包括土地使用权和房屋所有权。因此拟 IPO 企业在不动产权合规项下需要同时关注土地使用权及房屋所有权这两大权利的相关合规问题，确保获取土地、房屋的过程合法合规且手续齐全。企业在生产、经营中必定会涉及办公场所、生产场地及其他不动产的权属和使用问题，不动产是企业的核心资产之一，长期稳定且合法合规的生产经营场所对企业的长期发展而言至关重要，在 IPO 过程中属于企业需要重点关注的合规事项。企业取得房屋、厂房所有权或使用权的方式包括自建、购买和租赁等，不同方式项下需要履行的手续和取得的证明也有所不同，本节将详细介绍拟 IPO 企业不动产权合规的法律规定、监管及审核要求和企业可参考的合规建议。

一、法律法规概览

（一）法律规定

我国对于不动产权的相关规定主要分布在《民法典》《土地管理法》《城市房地产管理法》《城乡规划法》《建筑法》等法律法规中，对从获取土地使用权到最终取得房屋所有权的全过程作出详细规定。

1. 土地使用权相关规定

我国的土地所有制度为国家和集体所有，土地所有权分为国有土地所有权和集体土地所有权。城市市区的土地归国家所有，城郊和农村的土地，除了法律规定归国家所有的以外，归农民集体所有，宅基地、自留山和自留地归农民集体所有。

我国实行土地所有权和土地使用权分离制度，《土地管理法》第十条规定,"国有土地和农民集体所有的土地,可以依法确定给单位或者个人使用。使用土地的单位和个人,有保护、管理和合理利用土地的义务"。国家可以通过划拨、出让或者租赁的方式将国有土地使用权确定给个人或单位使用,集体土地可以通过出租的方式供个人或单位使用。

除通过出让、划拨方式取得自有土地外,企业亦可以通过租赁的方式取得土地使用权。在租赁或通过出让方式取得集体经济组织所有的土地使用权时,除了关注租赁或出让合同本身的合法性以外,还需要关注集体经济组织内部是否履行了关于本次租赁或出让土地相关事宜的法定内部程序,如《土地管理法》第六十三条第二款规定,"……集体经营性建设用地出让、出租等,应当经本集体经济组织成员的村民会议三分之二以上成员或者三分之二以上村民代表的同意"。

拟 IPO 企业除关注取得土地使用权的合法合规性以外,在使用土地的过程中也需要符合相关规定,如土地的使用需要符合相关产业政策、不属于限制用地项目等,或者在使用土地的过程中不得擅自变更土地性质、不得违反用地审批中关于使用土地的要求等。

2. 房屋所有权相关规定

企业的房产主要分为自有房产和租赁房产,企业取得自有房屋所有权的方式主要为自建房屋或通过买卖取得房屋。除自有房屋外,企业也可以通过租赁的方式取得办公、生产经营场所的使用权。我国对不动产实行统一登记制度,房屋的权属需经登记发生法律效力,未经登记,不得对抗善意第三人,因此企业的自有房屋在取得时应当及时依法办理登记手续,取得相应的权属证书。未进行房屋登记取得房屋权属证书的,企业对该房产的所有权未被政府部门确认,也不发生公示效力,企业日后出卖、使用和抵押等处置房产的行为都会遇到阻碍。

企业自建房屋的,应当按照《建筑法》的相关规定取得建筑工程规划许可证、建筑工程施工许可证等工程规划文件,并在建设完成后及时取得建设工程竣工验收报告等。

企业购买房屋的,应当关注出卖方是否有合法、完整的房屋所有权,并及时办理房屋过户登记,取得房屋权属登记证书。除需要满足买卖合同的一般性规定外,还需要关注土地权属和房屋权属的一致性,应当取得出卖方土地和房屋的权属证明,避免出现权属不一致的情况。

企业租赁房屋的,应当确保出租方有权出租目标房产,并根据《商品房屋租赁管理办法》第十四条的规定在期限内进行房屋租赁登记备案。

（二）上市审核要求

不动产权是企业的重要资产之一，土地使用权和房屋所有权是企业赖以生产和发展的物质基础。合法合规地拥有土地使用权和房屋所有权，不仅对企业资产的稳定保值有着重要的意义，也能给企业提供长期稳定的生产经营场所，促进企业较稳定地保证经营状况，避免出现频繁搬迁而导致生产经营受阻的情况。因此不动产权的合规是拟IPO企业需要着重关注的合规领域之一，如果在报告期内出现重大不动产权问题，如因违反土地相关的法律法规被行政处罚，又或者因房产问题对企业产生重大不利影响的，会直接导致企业的IPO之路遇到重大障碍。

《首次公开发行股票注册管理办法》第十二条规定："发行人业务完整，具有直接面向市场独立持续经营的能力；……（三）不存在涉及主要资产、核心技术、商标等的重大权属纠纷，重大偿债风险，重大担保、诉讼、仲裁等或有事项，经营环境已经或者将要发生重大变化等对持续经营有重大不利影响的事项"，要求拟IPO企业应当确保不存在重大土地违法违规事项。同时在IPO审核中，监管机构也要求律师对企业的土地、房产等不动产权进行核查和出具意见，中国证监会发布的《公开发行证券公司信息披露的编报规则第12号——公开发行证券的法律意见书和律师工作报告》第三十九条就规定，律师工作报告中需要对企业所有的房产、土地使用权的情况进行披露并说明这些财产是否取得相应完备的权属证书，是否存在权利瑕疵及纠纷等。对于租赁的房产、土地使用权，律师也应当对企业租赁这些财产是否合法有效进行说明。

鉴于不动产权对于企业长期稳定的生产经营的重要性，在IPO审核过程中，监管机构也会重点关注拟IPO企业的不动产权问题，经检索相关案例并进行梳理，监管机构对企业土地使用权、房屋所有权的常见关注问题有：

1. 发行人拥有的土地、房产具体情况及用途；

2. 发行人取得土地是否符合法定程序，是否需要履行招标、拍卖、挂牌制度；

3. 发行人所有的土地、房屋是否取得权属证书，如已取得，说明取得权属证书的时间和取得方式；

4. 发行人不动产权证书的办理进展情况及进度安排，面临何种困难，是否存在实质性障碍；

5. 如未取得土地、房屋权属证书，说明原因，以及这些瑕疵事项对发行人的影响；

6. 发行人所有的土地、房屋权属是否清晰，是否存在权属纠纷；

7. 位于集体土地上的房产未办理权属证书的具体原因，是否存在未经集体组织有效决议或不符合土地性质（如是否存在划拨地、农用地、耕地、基本农田及其上建造的房产等情形）、法定用途等违规情形；

8. 发行人未取得房屋不动产权证是否因其为违章建筑，相关土地使用权是否合法，是否有被强制拆除的风险，相关损失由谁来承担，无法取得产权证书是否有替代方案；

9. 未取得房屋产权证书/不动产权证书的租赁土地和房产占发行人全部土地或房产面积的比例，发行人使用上述瑕疵土地或房产产生的收入、毛利、利润情况，对发行人生产经营是否构成重大不利影响，是否存在行政处罚风险，是否构成重大违法行为；

10. 发行人的土地、房屋是否存在被征收的风险，征收事项对发行人生产经营的具体影响，以及对发行人可持续经营能力是否造成重大不利影响；

11. 发行人承租土地使用权的价格是否公允，租期如届满是否可以办理续期，若不能办理续期发行人有何应对措施、是否会对生产经营构成重大不利影响。

下文将介绍 IPO 过程中的重点关注事项及相关应对策略。

二、重点关注问题

（一）土地使用权

1. 土地使用权的性质及对应的取得方式

合法合规地使用土地的前提是依法取得土地使用权，在企业核查不动产权合规性的相关问题时，是否合法合规取得土地使用权及相关凭证是首要考虑事项。

我国的土地使用权状况比较复杂，一般分为城市建设用地使用权、农村集体土地使用权和宅基地使用权。土地使用权是一种典型的用益物权，以大多数企业最常见的建设用地使用权为例，建设用地使用权的设立采用登记生效主义，即建设用地使用权的设立除了达成合意以外，还需要经过相关有权政府部门的登记才能生效，经登记后，相关部门会向建设用地使用权人发放建设用地使用权证书，以形成公示效力。

根据《土地管理法》的相关规定，国家所有和集体所有的土地可以通过合法方式提供给单位或者个人使用。取得土地使用权的方式主要为划拨或者出让，具体如下：

（1）划拨

划拨是指因公共利益或者其他国家利益的需要，由国家相关部门和机关确定某些相对人无偿、长期地取得土地使用权并按照规定使用的情况。划拨需要经过有权部门的行政审批，《城市房地产管理法》第二十三条规定："土地使用权划拨，是指县级以上人民政府依法批准，在土地使用者缴纳补偿、安置等费用后将该幅土地交付其使用，或者将土地使用权无偿交付给土地使用者使用的行为。依照本法规定以划拨方式取得土地使用权的，除法律、行政法规另有规定外，没有使用期限的限制。"因划拨的无偿性和无期限性，对于以划拨方式取得土地使用权，法律有着严格的适用限制，根据《土地管理法》第五十四条的规定，仅有：①国家机关用地和军事用地；②城市基础设施用地和公益事业用地；③国家重点扶持的能源、交通、水利等基础设施用地；④法律、行政法规规定的其他用地，可以以划拨方式取得建设用地使用权。对绝大多数企业而言，其用地性质既不属于上述可以划拨方式取得土地使用权的类型，也不涉及因国家利益、公共利益而需要用地的情况，因此一般企业取得土地使用权多为通过出让等有偿使用方式取得。

（2）出让

出让是企业原始取得土地使用权的主要方式。出让是指土地所有权人将土地的占有、使用和收益的权利通过出让合同在一定年限内转移给土地使用者，土地使用者支付出让金的行为。出让是一种有偿、有期限地取得土地使用权的方式，主要分为国有土地使用权的出让和集体经营性建设用地使用权的出让。

国有土地使用权的出让规定在《城市房地产管理法》第八条"土地使用权出让，是指国家将国有土地使用权（以下简称土地使用权）在一定年限内出让给土地使用者，由土地使用者向国家支付土地使用权出让金的行为"和《土地管理法》第五十四条"建设单位使用国有土地，应当以出让等有偿使用方式取得……"等法律规定中。

国有土地使用权的出让可以通过拍卖、招标或者双方协商的方式取得，由市、县人民政府土地管理部门与土地使用者签订书面的土地使用权出让合同。如果是建设用地使用权的出让，根据《民法典》第三百四十七条第二款的规定"工业、商业、旅游、娱乐和商品住宅等经营性用地以及同一土地有两个以上意向用地者的，应当采取招标、拍卖等公开竞价的方式出让"和《招标拍卖挂牌出让国有建设用地使用权规定》《关于继续开展经营性土地使用权招标拍卖挂牌出让情况执法监察工作的通知》等文件的要求，工业、商业和房地产行业的建设用地使用权，均需通过履行公开"招拍挂"程序以出让方式取得。在实践中，未履行或未完全依法履行"招拍挂"程序，而是以双方协商、直接与地方政府签订出让合同的方式取得工业、商业和房地产行业建设用地使用权的，有被认定出让合同无效的风险。

集体经营性建设用地使用权的出让规定主要集中在《土地管理法》第六十三条第一款"土地利用总体规划、城乡规划确定为工业、商业等经营性用途，并经依法登记的集体经营性建设用地，土地所有权人可以通过出让、出租等方式交由单位或者个人使用，并应当签订书面合同，载明土地界址、面积、动工期限、使用期限、土地用途、规划条件和双方其他权利义务"和《城市房地产管理法》第九条"城市规划区内的集体所有的土地，经依法征收转为国有土地后，该幅国有土地的使用权方可有偿出让，但法律另有规定的除外"，即城市的集体所有土地，需要先经过政府依法征收，将土地性质转为国有后，方可通过政府出让该宗土地的使用权。其他依法登记的集体经营性建设用地，有所有权的集体经济组织可以作为主体出让该宗土地的建设用地使用权。

2. 土地使用权瑕疵及其解决措施

本文主要讨论两类土地使用权瑕疵：一类系未取得产权证书的土地使用权，另一类系土地使用权使用过程中存在违法违规行为。

（1）未取得产权证书的土地使用权

一般而言，拟 IPO 企业取得国有土地使用权的方式为出让，履行"招拍挂"程序后，与当地政府土地行政管理部门签订《国有土地使用权出让合同》，企业向国家支付土地出让金，办理合法的用地审批手续并取得《国有土地使用权证》《不动产权证书》。

因国有土地使用权出让手续瑕疵导致其所有的土地使用权未能办理产权证书的，企业不仅需要证明其对相关土地使用权的权属，还存在被认定为非法占用土地，继而被相关政府土地行政管理部门责令拆除土地上的建筑物及附属物、恢复土地原状并退回被非法占用的土地的风险，企业及其主管人员、直接负责人员存在会被处以行政处罚,甚至被追究刑事责任及其他法律责任的风险。

鉴于发行人在最近36个月内是否存在违反土地行政法规,受到行政处罚且情节严重是涉及发行上市实质条件的问题,因此上述问题最好的应对措施为积极与政府土地行政管理部门进行沟通,完善用地手续,包括但不限于补签出让合同、补缴土地出让金等,尽可能取得相关部门出具的不会对该事项进行处罚的意见书或承诺函。

(2) 土地使用权使用过程中存在违法违规行为

①闲置土地

根据《闲置土地处置办法》规定,闲置土地是指国有建设用地使用权人超过国有建设用地使用权有偿使用合同或者划拨决定书约定、规定的动工开发日期满一年未动工开发的国有建设用地;除因政府部门原因造成的闲置土地外,闲置土地按照下列方式处理:A. 未动工开发满一年的,由市、县国土资源主管部门报经本级人民政府批准后,向国有建设用地使用权人下达《征缴土地闲置费决定书》,按照土地出让或者划拨价款的20%征缴土地闲置费。土地闲置费不得列入生产成本;B. 未动工开发满两年的,由市、县国土资源主管部门按照《土地管理法》第三十七条和《城市房地产管理法》第二十六条的规定,报经有批准权的人民政府批准后,向国有建设用地使用权人下达《收回国有建设用地使用权决定书》,无偿收回国有建设用地使用权。闲置土地设有抵押权的,同时抄送相关土地抵押权人。

据此,闲置土地的风险主要为缴纳土地闲置费及被无偿收回土地使用权。如土地使用权人与政府签署了开发协议,还可能存在违约风险。

如闲置土地对发行人重要性较低,可考虑置出闲置土地以解决发行人的不合规状态;如发行人对闲置土地确有动工计划,建议尽早动工并对建成后的房产办理产权证书;如置出可能性较低,且发行人短期内不存在动工计划或就建成后的房产办理产权证书可能性较低,建议取得政府部门出具的不追究法律责任/不构成闲置土地的确认函,同时,建议发行人的实际控制人对发行人可能遭受的损失出具兜底承诺。

②土地使用用途与土地规划用途不一致

我国对土地使用用途有着严格的规定和限制,土地使用权人应当按照土地利用总体规划确定的用途使用土地,不得擅自变更土地用途。《土地管理法》第四条规定:"国家实行土地用途管制制度……使用土地的单位和个人必须严格按照土地利用总体规划确定的用途使用土地。"

在《土地管理法》将土地用途分为农用地、建设用地和未利用地的基础上，《土地利用现状分类》（GB/T 21010—2017）进一步规定了土地利用的类型、含义，将土地利用类型细化为耕地、园地、林地、草地、商服用地、工矿仓储用地、住宅用地、公共管理与公共服务用地、特殊用地、交通运输用地、水域及水利设施用地、其他用地等12个一级类、73个二级类。

根据《民法典》《土地管理法》等法律法规的相关规定，土地使用权人不得擅自改变土地用途，确需改变的，应当向土地所在地的县级以上人民政府土地行政主管部门提出土地变更登记申请，由原土地登记机关依法进行变更登记。

企业擅自改变土地用途可能会被处以责令交还土地、限期改正违法行为和罚款等行政处罚。如企业存在土地使用用途与土地规划用途不一致的情况，建议企业及时与规划部门和土地主管部门进行沟通，取得同意土地用途变更的相关文件并重新签订土地使用权出让合同，注明变更后的土地用途，调整并支付相应的土地使用权出让金，取得变更后的土地使用权权属证书，并尽可能取得土地主管部门对此前企业使用土地用途与土地规划用途不一致不进行处罚的承诺函。

（二）房屋所有权瑕疵及其应对措施

房屋权属证书是权利人合法拥有房屋所有权，并对房屋行使占有、使用、收益和处分权利的合法凭证，是国家有权政府部门对房产所有的确认，具有公示效力。未取得房屋权属登记证书的，企业在处置、设置抵押权等他项权利和行使其他权利时可能都会遇到法律障碍，影响企业对目标房屋的商业方案和处理，也容易引发潜在关于所有权争议的纠纷。

发行人拥有的房屋未取得产权证书是IPO中常见的法律问题，在申报前取得产权证书或者产权证书已经在办理过程中自然是最理想的解决措施，但"无证房产"往往系历史原因形成的问题，在可预期的未来无法办理产权证书，因此发行人及中介机构需要打消监管机构对"无证房产"的疑虑。想要应对"无证房产"带来的疑虑，需要先从"无证房产"涉及的法律问题入手，了解其中的法律风险及监管机构关注的事项，再区分导致"无证房产"的原因，分析不同情境下的"无证房产"存在的法律问题，最终提出具体的应对措施。

1. "无证房产"涉及的主要法律问题

"无证房产"主要关注产权权属是否清晰、发行人是否存在处罚风险以及发行人的生产经营是否将受到重大不利影响三个层面。

(1) 产权权属是否清晰

一般而言,不动产权的价值对公司整体资产价值的影响较大,且如所涉房产为发行人的生产经营场所,房产产权的不确定性将影响发行人生产经营的持续性及稳定性。产权证书是持有人对产权权属的证明,在产权证书缺失的情况下,如何证明产权归属于发行人以及相关产权权属不存在纠纷将会是审核重点。

(2) 发行人是否存在处罚风险

《建筑法》《建筑工程施工许可管理办法》《城乡规划法》等法律法规均规定了建造方在施工或规划过程中的不合规事项的罚则,但未规定使用方的罚则,因此,在实际使用用途与房屋规划用途一致的情况下,使用"无证房产"本身并不违法,但如果"无证房产"系通过自建取得(包括委托第三方建设),则发行人可能因其违反规划或建设相关法律法规受到罚款或拆除违章建筑物等处罚,具体如下:

表 9-2 关于未取得许可证建设的相关主要法律法规规定

序号	法律法规	违法行为	罚则
1	《建筑法》第六十四条	未取得施工许可证或者开工报告未经批准擅自施工	责令改正
		不符合开工条件	责令停止施工,并可以处以罚款
2	《建筑工程施工许可管理办法》第十二条	未取得施工许可证或者为规避办理施工许可证将工程项目分解后擅自施工	①责令停止施工,限期改正; ②对建设单位处工程合同价款1%以上2%以下罚款; ③对施工单位处3万元以下罚款
3	《城乡规划法》第六十四条	未取得建设工程规划许可证或者未按照建设工程规划许可证的规定进行建设	①责令停止建设; ②尚可采取改正措施消除对规划实施的影响的,限期改正,处建设工程造价5%以上10%以下的罚款; ③无法采取改正措施消除影响的,限期拆除,不能拆除的,没收实物或者违法收入,可以并处建设工程造价10%以下的罚款

(3) 发行人的生产经营是否将受到重大不利影响

如"无证房产"主要用于办公场所或宿舍，因其可替代性高且搬迁成本低，除非"无证房产"的价值很高，否则该问题的关注度将会大幅下降，在后文所列应对措施缺失的情况下可以"无证房产"的用途及价值作为切入点论述"无证房产"对发行人的重要性较低，从而说明房屋所有权瑕疵对发行人的影响较小。

但如"无证房产"为发行人的主要生产场所，发行人丧失"无证房产"的所有权或"无证房产"被拆除都将直接影响发行人的生产经营，因此需要尽量证明"无证房产"不存在被拆除的风险，同时发行人应当制定相应预案并测算搬迁成本，从最坏结果的角度说明"无证房产"被拆除对发行人可能的影响。

2. "无证房产"的应对措施

基于"无证房产"涉及的三大法律问题，本节将从导致"无证房产"的常见原因入手，分类型分析不同情境下，发行人针对"无证房产"采取的应对措施。

(1) 外购房产

外购房产一般由开发商或其他第三方建造，发行人购买房产后，因开发商不配合或其他历史原因未办理产权证书。发行人非房产的建造方，一般不会面临处罚风险，该种情形下能够有效证明发行人对相关房产的权属及权属的清晰性，以及房产不存在被拆除的风险或风险较低后，监管机构一般不会再追问。

①证明发行人对相关房产的权属

《民法典》第二百二十一条第一款规定，当事人签订买卖房屋的协议或者签订其他不动产物权的协议，为保障将来实现物权，按照约定可以向登记机构申请预告登记。预告登记后，未经预告登记的权利人同意，处分该不动产的，不发生物权效力。

《城市商品房预售管理办法》第十条第一款规定，商品房预售，开发企业应当与承购人签订商品房预售合同。开发企业应当自签约之日起30日内，向房地产管理部门和市、县人民政府土地管理部门办理商品房预售合同登记备案手续。

预告登记及商品房买卖合同登记备案虽容易被混为一谈，但二者性质以及适用的范围不同，预告登记适用于所有不动产登记（以深圳为例，预告登记的类型包括不动产抵押、转移的预告登记以及预购商品房买卖及抵押的预告登记），预告登记产生物权公示的效力，预告登记完成后，未经权利人同意，不得处分该不动产，即使该房产尚未办理权属证书，预告登记也能够证明发行人对房产的权属；商品房买卖合同登记备案系具有行政管理性质的程序，系房产管理部门对开发商售房行为进行管理的手段，一般仅适用于商品房预售的情况，虽然商品房买卖合同登记备案不产生物权公示效力，但是可以有效防止开发商一房二卖的情形，因此亦是证明发行人对房产的权属的方式之一。

外购房产进行预告登记及商品房买卖合同登记备案的可能性相对较大，但本所律师亦曾经办理过无法办理上述手续的项目。在该种情况下，获取发行人获得房产的资料（包括买卖合同及支付凭证、法院判决书等）为证明产权权属最基础的手段，在可能的情况下，建议访谈房产的出售方，确认不存在一房二卖和发行人为目标房产合法的所有权人等情形。

②关于如何证明房产不存在被拆除的风险或风险较低

主管部门出具"无证房产"不存在被拆除的计划或风险为最理想的证明手段，但依房产所在地区不同，政府部门的配合程度亦不尽相同，如政府部门不愿配合出具，可以从替代性的角度制定相关预案论证即使房产被拆除，发行人因此遭受的损失亦较低，例如发行人在该房产处生产经营的业绩占发行人总业绩的比例较小，对发行人总体的生产经营活动和业绩影响都较小，或者发行人在该房产处的设备、资料搬迁成本较低，不会对发行人产生额外较大负担。

（2）房产所在土地未取得不动产权证书

房产所在土地本身为未取得产权证书的土地使用权/所有权，其上的房产自然也无法办理产权证书，解决该问题的首要任务在于解决土地的产权问题，相关应对措施已在上文详述，在此不再赘述。

（3）房屋或建筑物的建造过程存在瑕疵

根据《建筑法》《建筑工程施工许可管理办法》《城乡规划法》的规定，企业在房屋/建筑物建设前一般需要取得建设工程规划许可证及建设工程施工许可证，建设工程规划许可证的取得通常以建设用地规划许可证为前提条件，因此如房屋所在土地未取得产权证书，一般也会存在该问题。在房屋/建筑物建成后，需要履行规划、消防、房屋整体竣工验收/备案手续，但该等手续亦以企业取得建设用地规划许可证、建设工程规划许可证及建设工程施工许可证为前提。

一般未完成规划及施工审批流程的房屋/建筑物会被认定为违章建筑，对于建造方的法律风险即上文"'无证房产'涉及的主要法律问题"之"发行人是否存在处罚风险"所述行政处罚风险。应对该事项的最佳方法是取得主管部门关于发行人不存在行政处罚风险的证明或针对该事项与主管部门进行访谈，但是随着政府部门对于出具文件的谨慎性增加，目前已经鲜有项目能够取得上述证明文件或进行访谈。法律法规针对建设违章建筑的罚则主要为责令停止建设、责令改正、拆除违章建筑及罚款，一般违章建筑都系已经建成的建筑，因此责令停止建设的可能性较低，需要应对的罚则主要系拆除违章建筑及罚款。如何证明房产不存在被拆除的风险或风险较低已在上文论述，针对发行人可能面临的罚款建议控股股东、实际控制人出具兜底承诺，对发行人可能遭遇的损失进行补偿，以减少罚款对发行人及其上市后中小投资者的损失。

（三）租赁房产

除了通过自建房屋、购买房屋获得房屋所有权以外，随着近年来购房成本的不断增长，通过租赁方式取得生产经营房屋的占有使用权也是众多企业的选项之一。一方面可以尽快获得合适的用于生产经营的房屋，无须耗费大量时间在取得土地使用权和自建房屋的过程上，尽可能减少对正常生产经营活动的影响；另一方面也可以节约大量成本，相比取得土地使用权支出的出让金、自建房屋的建筑成本和购买房屋的价款，采用租赁形式可以为企业在短期内节约一笔客观的成本，在企业发展的某一些阶段，采纳租赁方式取得房屋使用权不失为企业的好选项。

在租赁房产的过程中，有一些关键的合规点依旧需要企业重点关注，避免因租赁房产纠纷或过失影响企业正常的生产经营和长期计划。其一是租赁房产本质上是债权行为，是出租方和承租方达成合意并签订房屋租赁合同，出租方依照约定交付目标房屋及承担其他约定义务，承租方按约定支付租金并占有、使用目标房屋的行为，需要满足《民法典》第一百四十三条关于民事法律行为有效的条件。其二是在 IPO 审核过程中，其中一个核心要点是需要审查企业是否有稳定、长期的生产经营场所，因此在租赁房屋时，企业也应当尽可能以长期、稳定在目标房产处开展生产、经营活动为出发点进行考虑。具体而言，需要审查出租方是否为合格主体，出租方是否为目标房产的合法所有权人，目标房产的建设、取得和公示是否符合法律要求，出租方是否有意愿和能力履行较长期限的租赁合同，出租方违约的可能性和出现违约时企业的替代方案，关于目标房产当地政策的稳定性，是否可能会涉及在短时间内被征收的情况等。下文将针对IPO审核过程中发行人租赁房产的常见法律问题作出分析。

1. 租赁"无证房产"

在未启动IPO前，大部分企业的合规意识不强，其在租赁房产过程中受地域、成本的限制，容易租赁到未办理产权证书的房产，该情形在制造业中更为常见，而目前监管态度也有所放松，市面上已有发行人的生产场所均为租赁房产且均为"无证房产"的案例。搬迁至有产权证书的房产往往带来违约、搬迁费用等成本，非上策，因此在IPO过程中，发行人及中介机构往往通过解释手段应对"无证房产"带来的质疑，主要思路与"无证房产"的应对措施相仿，即租赁房产的用途、发行人能否继续使用租赁房产及发行人是否存在处罚风险。

（1）出租方是否有权出租房产

如出租方非房产的所有人，其未经授权出租房产的，房产所有权人有权收回房产，导致承租方无法继续使用房产。因此无论租赁的房产是否已办理产权证书，出租方是否有权出租房产都是应当关注的事项。本文谨就常见的以下两种情形进行分析：

①转租

《民法典》第七百一十六条第二款规定，承租人未经出租人同意转租的，出租人可以解除合同。第七百一十七条规定，承租人经出租人同意将租赁物转租给第三人，转租期限超过承租人剩余租赁期限的，超过部分的约定对出租人不具有法律约束力，但是出租人与承租人另有约定的除外。因此，在转租的情况下，发行人应当取得出租方出具的关于同意转租的声明或类似文件，以确保转租方有权转租相关房产。

②集体用地

根据《土地管理法》第六十三条第二款的规定，集体经营性建设用地出让、出租等，应当经本集体经济组织成员的村民会议三分之二以上成员或者三分之二以上村民代表的同意。如集体经济组织未履行法定内部程序，则该宗土地的出租、出让存在被认定无效的可能性。因此在租赁前或申报前，发行人应当取得村民委员会出具的关于其出租房产事宜已通过村民会议三分之二以上成员或者三分之二以上村民代表同意的确认文件。

(2) 承租方是否存在被处罚风险

在房屋租赁的情境下,发行人是否存在被处罚风险与"无证房产"的思路一致,即租赁房产(包括未办理施工、规划手续的建筑物)是否由发行人建设,如否且房产的实际使用用途与规划用途一致,则按照法律法规的规定,发行人不存在被行政处罚的风险,同时建议在租赁协议中明确上述事实,如租赁房产确由发行人建设,则发行人存在被行政处罚的风险,应对措施如上文"房屋或建筑物的建造过程存在瑕疵"所述。

(3) 承租方是否存在无法继续承租的风险

如承租方将租赁房产用于办公,因搬迁成本低及可替代性高等原因,对其租赁房产是否已办理产权证书的关注度将会大幅降低。如租赁房产用于生产用途,则可参考上文"关于如何证明房产不存在被拆除的风险或风险较低"所述的应对措施。

2. 政府代建厂房

近年来,为吸引优质企业落地,促进经济产业升级,一些地方政府开始通过政府代建厂房的模式进行招商引资,主动为企业解决厂房建设、入驻和使用问题。如《湖北省人民政府关于新形势下进一步加大招商引资力度的若干意见》中就提到"鼓励各地有序推进重资产招商,政府可代建厂房及厂区基础设施、代购生产设备、配套提供员工公寓等,吸引龙头企业带轻资产'拎包入住'"。政府代建厂房是通过当地政府与企业签订协议,由当地政府或政府指定方按照企业的需求代其建设厂房,厂房建成后企业即可入驻开展正常的生产经营活动。企业和当地政府一般会在协议中约定一定期限,在期限内政府给予企业优惠租赁代建厂房或免费使用代建厂房的政策,期满后企业可以视情况以成本价格购买厂房或继续租赁厂房。

与传统的政府出让土地使用权,企业取得土地后自行建设厂房的供地招商相比,政府代建厂房模式能让企业在很大程度上缩短前期找地建厂的周期,减少前期在基础设施和场地上的投入,将资金和精力更好地投入在人才、设备和技术上。同时企业亦可与政府约定在一定期限后购买目标厂房,保证未来生产经营计划的稳定性,增强企业长期发展的信心。近年来,有部分企业采用政府代建厂房作为募集资金投资项目用地，如科翔股份（300903）①、壹石通（699733）② 等。一般监管机构对于政府代建厂房模式的问询集中如下：

（1）请发行人说明采用政府代建厂房模式的背景和原因；

（2）请发行人说明采用政府代建厂房模式是否符合商业惯例和商业逻辑；

（3）请发行人说明政府代建厂房协议的具体内容、实施情况和进展，该协议是否符合法律规定；

（4）请发行人说明政府代建厂房协议的实行是否有实质性障碍，是否存在纠纷或潜在纠纷；

（5）采取政府代建厂房模式是否取得发行人内部程序的审议通过，是否取得当地政府的内部审批文件；

（6）请发行人说明政府代建厂房的租赁价格和回购价格是否公允，协议的其他条件是否公平，是否会对发行人产生重大不利影响。

对企业而言，采取政府代建厂房的模式在前期有助于节约成本，但在与当地政府签订政府代建厂房协议时，需要关注政府代建厂房的相关条件，如需要在当地生产经营的最低年限、租赁厂房的价格和支付方式、后续是否可以购买厂房、厂房的购买价格以及其他的生产、经营性的条件等，尽可能减少企业违约的风险。

三、合规提示

无论是自有土地使用权、房产还是租赁房产，企业都不可避免会与不动产打交道，而不动产权的合规问题不仅在 IPO 申报过程中需要被重视，在日常合规过程中也需要被重视。与不动产权相关的问题有很多，由于篇幅原因，笔者谨列示常见的主要问题，上述应对措施仅为本所律师根据项目经验提炼的常规手段，并非合规模板，依房产所在区域、政府部门的配合程度以及项目复杂程度的不同，每个项目均需依其特性制定合规策略。此外，需要特别注意的是，因为募集资金投资项目关系到企业上市融资后资金的流向，且募

---

① 案例信息来源：科翔股份在深圳证券交易所发行上市审核信息公开网站公告的《广东科翔电子科技股份有限公司首次公开发行股票并在创业板上市招股说明书》。

② 案例信息来源：壹石通在上海证券交易所发行上市审核网站公告的《安徽壹石通材料科技股份有限公司首次公开发行股票并在科创板上市招股说明书》及《关于安徽壹石通材料科技股份有限公司首次公开发行股票并在科创板上市申请文件的审核问询函之回复》。

集资金投资项目为未来规划的事项,可以合理规避风险,因此对于募集资金投资项目建议在具有产权证书且不存在合规风险的土地使用权之上或房产之中进行。

小　结

　　企业的知识产权、不动产权等主要财产在上市审核中的关注度较高,主要原因在于不动产权一般关系着企业是否具有稳定、长期的生产经营场所,而知识产权在一定程度上体现了企业的业务水平以及核心技术是否具有竞争力,这也决定了企业能否保持平稳、健康的发展。

　　对知识产权的关注重点不仅包括发明、实用新型专利的权属是否清晰、是否存在任何纠纷或侵权,还需关注发行人拥有的知识产权与其核心技术的关系、知识产权是否属于涉及职务发明、是否使用第三方授权知识产权或授权第三方使用,以及发行人股东是否存在以知识产权出资的情况;对不动产权问题的关注中,涉及土地使用权的关注重点在于其性质、取得方式、是否取得权属证书以及使用过程中是否存在如闲置、未按规划用途使用等违法违规行为。而房屋所有权及租赁房产的关注重点一般集中于是否存在"无证房产"及其解决方式。

　　以上问题不仅是审核关注的重点,也是企业上市前合规整改的重中之重,企业应当对主要财产的相关问题予以重点关注,对知识产权、不动产权方面存在的问题尽早完成核查整改,确保企业主要财产的取得、使用、处分的合规性,避免因主要财产存在瑕疵而对企业上市或实际经营产生不利影响。

第十章
劳动合规

引　言

近年来，随着国内经济的快速发展，企业商业模式、经营业态都发生了显著的变化，企业组织不断迭代升级、用工场景日益丰富、企业和员工的规范意识逐渐增强，2023年12月29日修订、2024年7月1日生效的《公司法》，更是在第一条中就开宗明义，明确"为了规范公司的组织和行为，保护公司、股东、职工和债权人的合法权益……制定本法"的立法目的，将职工合法权益的保障在立法精神层面予以宣贯。而随着企业社会责任理念的发展与演进，劳动合规也日益成为上市监管机构的关注重点。

如何准确界定劳动关系？通过劳务外包或劳务派遣方式解决用工问题有哪些关注点？社会保险、住房公积金在覆盖范围、缴纳基数等方面如何满足上市审核的要求？企业面临劳动争议或处罚时应该如何应对？

这一系列的问题既考验着企业的经营管理，也让监管机构和市场主体不断思考上市审核及核查过程中的边界及尺度。

第一节　起点：用工关系的规范建立

在企业不断发展壮大的过程中，对人才的吸纳和留存不可或缺，用工关系的建立是"万里长征"的第一步。一方面，建立合理、合法的用工关系，对保障拟上市企业日常运营的稳定性、合规性具有重要意义；另一方面，由于正式员工的用工成本较高，部分企业存在通过劳务派遣、劳务外包、灵活用工等一系列方式规避、转移雇主责任的情形，所以在上市审核中监管机构对于拟上市企业用工关系的真实性、合理性、合法性均尤为关注。

实务中，拟上市企业与员工之间所形成的常见法律关系主要包括劳动关系、劳务关系以及基于与劳务服务机构的合作关系而建立的劳务派遣、劳务外包等用工关系。在本节，我们将围绕上述基础法律关系，对拟上市企业建立用工关系所需关注的事项予以探析。

一、劳动关系

根据《劳动法》和《劳动合同法》的规定，劳动者与用人单位为了确立劳动关系、明确双方的权利和义务，应当订立劳动合同。用人单位和劳动者之间建立的劳动关系从劳动合同期限角度可以分为固定期限、无固定期限和以完成一定的工作任务为期限三种类型，从劳动者工作时长及排他性等角度可以分为全日制用工和非全日制用工两种类型，具体分类及要点如下：

表 10-1　劳动关系的具体分类及要点

类型	基本定义	要点提示
固定期限	用人单位与劳动者约定合同终止时间的劳动关系	用人单位在某些特殊岗位或与特殊人群订立劳动合同时，相关法律法规对合同期限有最长期限的限制，如从事矿山井下以及在其他有害身体健康的工种、岗位工作的农民工其合同期限最长不超过八年①、用人单位与外国人的劳动合同期限最长不得超过五年②等
无固定期限	用人单位与劳动者约定无确定合同终止时间的劳动关系	用人单位与劳动者协商一致，可以订立无固定期限劳动合同。有下列情形之一，劳动者提出或者同意续订、订立劳动合同的，除劳动者提出订立固定期限劳动合同外，应当订立无固定期限劳动合同： （1）劳动者在该用人单位连续工作满十年的； （2）用人单位初次实行劳动合同制度或者国有企业改制重新订立劳动合同时，劳动者在该用人单位连续工作满十年且距法定退休年龄不足十年的； （3）连续订立二次固定期限劳动合同，且劳动者没有《劳动合同法》第三十九条和第四十条第一项、第二项规定的情形，续订劳动合同的。 用人单位自用工之日起满一年不与劳动者订立书面劳动合同的，视为用人单位与劳动者已订立无固定期限劳动合同

---

① 《关于贯彻执行〈中华人民共和国劳动法〉若干问题的意见》第二十一条规定，用人单位经批准招用农民工，其劳动合同期限可以由用人单位和劳动者协商确定。从事矿山井下以及在其他有害身体健康的工种、岗位工作的农民工，实行定期轮换制度，合同期限最长不超过八年。

② 《外国人在中国就业管理规定》第十七条规定，用人单位与被聘用的外国人应依法订立劳动合同。劳动合同的期限最长不得超过五年。劳动合同期限届满即行终止，但按本规定第十八条的规定履行审批手续后可以续订。

续表

类型	基本定义	要点提示
以完成一定的工作为期限	用人单位与劳动者约定以某项工作的完成为合同期限的劳动关系	用人单位应为劳动者提供社会保险及住房公积金等保障。同时，相较于固定期限的劳动合同，用人单位与劳动者之间即使签署多次以完成一定的工作为期限的劳动合同，也无须与劳动者签署无固定期限的劳动合同，但需要注意的是，《劳动合同法实施条例》第二十二条规定，以完成一定工作任务为期限的劳动合同因任务完成而终止的，用人单位应当依照《劳动合同法》第四十七条①的规定向劳动者支付经济补偿
非全日制用工	指以小时计酬为主，劳动者在同一用人单位一般平均每日工作时间不超过四小时，每周工作时间累计不超过二十四小时的劳动关系	根据《劳动合同法》的规定，非全日制用工双方当事人可以订立口头协议，可以随时通知对方终止合同关系且用人单位不向劳动者支付经济补偿，但相应地，从事非全日制用工的劳动者可以与一个或者一个以上用人单位订立劳动合同，即可以建立多重劳动关系。非全日制用工小时计酬标准不得低于用人单位所在地人民政府规定的最低小时工资标准
全日制用工	非全日制以外的劳动合同用工均为全日制用工	国家实行劳动者每日工作时间不超过八小时、平均每周工作时间不超过四十四小时的工时制度。对实行计件工作的劳动者，用人单位应当根据《劳动法》的工时制度合理确定其劳动定额和计件报酬标准。用人单位应当保证劳动者每周至少休息一日

针对上述劳动关系的类型，企业在上市筹备过程中需要关注如下事项：

（一）劳动合同关系的形成并不以签订书面劳动合同为前提

根据《关于确立劳动关系有关事项的通知》（劳社部发〔2005〕12号）的规定，用人单位招用劳动者未订立书面劳动合同，但同时具备下列情形的，劳动关系成立：（1）用人单位和劳动者符合法律、法规规定的主体资格；

---

① 《劳动合同法》第四十七条规定："经济补偿按劳动者在本单位工作的年限，每满一年支付一个月工资的标准向劳动者支付。六个月以上不满一年的，按一年计算；不满六个月的，向劳动者支付半个月工资的经济补偿。劳动者月工资高于用人单位所在直辖市、设区的市级人民政府公布的本地区上年度职工月平均工资三倍的，向其支付经济补偿的标准按职工月平均工资三倍的数额支付，向其支付经济补偿的年限最高不超过十二年。本条所称月工资是指劳动者在劳动合同解除或者终止前十二个月的平均工资。"

(2) 用人单位依法制定的各项劳动规章制度适用于劳动者，劳动者受用人单位的劳动管理，从事用人单位安排的有报酬的劳动；(3) 劳动者提供的劳动是用人单位业务的组成部分。用人单位未与劳动者签订劳动合同，认定双方存在劳动关系时可参照下列凭证：(1) 工资支付凭证或记录（职工工资发放花名册）、缴纳各项社会保险费的记录；(2) 用人单位向劳动者发放的"工作证""服务证"等能够证明身份的证件；(3) 劳动者填写的用人单位招工招聘"登记表""报名表"等招用记录；(4) 考勤记录；(5) 其他劳动者的证言等，上述（1）、(3)、(4) 项的有关凭证由用人单位负举证责任。

而值得拟上市企业尤其是新经济业态企业关注的是，北京市海淀区人民法院在审理李某国与北京某公司劳动争议纠纷案[1]时，即根据"在进行闪送服务时需佩戴工牌，按照服务流程的具体要求提供服务""对每单配送时间有具体规定，超时、货物损毁情况下有罚款"以及"快递员不得同时为其他平台提供服务"等特征，结合上述规定的"三要件"内容，认定快递员与互联网平台间已构成劳动关系[2]。

同时，根据《劳动合同法》第十条、第八十二条及第九十八条的规定，建立劳动关系，应当订立书面劳动合同[3]。已建立劳动关系，未同时订立书面劳动合同的，应当自用工之日起一个月内订立书面劳动合同。用人单位自用工之日起超过一个月不满一年未与劳动者订立书面劳动合同的，应当向劳动者每月支付二倍的工资。同时，用人单位违反《劳动合同法》规定的条件解除劳动合同或者故意拖延不订立劳动合同的，由劳动行政部门责令改正；对劳动者造成损害的，应当承担赔偿责任。

因此，拟上市企业即使不与劳动者签署书面的劳动合同，也存在被认定为事实劳动关系的法律风险，并承担相应的用人单位责任。同时，不及时签署劳动合同，还可能面临支付二倍工资、被劳动行政部门责令改正及对劳动

---

[1] 北京市海淀区人民法院（2017）京 0108 民初 53634 号。

[2] 该案的认定在实务界存在争议，同一时期北京市西城区人民法院作出的（2017）京 0102 民初 32348 号判决、北京市丰台区人民法院作出的（2017）京 0106 民初 14428 号判决、上海市虹口区人民法院作出的（2016）沪 0109 民初 22401 号判决均持相反的观点，未认定平台与快递员之间存在劳动关系。就该等新经营业态下的法律关系，人力资源社会保障部、国家发展改革委等八部门在《关于维护新就业形态劳动者劳动保障权益的指导意见》中明确将该新业态下劳动者与平台之间的关系界定为不完全符合确立劳动关系但企业对劳动者进行劳动管理的情形，并要求企业与劳动者订立书面协议，逐步增强企业对劳动者提供的社会保障措施。

[3] 如前所述，《劳动合同法》第六十九条规定，非全日制用工双方当事人可以订立口头协议。此点应视为《劳动合同法》第十条的例外条款。

者遭受的损害承担赔偿责任等不利后果,需要拟上市企业予以重视。

以雪天盐业(600929,曾用名"湖南盐业") IPO 案例①为例,在报告期内,该公司存在 64 名员工曾因未订劳动合同、未缴纳社会保险费等对公司提起仲裁,监管机构要求公司及中介机构补充核查并披露该公司与员工签订劳动合同的情况,是否仍存在未签订劳动合同进行用工等情形。经中介机构核查,该公司后续已与上述 64 名员工达成了调解协议并且支付了总计为 121 万余元的赔偿金,相关争议已得到妥善解决。而在漱玉平民(301017)②、永臻股份(603381)③、宏海科技(831075)④ 等案例中,发行人均披露在报告期内存在因未及时签订劳动合同而被劳动者主张支付二倍工资的情况,并因此被监管机构关注相关纠纷的原因及进展、是否存在其他劳动纠纷情形、是否建立起完善的劳动用工制度和职工权益保障制度以及劳动争议诉讼事项对发行人生产经营和员工稳定性等方面可能带来不利影响等事项。经中介机构核查,漱玉平民案例中,最终对应的劳动人事争议仲裁委员会驳回了申请人的仲裁请求;永臻股份案例中,经调解,永臻股份通过向劳动者支付经济补偿金的方式解决了上述纠纷;宏海科技案例中,截至披露日,相关劳动争议对应的案件均已结案。

(二)招聘"以完成一定的工作为期限"劳动合同用工和"非全日制用工"应关注合理性、合规性

实务中,由于"以完成一定的工作为期限"的劳动合同用工和"非全日制用工"具有更强的灵活性,部分企业就其临时性、季节性用工常采取该形式以降低用工成本,对此,在上市筹备过程中应注意如下事项:

1. 用工形式应符合必要性、合理性原则

虽然《劳动法》和《劳动合同法》中没有将"以完成一定的工作为期

---

① 案例信息来源:雪天盐业在上海证券交易所发行上市审核网站公告的《湖南盐业首次公开发行股票招股意向书附录》。

② 案例信息来源:漱玉平民在深圳证券交易所发行上市审核信息公开网站公告的《国浩律师(上海)事务所关于漱玉平民大药房连锁股份有限公司首次公开发行股票并在创业板上市之补充法律意见书(一)》。

③ 案例信息来源:永臻股份在上海证券交易所发行上市审核信息公开网站公告的《国浩律师(杭州)事务所关于永臻科技股份有限公司首次公开发行股票并在主板上市之补充法律意见书(四)》。

④ 宏海科技在北京证券交易所网站公告的《北京市中伦律师事务所关于武汉宏海科技股份有限公司向不特定合格投资者公开发行股票并在北京证券交易所上市的补充法律意见书(三)》。

限"的劳动合同用工和"非全日制用工"比照劳务派遣要求适用岗位应具备"临时性、辅助性、替代性"的要求,但从法律法规的立法本意及境内上市的审核要求来看,拟上市企业在采用上述用工形式的过程中仍应充分把握必要性、合理性原则,审慎采用该等用工方式,避免被监管机构质疑存在规避相关法律法规要求的情形。实务中,涉及"以完成一定的工作为期限"的劳动合同用工和"非全日制用工"的部分案例情况如下:

表 10-2 部分案例情况

案例名称	案例基本情况
安美勤 (831288)[1]	监管部门在第一轮问询中要求该公司补充说明除劳务派遣用工外,是否还存在劳务外包、临时用工、非全日制用工等其他用工形式,如有,应披露各类用工形式的金额、占比、项目管理模式、质量控制措施、质量纠纷、劳务纠纷,说明采取相应用工方式的必要性、合法合规性及对生产经营的影响
安德利 (605198)[2]	监管部门对公司生产期用工特点的问题进行了关注,并要求对合法合规性等问题进行核查,发行人及中介机构补充披露了发行人存在的"生产期用工高峰期较短且生产季间隔时间较长,在生产季节来短期打工的员工多为周边村镇农民,人员流动性较大,且更注重短期收入而不愿承担个人缴费的支出"的用工特点,并对发行人与季节性用工人员签订"以完成一定工作任务为期限"的劳动合同的合理性进行解释说明
五芳斋 (603237)[3]	发行人及中介机构结合发行人临时用工的季节性特点对其用工合理性进行解释说明
欢乐家 (300997)[4]	发行人及中介机构结合发行人临时用工的季节性特点对其用工合理性进行解释说明

---

[1] 案例信息来源:安美勤在北京证券交易所网站公告的《关于成都安美勤信息技术股份有限公司公开发行股票并在北交所上市申请文件的审核问询函的回复》。
[2] 案例信息来源:安德利在上海证券交易所发行上市审核网站公告的《得利股份首次公开发行股票招股说明书附录》。
[3] 案例信息来源:五芳斋在上海证券交易所发行上市审核网站公告的《五芳斋首次公开发行股票招股说明书附录》。
[4] 案例信息来源:欢乐家在深圳证券交易所发行上市审核信息公开网站公告的《欢乐家食品集团股份有限公司首次公开发行股票并在创业板上市招股说明书》。

续表

案例名称	案例基本情况
恩威医药 （301331）①	发行人在报告期招聘非全日制销售人员协助进行终端覆盖及产品推广，截至报告期末，发行人非全日制用工数量为1015人，发行人全日制员工人数为1526名，职工薪酬金额占销售费用的56.52%。 对此，监管机构要求发行人说明报告期内持续存在大量非全日制员工的原因及合理性，是否符合行业惯例，非全日制员工的具体工作内容，非全日制用工和全日制用工工作内容的差别，相关人员是否涉及客户、供应商及其关联方等，人均薪酬及与同行业可比公司的对比情况，说明相关费用归集是否完整、准确

2. 用工行为应符合有关法律法规的规定

拟上市企业在采用"以完成一定的工作为期限"的劳动合同用工和"非全日制用工"时，应重点关注合规性问题，主要包括：

（1）以完成一定的工作任务为期限的劳动合同用工，劳动者日工作时间超出八小时的，用人单位应支付加班工资；

（2）非全日制用工和以完成一定的工作任务为期限的劳动合同用工均属于劳动关系，企业应为前者至少缴纳工伤保险，而针对后者，企业作为用人单位应为劳动者缴纳社会保险和住房公积金；

（3）对于招聘非全日制用工的，应根据《关于非全日制用工若干问题的意见》（劳社部发〔2003〕12号），在录用后到当地劳动保障行政部门办理录用备案手续②；

（4）对于使用非全日制用工人数较多、比例较高的，应制定相应的管理制度及反商业贿赂制度，避免该类员工在报告期内存在商业贿赂等违法违规行为；

（5）以完成一定的工作任务为期限的劳动合同因任务完成而终止的，用人单位应根据《劳动合同法》第四十七条的规定支付经济补偿，即经济补偿按劳动者在本单位工作的年限，每满一年支付一个月工资的标准向劳动者支付。六个月以上不满一年的，按一年计算；不满六个月的，向劳动者支付半

---

① 案例信息来源：恩威医药在深圳证券交易所发行上市审核信息公开网站公告的《北京市金杜律师事务所关于恩威医药股份有限公司首次公开发行股票并在创业板上市的补充法律意见书（一）》。

② 实务中，部分地区并未实际建立非全日制用工的备案流程，在恩威医药案例中，中介机构通过由发行人及子公司取得合规证明的方式，对未履行备案手续不构成违法违规情形或相关公司所在区域非全日用工无须备案的事实予以确认。

个月工资的经济补偿。

实务中,部分涉及"以完成一定的工作为期限"的劳动合同用工和"非全日制用工"合规性的案例如下:

表 10-3　部分合规性案例

案例名称	案例基本情况
恩威医药 (301331)①	鉴于申报文件显示,截至报告期末,发行人非全日制用工数量为 1015 人。各报告期末,发行人全日制员工人数分别为 1526 名、1546 名、1617 名、1635 名,监管机构要求发行人及中介机构就以下事项进行核查并披露:(1) 披露是否与非全日制员工均签订正式的劳动合同;(2) 披露相关劳动协议如何约定对非全日制员工涉及商业贿赂等违法违规行为的责任划分,发行人对非全日制员工为其工作期间的违规行为是否需承担法律责任;(3) 披露报告期内非全日制员工是否存在涉及发行人的违法违规行为,报告期内如何规范管理非全日制员工的具体工作,是否建立相应的内部控制制度,相关内控制度是否有效运行;(4) 披露持续存在大量非全日制员工是否符合相关规定,是否到当地劳动保障行政部门办理录用备案手续,是否依法为相关劳动者缴纳工伤保险,是否存在通过聘用兼职人员规避《劳动合同法》等法律法规规定的情形,是否存在行政处罚、劳动纠纷或者潜在风险
科锐国际 (300662)②	发行人灵活用工情况较为突出,存在与部分员工签署以完成一定的工作任务为期限的劳动合同的情况,且一般为一年内的短期劳动合同,监管机构要求发行人在"风险因素"部分补充披露报告期内灵活用工业务的数量、补充披露灵活用工员工数量、劳动合同有效期限及合同薪酬,派出用工薪酬结算方式和流程,报告期内是否对派出用工足额缴纳"五险一金",是否符合相关法律法规的规定,是否存在违法违规情形,对于"需由发行人先行承担补缴义务"是否为相关法律法规的强制性规定
春晖智控 (300943)③	监管机构在问询过程中要求发行人说明其临时用工的方式是否符合相关法律法规规定

---

① 案例信息来源:恩威医药在深圳证券交易所发行上市审核信息公开网站公告的《北京市金杜律师事务所关于恩威医药股份有限公司首次公开发行股票并在创业板上市的补充法律意见书(一)》。

② 案例信息来源:科锐国际在深圳证券交易所发行上市审核信息公开网站公告的《北京市金杜律师事务所关于北京科锐国际人力资源股份有限公司首次公开发行股票并在创业板上市的补充法律意见书(四)》。

③ 案例信息来源:春晖智控在深圳证券交易所发行上市审核信息公开网站公告的《北京德恒律师事务所关于浙江春晖智能控制股份有限公司首次公开发行股票并在创业板上市的补充法律意见(二)》。

（三）重视员工保密和竞业限制的管理

1. 员工的保密义务

根据《劳动合同法》第二十三条第一款的规定，用人单位与劳动者可以在劳动合同中约定保守用人单位的商业秘密①和与知识产权相关的保密事项。实务中，用人单位既可以在劳动合同中设置保密义务条款，也可以通过单独签订《保密协议》的方式，对劳动者的保密义务、保密期限及违反保密约定后需要承担的赔偿责任予以详细约定。

与竞业限制条款不同的是，保密义务作为一项法定义务，其保密期限根据商业秘密的重要性可以是长期且不确定的，在商业秘密被公开之前，均须保守秘密，与劳动者是否在职并无关系。同时，只要用人单位与劳动者之间没有约定支付保密费，则用人单位无须为劳动者履行保密义务而向其支付对价。

《劳动合同法》第九十条及《劳动法》第一百零二条均规定，劳动者违反劳动合同中约定的保密事项，对用人单位造成经济损失的，应当依法承担赔偿责任。

2. 员工的竞业限制义务

根据《劳动合同法》第二十三条、第二十四条的规定，对用人单位的高级管理人员、高级技术人员和其他负有保密义务的人员，用人单位可以在劳动合同或者保密协议中与劳动者约定竞业限制条款，对竞业限制的范围、地域、期限进行约定，并在解除或者终止劳动合同后，在不得超过二年的竞业限制期限内按月给予劳动者经济补偿。在解除或者终止劳动合同后，签署竞业限制约定的人员不得在与本单位生产或者经营同类产品或从事同类业务的有竞争关系的其他用人单位任职，也不得自己开业生产或者经营同类产品、从事同类业务，违反竞业限制约定的，应当按照约定向用人单位支付违约金。

实务中，竞业限制条款作为对劳动者"自由择业权"的限制，需要厘清相关要点，具体包括：

（1）竞业限制经济补偿金额的确定原则

鉴于《劳动合同法》及《劳动合同法实施条例》对竞业限制补偿金的确定原则未作出明确规定，因此用人单位和劳动者可自行约定竞业限制补偿的

---

① 《反不正当竞争法》第九条规定，本法所称的商业秘密，是指不为公众所知悉、具有商业价值并经权利人采取相应保密措施的技术信息、经营信息等商业信息。

金额，但应符合《最高人民法院关于审理劳动争议案件适用法律问题的解释（一）》规定的竞业限制经济补偿金的最低标准[①]，即劳动合同解除或终止前十二个月平均工资的30%且不低于合同履行地最低工资标准。此外，各地对于竞业限制经济补偿的标准还有不同的规定，且差异较大，部分地区的标准可见下表所示：

表10-4 部分地区关于竞业限制经济补偿的标准

地区	文件名称	竞业限制补偿金标准
北京市	《北京市高级人民法院、北京市劳动人事争议仲裁委员会关于审理劳动争议案件解答（一）》	用人单位与劳动者在劳动合同或保密协议中约定了竞业限制条款，但未就补偿费的给付或具体给付标准进行约定，不应据此认定竞业限制条款无效，双方在劳动关系存续期间或在解除、终止劳动合同时，可以通过协商予以补救，经协商不能达成一致的，可按照双方劳动合同解除或终止前十二个月平均工资的30%确定补偿费数额，但不得低于劳动合同履行地最低工资标准。用人单位明确表示不支付补偿费的，竞业限制条款对劳动者不具有约束力。
深圳市	《深圳经济特区企业技术秘密保护条例》（2019年修正）	竞业限制协议约定的补偿费，按月计算不得少于该员工离开企业前最后十二个月月平均工资的二分之一。约定补偿费少于上述标准或者没有约定补偿费的，补偿费按照该员工离开企业前最后十二个月月平均工资的二分之一计算。
浙江省	《浙江省技术秘密保护办法》（2008年修正）	竞业限制补偿费的标准由权利人与相关人员协商确定。没有确定的，年度补偿费按合同终止前最后一个年度该相关人员从权利人处所获得报酬总额的三分之二计算。
江苏省	《江苏省劳动合同条例》（2013年修订）	用人单位对处于竞业限制期限内的离职劳动者应当按月给予经济补偿，月经济补偿额不得低于该劳动者离开用人单位前十二个月的月平均工资的三分之一。用人单位未按照约定给予劳动者经济补偿的，劳动者可以不履行竞业限制义务，但劳动者已经履行的，有权要求用人单位给予经济补偿。

注：平均工资通常指劳动者的劳动合同解除前十二个月所有收入的平均值，根据《关于工资总额组成的规定》第四条的规定，工资总额由下列六个部分组成：（1）计时工资；

[①] 《最高人民法院关于审理劳动争议案件适用法律问题的解释（一）》第三十六条规定："当事人在劳动合同或者保密协议中约定了竞业限制，但未约定解除或者终止劳动合同后给予劳动者经济补偿，劳动者履行了竞业限制义务，要求用人单位按照劳动者在劳动合同解除或者终止前十二个月平均工资的30%按月支付经济补偿的，人民法院应予支持。前款规定的月平均工资的30%低于劳动合同履行地最低工资标准的，按照劳动合同履行地最低工资标准支付。"

(2) 计件工资;(3) 奖金;(4) 津贴和补贴;(5) 加班加点工资;(6) 特殊情况下支付的工资。

在此,需要提示企业的是,尽管竞业限制协议未约定补偿金额或约定金额低于上述标准并不当然地影响竞业限制条款的效力,但为避免因竞业限制条款的履行而产生争议或纠纷,仍建议用人单位按照上述规定的标准约定补偿金额并及时向劳动者支付经济补偿金。同时,为避免竞业限制条款被劳动者主张解除,企业在劳动者离开单位后应尽快、持续地支付竞业限制补偿金,否则根据《最高人民法院关于审理劳动争议案件适用法律问题的解释(一)》的规定,劳动合同解除或者终止后,因用人单位的原因导致三个月未支付经济补偿,劳动者请求解除竞业限制约定的,人民法院会予以支持。

(2) 竞业限制的限定人员范围

如前所述,《劳动合同法》明确将竞业限制义务的约束主体范围限定在用人单位的高级管理人员、高级技术人员和其他负有保密义务的人员。但在实务中,由于近年来移动互联网等新兴业态的不断发展,公司之间竞争日趋白热化,部分企业有"滥用"其他负有保密义务的人员这一概念从而扩大竞业限制主体范围的倾向,即部分用人单位不作任何区分地让入职员工一律签署竞业限制协议并在部分较低级别的员工离职后仍触发竞业限制条款,使其不能在行业内自由择业,这种处理方式的合理性和合法性在实务中存在较大的争议。

对此,我们建议企业在具体执行的过程中,为便于内部管理,虽然可以统一安排签署竞业限制协议,但在员工离职触发条款适用时,应按照实质重于形式的原则界定应履行竞业限制义务的人员,将其范围限于所在工作岗位及工作职责可能掌握商业秘密、知识产权或其他保密事项的人员。

(3) 竞业限制的同业认定

司法实践中,人民法院会通过比较原用人单位与现用人单位的经营范围来判断两者是否属于同业,其中部分人民法院系以工商登记的经营范围作为判断标准,即只要原用人单位与现用人单位之间经营范围存在全部或部分重合,就认为属于同业,但也有人民法院会在工商登记的经营范围基础上结合实际经营情况对同类业务进行认定,较为突出的案例是最高人民法院指导案例 190 号王某诉万得信息技术股份有限公司竞业限制纠纷案〔案号为(2021)沪 01 民终 12282 号〕,该案中,王某在从万得信息技术股份有限公司(以下简称万得公司)离职后,加入了上海哔哩哔哩科技有限公司(以下简称哔哩哔哩公司),万得公司主张王某违反了竞业限制义务。法院经审理后认为,万得公司目前的经营模式主要是提供金融信息服务,其主要的受众为相关的金融机构或者金融学术研究机构,而哔哩哔哩公司的主营业务是文化社区和视频平台,两者对比后,无论是经营模式还是用户、市场,都存在着显著差别。因此,万得公司仅以双方所登记的经营范围存在重合即主张两家企业形成竞争关系,未获得人民法院的支持。

根据《劳动合同法》第二十四条第一款的规定,竞业限制的范围、地域、期限由用人单位与劳动者约定。因此,企业可在劳动合同或竞业限制协议中,将可能会产生重大竞业关系的竞争对手、竞争领域、竞业产品、竞争区域等作为"限制名单"予以列明。

3. 上市审核中对于保密及竞业限制事项的关注要点

实务中,拟上市企业的实际控制人及董事、监事、高级管理人员、核心技术人员在同行业的其他单位离职后立即参与发行人经营的情况非常普遍,而该等人员往往掌握着原单位的商业秘密,如果其存在违反保密义务和竞业限制协议的情形,可能给拟上市企业带来人员、知识产权等方面的纠纷及责任[①],情节严重的,还可能导致拟上市企业不符合"不存在涉及主要资产、核心技术、商标等的重大权属纠纷"的发行上市条件。

结合下列案例,我们可以发现,监管部门在保密及竞业限制事项上的关注点主要为发行人董事、监事、高级管理人员及核心技术人员是否存在违反竞业限制或保密义务的情况;历史上是否存在违反竞业限制的情况;如存在,违反竞业限制时相应的整改情况;发行人核心技术人员的主要成果是否涉及职务发明,是否存在侵犯他人商业秘密、知识产权的情况,是否存在权属纠纷或潜在纠纷风险等情况。

[①] 此处除一般的侵权责任外,还应关注拟上市企业作为现单位,可能因不正当竞争行为就员工违反竞业禁止义务的事项承担连带赔偿责任,如在北京知识产权法院(2015)京知民终字第00318号案件的判决中,裁判法院经审理认为,甲公司的实际大股东原为刘某,刘某在甲公司任职为首席技术官,其从业经历亦为甲公司所知悉。作为公司大股东、高管,刘某并未向原任职的乙公司披露相关信息,而其任职的甲公司应当对其原从业单位进行过调查或通知,故法院认定甲公司对刘某的竞业禁止承诺是知悉的。甲公司接受刘某出资并聘任其担任公司的首席技术官,从事与乙公司相同业务,该行为违反了公认的商业道德及诚实信用原则,损害了乙公司的合法权益,应承担赔偿责任,并依据《反不正当竞争法》第二条规定,判决刘某向乙公司返还竞业禁止补偿金,且刘某、甲公司连带赔偿乙公司经济损失。

表 10-5　监管部门对于保密及竞业限制事项予以关注的部分案例

案例名称	基本情况	问询要点
传音控股① （688036）	招股说明书披露，发行人实际控制人以及多名董事、监事、高级管理人员、核心技术人员曾任职于宁波波导股份有限公司	1. 实际控制人、董事、监事、高级管理人员、核心技术人员是否曾与波导股份之间签署竞业禁止协议，发行人与波导股份之间是否存在竞业禁止、劳动用工及其他方面的争议纠纷； 2. 核心技术人员的主要成果是否涉及职务发明，是否存在侵害发行人或第三方合法权益的情形，发行人的知识产权是否存在纠纷或潜在纠纷，发行人新研发的产品是否依赖于核心技术人员之前的技术积累
中亦科技② （301208）	发行人中多位董事、监事、高级管理人员曾于安图特（北京）科技有限公司任职。2007年1月，中亦有限与安图特终止合作	1. 披露与相关主体的合作背景、合作期限、终止原因，安图特对发行人业务的影响； 2. 相关董事、监事、高级管理人员在安图特（北京）科技有限公司任职期限，是否签订保密、竞业限制等协议，是否存在纠纷或潜在纠纷； 3. 发行人核心技术、知识产权是否侵犯他人知识产权、商业秘密，是否存在纠纷或潜在纠纷
恒玄科技③ （688608）	招股说明书披露，发行人核心技术人员L、周某、童某峰曾分别担任锐迪科微电子的工程副总裁、工程师和设计总监、主任工程师。此外，公司副董事长、副总经理、董事会秘书赵某光曾历任锐迪科微电子设计经理、运营总监、运营副总裁	1. 员工中来自锐迪科微电子的数量、对应职务、是否对锐迪科微电子负有竞业禁止或保密义务，是否因竞业禁止、保密等事项被曾任职单位主张过权利；特别是实际控制人、董事、高管和核心技术人员是否存在违反或规避竞业禁止协议、保密协议的情形，锐迪科微电子是否可能就上述情形提起争议或诉讼； 2. 就L、周某、童某峰作为发明人在锐迪科微电子取得的专利情况，是否存在与发行人主营业务相关的知识产权或技术成果，以及核心技术人员加入公司后，牵头或参与形成的发明专利、对应的权利归属、是否涉及在原单位的职务成果，是否与锐迪科微电子存在技术纠纷或潜在纠纷

---

①　案例信息来源：传音控股在上海证券交易所发行上市审核网站公告的《上海市锦天城律师事务所关于深圳传音控股股份有限公司首次公开发行股票并在科创板上市的补充法律意见书》。

②　案例信息来源：中亦科技在深圳证券交易所发行上市审核信息公开网站公告的《北京市君合律师事务所关于北京中亦安图科技股份有限公司首次公开发行A股股票并在创业板上市的补充法律意见书（一）》。

③　案例信息来源：恒玄科技在上海证券交易所发行上市审核网站公告的《上海市锦天城律师事务所关于恒玄科技（上海）股份有限公司首次公开发行股票并在科创板上市的补充法律意见书（一）》。

续表

案例名称	基本情况	问询要点
深圳市睿联技术股份有限公司①	公司存在股权代持情况，相关被代持人员曾在深圳市海思半导体有限公司和珠海安联锐视科技有限公司等任职，部分被代持人原单位所经营业务与发行人相似或存在竞争	说明专利或技术成果中是否涉及该等经营团队成员在曾任职单位的职务成果及采用代持方式入股发行人的原因，是否存在竞业禁止、对外投资的禁止性规定，是否存在不当身份持股的情形
上海誉帆环境科技股份有限公司②	发行实际控制人朱某、李某川，以及多名董事、监事、高级管理人员及核心技术人员曾任职于乐通管道，部分员工与乐通管道签署了保密协议及竞业禁止协议，且朱某、李某川于2012年12月设立发行人，相关股份由他人代持。报告期内，发行人与乐通管道存在经营相同或相竞争业务且存在客户重合的情况	1. 发行人实际控制人是否违反相关竞业限制义务及后续影响，是否存在纠纷或者潜在纠纷，是否存在可能导致发行人不符合发行上市条件的情形； 2. 说明发行人核心技术是否涉及上述员工在乐通管道任职期间形成的职务成果或发明，发行人及相关员工是否存在侵犯他人知识产权、违反保密协议及竞业禁止协议的情形，是否存在纠纷或者潜在纠纷，发行人核心技术权属是否清晰

针对拟上市企业在上述核心人员保密及竞业禁止事项方面可能存在的问题，我们建议：

（1）拟上市企业应对入职员工的竞业限制及保密情况进行事先审查，对于原来从事比较重要的、掌握商业秘密岗位的员工，应通过背景调查等方式对其保密及竞业限制情况进行核实，对入职前曾存在员工与曾任职单位签订

---

① 深圳市睿联技术股份有限公司于2023年12月18日向中国证监会提交了首次公开发行股票并在创业板上市的注册申请。案例信息来源：深圳市睿联技术股份有限公司在深圳证券交易所发行上市审核信息公开网站公告的《北京市中伦律师事务所关于深圳市睿联技术股份有限公司首次公开发行股票并在创业板上市的补充法律意见书（一）》。

② 上海誉帆环境科技股份有限公司首次公开发行股票并在深圳证券交易所主板上市项目于2023年11月3日通过了深圳证券交易所上市审核委员会2023年第80次审议会议审议。案例信息来源：上海誉帆环境科技股份有限公司在深圳证券交易所发行上市审核信息公开网站公告的《关于上海誉帆环境科技股份有限公司首次公开发行股票并在主板上市申请文件的审核问询函的回复》。

过保密协议的情形，应做好相应的隔离制度，确保相关人员不会利用前单位的职务成果，侵犯前单位的商业秘密，避免员工在本单位任职期间形成的技术成果构成原单位的"职务发明"[1]；对于进入报告期后加入公司的上述员工可以结合其个人流水核查情况，确认是否存在领取原单位竞业限制补偿的情形，如相关人员在曾任职单位负责的业务内容与公司的业务领域相同或类似，客户及市场存在一定的竞争关系，且原单位已支付竞业限制补偿金，则拟上市企业应在相关人员的竞业限制期届满后再对其进行聘任。

（2）若企业在上市筹备过程中，发现已建立劳动关系的员工存在违反前单位竞业限制义务或保密义务等相关法律风险的，为满足上市审核需要，应取得曾任职单位出具的与相关员工及拟上市企业之间不存在竞业限制、保密、知识产权等方面纠纷或潜在纠纷的书面确认文件。对于确无法取得原单位前述确认文件的，拟上市企业可以在中介机构的协助下采用以下方式进行替代性论证和核查：

①通过相关员工获取其在原单位的《劳动合同》《竞业限制协议》《保密协议》的文本，对相关协议的内容及风险点进行梳理及判断；

②调取相关员工的银行流水，核查其是否收到原单位向其支付的竞业限制补偿金，例如在日久光电（003015）[2]、祥生医疗（688358）[3]等案例中，中介机构即采用了该方式对相关员工是否涉及竞业限制进行核查及论证；

③通过对相关员工进行访谈、签署调查表、出具书面确认和承诺文件等方式，对相关事项进行核实、确认；

④通过裁判文书网等公开信息渠道对是否曾发生纠纷进行检索；

⑤穷尽致电、函证等方式尽可能联系前单位，并告知其若与发行人或相关员工存在纠纷或潜在纠纷，则直接告知或以回函方式进行说明，以恒玄科

---

[1] 《专利法实施细则》第十三条第一款规定："专利法第六条所称执行本单位的任务所完成的职务发明创造，是指：（一）在本职工作中作出的发明创造；（二）履行本单位交付的本职工作之外的任务所作出的发明创造；（三）退休、调离原单位后或者劳动、人事关系终止后1年内作出的，与其在原单位承担的本职工作或者原单位分配的任务有关的发明创造。"

[2] 案例信息来源：日久光电在深圳证券交易所发行上市审核信息公开网站公告的《上海市锦天城律师事务所关于江苏日久光电股份有限公司首次公开发行股票并上市的补充法律意见书（三）》。

[3] 案例信息来源：祥生医疗在上海证券交易所发行上市审核网站公告的《关于无锡祥生医疗科技股份有限公司首次公开发行人民币普通股并在上海证券交易所科创板上市之补充法律意见书》。

技（688608）①为例，中介机构因无法通过常规路径与相关员工的前单位联系，故实地走访前单位并通过前台联系该单位人力资源部相关负责人进行电话访谈，确认相关事实；

⑥通过比对相关员工的前单位与发行人之间的业务，论证两者之间不相同或相似，不存在竞争关系，从而不会违反竞业限制义务，例如在合纵科技（300477）②的案例中，中介机构即通过论证两单位从事的业务在产品类别、性能以及客户对象方面均完全不同，不存在竞争关系，并借此说明相关人员不存在违反竞业限制义务的情形。

⑦聘请第三方专业机构出具核查证明文件，例如在芯碁微装（688630）③案例中，发行人部分核心技术人员的原工作单位诉请法院主张发行人及其核心技术人员未经其许可使用原工作单位的专利制造产品并销售获利，为论证该情形不构成发行人实施相关专利的障碍，发行人的投资机构曾聘请第三方专业机构对发行人与核心技术人员原工作单位的专利技术进行比对，确认两者之间技术存在差异、发行人的核心技术不存在重大风险。此外，发行人亦聘请第三方知识产权服务机构对发行人与核心技术人员原工作单位的专利进行比对认证，比对结果认定发行人产品相关技术方案与该单位的专利存在明显差异，发行人的产品未落入该单位专利的保护范围，该单位专利对发行人产品的专利实施不构成障碍。经中介机构核查，后续初审法院判决驳回了上述发行人部分核心技术人员原工作单位的全部诉讼请求，二审法院驳回上诉，维持原判。

二、劳务关系

劳务关系是指劳动者与用工单位或个人根据口头或书面约定，由劳动者向用工者提供一次性的或者是特定的劳动服务，用工者依约向劳动者支付劳

---

① 案例信息来源：恒玄科技在上海证券交易所发行上市审核网站公告的《上海市锦天城律师事务所关于恒玄科技（上海）股份有限公司首次公开发行股票并在科创板上市的补充法律意见书（二）》。

② 案例信息来源：合纵科技在深圳证券交易所发行上市审核信息公开网站公告的《国浩律师（北京）事务所关于北京合纵科技股份有限公司首次公开发行人民币普通股股票并在创业板上市的补充法律意见书》。

③ 案例信息来源：芯碁微装在上海证券交易所发行上市审核网站公告的《北京德恒律师事务所关于合肥市芯碁微装电子装备股份有限公司首次公开发行股票并在科创板上市的补充法律意见书》。

务报酬的一种有偿服务的法律关系，劳务关系与劳动关系的区别主要在劳动关系除了当事人之间债的要素之外，还含有身份、社会的要素，而劳务关系则是一种单纯的债的关系，其主要差异点如下：

表10-6 劳动关系与劳务关系的主要差异点

差异事项	劳动关系	劳务关系
缔约主体	具有特定性，为用人单位和劳动者	不具有特定性，可以为多方法律关系
权利义务关系	劳动者与用人单位之间存在隶属关系，需要接受用人单位的管理，遵守其规章制度等，是一种稳定、持续的法律关系	双方是平等的民事权利义务关系，一般不存在隶属关系①，具有"临时性、短期性、一次性"等特点
社会保障	劳动者除获得工资报酬外，用人单位还须为其缴纳社会保险、住房公积金，劳动者在劳动过程中受到了意外伤害或者患职业病，属于工伤，用人单位应承担相应的风险	自然人一般只获得劳动报酬，用工单位不需要为其缴纳社会保险和住房公积金，工作风险一般由提供劳务者自行承担，但由雇工方提供工作环境和工作条件的和法律另有规定的除外
国家干预程度	劳动者和用人单位的权利义务除由劳动合同确定外，劳动法律法规还以强制的形式作出规定，如工作时间、解除合同必须依法进行、强制缴纳社会保险等	双方的权利义务充分体现意思自治，主要以双方协商签订的劳务合同为准
责任	劳动者作为用人单位一员，以用人单位的名义进行工作，因劳动者的过错导致的法律责任由用人单位承担	一般由提供劳务者独立承担法律责任
纠纷解决路径	必须先经过劳动争议仲裁委员会的仲裁，劳动仲裁是民事诉讼的前置程序，未经仲裁不得诉讼，劳动关系纠纷适用劳动仲裁前置程序	并无该类限制，可以直接至人民法院提起诉讼

在实务中，由于企业的用工形式主要为劳动合同用工和通过劳务派遣、劳务外包方式招录，单纯通过建立劳务关系进行用工的情形并不多见。以下主要探讨两个具有代表性和争议性的问题，即退休返聘人员的合同性质以及公司外部董事（含独立董事）、外部监事、外部顾问的任职资格问题。

---

① 需要注意的是，在下文所述的退休返聘所形成的劳务关系中，实际上返聘人员也具有隶属性。

（一）退休返聘人员的合同性质

在上市审核案例中，常见拟上市企业聘请已退休人员的情况，而对于退休的界定，考虑到我国现实情况，又被分为"已经依法享受养老保险待遇或者领取退休金的人员"（以下简称正式退休人员）和"未达到法定退休年龄的内退人员"（以下简称内退人员）。

根据《最高人民法院关于审理劳动争议案件适用法律问题的解释（一）》第三十二条的规定，用人单位与其招用的已经依法享受养老保险待遇或者领取退休金的人员发生用工争议而提起诉讼的，人民法院应当按劳务关系处理。企业停薪留职人员、未达到法定退休年龄的内退人员、下岗待岗人员以及企业经营性停产放长假人员，因与新的用人单位发生用工争议而提起诉讼的，人民法院应当按劳动关系处理。

根据上述司法解释的规定，企业聘请内退人员，其用工关系如无特殊性约定或有相关证据表明并非劳动关系的，一般会在司法裁判中被认定为已成立劳动关系，因此企业聘请该类人员与聘请其他正式劳动合同用工人员在责任与义务方面并无实质性差异，均应遵守法律法规关于劳动用工的相关规定。

而对于企业聘请正式退休人员，在一般情况下应属于劳务关系，可以在聘任合同中作出更有自由度的约定，且无须为该等人员缴纳社会保险、住房公积金、支付经济补偿金。但需要注意的是，企业在聘请该类人员时，需要重点审查相关人员在办理退休手续的同时是否"已经依法享受养老保险待遇或者领取退休金"，实务中部分地区的人民法院曾以退休人员未能依法享受养老保险待遇或者领取退休金而最终认定用人单位与该人员之间构成劳动关系[1]。

（二）公司外部董事（含独立董事）、外部监事、外部顾问的任职资格

拟上市企业与公司外部董事[2]（包括独立董事、在拟上市企业兼职且未形

---

[1] 例如福建省长汀县人民法院作出（2021）闽0821民初2736号民事判决书和龙岩市中级人民法院就该案二审作出（2022）闽08民终150号民事判决书中，认为：达到法定退休年龄但并未办理退休手续享受基本养老保险待遇或领取退休金的，劳动合同并未终止，双方之间符合劳动关系基本特征的，劳动者与用人单位之间的用工关系性质仍为劳动关系，属于《劳动法》的调整范围。本案中，被上诉人虽于2019年8月已达法定退休年龄，但其缴纳基本养老保险的年限不足十五年，被上诉人并未享受基本养老保险待遇，双方之间仍存在事实劳动关系。

[2] 此处举轻以明重，对于与拟上市企业签署有劳动合同的董事、监事、高级管理人员亦受该等法律法规的规制。

成事实劳动关系的董事)、外部监事、外部顾问之间形成的聘任关系是另一类较为典型的劳务关系，对于该类人员需要结合如下法律法规的规定对其任职资格进行判断：

表 10-7　与公司外部董事（含独立董事）、
外部监事、外部顾问任职资格相关的法律法规

法律法规名称	规定内容
《公司法》	第一百七十八条　有下列情形之一的，不得担任公司的董事、监事、高级管理人员： (一) 无民事行为能力或者限制民事行为能力； (二) 因贪污、贿赂、侵占财产、挪用财产或者破坏社会主义市场经济秩序，被判处刑罚，或者因犯罪被剥夺政治权利，执行期满未逾五年，被宣告缓刑的，自缓刑考验期满之日起未逾二年； (三) 担任破产清算的公司、企业的董事或者厂长、经理，对该公司、企业的破产负有个人责任的，自该公司、企业破产清算完结之日起未逾三年； (四) 担任因违法被吊销营业执照、责令关闭的公司、企业的法定代表人，并负有个人责任的，自该公司、企业被吊销营业执照、责令关闭之日起未逾三年； (五) 个人因所负数额较大债务到期未清偿被人民法院列为失信被执行人。 违反前款规定选举、委派董事、监事或者聘任高级管理人员的，该选举、委派或者聘任无效。 董事、监事、高级管理人员在任职期间出现本条第一款所列情形的，公司应当解除其职务。
《上市公司章程指引》（2023 年修正）	在《公司法》第一百七十八条规定的基础上增加规定"被中国证监会采取证券市场禁入措施，期限未满的"不得担任董事、监事、高级管理人员。
《公务员法》	第四十四条　公务员因工作需要在机关外兼职，应当经有关机关批准，并不得领取兼职报酬。 第五十九条　公务员应当遵纪守法，不得有下列行为： …… (十六) 违反有关规定从事或者参与营利性活动，在企业或者其他营利性组织中兼任职务； …… 第一百零七条第一款　公务员辞去公职或者退休的，原系领导成员、县处级以上领导职务的公务员在离职三年内，其他公务员在离职两年内，不得到与原工作业务直接相关的企业或者其他营利性组织任职，不得从事与原工作业务直接相关的营利性活动。

续表

法律法规名称	规定内容
《企业国有资产法》	第二十五条第一款 未经履行出资人职责的机构同意，国有独资企业、国有独资公司的董事、高级管理人员不得在其他企业兼职。未经股东会、股东大会同意，国有资本控股公司、国有资本参股公司的董事、高级管理人员不得在经营同类业务的其他企业兼职。
《中国人民解放军内务条令（试行）》	第一百零五条 军人不得经商，不得从事本职以外的其他职业和网络营销、传销、有偿中介活动，不得参与以营利为目的的文艺演出、商业广告、企业形象代言和教学活动，不得利用工作时间和办公设备从事证券期货交易、购买彩票，不得擅自提供军人肖像用于制作商品。
《关于进一步规范党政领导干部在企业兼职（任职）问题的意见》	现职和不担任现职但未办理退（离）休手续的党政领导干部不得在企业兼职（任职）。对辞去公职或者退（离）休的党政领导干部到企业兼职（任职）必须从严掌握、从严把关，确因工作需要到企业兼职（任职）的，应当按照干部管理权限严格审批。辞去公职或者退（离）休后三年内，不得到本人原任职务管辖的地区和业务范围内的企业兼职（任职），也不得从事与原任职务管辖业务相关的营利性活动。 辞去公职或者退（离）休后三年内，拟到本人原任职务管辖的地区和业务范围外的企业兼职（任职）的，必须由本人事先向其原所在单位报告，由拟兼职（任职）企业出具兼职（任职）理由说明材料，所在单位按规定审核并按照干部管理权限征得相应的组织（人事）部门同意后，方可兼职（任职）。辞去公职或者退（离）休后三年后到企业兼职（任职）的，应由本人向其原所在单位报告，由拟兼职（任职）企业出具兼职（任职）理由说明材料，所在单位按规定审批并按照干部管理权限向相应的组织（人事）部门备案。 凡按规定经批准在企业兼职的党政领导干部，不得在企业领取薪酬、奖金、津贴等报酬，不得获取股权和其他额外利益；兼职不得超过1个；所兼任职务实行任期制的，任期届满拟连任必须重新审批或备案，连任不超过两届；兼职的任职年龄界限为70周岁。

续表

法律法规名称	规定内容
《关于规范中管干部辞去公职或者退（离）休后担任上市公司、基金管理公司独立董事、独立监事的通知》	二、中管干部辞去公职或者退（离）休后三年内，不得到与本人原工作业务直接相关的上市公司、基金管理公司担任独立董事、独立监事，不得从事与本人原工作业务直接相关的营利性活动。中管干部辞去公职或者退（离）休后可以到与本人原工作业务不直接相关的上市公司、基金管理公司担任独立董事、独立监事。 三、中管干部辞去公职或者退（离）休后三年内按照规定担任上市公司、基金管理公司独立董事、独立监事的，必须由拟聘任独立董事、独立监事的公司征得该干部原所在单位党组（党委）同意，并由该干部原所在单位党组（党委）征求中央纪委、中央组织部意见后，再由拟聘任独立董事、独立监事的公司正式任命。 中管干部辞去公职或者退（离）休三年后担任上市公司、基金管理公司独立董事、独立监事的，应由本人向其所在单位党组（党委）报告，由其所在单位党组（党委）向中央组织部备案，同时抄报中央纪委。 四、中管干部辞去公职后担任上市公司、基金管理公司独立董事、独立监事的，可以领取相应报酬，具体数额应当由其所在的上市公司、基金管理公司董事会制订预案，股东大会审议通过，并在公司年报中进行披露。 五、中管干部退（离）休后担任上市公司、基金管理公司独立董事、独立监事的，不得领取报酬、津贴和获取其他额外利益。所在的上市公司、基金管理公司可按照有关规定，报销其工作费用。
《高等学校领导班子及领导干部深入解决"四风"突出问题有关规定》（教党〔2014〕18号）	领导干部不得在经济实体中兼职和领取薪酬，在社会团体中兼职不得超过2个，兼职活动时间每年不超过25天，兼职不得取酬，在社会兼职情况要在学校网站向社会公开。
《中共教育部党组关于进一步加强直属高校党员领导干部兼职管理的通知》（教党〔2011〕22号）	三、直属高校校级党员领导干部原则上不得在经济实体中兼职，确因工作需要在本校设立的资产管理公司兼职的，须经学校党委（常委）会研究决定，并按干部管理权限报教育部审批和驻教育部纪检组监察局备案。 四、直属高校校级党员领导干部在社会团体等单位中兼职的，需经学校党委（常委）会研究同意后，按照干部管理权限报教育部审批。 五、新提任的校级党员领导干部，应当在任职后3个月内辞去在经济实体中兼任的职务，确需在本校资产管理公司和社会团体等单位中兼职的，应当重新履行审批手续。 六、直属高校处级（中层）党员领导干部原则上不得在经济实体和社会团体等单位中兼职，确因工作需要兼职的，须经学校党委审批。 七、经批准在经济实体、社会团体等单位中兼职的直属高校党员领导干部，不得在兼职单位领取任何报酬。

除上述特殊任职审查事项外，独立董事的任职还须根据《上市公司独立董事管理办法》、上市规则等法律法规、规范性文件的规定，满足民事行为能力、信用、独立性、兼职和任期限制等方面的要求。而对于高校人员担任公司董事、监事、外部顾问等职务的，还应遵守所在高校的相关规定。

三、基于合作关系而建立的用工关系

实务中，由于企业聘用劳动合同用工所需承担的用工责任及成本较高，部分用工人数较多的劳动密集型产业或员工流动性较强的行业，为了降低用工成本、便于开展管理，常通过与外部劳务供应商合作的方式解决自身的用工问题，常见的形式包括劳务派遣、劳务外包。

（一）劳务派遣

劳务派遣虽然是《劳动合同法》《劳动合同法实施条例》《劳务派遣暂行规定》等法律法规明确规定的用工形式，但该等规定中却并未明确对其进行定义。目前对其基本概念还是散见于各地方性规定，例如江苏、上海、浙江及安徽四省市人力资源和社会保障主管部门发布的《长三角地区劳务派遣合规用工指引》即规定，劳务派遣是指劳务派遣单位以经营方式将招用的劳动者派遣至用工单位，由用工单位直接对劳动者的劳动过程进行管理的一种用工形式。

实务中，拟上市企业采用劳务派遣方式进行用工的，应根据《劳动合同法》《劳动合同法实施条例》《劳务派遣暂行规定》等法律法规的规定，满足相关合规性要求：

1. 劳务派遣的岗位要求

根据《劳动合同法》《劳务派遣暂行规定》的规定，用工单位只能在临时性、辅助性或者替代性的工作岗位上使用被派遣劳动者。其中，临时性工作岗位是指存续时间不超过 6 个月的岗位，辅助性工作岗位是指为主营业务岗位提供服务的非主营业务岗位，替代性工作岗位是指用工单位的劳动者因脱产学习、休假等原因无法工作的一定期间内，可以由其他劳动者替代工作的岗位，用工单位决定使用被派遣劳动者的辅助性岗位，应当经职工代表大会或者全体职工讨论，提出方案和意见，与工会或者职工代表平等协商确定，并在用工单位内公示。

在上市审核中，监管机构通常会要求发行人结合劳务派遣员工的具体工作内容，说明劳务派遣形式的用工是否符合临时性、辅助性、替代性的特征，其中临时性和替代性因均具有较高的时间期限要求，标准相对清晰，较易证明；但对于辅助性岗位的界定，则往往需要结合发行人的实际业务进行综合判断，发行人及中介机构通常会详细披露劳务派遣岗位的名称及具体工作内容，说明该类工作的技术含量较低（例如搬运、投料、清洁、整理、厂区巡逻，不需要具备特殊技能、资质和技术），不涉及核心业务环节，从而论证其符合辅助性的要求。

例如，在欧圣电气（301187）[①]的案例中，中介机构通过核查劳务派遣人员花名册、劳务派遣公司与发行人的结算文件及抽样对劳务派遣人员进行访谈、现场查看被派遣人员工作岗位等方式，确认报告期内公司使用劳务派遣员工主要为操作工、搬运工、测试工，并说明上述岗位均未涉及核心业务环节，且员工流动性较大，相关工作岗位符合临时性或辅助性的特征；同时，劳务派遣员工所从事工作内容较为简单，经过简单培训即可上岗，因此劳务派遣人员所从事的工作岗位符合替代性特征。又如在思林杰（688115）[②]案例中，发行人及中介机构说明，劳务派遣用工涉及的生产环节包括清点物料、搬运、装卸、装配、包装、仓储等非核心生产工序，相关工作岗位符合临时性、辅助性、替代性的特征，所涉工作环节为非关键工序或非关键技术，不涉及公司核心业务。

2. 劳务派遣用工的比例要求

根据《劳务派遣暂行规定》第四条第一款的规定，用工单位应当严格控制劳务派遣用工数量，确保公司使用的被派遣劳动者数量不得超过其用工总量（指用工单位订立劳动合同人数与使用的被派遣劳动者人数之和）的10%。

根据各省市人社部门发布的《劳务派遣合规用工指引》等地方性规范，劳务派遣用工占比的计算口径应以单个公司单独计算。若发行人在报告期内存在劳务派遣人员比例超过10%的情形，应尽快通过与被派遣劳动者建立正式劳动关系、将非核心工序用工需求改为采用劳务外包等形式进行规范，并

[①] 案例信息来源：欧圣电气在深圳证券交易所发行上市审核信息公开网站公告的《苏州欧圣电气股份有限公司首次公开发行股票并在创业板上市招股说明书》。

[②] 案例信息来源：思林杰在上海证券交易所发行上市审核网站公告的《北京市君合律师事务所关于广州思林杰科技股份有限公司在中国境内首次公开发行人民币普通股股票并在科创板上市的补充法律意见（三）》。

采取由有权主管部门出具专项合规证明、实际控制人出具承担相关责任的"兜底"承诺函等方式辅助论证该等情形不会构成发行上市的实质性法律障碍。

例如，在欧圣电气（301187）①案例中，发行人取得了苏州市吴江区人力资源和社会保障局出具的专项证明，说明"在本证明出具之日，劳务派遣用工比例未超过10%。劳务派遣用工超比例不属于《重大劳动保障违法行为社会公布办法》（人社部令第29号）中的重大违法情形"，同时公司实际控制人承诺将督促发行人降低劳务派遣用工比例，并无条件承担因该事项而受到主管机关的任何强制措施、行政处罚、发生纠纷、履行任何其他法律程序或承担任何责任所造成的发行人的任何损失，保证发行人的业务不会因上述事宜受到不利影响。

3. 劳务派遣用工应遵循同工同酬原则

根据《劳动合同法》《劳务派遣暂行规定》的规定，被派遣劳动者享有与用工单位的劳动者同工同酬的权利，用工单位应当向被派遣劳动者提供与工作岗位相关的福利待遇，不得歧视被派遣劳动者。同时，拟上市企业还应监督劳务派遣单位为劳务派遣人员缴纳社会保险，或代劳务派遣单位为劳务派遣人员缴纳社会保险。

而在上市审核过程中，监管机构也会要求结合劳务派遣用工薪资和公司正式员工工资的对比，说明是否存在刻意降低用工成本的情形。因此，若报告期内发行人存在劳务派遣人员与正式岗位职工报酬存在差异的，应尽快对差异原因进行分析，确无合理理由的，应尽快予以调整，并计算按正式员工需支付的成本费用差额，判断该等情形对发行人报告期内的经营业绩和生产经营是否构成重大不利影响。

4. 对于劳务派遣单位的要求

在上市审核过程中，对于劳务派遣单位通常会关注以下内容：

（1）根据《劳务派遣行政许可实施办法》第六条的规定，经营劳务派遣业务，应当向所在地有许可管辖权的人力资源社会保障行政部门依法申请行政许可。未经许可，任何单位和个人不得经营劳务派遣业务。

根据《劳务派遣暂行规定》第十一条的规定，劳务派遣单位行政许可有

---

① 案例信息来源：欧圣电气在深圳证券交易所发行上市审核信息公开网站公告的《苏州欧圣电气股份有限公司首次公开发行股票并在创业板上市招股说明书》。

效期未延续或者《劳务派遣经营许可证》被撤销、吊销的，已经与被派遣劳动者依法订立的劳动合同应当履行至期限届满。双方经协商一致，可以解除劳动合同。

因此，发行人应确保所合作的劳务派遣单位具备上述资质，系合法经营，以维持劳务派遣用工的稳定性，如存在不符合前述要求的情况，则应尽快更换具备资质的劳务派遣单位。

（2）根据《劳动合同法》第六十七条及《劳动合同法实施条例》第二十八条的规定，用人单位不得设立劳务派遣单位向本单位或者所属单位派遣劳动者，其中用人单位或者其所属单位出资或者合伙设立的劳务派遣单位，向本单位或者所属单位派遣劳动者的，也属于该类不得设立的劳务派遣单位。

同时，在上市审核过程中，监管机构还会关注劳务派遣单位的主要人员及股东与发行人及其主要人员是否存在关联关系，是否存在仅为发行人提供劳务派遣服务的情形。例如在博众精工（688097）[1] 案例中，监管机构即要求发行人详细说明并披露劳务派遣单位的经营情况及财务状况[2]，与发行人的交易占公司相关业务的比重，与发行人是否存在关联关系。

（二）劳务外包

1. 劳务外包的基本概念

与劳务派遣相类似，《劳动合同法》《劳动合同法实施条例》等规定中，劳务外包的定义和性质并无明确规定，根据江苏、上海、浙江及安徽四省市人力资源和社会保障主管部门发布的《长三角地区劳务派遣合规用工指引》等地方性规定，劳务外包是指用人单位（发包单位）将业务发包给承包单位，由承包单位自行安排人员按照用人单位（发包单位）要求完成相应的业务或工作内容的用工形式。

实务中，由于劳务派遣存在前述派遣人员岗位、派遣人员比例、派遣单位资质等监管要求或限制，企业在保证用工灵活度的同时，为满足合规性要求，通常会采用劳务外包的方式予以替代。而在前述地方性用工指引文件中，明确要求要正确区分劳务派遣和劳务外包，避免出现名为劳务外包实为劳务

---

[1] 案例信息来源：博众精工在上海证券交易所发行上市审核网站公告的《关于博众精工科技股份有限公司首次公开发行股票并在科创板上市申请文件的第二轮审核问询函的回复》。

[2] 根据发行人的披露，劳务派遣单位各年度财务数据系通过访谈，以及向其了解与发行人业务合作情况的专项函证中获取。

派遣的情况,并通过列举说明的方式阐述两者之间的差异,具体如下:

表 10-8　劳务派遣与劳务外包之间的差异

差异事项	劳务派遣	劳务外包
主体方面	需要一定的资质,应取得《劳务派遣经营许可证》后方可经营劳务派遣业务	外包的项目不涉及国家规定的特许内容,无须办理行政许可,没有特别的资质要求
岗位要求方面	只能在临时性、辅助性或者替代性岗位上实施	对岗位没有特殊限定和要求
法律关系方面	涉及三方关系,劳务派遣单位与用工单位之间的劳务派遣合同关系,劳务派遣单位与被派遣劳动者之间的劳动合同关系,用工单位与被派遣劳动者之间的实际用工关系	涉及两方关系,发包单位与承包单位之间的合同关系,承包单位与劳动者的劳动合同关系
支配与管理方面	用工单位直接对被派遣劳动者日常劳动进行指挥管理,被派遣劳动者受用工单位的规章制度管理	发包单位不参与对劳动者指挥管理,由承包单位直接对劳动者进行指挥管理
工作成果衡量标准方面	用工单位根据劳务派遣单位派遣的劳动者数量、工作内容和时间等与被派遣劳动者直接相关的要素,向劳务派遣单位支付服务费	发包单位根据外包业务的完成情况向承包单位支付外包费用,与承包单位使用的劳动者数量、工作时间等没有直接关系
法律适用方面	主要适用《劳动合同法》《劳务派遣行政许可实施办法》《劳务派遣暂行规定》	主要适用《民法典》

在实际操作过程中,用工单位在进行劳务外包时,应注意劳务外包与劳务派遣的区别,比如发包后劳动者应接受承包单位指挥管理,不应按照企业的安排或者以企业的名义提供劳动,否则可能在监管中会被认定为劳务派遣,从而应满足劳务派遣的相关规定。

2. 上市审核中对于劳务外包的监管要求

正是因为拟上市企业使用劳务外包这种用工形式已具有一定的普遍性,因此上市审核的规范性文件中,多次对劳务外包的核查提出明确要求,其具体情况如下:

表 10-9　上市审核中对于劳务外包的监管要求

法律法规名称	规定内容
《首发业务若干问题解答》（2020 年 6 月修订，已废止）	问题47、首发企业劳务外包情形，中介机构需重点关注哪些方面内容？ 答：部分首发企业存在将较多的劳务活动交由专门劳务外包公司实施的情况的。中介机构应当充分关注以下方面： (1) 该等劳务公司的经营合法合规性等情况，比如是否为独立经营的实体，是否具备必要的专业资质，业务实施及人员管理是否符合相关法律法规规定，发行人与其发生业务交易的背景及是否存在重大风险； (2) 劳务公司是否专门或主要为发行人服务，如存在主要为发行人服务的情形的，应关注其合理性及必要性、关联关系的认定及披露是否真实、准确、完整。中介机构对于该类情形应当从实质重于形式角度按关联方的相关要求进行核查，并特别考虑其按规范运行的经营成果对发行人财务数据的影响，以及对发行人是否符合发行条件的影响； (3) 劳务公司的构成及变动情况，劳务外包合同的主要内容，劳务数量及费用变动是否与发行人经营业绩相匹配，劳务费用定价是否公允，是否存在跨期核算情形。 中介机构应当就上述方面进行充分论证，并发表明确意见。
《深圳证券交易所股票发行上市审核业务指南第 3 号——首次公开发行审核关注要点》（2023 年修订）	是否存在最近一个会计年度及最近一期劳务外包占比较高的情形。保荐人应当核查如下事项并发表明确意见： (1) 劳务外包金额较大的原因、是否符合行业经营特点； (2) 获取报告期各期劳务外包金额及占当期营业成本比例、劳务外包人数及占当期发行人员工人数比例； (3) 劳务公司的经营是否合法合规，是否专门或主要为发行人服务，与发行人是否存在关联关系； (4) 劳务公司是否存在较大变动，劳务费用定价是否公允，是否存在跨期核算情形，劳务数量及费用变动是否与发行人经营业绩相匹配。
《上海证券交易所发行上市审核业务指南第 4 号——常见问题的信息披露和核查要求自查表》	如发行人存在将较多劳务活动交由专门劳务外包公司实施的情况，中介机构应当就以下事项进行核查、充分论证并发表明确意见： (1) 保荐人和发行人律师应当核查主要劳务公司的经营合法合规性等情况，比如是否为独立经营的实体，是否具备必要的专业资质，业务实施及人员管理是否符合相关法律法规规定，发行人与其发生业务交易的背景及是否存在重大风险等； (2) 保荐人应当核查主要劳务公司是否专门或主要为发行人服务，如存在主要为发行人服务的情形的，应关注其合理性及必要性、关联关系的认定及披露是否真实、准确、完整，并从实质重于形式角度按关联方的相关要求进行核查，特别考虑其按规范运行的经营成果对发行人财务数据的影响，以及对发行人是否符合发行条件的影响； (3) 保荐人和申报会计师应当核查主要劳务公司的构成及变动情况，劳务外包合同的主要内容，劳务数量及费用变动是否与发行人经营业绩相匹配，劳务费用定价是否公允，是否存在跨期核算情形。

结合上述规定，上市审核中，监管机构对发行人采用劳务外包的法律关

注点通常如下：

（1）发行人采用劳务外包的原因及合理性，若劳务外包金额较大，其是否符合行业经营特点。

（2）为发行人提供劳务的公司经营合法合规性等情况，比如是否为独立经营的实体，是否具备必要的专业资质，业务实施及人员管理是否符合相关法律法规规定等。其中，在专业资质方面，劳务外包公司是否需要相关经营资质主要取决于外包所处行业类型，例如根据《建筑法》等法律法规，涉及建设工程类的业务时，相关单位在承接劳务外包时应持有相应业务资质。

（3）发行人在报告期内发生交易的主要劳务公司是否专门或主要为发行人服务，如存在主要为发行人服务的情形的，应关注其合理性、必要性以及关联关系的认定，并从实质重于形式角度按关联方的相关要求进行核查，特别考虑其按规范运行的经营成果对发行人财务数据的影响，以及对发行人是否符合发行条件的影响。这意味着，对于主要为发行人服务的劳务公司，发行人及中介机构应根据实质重于形式的原则，假设劳务公司为发行人的构成部分之一，判断其可能对发行人造成的影响，例如在誉辰智能（688638）[1] 案例中，发行人主要劳务外包供应商对发行人的收入占比普遍较高，其中有四家在报告期内对发行人的收入占比在70%以上，发行人及中介机构在解释占比较高的合理性之外，还采用了以下方式进行核查和论证：①大比例走访劳务外包供应商；②取得主要劳务外包供应商出具的《声明与承诺》；③调取发行人报告期内主要劳务外包供应商的工商登记资料；④根据发行人报告期内劳务服务采购明细比较公司自不同劳务供应商采购服务的单价情况并分析发行人采购劳务服务的定价公允性；⑤比较劳务外包单价与自有员工单位时长薪酬差异情况，核查是否存在通过劳务外包形式降低用工成本的情形；⑥测算发行人主要劳务外包商向发行人提供服务的毛利率水平，并与部分从事人力资源服务的上市公司、公众公司中的主营业务毛利率情况进行比较，核查是否存在重大异常；⑦比对发行人报告期各期的前五大劳务外包供应商与发行人、发行人客户、前二十大供应商的股东、实际控制人、董事、监事及高级管理人员名单，核查发行人报告期各期的前五大劳务外包供应商与客户、前二十大供应商是否存在关联关系。

---

[1] 案例信息来源：誉辰智能在上海证券交易所发行上市审核网站公告的《关于深圳市誉辰智能装备股份有限公司首次公开发行股票并在科创板上市申请文件的审核问询函的回复》。

第二节 责任：劳动者的社会保障

根据《劳动法》第三条第一款的规定，劳动者享有平等就业和选择职业的权利、取得劳动报酬的权利、休息休假的权利、获得劳动安全卫生保护的权利、接受职业技能培训的权利、享受社会保险和福利的权利、提请劳动争议处理的权利以及法律规定的其他劳动权利。

2024年7月1日起实施的新《公司法》第一条也明确，"为了规范公司的组织和行为，保护公司、股东、职工和债权人的合法权益，完善中国特色现代企业制度，弘扬企业家精神，维护社会经济秩序，促进社会主义市场经济的发展，根据宪法，制定本法"。

劳动者的社会保障是改善民生、维护社会公平的重要制度抓手，也是企业践行社会责任的重要体现。在上市审核过程中，近年来有关劳动者社会保障的关注度逐步提高，越发需要引起拟上市企业的重视，本节将以社会保险、住房公积金缴纳为切入点对其进行论述。

一、上市监管规则中关于社会保险、住房公积金缴纳的相关规定

现行的上市监管规则中，有关发行人社会保险和住房公积金缴纳事项的规定主要如下：

表10-10　社会保险和住房公积金缴纳事项的相关规定

法律法规名称	规定内容
《监管规则适用指引——发行类第4号》	4-16　社会、公积金缴纳 发行人报告期内存在应缴未缴社会保险和住房公积金情形的，应当在招股说明书中披露应缴未缴的具体情况及形成原因，如补缴对发行人的持续经营可能造成的影响，揭示相关风险，并披露应对方案。保荐机构、发行人律师应对前述事项进行核查，并对是否属于重大违法行为出具明确意见。
《公开发行证券的公司信息披露内容与格式准则第57号——招股说明书》	第四十二条　发行人应简要披露员工情况，包括员工人数及报告期内变化情况，员工专业结构，报告期内社会保险和住房公积金缴纳情况。

续表

法律法规名称	规定内容
《监管规则适用指引——法律类第2号：律师事务所从事首次公开发行股票并上市法律业务执业细则》	第五十八条　律师应当查验报告期内发行人的劳动保护情况，是否与员工签订劳动合同，是否依法为员工缴纳社会保险和住房公积金，是否因违反有关劳动保护的法律法规而受到有关部门的行政处罚，是否构成重大违法行为。
《上海证券交易所发行上市审核业务指南第4号——常见问题的信息披露和核查要求自查表》之"第一号　首次公开发行"	2-22　社保、公积金缴纳 发行人应简要披露报告期内社会保险和住房公积金缴纳情况。发行人报告期内存在应缴未缴社会保险和住房公积金情形的，应当在招股说明书中披露应缴未缴的具体情况及形成原因，如补缴对发行人的持续经营可能造成的影响，揭示相关风险，并披露应对方案。 如发行人报告期内存在应缴未缴社会保险和住房公积金，保荐人和发行人律师应当核查发行人应缴未缴的具体情况及形成原因，如补缴对发行人的持续经营可能造成的影响，并对是否属于重大违法行为出具明确意见。
《深圳证券交易所股票发行上市审核业务指南第3号——首次公开发行审核关注要点》（2023年修订）	11-1　发行人报告期内是否存在应缴未缴社会保险和住房公积金的情形 如是，发行人应在招股说明书中披露应缴未缴的具体情况及形成原因，如补缴对发行人的持续经营可能造成的影响，揭示相关风险，并披露应对方案。 保荐人及发行人律师应对发行人应缴未缴社会保险和住房公积金信息披露事项进行核查，并对相关事项是否属于重大违法行为发表明确意见。

二、与社会保险及住房公积金缴纳相关的常见规范性问题

（一）未及时办理登记

根据《社会保险法》第五十八条、第八十四条的规定，用人单位应当自用工之日起30日内为其职工向社会保险经办机构申请办理社会保险登记。未办理社会保险登记的，由社会保险经办机构核定其应当缴纳的社会保险费。用人单位不办理社会保险登记的，由社会保险行政部门责令限期改正；逾期不改正的，对用人单位处应缴社会保险费数额一倍以上三倍以下的罚款，对其直接负责的主管人员和其他直接责任人员处500元以上3000元以下的罚款。

根据《住房公积金管理条例》第十四条、第三十七条的规定，新设立的单位应当自设立之日起 30 日内向住房公积金管理中心办理住房公积金缴存登记，并自登记之日起 20 日内，为本单位职工办理住房公积金账户设立手续。违反条例的规定，单位不办理住房公积金缴存登记或者不为本单位职工办理住房公积金账户设立手续的，由住房公积金管理中心责令限期办理；逾期不办理的，处 1 万元以上 5 万元以下的罚款。

实务中，随着员工规范意识的不断增强，企业不办理社会保险及住房公积金登记的情况已较为少见。但有时，部分企业在经营过程中开展集团化运营，在拟上市主体下设立多个子公司开展不同业务，但员工仍与拟上市主体签署劳动合同，部分下属子公司因实际并无员工而忽略了上述社会保险及住房公积金登记事宜，从而面临潜在的处罚风险。

（二）缴纳社会保险、住房公积金的人数、险种不足

根据《劳动法》《劳动合同法》《社会保险法》《住房公积金管理条例》等法律法规的规定，用人单位应为签署全日制劳动合同的全部员工缴纳社会保险和住房公积金，其中社会保险的种类包括基本养老保险、基本医疗保险、工伤保险、失业保险和生育保险（以下简称"五险"，与住房公积金统称"五险一金"）。用人单位未按时足额缴纳社会保险费的，由社会保险费征收机构责令限期缴纳或者补足，并自欠缴之日起，按日加收万分之五的滞纳金；逾期仍不缴纳的，由有关行政部门处欠缴数额一倍以上三倍以下的罚款。用人单位逾期不缴或者少缴住房公积金的，由住房公积金管理中心责令限期缴存；逾期仍不缴存的，可以申请人民法院强制执行。

但在实务中，部分企业尤其是劳动密集型的企业出于招工便利、降低用工成本等方面的考虑，存在不为部分员工缴纳社会保险、住房公积金或少缴纳部分险种等情形，若拟上市企业在报告期内仍存在该情形，则应尽快将为员工缴纳的险种全面覆盖至"五险一金"，并将未能缴纳"五险一金"且无合理性解释的人员比例降低至合理水平[①]。上市审核中，通常认可的未能缴纳"五险一金"的合理性理由包括：

1. 非全日制用工。如前文所述，根据《社会保险法》和《关于非全日制

---

① 该类比例在监管指引等文件中并未给出明确的标准，但实务中，申报企业通常最后一个年度"五险一金"的人员覆盖比例通常在 90% 以上。

用工若干问题的意见》的规定，企业对于非全日制用工除必须为其缴纳工伤保险外，其他社会保险及住房公积金均由其个人承担。

2. 外国籍及港澳台员工。对于在中国境内工作的外国籍员工，根据《在中国境内就业的外国人参加社会保险暂行办法》，用人单位应当为其缴纳"五险"。但就外国籍员工的住房公积金缴纳，《外国人在中国永久居留享有相关待遇的办法》使用了"可以"的表述，同时原建设部、财政部、中国人民银行《关于住房公积金管理几个具体问题的通知》（建金管〔2006〕52号）中在对《住房公积金管理条例》规定的"在职职工"进行释义时注明不包括外方及港澳台人员，实务中部分案例，如洁特生物（688026）[①] 直接将外国籍员工归类为无须缴纳住房公积金的人员，鉴于其人数一般较少，监管机构也未进一步提出反对意见。

对于在中国境内就业的港澳台员工，根据《香港澳门台湾居民在内地（大陆）参加社会保险暂行办法》第二条的规定，用人单位聘用、招用的港澳台居民，应当依法为其缴纳"五险"。《关于在内地（大陆）就业的港澳台同胞享有住房公积金待遇有关问题的意见》支持港澳台同胞缴存住房公积金，但对其是否缴纳未作强制要求。

3. 农村户籍员工。根据《国务院关于建立统一的城乡居民基本养老保险制度的意见》和《国务院关于整合城乡居民基本医疗保险制度的意见》，农村户籍的员工可以选择参加新型农村社会养老保险[②]（以下简称新农保），参加职工基本医疗保险具有困难的，可按照当地规定参加新型农村合作医疗[③]（以下简称新农合）。在上市审核过程中，目前通常的披露口径是，若农村户籍员工已在所在地缴纳新农保、新农合，则该情况可以作为发行人未能为该部分人员缴纳基本养老保险、基本医疗保险的合理性解释，但发行人应为农村户籍员工报销相应的费用，作为已为员工提供保障的替代性措施，同时还应为其缴纳其他险种。

[①] 案例信息来源：洁特生物在上海证券交易所发行上市审核网站公告的《广东广信君达律师事务所关于广州洁特生物过滤股份有限公司首次公开发行股票并在科创板上市的法律意见书》。

[②] 《国务院关于建立统一的城乡居民基本养老保险制度的意见》中，新型农村社会养老保险已与城镇居民社会养老保险统一调整为城乡居民养老保险，但由于实务中两者在各地尚未能全面统一且"新型农村社会养老保险"的表述已被广泛接受，此处仍使用"新型农村社会养老保险"的表述。

[③] 《国务院关于整合城乡居民基本医疗保险制度的意见》中，新型农村合作医疗已与城镇居民基本医疗保险整合为统一的城乡居民基本医疗保险制度，但由于实务中两者在各地尚未能全面统一且"新型农村合作医疗"的表述已被广泛接受，此处仍使用"新型农村合作医疗"的表述。

此外，由于《住房公积金管理条例》《关于住房公积金管理几个具体问题的通知》中均明确将缴纳住房公积金的范围界定为在职员工，未排除农村户籍员工。因此实务中，企业并无明确的法律依据可以不为农村户籍员工缴纳住房公积金。在部分上市案例中，发行人及中介机构以农民工流动性较强，且在家乡普遍拥有宅基地，在城市购房意愿不强，自愿不缴纳公积金；发行人为其提供免费宿舍或住房补贴等理由对农村户籍员工的未缴纳情形进行解释，并承诺在后续采取措施积极动员，落实住房公积金政策。[①]

4. 退休返聘员工。如前所述，"已经依法享受养老保险待遇或者领取退休金的人员"在司法实践中被认定为系劳务关系，企业无须为该类人员缴纳社会保险及住房公积金。

5. 因新入职不久而暂未缴纳社会保险及住房公积金的人员。鉴于发行人为员工缴纳社会保险、住房公积金均以期末最后一日为披露基准日，而根据《社会保险法》和《住房公积金管理条例》的规定，用人单位应在用工之日起30日内向社会保险经办机构、住房公积金管理中心办理手续，实务中用人单位系按照月度办理"增员"，故因新入职不久而暂未缴纳"五险一金"存在合理性。

6. 实务中，对于依法办理"内退""停薪留职"手续但仍由其他单位缴纳"五险一金"的员工，在其签署文件确认发行人无须为其缴纳"五险一金"的前提下，也可以作为豁免缴纳的合理性事由。

需要注意的是，考虑到社会保障责任的立法本意及在劳动关系中劳动者与用人单位地位的不对等性，无论是在劳动争议案件中还是在企业境内上市审核中，对员工自愿放弃企业为其缴纳"五险一金"权利的情形都不构成企业不履行缴纳义务的合理、合法事由。同时，试用期内员工作为正式的劳动合同用工，应自劳动合同生效之日起为其缴纳"五险一金"，企业不应以尚在试用期为理由拒绝履行法定义务。

（三）未为员工足额缴纳社会保险及住房公积金

根据《社会保险法》《住房公积金管理条例》等法律法规的规定，"五险一金"的缴费基数、缴费比例如下：

[①] 案例信息来源：沃格光电在上海证券交易所发行上市审核网站公告的《江西沃格光电股份有限公司首次公开发行股票招股说明书》；中际联合在上海证券交易所发行上市审核网站公告的《中际联合（北京）科技股份有限公司首次公开发行股票招股说明书》。

表 10-11 "五险一金"的缴费基数、缴费比例

项目		缴费基数	缴费比例
社会保险	基本养老保险	职工工资总额（本单位工资总额、工资总额）①	国家统一制定职工基本养老保险政策，逐步统一缴费比例（如单位缴费比例方面，广东省为15%②、北京市为16%③）、缴费基数核定办法、待遇计发和调整办法等，最终实现养老保险各项政策全国统一
	基本医疗保险		用人单位缴费率应控制在职工工资总额的6%左右，具体的缴费比例由各统筹地区根据实际情况确定
	工伤保险		国家根据不同行业的工伤风险程度确定行业的差别费率，并根据使用工伤保险基金、工伤发生率等情况在每个行业内确定费率档次
	失业保险		城镇企业事业单位按照本单位工资总额的2%缴纳失业保险费
	生育保险		不得超过工资总额的1%
住房公积金		职工上一年度月平均工资	职工和单位住房公积金的缴存比例均不得低于职工上一年度月平均工资的5%；有条件的城市，可以适当提高缴存比例

注：根据《关于规范社会保险缴费基数有关问题的通知》（劳社险中心函〔2006〕60号）的规定，工资总额是指在一定时期内直接支付给单位全部职工的劳动报酬总额，由计时工资、计件工资、奖金、加班工资、特殊情况下支付的工资、津贴和补贴等组成。劳动报酬总额包括：在岗职工工资总额；不在岗职工生活费；聘用、留用的离退休人员的劳动报酬；外籍及港澳台方人员劳动报酬以及聘用其他从业人员的劳动报酬。各单位支付给职工的劳动报酬以及其他根据有关规定支付的工资，不论是否计入成本、是否列入计征奖金税项目的，均应列入工资总额的计算范围。

如上表所示，实务中，缴费比例系由各地监管机构确定及调整，企业在为员工办理"五险一金"的"增员"手续后，无自行确定缴费比例的空间。因此，如果拟上市企业在报告期内存在为降低用工成本，通过调低缴费基数的方式减少对"五险一金"的缴纳等情形，则审核过程中将被重点关注缴费基数不足所导致的欠缴事宜对发行人经营造成的潜在影响，以及欠缴情形是否构成重大违法违规行为，发行人及中介机构在上市筹备阶段应结合相关情

---

① 除基本养老保险和工伤保险的缴费基数规定于《社会保险法》外，基本医疗保险的缴费基数见于《国务院关于建立城镇职工基本医疗保险制度的决定》（国发〔1998〕44号），失业保险的缴费基数见于《失业保险条例》，生育保险的缴费基数见于《企业职工生育保险试行办法》。
② 《广东省人力资源和社会保障厅广东省财政厅国家税务总局广东省税务局关于印发广东省企业职工基本养老保险单位缴费比例过渡方案的通知》（粤人社发〔2022〕8号）。
③ 《关于降低本市社会保险费率的通知》（京人社养发〔2019〕67号）。

形对发行人经营业绩的影响、违规行为的程度，对"五险一金"缴费金额不足问题进行整改，避免构成发行上市的实质性障碍。

（四）委托第三方为员工代缴"五险一金"

实务中，由于企业的客户可能分布于全国各区域，基于市场开拓、客户维护等业务需要，经常会就地聘用员工开展工作，若企业基于管理和运营成本考虑未在当地设立分支机构，则无法为该部分员工按照当地标准缴纳"五险一金"，委托第三方人力资源公司在员工实际工作地为其缴纳"五险一金"便是一种较为简单、便捷的模式，受托机构一般会与委托方的员工签订名义上的劳动合同，表面上形成"劳动关系"，然后向经办机构申报并缴纳"五险一金"。

但《社会保险法》第五十八条、第八十四条以及《住房公积金管理条例》第三十七条均明确规定，企业应以自身名义为员工办理社会保险登记，委托第三方缴纳"五险一金"，若被主管部门认定为未为员工办理社会保险或公积金登记的，存在被要求责令限期改正的可能，逾期不改正的，还有被处以罚款的风险。

结合宏微科技（688711）[①]、英方软件（688435）[②]、恒烁股份（688416）[③] 等案例，若发行人委托第三方代缴"五险一金"的员工人数占员工总数比例较高、缴费金额较高，则应通过在主要经营地设立分支机构并将第三方代缴调整为分支机构直接缴纳的方式，逐渐减少委托第三方代缴员工的人数、比例和金额，同时发行人应针对前述情形出具承诺，即若主管部门认为发行人应予整改，发行人将积极配合整改以避免遭受行政处罚，并在申报前取得所在地社会保险及住房公积金管理部门出具的合规证明，发行人实际控制人亦应出具相关"兜底"承诺函，即承担由此可能产生的相关补缴费用、罚款及赔偿责任等。

[①] 案例信息来源：宏微科技在上海证券交易所发行上市审核网站公告的《江苏宏微科技股份有限公司首次公开发行股票并在科创板上市招股说明书》。

[②] 案例信息来源：英方软件在上海证券交易所发行上市审核网站公告的《上海英方软件股份有限公司首次公开发行股票并在科创板上市招股说明书》。

[③] 案例信息来源：恒烁股份在上海证券交易所发行上市审核网站公告的《恒烁半导体（合肥）股份有限公司首次公开发行股票并在科创板上市招股说明书》。

三、发行人就缴纳"五险一金"不规范情形所应采取的措施

如前述法规所述,上市审核过程中,就"五险一金"缴纳情况的主要关注点为发行人是否已依法缴纳"五险一金"。发行人存在应缴未缴情况的,应披露具体情况及形成原因,分析补缴对发行人持续经营可能造成的影响并形成应对方案,同时,中介机构还应对应缴未缴情形是否属于重大违法行为出具明确意见。结合该等关注点,发行人就其缴纳"五险一金"不规范情形所应采取的措施通常如下:

表10-12 发行人就"五险一金"缴纳不规范情形通常所采取的应对措施

应对措施	具体内容
对形成原因进行解释、说明	即结合公司业务详细说明成因,并分析其合理性,除本节已介绍的合理性事由外,"公司所处行业员工流动性较大"是案例中较为常见的解释,例如在泰盈科技集团股份有限公司的案例中,发行人及中介机构在解释应缴未缴"五险一金"人员比例较高时具体说明,"公司员工流动性相对较大,在职期间小于一年的占比较高。公司的业务规模庞大,日常经营需要大量人力资源支持,公司员工以业务流程外包服务人员为主,一般无须较高的技术水平及技能门槛,一线的业务流程外包服务员工的可替代性较强,且由于行业内参与者众多,从业人员亦面临较多的工作选择,因此员工流动性较高"。 关于本案中社保公积金缴纳的问题,发行人及其子公司已取得相关主管部门出具的证明文件,发行人控股股东及实际控制人亦出具了承诺[①]
通过测算,分析补缴对发行人的持续经营可能造成的影响	应通过测算得出补缴对发行人净利润的影响金额较小,不存在通过不缴或少缴社保公积金调节利润的情形,不会影响发行条件

[①] 案例信息来源:泰盈科技集团股份有限公司在上海证券交易所发行上市审核网站公告的《北京市通商律师事务所关于泰盈科技集团股份有限公司首次公开发行股票并在主板上市的补充法律意见书(一)》。

续表

应对措施	具体内容
对欠缴情形予以规范	尽量减少不规范所涉及的人数、比例、金额，欠缴金额较大的，对应缴未缴部分在当地政策允许的情况下应予以补缴，例如在博拓生物（688767）① 的案例中，发行人针对历史上未及时缴纳"五险一金"的情形，在所在地监管机构允许的时间范围内为员工进行了补缴
主动采取替代性措施	例如报销员工缴纳的新农保、新农合费用；在工资中发放单独的费用、补贴；单独为生产型企业危险岗位员工缴纳工伤保险、商业保险；提供宿舍或发放住房补贴等
公司控股股东、实际控制人出具"兜底"承诺	公司控股股东、实际控制人出具书面文件，承诺若未来因"五险一金"缴纳事宜导致公司补缴、被处罚或承担任何损失，则由其代为承担相关责任，保证发行人不会因此遭受损失
取得合规证明	取得发行人及子公司所在地主管部门的合规证明，确认相关主体在"五险一金"缴纳方面虽然存在违规行为或被给予处罚，但相关行为不构成"重大违法行为"

第三节 疏导：劳动争议和处罚的应对

如果说规范用工关系的建立和社会保障责任的履行是用工关系中的动态"过程"，那么劳动争议和处罚就是企业用工管理战略、思维、模式作用于日常经营后所形成的"结果"。实务中，劳动争议和处罚的类型繁杂多样，较难一一展开，本节试以劳动争议及处罚对企业上市的影响及应对措施为切入点展开探讨，以期为企业处理相关事宜提供视角。

一、企业上市过程中劳动争议事项的应对

实践中，劳动争议纠纷可能贯穿于企业用工的各个场景，例如招聘环节发出录用通知后无正当理由不录用劳动者、未与全日制用工签署书面的劳动

---

① 案例信息来源：博拓生物在上海证券交易所发行上市审核网站公告的《浙江天册律师事务所关于杭州博拓生物科技股份有限公司首次公开发行A股股票并在科创板上市的补充法律意见书（之一）》。

合同、未能与按照法律规定安排劳动者休假及支付加班费、未依法提供职业病防护及"五险一金"保障、违法解除劳动合同或解除劳动合同未能支付足额的补偿金，形形色色的劳动争议事项不断地拷问着企业用工管理的规范性。

拟上市企业中，在报告期内发生劳动争议纠纷的案例也不乏少数，较为典型的如下：

表10-13 报告期内劳动争议纠纷的典型案例

案例名称	基本情况及审核关注点
软通动力 （301236）①	该公司在报告期内共发生139起劳动争议纠纷（含劳动仲裁和诉讼），涉及的诉请赔偿或补偿金额总计为1823.81万元，根据劳动仲裁机构或法院最终作出的有效裁决、判决、调解书及和解协议，累计裁决应付工资及补偿金等费用总额为230.38万元，在争议数量及涉案金额方面均较高。 审核过程中，监管机构要求详细披露报告期内劳动诉讼或仲裁的案件内容、判决结果、涉案金额及赔偿金额，并结合相关情况，说明发行人劳动用工是否合法合规。 中介机构通过"发行人应付工资及补偿金等费用总额占发行人各年度净利润比例较低、发行人及其子公司劳动合同条款合法合规并依据《劳动法》等相关法律法规及公司的管理规定保护员工相关合法权益，且发行人报告期内不存在因违反劳动、社保、公积金相关法律法规规定而受到行政处罚的情形"论证发行人劳动用工合法合规，不构成发行人发行上市的实质性障碍。
明月镜片 （301101）②	报告期内发行人共涉及17起劳动仲裁或诉讼，2019年末和2020年6月末，生产人员分别减少239人和98人。 监管机构要求发行人披露报告期内存在多起劳动纠纷的原因，大量裁员的合法性，是否存在欠薪、违法解雇等侵犯职工合法权益的行为，是否造成群体性劳动纠纷。 经中介机构核查，发行人员工人数减少主要系合同到期未续约或办理了正常离职手续，不存在潜在纠纷。截至披露日，发行人均已按期支付上述劳动纠纷涉及的款项，且已按照劳动法律相关规定足额向员工支付劳动报酬的，不存在薪资拖欠或其他劳务纠纷的情况。

---

① 案例信息来源：软通动力在深圳证券交易所发行上市审核信息公开网站公告的《软通动力信息技术（集团）股份有限公司首次公开发行股票并在创业板上市招股说明书》。

② 案例信息来源：明月镜片在深圳证券交易所发行上市审核信息公开网站公告的《上海市广发律师事务所关于明月镜片股份有限公司首次公开发行股票并在创业板上市的补充法律意见（一）》。

续表

案例名称	基本情况及审核关注点
光庭信息 （301221）①	监管机构要求结合发生劳动争议及与相关人员存在"工资差额"纠纷的原因，说明发行人与其他员工是否存在合同工资与实际支付工资差异的情形，是否存在少计职工薪酬的情形。 经中介机构核查，因发行人考核制度的原因，发行人实际支付工资会存在与合同工资约定金额不一致的情形，截至披露日，除已披露的相关劳动纠纷外，发行人不存在其他正在进行的因工资差额产生的纠纷，不存在少计职工薪酬的情形。
鸿日达 （301285）②	发行人存在三起因工伤引起的损害赔偿纠纷，案件金额累计23.95万元，监管机构要求说明对员工的职业健康和劳动保护情况是否符合相关法律法规要求，报告期内是否曾发生重大安全生产事故。 经中介机构核查，报告期内，发行人及子公司与员工的劳动争议案件金额均较小，发行人已根据判决、裁决实际履行完毕。发行人已经建立了健全的安全生产内控措施，报告期内未发生重大安全生产事故。

鉴于《首次公开发行股票注册管理办法》等文件均规定，发行人应不存在重大偿债风险，不存在重大担保、诉讼、仲裁等对持续经营有重大不利影响的或有事项。因此，若发行人在报告期内发生劳动诉讼、仲裁等争议纠纷，则应妥善处理相关纠纷事项，并根据具体情况合理计提预计负债。同时，发行人及中介机构应从争议纠纷事项的原因、性质、涉及金额等方面说明该等情形不会对发行人的生产经营构成重大不利影响，并取得主管部门对发行人及子公司的合规证明，充分论证该等情形不会构成发行上市的实质性障碍。

二、企业上市过程中劳动处罚事项的应对

根据《首次公开发行股票注册管理办法》等与上市相关的法律法规的规定，发行人生产经营应符合法律、行政法规的规定，符合国家产业政策。最近三年内，发行人应不存在贪污、贿赂、侵占财产、挪用财产或者破坏社会

---

① 案例信息来源：光庭信息在深圳证券交易所发行上市审核信息公开网站公告的《上海市锦天城律师事务所关于武汉光庭信息技术股份有限公司首次公开发行股票并在创业板上市的补充法律意见书（一）》。

② 案例信息来源：鸿日达在深圳证券交易所发行上市审核信息公开网站公告的《国浩律师（北京）事务所关于鸿日达科技股份有限公司首次公开发行股票并在创业板上市之补充法律意见书（一）》。

主义市场经济秩序的刑事犯罪，不存在欺诈发行、重大信息披露违法或者其他涉及国家安全、公共安全、生态安全、生产安全、公众健康安全等领域的重大违法行为。因此，发行人在报告期内发生劳动相关的违法行为并受到行政处罚的，应重点关注该等行为是否属于情节严重且可能影响发行条件的重大违法行为。

实务中，因劳动处罚事项而被监管机构予以关注的相关案例如下：

表 10-13 因劳动处罚事项而被监管机构予以关注的相关案例

案例名称	基本情况及审核关注点
佳合科技（872392）①	公司在报告期内存在因违法延长劳动者工作时间被行政处罚的情形，监管机构在审核过程中关注公司劳动用工的合规性，要说明佳合科技及子公司的劳动用工合规情况，包括但不限于劳作时长、劳动合同签订情况、劳动安全保障等，是否存在劳务派遣情形，报告期内的劳动用工是否规范，是否建立有关劳动保障的内部控制制度，上述制度是否符合《劳动法》《劳动合同法》等法律法规及规范性文件的要求，是否有效执行
佳合科技（872392）	佳合科技及中介机构进一步披露了劳动处罚的具体原因、处罚依据、罚款情况、罚款的缴纳情况、罚款已按照足额缴纳且已及时改正违法行为的情况，并结合《劳动保障监察条例》及《江苏省劳动保障监察案件法律适用及行政处罚自由裁量基准一览表》的有关规定分析该行为未构成重大违法违规，并取得了常熟市梅李镇人民政府出具的相关处罚"不属于重大行政处罚，所涉及的行政处罚行为情节轻微，不属于重大违法违规行为"的证明文件
利通电子（603629）②	报告期内，利通电子的子公司由于安排员工超时加班被东莞市人力资源局处以罚款 40000 元的行政处罚，监管机构在审核过程中要求利通电子补充说明上述处罚是否属于情节严重的行政处罚。 利通电子及其中介机构通过核实行政处罚原因、规范和整改情况、说明发行人已取得东莞市人力资源局出具的关于上述处罚未被该局列为情节严重行为的证明文件等方式，论证相关处罚事项不属于情节严重的行政处罚，不会对发行上市构成实质性障碍

结合上述规定及案例，对于拟上市企业在报告期内存在劳动处罚情况的，应就受到劳动处罚的原因及规范整改的具体情况进行详细披露，并结合法律

---

① 案例信息来源：佳合科技在北京证券交易所网站公告的《国浩律师（上海）事务所关于昆山佳合纸制品科技股份有限公司向不特定合格投资者公开发行股票并在北京证券交易所上市之补充法律意见书（一）》。

② 案例信息来源：利通电子在上海证券交易所发行上市审核网站公告的《利通电子首次公开发行股票招股意向书附录》。

法规的规定，从违法行为显著轻微且罚款数额较小、相关规定或处罚决定未认定该行为属于情节严重、有权机关证明该行为不属于重大违法、相关违法行为不属于导致严重环境污染、重大人员伤亡、社会影响恶劣的行为等方面，对是否构成重大违法行为进行核查和分析，论证该等处罚不会构成发行上市的实质性障碍。

小 结

本章中，笔者试从规范用工关系的建立、劳动保障责任的履行以及发生劳动争议和处罚时的应对措施三个维度为切入点，对上市审核中与劳动用工相关的常见法律问题进行了说明和探讨。

随着中国企业在组织上的不断创新及国际化程度的不断提高，实务中所面临的问题可能比之更加复杂，如外籍员工的聘用及社会保障、特殊岗位员工的资质要求、拟上市企业聘用高校离岗创业人员在用工与知识产权方面应注意的事项，都是值得进一步研究和探讨的法律问题。

有趣的是，企业家在经营管理中的"奇思妙想"和创新探索，有时可能会和企业上市的规范性要求产生一定的冲突和碰撞，笔者在本章的撰写中就注意到，一些拟上市企业在内部组织探索中，采用了阿米巴模式增加组织效率，但又随着企业上市的审核要求而进行了相应的调整和规范。

第十一章
生产经营合规

引 言

生产经营合规,系指企业生产经营方面的合规,是企业合规的重要组成部分,一般包含环境保护、安全生产、产品质量、职工权益保障等多方面的具体要求。合规经营是企业长久发展的前提,但受限于合规意识不足或执行不到位、成本考量等各方面的影响,企业在发展过程中或多或少都会存在这样或那样的不合规事项。对拟上市公司而言,生产经营合规问题是上市进程中一个必须直面的基础要求,IPO审核对企业规范运作提出了明确的要求。拟上市公司在启动上市申报计划后,一般会聘请证券服务机构开展全面的尽职调查,证券服务机构会在尽职调查完成后结合企业具体情况提出合规整改要求。或对症下药,或刮骨疗伤,在一段或长或短的整改周期后,企业方能满足上市申报要求。

对于不同行业的拟上市公司,生产经营合规方面的要求亦存在不同的侧重点。例如,互联网企业、软件企业、规划设计院等轻资产企业一般不涉及环境保护问题和安全生产问题,由于不存在实体产品,通常也不涉及产品质量问题;而制造业、化工业等行业企业在环境保护、安全生产、产品质量等方面的问题就较为典型,例如是否涉及违规排污、是否存在未取得相关资质而从事相关业务的情形、是否存在产品质量问题或发生产品召回事件等;对于包括医疗器械、建筑工程、房地产等因为涉及公众安全而有着较高准入门槛的行业,业务资质方面的问题则是生产经营合规中的重点。

生产经营若不合法合规,则可能导致行政处罚或被纳入失信名单,或可能引发诉讼纠纷。因此,本章拟从安全生产,产品质量问题,节能审查与清洁生产,失信名单、行政处罚与刑事处罚,诉讼、仲裁等五个方面展开,介绍相关法规以及IPO审核的主要关注事项,同时结合案例提示拟上市公司在生产经营合规方面应该注意的要点,希望对拟上市公司生产经营合规管理有所助益。

第一节　安全生产

安全生产问题关系着企业和员工的生命财产安全，既是企业发展的重要保障，亦是企业的重要责任。本节拟从安全生产、危险废物处理及职业健康安全等三个方面展开介绍上市审核中所关注的安全生产问题。

一、安全生产

（一）相关法规概述

表 11-1　安全生产相关规定

要点总结	法律法规
单位主要负责人和安全生产管理人员须具备安全生产知识和管理能力	《安全生产法》 第二十七条　生产经营单位的主要负责人和安全生产管理人员必须具备与本单位所从事的生产经营活动相应的安全生产知识和管理能力。 危险物品的生产、经营、储存、装卸单位以及矿山、金属冶炼、建筑施工、运输单位的主要负责人和安全生产管理人员，应当由主管的负有安全生产监督管理职责的部门对其安全生产知识和管理能力考核合格。考核不得收费。 危险物品的生产、储存、装卸单位以及矿山、金属冶炼单位应当有注册安全工程师从事安全生产管理工作。鼓励其他生产经营单位聘用注册安全工程师从事安全生产管理工作。注册安全工程师按专业分类管理，具体办法由国务院人力资源和社会保障部门、国务院应急管理部门会同国务院有关部门制定。
从业人员须进行安全生产教育和培训	《安全生产法》 第二十八条　生产经营单位应当对从业人员进行安全生产教育和培训，保证从业人员具备必要的安全生产知识，熟悉有关的安全生产规章制度和安全操作规程，掌握本岗位的安全操作技能，了解事故应急处理措施，知悉自身在安全生产方面的权利和义务。未经安全生产教育和培训合格的从业人员，不得上岗作业。 生产经营单位使用被派遣劳动者的，应当将被派遣劳动者纳入本单位从业人员统一管理，对被派遣劳动者进行岗位安全操作规程和安全操作技能的教育和培训。劳务派遣单位应当对被派遣劳动者进行必要的安全生产教育和培训。

续表

要点总结	法律法规
从业人员须进行安全生产教育和培训	生产经营单位接收中等职业学校、高等学校学生实习的，应当对实习学生进行相应的安全生产教育和培训，提供必要的劳动防护用品。学校应当协助生产经营单位对实习学生进行安全生产教育和培训。 生产经营单位应当建立安全生产教育和培训档案，如实记录安全生产教育和培训的时间、内容、参加人员以及考核结果等情况。
安全设施须符合"三同时"制度	《安全生产法》 第三十一条 生产经营单位新建、改建、扩建工程项目（以下统称建设项目）的安全设施，必须与主体工程同时设计、同时施工、同时投入生产和使用。安全设施投资应当纳入建设项目概算。
安全评价与安全设施验收	《安全生产法》 第三十二条 矿山、金属冶炼建设项目和用于生产、储存、装卸危险物品的建设项目，应当按照国家有关规定进行安全评价。 《建设项目安全设施"三同时"监督管理办法》 第七条 下列建设项目在进行可行性研究时，生产经营单位应当按照国家规定，进行安全预评价： （一）非煤矿矿山建设项目； （二）生产、储存危险化学品（包括使用长输管道输送危险化学品，下同）的建设项目； （三）生产、储存烟花爆竹的建设项目； （四）金属冶炼建设项目； （五）使用危险化学品从事生产并且使用量达到规定数量的化工建设项目（属于危险化学品生产的除外，下同）； （六）法律、行政法规和国务院规定的其他建设项目。 第八条 生产经营单位应当委托具有相应资质的安全评价机构，对其建设项目进行安全预评价，并编制安全预评价报告。 建设项目安全预评价报告应当符合国家标准或者行业标准的规定。 生产、储存危险化学品的建设项目和化工建设项目安全预评价报告除符合本条第二款的规定外，还应当符合有关危险化学品建设项目的规定。 第九条 本办法第七条规定以外的其他建设项目，生产经营单位应当对其安全生产条件和设施进行综合分析，形成书面报告备查。 第二十三条第一款 建设项目竣工投入生产或者使用前，生产经营单位应当组织对安全设施进行竣工验收，并形成书面报告备查。安全设施竣工验收合格后，方可投入生产和使用。
特殊行业须取得安全生产许可证	《安全生产许可证条例》 第二条 国家对矿山企业、建筑施工企业和危险化学品、烟花爆竹、民用爆炸物品生产企业（以下统称企业）实行安全生产许可制度。企业未取得安全生产许可证的，不得从事生产活动。

续表

要点总结	法律法规
编制应急预案	《生产安全事故应急预案管理办法》 第五条　生产经营单位主要负责人负责组织编制和实施本单位的应急预案，并对应急预案的真实性和实用性负责；各分管负责人应当按照职责分工落实应急预案规定的职责。
法律责任	《安全生产法》《安全生产违法行为行政处罚办法》：行政责任（警告；罚款；没收违法所得、没收非法开采的煤炭产品、采掘设备；责令停产停业整顿、责令停产停业、责令停止建设、责令停止施工；暂扣或者吊销有关许可证，暂停或者撤销有关执业资格、岗位证书；关闭；拘留；安全生产法律、行政法规规定的其他行政处罚）。
	《刑法》：危险作业罪、重大责任事故罪、强令，组织他人违章冒险作业罪、重大劳动安全事故罪、危险物品肇事罪、工程重大安全事故罪、消防责任事故罪、不报、谎报安全事故罪等。

（二）审核关注要点

上市审核中，审核机构在安全生产方面的关注要点通常包括：

1. 发行人报告期内是否因安全事故而受到行政处罚

针对发行人报告期内因安全事故受到行政处罚的，审核机构会结合安全事故的发生原因、事后结果、对生产经营的影响等进行问询，要求证券服务机构核查该事故是否属于重大安全事故或是否构成重大违法违规行为、发行人针对安全事故的整改措施以及整改后是否仍存在安全隐患。

2. 发行人安全生产管理制度是否得到有效执行

发行人的安全生产管理制度是否建立健全并得到有效执行是审核机构关注的重点之一，安全事故发生的背后往往是安全生产管理制度的落实执行不到位。

3. 发行人安全设施的运行情况

生产经营单位新建、改建、扩建工程项目的安全设施需要满足"三同时"制度，与主体工程同时设计、同时施工、同时投入生产和使用。另外，建设项目竣工投入生产或者使用前，生产经营单位应当组织对安全设施进行竣工验收。除安全设施的建设、竣工验收外，安全设施日常的运行情况是否正常也是审核机构关注的要点之一。

相关案例

宏鑫科技：报告期内因生产事故受到大额罚款且认定不构成重大违法违规①

根据宏鑫科技（301539，汽车制造业）的招股说明书及相关问询回复文件，2018年11月，发行人1名员工在擦拭液压机的油烟机吸风罩时不慎摔下作业平台，送医院后经抢救无效死亡。2019年4月，台州市黄岩区应急管理局对该事项作出行政处罚，罚金为21.4万元。2021年3月，台州市黄岩区应急管理局出具证明，认定该事项不构成重大违法违规情形。深圳证券交易所在一轮问询中要求结合生产事故主要内容及法规依据，说明发行人2019年被处罚21.40万元不构成重大违法违规行为的依据是否充分，发行人采取的整改措施是否有效，发行人是否存在其他违法违规情形。

发行人报告期内因安全生产事故而受到行政处罚，该起事故虽然发生在报告期外，但造成了员工死亡的严重后果，罚款的金额也较大。监管机构重点关注该起安全事故的具体情况，要求论证不构成重大违法违规行为的依据是否充分，以及整改措施是否有效。证券服务机构论证不构成重大违法违规行为时，除引用主管部门出具的专项证明外，还引用了事故调查组的认定结论，并将实际罚款金额与法定处罚金额进行对比。在整改措施方面，除建立和完善安全生产管理制度外，还加强了从业人员的安全生产培训以及安全设施的检查保养，以杜绝生产事故的再次发生。

（三）规范建议

1. 拟上市公司需建立完善的安全生产管理制度，安全设施需满足"三同时"的制度要求，并按规定进行安全设施竣工验收以及日常检查维护，避免发生安全事故；同时，应当加强对从业人员的安全生产培训，并保留相关培训记录。

2. 拟上市公司报告期内发生安全事故的，需取得主管部门关于安全事故不属于重大违法违规行为的专项证明，并结合安全事故的调查报告、安全事故相关的法律法规进一步分析其是否构成重大违法违规行为，同时关注相关

---

① 案例信息来源：宏鑫科技在深圳证券交易所发行上市审核信息公开网站公告的《浙江宏鑫科技股份有限公司首次公开发行股票并在创业板上市招股说明书》《关于浙江宏鑫科技股份有限公司首次公开发行股票并在创业板上市申请文件审核问询函的回复》。

个人的法律责任,如是否涉及董事、监事、高级管理人员任职资格。安全事故发生后拟上市公司需采取有效的整改措施,消除安全隐患,杜绝安全事故的再次发生。

二、危险废物处理

(一)相关法规概述

表 11-2 危险废物处理相关规定

要点总结	法律法规
产生危险废物的单位应按照规定制定危险废物管理计划、建立危险废物管理台账、处置危险废物、设置危险废物识别标志、制定意外事故的防范措施和应急预案并向主管部门备案,转移危险废物需填写转移联单	《固体废物污染环境防治法》第六章对危险废物的管理要求进行了专门规定,主要如下: 第七十七条 对危险废物的容器和包装物以及收集、贮存、运输、利用、处置危险废物的设施、场所,应当按照规定设置危险废物识别标志。 第七十八条 产生危险废物的单位,应当按照国家有关规定制定危险废物管理计划;建立危险废物管理台账,如实记录有关信息,并通过国家危险废物信息管理系统向所在地生态环境主管部门申报危险废物的种类、产生量、流向、贮存、处置等有关资料。 前款所称危险废物管理计划应当包括减少危险废物产生量和降低废物危害性的措施以及危险废物贮存、利用、处置措施。危险废物管理计划应当报产生危险废物的单位所在地生态环境主管部门备案。 产生危险废物的单位已经取得排污许可证的,执行排污许可管理制度的规定。 第七十九条 产生危险废物的单位,应当按照国家有关规定和环境保护标准要求贮存、利用、处置危险废物,不得擅自倾倒、堆放。 第八十二条 转移危险废物的,应当按照国家有关规定填写、运行危险废物电子或者纸质转移联单。 跨省、自治区、直辖市转移危险废物的,应当向危险废物移出地省、自治区、直辖市人民政府生态环境主管部门申请。移出地省、自治区、直辖市人民政府生态环境主管部门应当及时商经接受地省、自治区、直辖市人民政府生态环境主管部门同意后,在规定期限内批准转移该危险废物,并将批准信息通报相关省、自治区、直辖市人民政府生态环境主管部门和交通运输主管部门。未经批准的,不得转移。 危险废物转移管理应当全程管控、提高效率,具体办法由国务院生态环境主管部门会同国务院交通运输主管部门和公安部门制定。 第八十五条 产生、收集、贮存、运输、利用、处置危险废物的单位,应当依法制定意外事故的防范措施和应急预案,并向所在地生态环境主管部门和其他负有固体废物污染环境防治监督管理职责的部门备案;生态环境主管部门和其他负有固体废物污染环境防治监督管理职责的部门应当进行检查。

续表

要点总结	法律法规
企业从事危险废物处理须办理《排污许可证》	《固定污染源排污许可分类管理名录（2019年版）》规定，"专业从事危险废物贮存、利用、处理、处置（含焚烧发电）的，专业从事一般工业固体废物贮存、处置（含焚烧发电）的"属于重点管理行业，需取得排污许可证。
企业从事危险废物处理须办理《危险废物经营许可证》	《危险废物经营许可证管理办法》 第二条　在中华人民共和国境内从事危险废物收集、贮存、处置经营活动的单位，应当依照本办法的规定，领取危险废物经营许可证。 第三条　危险废物经营许可证按照经营方式，分为危险废物收集、贮存、处置综合经营许可证和危险废物收集经营许可证。 领取危险废物综合经营许可证的单位，可以从事各类别危险废物的收集、贮存、处置经营活动；领取危险废物收集经营许可证的单位，只能从事机动车维修活动中产生的废矿物油和居民日常生活中产生的废镉镍电池的危险废物收集经营活动。 第三十一条　本办法下列用语的含义： …… (三) 贮存，是指危险废物经营单位在危险废物处置前，将其放置在符合环境保护标准的场所或者设施中，以及为了将分散的危险废物进行集中，在自备的临时设施或者场所每批置放重量超过5000千克或者置放时间超过90个工作日的活动。 ……
危险废物承运企业、车辆、人员须具备相关资质	《固体废物污染环境防治法》第八十三条第一款规定，运输危险废物，应当采取防止污染环境的措施，并遵守国家有关危险货物运输管理的规定。因此，危险废物承运企业、车辆、人员应具备有关危险货物运输资质。
危险废物承运企业须办理《道路运输经营许可证》（经营范围需涵盖危险货物运输）	《道路危险货物运输管理规定》 第十二条　设区的市级交通运输主管部门应当按照《中华人民共和国道路运输条例》和《交通行政许可实施程序规定》，以及本规定所明确的程序和时限实施道路危险货物运输行政许可，并进行实地核查。 决定准予许可的，应当向被许可人出具《道路危险货物运输行政许可决定书》，注明许可事项，具体内容应当包括运输危险货物的范围(类别、项目或品名，如果为剧毒化学品应当标注"剧毒")，专用车辆数量、要求以及运输性质，并在10日内向道路危险货物运输经营申请人发放《道路运输经营许可证》，向非经营性道路危险货物运输申请人发放《道路危险货物运输许可证》。 市级交通运输主管部门应当将准予许可的企业或单位的许可事项等，及时以书面形式告知县级交通运输主管部门。 决定不予许可的，应当向申请人出具《不予交通行政许可决定书》。

续表

要点总结	法律法规
危险废物承运车辆须办理 《中华人民共和国机动车行驶证》（使用类别：危化品运输）、《道路运输证》（经营范围：危险货物运输）	《道路危险货物运输管理规定》 第十四条　被许可人应当按照承诺期限落实拟投入的专用车辆、设备。原许可机关应当对被许可人落实的专用车辆、设备予以核实，对符合许可条件的专用车辆配发《道路运输证》，并在《道路运输证》经营范围栏内注明允许运输的危险货物类别、项别或者品名，如果为剧毒化学品应标注"剧毒"；对从事非经营性道路危险货物运输的车辆，还应当加盖"非经营性危险货物运输专用章"。 被许可人未在承诺期限内落实专用车辆、设备的，原许可机关应当撤销许可决定，并收回已核发的许可证明文件。
危险废物押运人员须办理 《中华人民共和国道路运输从业人员从业资格证》（从业资格类别：道路危险货物运输押运人员）	《道路运输从业人员管理规定》 第二十四条　经营性道路客货运输驾驶员、道路危险货物运输从业人员经考试合格后，取得《中华人民共和国道路运输从业人员从业资格证》……

（二）审核关注要点

1. 危险废物处理企业的资质

针对专门从事危险废物处理的企业，监管机构通常关注企业是否具备危险废物处理相关资质，包括企业所持有的《危险废物经营许可证》《排污许可证》、危险废物运输方所持有的《道路运输经营许可证》、承运车辆所持有的《中华人民共和国机动车行驶证》《道路运输证》、运输人员所持有的《中华人民共和国道路运输从业人员从业资格证》，以及报告期内是否存在无资质处理危险废物或超资质经营的情形。

2. 危险废物暂存的情况

针对日常生产经营过程中产生危险废物的企业，监管机构通常关注危险废物产生后的暂存情况，根据《危险废物经营许可证管理办法》的相关规定，若发行人生产经营产生的危险废物在由危险废物处理方进行处置前临时存放于危险废物暂存间等地，需注意在自备的临时设施或者场所每批置放重量不得超过 5000 千克且置放时间不得超过 90 个工作日，否则需就危险废物暂存取得《危险废物经营许可证》（贮存）资质。

3. 危险废物管理制度的建立及执行

监管机构通常会关注企业是否建立了有关危险废物管理、处理和监督的制度并确保其有效执行，是否制定了危险废物意外事故防范措施和应急预案，相关内控制度是否完善。

> **相关案例**
>
> **呈和科技：报告期内未及时委托有资质的第三方机构处理工业危险废物**[①]
>
> 呈和科技（688625，化学原料及化学制品制造业）是一家主要为制造高性能树脂材料与改性塑料的企业提供环保、安全、高性能的高分子材料助剂产品的企业，属于"C26 化学原料及化学制品制造业"。上海证券交易所在一轮问询中要求其说明"是否存在违法处理废固（固废）或危废（危险废物）等违反环保法律法规的情形""结合公司年实际产量，说明公司工业危险废物主要为废包装袋、空溶剂桶和废活性炭是否符合实际情况，是否存在其他违反环保法律法规的情形"。从发行人的回复来看，发行人在 2019 年 4 月前未及时委托有资质的第三方机构对日常生产过程中产生的工业危险废物进行及时处理，日常生产过程中产生的工业危险废物仅在发行人危险废物专用仓进行存放。
>
> 报告期内发行人未及时委托有资质的第三方机构及时处理日常生产过程中产生的工业危险废物，选择自行存放，已违反《固体废物污染环境防治法》的相关规定，为消除法律瑕疵，发行人与具有处理资质的第三方机构签署了《危废处理合同》，并由主管部门出具书面证明，证明发行人不存在环保领域行政处罚的情况，未发生环境污染事故，不存在环保相关投诉。

（三）规范建议

1. 拟上市公司需要委托具有危险废物处理资质的第三方处理生产经营过程中产生的危险废物，不可擅自转移危险废物。在委托前，拟上市公司需核实第三方处理机构的资质文件，确认其具有《危险废物经营许可证》《道路运

[①] 案例信息来源：呈和科技在上海证券交易所发行上市审核网站公告的《关于呈和科技股份有限公司首次公开发行股票并在科创板上市申请文件的审核问询函之回复报告》。

输经营许可证（经营范围含危险废物）》等，并确认该机构实际的处理规模、处理类型、资质有效期与许可内容一致，确认不存在转委托的情形。

2. 拟上市公司应按照法律规定建立危险废物管理制度、制订危险废物管理计划、制定意外事故的防范措施和应急预案并向当地主管部门备案，完善企业内控制度；同时按照要求建立危险废物管理台账、设置危险废物识别标志，在转移危险废物时应填写转移联单。

3. 拟上市公司报告期内若存在违规处置危险废物的情况，在上市申报前应取得环保部门出具的专项合规证明，证明未按照规定处置危险废物的情形不属于重大违法行为。此外，拟上市公司应在申报文件中充分披露危险废物违规处置的整改情况，论证其在危险废物处置上虽存在法律瑕疵，但并未对生态环境造成影响。

三、职业健康安全

（一）相关法规概述

表 11-3　职业病防治相关规定

要点总结	法律法规
用人单位应建立职业病防治责任制	《职业病防治法》 第五条　用人单位应当建立、健全职业病防治责任制，加强对职业病防治的管理，提高职业病防治水平，对本单位产生的职业病危害承担责任。 第六条　用人单位的主要负责人对本单位的职业病防治工作全面负责。
工作场所应符合职业卫生要求	《职业病防治法》 第十五条　产生职业病危害的用人单位的设立除应当符合法律、行政法规规定的设立条件外，其工作场所还应当符合下列职业卫生要求： （一）职业病危害因素的强度或者浓度符合国家职业卫生标准； （二）有与职业病危害防护相适应的设施； （三）生产布局合理，符合有害与无害作业分开的原则； （四）有配套的更衣间、洗浴间、孕妇休息间等卫生设施； （五）设备、工具、用具等设施符合保护劳动者生理、心理健康的要求； （六）法律、行政法规和国务院卫生行政部门关于保护劳动者健康的其他要求。

续表

要点总结	法律法规
职业病危害评价制度	《职业病防治法》 第十七条　新建、扩建、改建建设项目和技术改造、技术引进项目（以下统称建设项目）可能产生职业病危害的，建设单位在可行性论证阶段应当进行职业病危害预评价。 医疗机构建设项目可能产生放射性职业病危害的，建设单位应当向卫生行政部门提交放射性职业病危害预评价报告。卫生行政部门应当自收到预评价报告之日起三十日内，作出审核决定并书面通知建设单位。未提交预评价报告或者预评价报告未经卫生行政部门审核同意的，不得开工建设。 职业病危害预评价报告应当对建设项目可能产生的职业病危害因素及其对工作场所和劳动者健康的影响作出评价，确定危害类别和职业病防护措施。
用人单位应采取职业病防治管理措施	《职业病防治法》 第二十条　用人单位应当采取下列职业病防治管理措施： （一）设置或者指定职业卫生管理机构或者组织，配备专职或者兼职的职业卫生管理人员，负责本单位的职业病防治工作； （二）制定职业病防治计划和实施方案； （三）建立、健全职业卫生管理制度和操作规程； （四）建立、健全职业卫生档案和劳动者健康监护档案； （五）建立、健全工作场所职业病危害因素监测及评价制度； （六）建立、健全职业病危害事故应急救援预案。
用人单位应组织职业卫生培训	《职业病防治法》 第三十四条第一款、第二款　用人单位的主要负责人和职业卫生管理人员应当接受职业卫生培训，遵守职业病防治法律、法规，依法组织本单位的职业病防治工作。 用人单位应当对劳动者进行上岗前的职业卫生培训和在岗期间的定期职业卫生培训，普及职业卫生知识，督促劳动者遵守职业病防治法律、法规、规章和操作规程，指导劳动者正确使用职业病防护设备和个人使用的职业病防护用品。
用人单位应组织职业健康检查	《职业病防治法》 第三十五条第一款、第二款　对从事接触职业病危害的作业的劳动者，用人单位应当按照国务院卫生行政部门的规定组织上岗前、在岗期间和离岗时的职业健康检查，并将检查结果书面告知劳动者。职业健康检查费用由用人单位承担。 用人单位不得安排未经上岗前职业健康检查的劳动者从事接触职业病危害的作业；不得安排有职业禁忌的劳动者从事其所禁忌的作业；对在职业健康检查中发现有与所从事的职业相关的健康损害的劳动者，应当调离原工作岗位，并妥善安置；对未进行离岗前职业健康检查的劳动者不得解除或者终止与其订立的劳动合同。

续表

要点总结	法律法规
职业病防护设施"三同时"制度	《建设项目职业病防护设施"三同时"监督管理办法》 第四条　建设单位对可能产生职业病危害的建设项目，应当依照本办法进行职业病危害预评价、职业病防护设施设计、职业病危害控制效果评价及相应的评审，组织职业病防护设施验收，建立健全建设项目职业卫生管理制度与档案。 建设项目职业病防护设施"三同时"工作可以与安全设施"三同时"工作一并进行。建设单位可以将建设项目职业病危害预评价和安全预评价、职业病防护设施设计和安全设施设计、职业病危害控制效果评价和安全验收评价合并出具报告或者设计，并对职业病防护设施与安全设施一并组织验收。

（二）审核关注要点

职业健康安全问题往往是在审核机构关注安全生产或环保问题时被附带问询的，一般情况下主要是因为企业生产环节可能产生损害人体健康的有害物质，审核机构会关注员工健康保护措施是否有效、是否涉及职业病引发的劳动诉讼、仲裁及其他纠纷。如果企业因违反《职业病防治法》的相关规定而受到行政处罚，审核机构会关注行政处罚相关违法行为的整改情况。

相关案例

康鹏科技：报告期内因未按照规定组织员工进行职业健康复查被处罚[①]

根据康鹏科技（688602）的招股说明书及相关问询回复文件，2022年9月9日，发行人因未按照规定组织员工进行职业健康的复查而被予以警告处罚，深圳证券交易所在一轮问询中要求说明前述处罚的具体情况及发行人整改结果。

案例中，发行人未按照《职业病防治法》的相关规定组织员工进行职业健康的复查，被主管机构作出警告处罚，该处罚根据当时有效的《首发业务若干问题解答》不构成重大违法行为，发行人已及时安排相关员工进行复查，并通过了主管部门的复核。该种违法行为虽然轻微，但在发行审核过程中容易被发行人所忽略，处理不当容易引发审核机构对公司员工健康保护措施的关注。

[①] 案例信息来源：康鹏科技在上海证券交易所发行上市审核网站公告的《关于上海康鹏科技股份有限公司首次公开发行股票并在科创板上市申请文件的审核问询函回复》。

(三) 规范建议

拟上市公司应建立职业健康安全管理制度，组织上岗前的职业卫生培训和在岗期间的定期职业卫生培训，并对存在职业病危害风险的岗位员工安排岗前、岗中、岗后专项健康体检。拟上市公司应确保工作场所符合职业卫生要求，对可能涉及职业病的生产经营场所进行职业病危害检测，设置相应的职业病防护设施及应急救援设施，为全体员工购置工伤保险，降低员工医疗负担。

第二节 产品质量问题

一、相关法规概述

产品质量是关系国计民生的大事，为了加强对产品质量的监督管理，提高产品质量水平，明确产品质量责任，保护消费者的合法权益，维护社会经济秩序，全国人大常委会在1993年制定了第一部《产品质量法》，历经三次修正，现行有效的《产品质量法》于2018年12月29日公布并施行，其中就产品质量的监督、生产者、销售者的产品质量责任和义务以及损害赔偿、罚则等内容进行了详细的规定。1993年10月全国人大常委会制定了第一部《消费者权益保护法》，经过两次修正，现行有效的《消费者权益保护法》于2013年10月25日公布并于2014年3月15日起正式施行。该项法律就消费者的权利、经营者的义务、国家对消费者合法权益的保护、消费者组织、争议的解决及法律责任等内容进行了详细规定，其中就经营者提供商品或者服务的质量要求、消费者对于接受的商品或者服务不符合质量要求时享有的权利等进行了明确规定。

1999年12月5日公布并施行的《国务院关于进一步加强产品质量工作若干问题的决定》①中明确指出，没有质量就没有效益。放任假冒伪劣，国家就没有希望。产品质量是企业的生命。国务院有关部门要把提高产品质量作为

---

① 该决定中有关食品质量免检制度的内容被《国务院办公厅关于废止食品质量免检制度的通知》（2008年9月18日公布并施行）废止。

一项重要工作任务，通过制定相关政策和具体措施，认真加以落实；要严格履行职责，做好行政执法和有关国家法定产品监管工作。

同时，为了规范认证认可活动，提高产品、服务的质量和管理水平，促进经济和社会的发展，国务院于 2003 年 9 月 3 日制定了《认证认可条例》，对认证机构、认证、认可、监督管理及法律责任进行了明确规定。该条例分别于 2016 年 2 月、2020 年 11 月及 2023 年 7 月经过三次修订。

此外，我国的《民法典》合同编就合同中关于质量、标准、计量等方面的约定内容及违约责任等作了相应规定，同时在第七编侵权责任中就产品流通后发现有缺陷的补救措施如产品召回措施等作了相应规定。

除上述法律法规以外，针对各行各业的产品质量监督管理，相关部门制定了一系列部门规章。为了规范缺陷消费品召回活动，预防和消除消费品缺陷可能导致的伤害，保障消费者的人身和财产安全，2015 年 10 月 21 日，原国家质量监督检验检疫总局公布了《缺陷消费品召回管理办法》。为了加强食品相关产品质量安全监督管理，保障公众身体健康和生命安全，国家市场监督管理总局于 2022 年 10 月 8 日公布了《食品相关产品质量安全监督管理暂行办法》，该办法自 2023 年 3 月 1 日起施行。其他规定如《食品召回管理办法》《铁路专用设备缺陷产品召回管理办法》《缺陷汽车产品召回管理条例》《药品生产质量管理规范》《药品召回管理办法》《医疗器械召回管理办法》等。

IPO 审核中，对于产品质量问题亦格外重视，如《上海证券交易所发行上市审核业务指南第 4 号——常见问题的信息披露和核查要求自查表》，对于"经营资质及产品质量"问题的披露和核查要求作了明确规定：

披露要求："发行人应在招股说明书中披露：发行人经营所需的全部资质；如存在强制性标准或行业标准的，应披露发行人业务与产品是否符合相关标准的规定，报告期内是否存在因产品质量瑕疵导致的退换货或补偿赔偿、有无因产品质量问题导致的重大纠纷或事故。"

核查要求："对于经营资质及产品质量，保荐人和发行人律师应就以下事项进行核查：（1）发行人及其合并报表范围各级子公司是否取得从事生产经营活动所必需的行政许可、备案、注册或者认证等，以及相关行政许可、备案、注册或者认证等的相关证书名称、核发机关、有效期；已经取得的上述行政许可、备案、注册或者认证等，是否存在被吊销、撤销、注销、撤回的重大法律风险或者存在到期无法延续的风险；如存在，是否会对发行人持续经营造成重大不利影响；报告期内是否存在未取得资格即开展经营的情况；（2）发行人的产品质量是否符合相关强制性标准、行业标准及其他规定的要求、关于产品质量检测的内部控制制度是否有效，报告期是否存在因产品质量问题导致的事故、纠纷、召回或涉及诉讼、行政处罚等。如存在，是否属于重大违法违规行为及对发行人持续经营的影响。"

二、审核关注要点

质量是产品的生命，也是企业在市场竞争中保持不败的重要保障。产品质量问题是生产合规经营的重要构成部分，由于涉及公众健康，亦是上市审核中的重点关注问题。结合案例，上市审核部门就产品质量问题的关注点主要包括以下六个方面：

1. 拟上市公司生产的产品是否符合相关国家标准、行业标准；
2. 拟上市公司关于产品质量的内部控制机制是否健全、有效；
3. 报告期内是否存在产品质量纠纷或者潜在纠纷，相关情况是否已真实、准确、完整披露，相关风险揭示是否充分；
4. 报告期内是否发生过产品质量事故，拟上市公司是否因此承担赔偿责任；
5. 拟上市公司与供应商/经销商关于产品质量责任的划分以及产品质量问题导致销售延期、退换货的约定，是否清晰；
6. 拟上市公司是否发生产品召回事件，是否因产品质量问题受到主管部门处罚或调查。相关产品质量问题是否损害消费者健康、是否对发行人的生产经营产生重大不利影响，是否存在未披露的行政处罚，是否构成本次发行的实质性法律障碍等。

相关案例

绿联科技：报告期内存在产品质量问题且曾因此被处罚引发审核关注[①]

绿联科技（301606）主要从事3C消费电子产品的研发、设计、生产及销售，产品主要涵盖传输类、音视频类、充电类、移动周边类、存储类五大系列。报告期内，绿联科技曾因某型号移动电源不符合国家强制性标准被市场

---

① 案例信息来源：绿联科技在深圳证券交易所发行上市审核信息公开网站公告的《关于深圳市绿联科技股份有限公司首次公开发行股票并在创业板上市申请文件的审核问询函的回复》。

监督管理部门罚款9.38万元，其外协供应商生产的某型号充电器样品被检出不合格，同时存在多笔产品质量问题，如Type-C扩展坞问题、PB132移动电源问题，以及多笔在电商平台销售因质量瑕疵下架或停售的产品。深圳证券交易所在一轮问询中关注到其产品安全问题，要求发行人说明相关处罚、产品抽查不合格的具体原因以及因质量瑕疵下架或停售产品的具体情形，并说明相关产品的处理情况；同时要求披露发行人产品合格率，是否存在产品不达标、抽查或检测不合格、不符合国家标准的情形，未予披露的原因，发行人产品是否存在安全隐患，是否曾发生安全事故；说明是否存在产品质量纠纷或者潜在纠纷，报告期内是否存在召回或返厂检测等情形，关于产品质量的内部控制机制是否健全、有效。

对消费类企业而言，产品质量问题是重中之重，在IPO审核问询中几乎也不可避免。根据绿联科技披露，2019年至2022年3月，公司有6起因产品质量瑕疵被迫下架、召回部分产品的情况。被召回的产品，有些整改后得以重新上架，2019年公司销售的PB132绿联移动电源（20000mAh）不符合国家强制性标准（GB 31241—2014），最终致使这批产品被封存隔离。绿联科技回复深圳证券交易所的问询资料中，补充披露了2起因产品质量问题所产生的诉讼，最终公司满足了消费者的诉讼要求，并赔偿其损失，达成和解。

相关案例

阳光乳业：审核中被问及食品安全问题[①]

阳光乳业（001318）主要从事乳制品及乳饮料的研发、生产和销售，并以低温乳制品、低温乳饮料为主打产品。中国证监会在反馈问题中要求发行人：（1）对照《食品安全法》等法律法规，说明发行人关于食品生产、流通、原材料采购及添加添加剂等各个环节的产品质量及食品安全的内部控制制度是否健全并得到有效执行，补充说明发行人的经销商、原材料供应商、外协加工厂商是否获得了食品生产经营许可；发行人的生产经营是否符合《食品安全法》等法律、行政法规的相关规定。（2）说明发行人报告期内是否存在产品质量问题或食品安全事故，是否因此受到行政处罚及媒体报道、消费者关注投诉等，是否存在因产品质量问题引发的纠纷或诉讼，相关产品

[①] 案例信息来源：阳光乳业在中国证监会网站公告的《江西阳光乳业股份有限公司首次公开发行股票申请文件反馈意见》。

质量问题是否损害消费者健康、是否对发行人的生产经营产生重大不利影响，是否存在未披露的行政处罚，是否构成本次发行的实质法律障碍，发行人的信息披露是否真实、准确、完整。

在食品行业企业 IPO 的审核过程中，食品安全问题是必答题。在本案例中，发行人及其子公司取得了所在地市场监督管理局出具的合规证明，报告期内发行人及其子公司没有因为产品质量或食品安全问题受到过行政处罚。由于发行人的产品经营涉及经销商及终端客户，证券服务机构通过如下方式进行了补充核查：访谈主要供应商以及经销商，了解其是否与发行人因产品质量和食品安全发生过纠纷或诉讼；通过电话或上门走访的方式抽样访谈终端客户，了解其购买发行人产品后是否发现其存在产品质量或食品安全问题；访谈发行人销售部门负责人，了解是否存在消费者投诉的情况。

三、合规提示

产品质量对于公司持续稳定发展至关重要，一旦产品出现质量问题或者产品质量存在瑕疵，公司在后续经营中很可能会因此受到监管机构的处罚，更重要的是，产品质量问题会影响公司品牌在消费者心中的形象，对公司信誉和品牌形象造成负面影响，进而影响产品后续的销售。拟上市公司在生产经营中，建议采取如下措施：

1. 注重产品品质，严格执行有关产品的国际（如涉及）、国家及行业标准，遵守相关行业准入、许可、认证等资质要求；

2. 建立健全产品质量内部控制体系（如制定研发、采购、生产、入库及仓储、售后等各个环节的质量管理制度，取得质量体系认证证书）、制定严格的风险控制措施、产品质量问题处理预案等，并保证相应制度有效执行；

3. 成立专门的品质保障团队，如设计验证质量团队、实验室团队、供应商质量管理团队、验货质量保证团队、售后质量团队等，保证产品研发过程、委外生产（如涉及）符合质量标准；

4. 尽量避免因产品质量问题受到主管部门的处罚或调查。如不慎受到主管部门行政处罚，需要积极进行整改，缴纳罚款，并留存相关缴款凭证及整改证明；对于报告期内存在产品质量违法处罚的，需要沟通相应处罚部门开具专项证明，认定该项处罚所涉行为不属于重大违法违规行为；

5. 就 IPO 申报期内存在的产品质量纠纷，建议公司积极与客户、供应商协商解决，并在与客户、供应商的合同中，不断完善产品质量责任条款，明确划分各自权利义务，避免因产品质量问题发生较大金额的纠纷或诉讼。

第三节　节能审查与清洁生产

2020 年 9 月 22 日，国家主席习近平在第七十五届联合国大会一般性辩论上指出，中国将提高国家自主贡献力度，采取更加有力的政策和措施，二氧化碳排放力争于 2030 年前达到峰值，努力争取 2060 年前实现碳中和。[1] 2022 年 1 月 24 日，习近平总书记在主持中共十九届中央政治局第三十六次集体学习时强调，实现碳达峰碳中和，是贯彻新发展理念、构建新发展格局、推动高质量发展的内在要求，是党中央统筹国内国际两个大局作出的重大战略决策。我们必须深入分析推进碳达峰碳中和工作面临的形势和任务，充分认识实现"双碳"目标的紧迫性和艰巨性，研究需要做好的重点工作，统一思想和认识，扎扎实实把党中央决策部署落到实处。[2]

公开披露的文件显示，在"双碳"目标的推动下，各板块自 2021 年 2 月以来开始重点关注 IPO 企业涉及高耗能、高排放的情况，交易所及中国证监会层面均普遍增加有关"两高"问题的问询，节能审查与清洁生产是重点关注的问题之一，涉及的行业主要有煤电、石化、化工、钢铁、有色金属冶炼、建材等行业。节能审查的目的在于控制固定资产投资项目的能耗，促进节能生产；清洁生产是指不断采取改进设计、使用清洁的能源和原料、采用先进的工艺技术与设备、改善管理、综合利用等措施，从源头削减污染，提高资源利用效率，减少或者避免生产、服务和产品使用过程中污染物的产生和排放。

本节将简要介绍节能审查与清洁生产相关的法规、IPO 问询案例及相关处罚案例，并在此基础上总结 IPO 过程中节能审查与清洁生产方面的审核关注要点及发行人需注意的合规风险。

---

[1]《习近平在第七十五届联合国大会一般性辩论上发表重要讲话》，载人民网，http://jhsjk.people.cn/article/31871320，最后访问日期：2024 年 5 月 23 日。

[2]《习近平主持中共中央政治局第三十六次集体学习》，载人民网，http://jhsjk.people.cn/article/32339608，最后访问日期：2024 年 5 月 23 日。

一、相关法规概述

(一) 节能审查相关法规

经查询，国家层面关于固定资产投资项目节能审查的相关规定如下：

表 11-4 节能审查相关规定

依据文件	相关内容
《节约能源法》	第十五条 国家实行固定资产投资项目节能评估和审查制度。不符合强制性节能标准的项目，建设单位不得开工建设；已经建成的，不得投入生产、使用…… 第五十二条 国家加强对重点用能单位的节能管理。 下列用能单位为重点用能单位： (一) 年综合能源消费总量一万吨标准煤以上的用能单位； (二) 国务院有关部门或者省、自治区、直辖市人民政府管理节能工作的部门指定的年综合能源消费总量五千吨以上不满一万吨标准煤的用能单位。 重点用能单位节能管理办法，由国务院管理节能工作的部门会同国务院有关部门制定。
《固定资产投资项目节能审查办法》①	第三条 固定资产投资项目节能审查意见是项目开工建设、竣工验收和运营管理的重要依据。政府投资项目，建设单位在报送项目可行性研究报告前，需取得节能审查机关出具的节能审查意见。企业投资项目，建设单位需在开工建设前取得节能审查机关出具的节能审查意见。未按本办法规定进行节能审查，或节能审查未通过的项目，建设单位不得开工建设，已经建成的不得投入生产、使用。 第九条第二款、第三款、第四款 年综合能源消费量（建设地点、主要生产工艺和设备未改变的改建项目按照建成投产后年综合能源消费增量计算，其他项目按照建成投产后年综合能源消费量计算，电力折算系数按当量值，下同）10000 吨标准煤及以上的固定资产投资项目，其节能审查由省级节能审查机关负责。其他固定资产投资项目，其节能审查管理权限由省级节能审查机关依据实际情况自行决定。

---

① 此办法自 2023 年 6 月 1 日起施行，以下简称《新节能审查办法》，其替代了原《固定资产投资项目节能审查办法》（国家发展和改革委员会令 2016 年第 44 号，自 2017 年 1 月 1 日起施行，2023 年 6 月 1 日废止，以下简称《节能审查办法》）。《新节能审查办法》将省级节能审查管理权限由 5000 吨标准煤提高至 1 万吨标准煤，同时优化了节能审查变更、节能验收、节能审查意见逾期、不单独进行节能审查项目条件等既有制度，完善了节能报告编制和审查要求，补充了跨区域和打捆项目审查、项目数据调度等必要管理规定，并进一步明确了未批先建、未按规定进行节能验收、提供虚假信息等违法违规行为的处罚规定。

续表

依据文件	相关内容
《固定资产投资项目节能审查办法》	年综合能源消费量不满1000吨标准煤且年电力消费量不满500万千瓦时的固定资产投资项目，涉及国家秘密的固定资产投资项目以及用能工艺简单、节能潜力小的行业（具体行业目录由国家发展改革委制定公布并适时更新）的固定资产投资项目，可不单独编制节能报告。项目应按照相关节能标准、规范建设，项目可行性研究报告或项目申请报告应对项目能源利用、节能措施和能效水平等进行分析。节能审查机关对项目不再单独进行节能审查，不再出具节能审查意见。 单个项目涉及两个及以上省级地区的，其节能审查工作由项目主体工程（或控制性工程）所在省（区、市）省级节能审查机关牵头商其他地区省级节能审查机关研究确定后实施。打捆项目涉及两个及以上省级地区的，其节能审查工作分别由子项目所在省（区、市）相关节能审查机关实施。 第十五条　节能审查机关应在法律规定的时限内出具节能审查意见或明确节能审查不予通过。节能审查意见自印发之日起2年内有效，逾期未开工建设或建成时间超过节能报告中预计建成时间2年以上的项目应重新进行节能审查。 第十七条　固定资产投资项目投入生产、使用前，应对项目节能报告中的生产工艺、用能设备、节能技术采用情况以及节能审查意见落实情况进行验收，并编制节能验收报告。实行告知承诺管理的项目，应对项目承诺内容以及区域节能审查意见落实情况进行验收。分期建设、投入生产使用的项目，应分期进行节能验收。未经节能验收或验收不合格的项目，不得投入生产、使用。 节能验收主体由省级节能审查机关依据实际情况确定。 节能验收报告应在节能审查机关存档备查。 第二十三条　对未按本办法规定进行节能审查，或节能审查未获通过，擅自开工建设或擅自投入生产、使用的固定资产投资项目，由节能审查机关责令停止建设或停止生产、使用，限期整改，并对建设单位进行通报批评，视情节处10万元以下罚款。经节能审查机关认定完成整改的项目，节能审查机关可依据实际情况出具整改完成证明。不能整改或逾期不整改的生产性项目，由节能审查机关报请本级人民政府按照国务院规定的权限责令关闭，并依法追究有关责任人的责任。 第二十四条　以拆分项目、提供虚假材料等不正当手段通过节能审查的固定资产投资项目，由节能审查机关撤销项目的节能审查意见；以不正当手段逃避节能审查的固定资产投资项目，由节能审查机关按程序进行节能审查。项目已开工建设或投入生产、使用的，按本办法第二十三条有关规定进行处罚。

续表

依据文件	相关内容
《固定资产投资项目节能审查办法》	第二十五条 未落实节能审查意见要求的固定资产投资项目，由节能审查机关责令建设单位限期整改。不能整改或逾期不整改的，由节能审查机关按照法律法规的有关规定进行处罚。
《国家发展改革委关于印发〈不单独进行节能审查的行业目录〉的通知》	一、对于本目录中的项目，建设单位可不编制单独的节能报告，可在项目可行性研究报告或项目申请报告中对项目能源利用情况、节能措施情况和能效水平进行分析。 二、节能审查机关对本目录中的项目不再单独进行节能审查，不再出具节能审查意见。 五、年综合能源消费量不满1000吨标准煤，且年电力消费量不满500万千瓦时的固定资产投资项目，以及涉及国家秘密的项目参照适用以上规定。
《不单独进行节能审查的行业目录》	"风电站、光伏电站（光热）、生物质能、地热能、核电站、水电站、抽水蓄能电站、电网工程、输油管网、输气管网、水利、铁路（含独立铁路桥梁、隧道）、公路、城市道路、内河航运、信息（通信）网络（不含数据中心）、电子政务、卫星地面系统"不单独进行节能审查。

除国家层面的相关规定外，地方政府或发展和改革委员会根据国家规定亦制定了相应的节能审查实施办法，明确了省级节能审查机关权限范围内的固定资产投资项目的审查机构、审查要求、验收要求等内容。此外，随着2017年《节能审查办法》以及2023年《新节能审查办法》的施行，各地方政府有关部门结合国家层面的相关要求以及地方节能审查实践分别于2017年和2023年陆续更新发布了各地关于节能审查的有关规定。以下以贵州、安徽、内蒙古、北京、上海、广东的相关规定举例说明（详见表11-5-1和11-5-2）。由于在上市审核中，对于固定资产投资项目的合规要求不仅限于当下，对于已建项目亦需结合历史规定进行判断，故下表在梳理各地在《新节能审查办法》施行后发布的新规的同时也列示了原规定，以便读者清楚地了解列示地区关于节能审查的规定变化。

表 11-5-1 贵州、安徽、内蒙古关于节能审查的地方要求

项目分类①		贵州 (2017.07.26— 2023.05.31)	贵州 (2023.06.01 至今)	安徽 (2021.12.31— 2023.06.03)	安徽 (2023.06.03 至今)	内蒙古 (2020.12.30— 2023.07.04)	内蒙古 (2023.07.05— 2028.07.04)
节能审查主管部门	国家发改委核报国务院审批以及国家发改委审批的政府投资项目、企业投资项目	省发改委	省发改委	省发改委②或委托市级节能审查机关	省发改委③	自治区节能审查机关	自治区节能审查机关
	X≥3000吨标准煤	省发改委	—	—	—	—	—
	X≥5000吨标准煤	—	—	省发改委或委托市级节能审查机关	—	—	—
	X≥10000吨标准煤	—	—	—	省发改委	自治区节能审查机关	—
	5000吨≤X<10000吨标准煤	—	—	—	—	—	盟市（计划单列市）节能审查机关④

① 年综合能源消费量为 X，年电力消费量为 Y，下同。
② 省级权限节能审查项目中，建设地点位于中国（安徽）自由贸易试验区合肥片区、芜湖片区、蚌埠片区的，由自贸区节能审查机关依法承接实施节能审查，并在出具节能审查意见后 10 日内，向省发展改革委报备。
③ 同上。
④ 可根据实际情况委托项目所在盟市节能审查机关负责办理。

续表

项目分类①	贵州 (2017.07.26—2023.05.31)	贵州 (2023.06.01至今)	安徽 (2021.12.31—2023.06.03)	安徽 (2023.06.03至今)	内蒙古 (2020.12.30—2023.07.04)	内蒙古 (2023.07.05—2028.07.04)
节能审查主管部门						
①1000吨≤X<5000吨标准煤；②X<1000吨标准煤，但年电力消费量≥500万千瓦时	—	—	市级（由市级节能审查机关依据实际情况自行决定）	—	—	旗县（区、县级市）节能审查机关
3000吨≤X<5000吨标准煤	—	—	—	—	盟市（计划单列市）节能审查机关	—
①1000吨≤X<3000吨标准煤；②X<1000吨标准煤，但年电力消费量≥500万千瓦时	市（州）发改部门	市（州）发改部门	—	—	旗县（区、县级市）节能审查机关	—
①1000吨≤X<10000吨标准煤；②X<10000吨，但年电力消费量≥500万千瓦时	—	—	—	市级（由市级节能审查机关依据实际情况自行决定）	—	—

续表

项目分类①	贵州（2017.07.26—2023.05.31）	贵州（2023.06.01至今）	安徽（2021.12.31—2023.06.03）	安徽（2023.06.03至今）	内蒙古（2020.12.30—2023.07.04）	内蒙古（2023.07.05—2028.07.04）
节能审查主管部门 ①X<1000吨标准煤，且Y<500万千瓦时；②用能工艺简单、节能潜力小的行业的固定资产投资项目	按项目管理权限实行项目年能源消费总量报备管理制度，不再单独进行节能审查	可不单独编制节能报告，项目日可行性研究报告或项目申请报告应对项目能源利用、节能措施和能效水平等进行分析	不再单独进行节能审查；政府投资项目可行性研究报告送审时将项目能耗测算说明向所在地节能主管部门报送承诺项目能耗测算说明向所在地节能主管部门报备，企业投资项目应当在开工建设前将项目能耗测算说明向所在地节能主管部门报备	可不单独编制节能报告，项目可行性研究报告或项目申请报告应对项目能源利用、节能措施和能效水平等进行分析；政府投资项目可行性研究报告送审时将项目能耗测算说明向所在地节能审查机关报备，企业投资项目应当在开工建设前将项目能耗测算说明向所在地节能审查机关报备	建设单位应通过自治区投资项目在线审批监管平台上传固定资产投资项目节能报告、节能声明，节能声明表中应对项目能源利用情况、节能措施和能效水平进行说明	项目可行性研究报告或项目申请报告应对项目能源利用、节能措施、能效水平和碳排放等进行分析，并填写节能声明表，对项目能源利用情况、节能措施、能效水平和碳排放进行说明
涉及国家秘密的固定资产投资项目						

续表

项目分类①	贵州 (2017.07.26—2023.05.31)	贵州 (2023.06.01至今)	安徽 (2021.12.31—2023.06.03)	安徽 (2023.06.03至今)	内蒙古 (2020.12.30—2023.07.04)	内蒙古 (2023.07.05—2028.07.04)
节能审查变更申请适用情形	①建设规模及内容、工艺技术方案、重点用能设备选型、能效水平及能源品种等发生重大变动；②年综合能源消费量变动超过节能审查意见10%及以上的	①建设地点、建设内容、建设规模、能效水平等发生重大变动的；②年实际综合能源消费量超过节能审查批复水平10%及以上的	①项目名称、建设主体等发生变动的→变更申请；②建设内容、建设规模、用能方式、能效水平、用能方式、能效水平等发生重大变动，致使年综合能源消费总量超过节能审查意见确定的能耗总量10%以上→应当重新编制节能报告，并向原节能审查机关重新申请节能审查	①项目名称、建设主体、建设地点、建设内容、建设规模、能效水平、用能方式等发生重大变动的；②年实际综合能源消费量超过节能审查批复水平10%及以上的	①总平面布置、生产工艺、用能工艺、设备及能源品种等建设内容发生重大变更；②年综合能源消费量超过节能审查意见规定的能耗总量15%及以上的	①建设地点、建设内容、建设规模、能效水平等发生重大变动的；②年实际或年设计综合能源消费量超过节能审查批复水平10%及以上的

续表

项目分类①	贵州 (2017.07.26— 2023.05.31)	贵州 (2023.06.01 至今)	安徽 (2021.12.31— 2023.06.03)	安徽 (2023.06.03 至今)	内蒙古 (2020.12.30— 2023.07.04)	内蒙古 (2023.07.05— 2028.07.04)
节能验收要求	自主验收，编制节能验收报告	自主验收，编制节能验收报告应在节能审查机关存档备查	自主验收；建设单位应当将节能验收报告、验收意见在20个工作日内告知出具节能审查意见或报告的节能审查机关	自主验收；建设单位应当将节能验收报告、验收意见在20个工作日内告知出具节能审查意见或报告的节能审查机关；节能验收报告应在节能审查机关存档备查	在项目建成试生产之日起6个月内自主验收或委托第三方机构验收，并向节能审查批复机关报送项目节能审查验收报告（涉及国家秘密的项目除外）	自主验收或委托第三方机构进行验收，并于验收完成后30日内将节能验收报告报原节能审查机关和同级节能工作的部门存档备查；其中，由自治区进行节能审查的项目，节能验收报告分别报自治区和所在盟市管理节能工作的部门存档备查

表11-5-2 北京、上海、广东关于节能审查的地方要求

项目分类	北京(2017.09.18—2023.08.04)	北京(2023.08.04至今)	上海(2017.11.01—2022.10.31)	上海(2022.11.01—2025.10.31)	广东(2018.07.01—2023.06.30)	广东(2023.07.01至今)
国家发改委核报国务院审批以及国家发改委审批的政府投资项目,企业投资项目	市发改委	市发改委	市发改委	市经济信息化委	省级节能审查部门	省级节能审查部门
节能审查主管部门 — X≥5000吨标准煤	市发改委	市发改委	—	—	省级节能审查部门	省级节能审查部门
X≥10000吨标准煤	—	—	市发展改革委	市经济信息化委	—	—
5000吨≤X<10000吨标准煤	—	—	—	—	地级以上市节能审查部门	地级以上市节能审查部门
①1000吨≤X<5000吨标准煤;②X<1000吨标准煤,但年电力消费量≥500万千瓦时	各区发展改革委、北京经济技术开发区发展改革局和行政审批局	各区发展改革委、北京经济技术开发区发展改革工作局	市/区发改委、核准类项目、市/区政府确定的机构(取决于审批/核准/备案)	市/区发改委或其他建设单位项目可行性研究报告或项目申请报告中的资源能源	地级以上市节能审查部门	县(市、区)节能审查部门
①X<1000吨标准煤,且Y<500万千瓦时;②用能工艺简单、节能潜力小的行业的固定资产投资项目	不再单独进行节能审查	可不单独编制节能报告,项目可行性研究报告或项目申请报告应对项目能源利用、节能措施和能效水平等进行分析	对于审批、核准类项目应在项目可行性研究报告、申请报告中对拟建项目的用能情况,对拟建指标进行分析	不单独进行节能审查	不单独进行节能审查	可不单独编制节能报告,项目可行性研究报告或项目申请报告应对项目能源利用、节能措施和能效水平等进行分析
涉及国家秘密的固定资产投资项目	未单独明确	未单独明确	未单独明确	未单独明确	未单独明确	未单独明确

续表

项目分类	北京（2017.09.18—2023.08.04）	北京（2023.08.04至今）	上海（2017.11.01—2022.10.31）	上海（2022.11.01—2025.10.31）	广东（2018.07.01—2023.06.30）	广东（2023.07.01至今）
节能审查变更申请适用情形	①建设内容、用能工艺、能源品种、重点用能设备、能效水平等发生重大变动的；②能源消费总量超过节能审查意见批准能源消费总量10%（含）的	①建设地点、建设内容、用能工艺、能源品种、重点用能设备、能效水平等发生重大变动的；②实际综合能源消费总量超过节能审查批复水平10%（含）及以上的	建设内容、能效水平等发生重大变动，导致年综合能源消费量增加1000吨标准煤以上且增加比例超过10%的	建设内容、能效水平等发生重大变动，导致年综合能源消费量（增量）达到1000吨标准煤以上且增加比例超过10%的	因建设内容、能效水平发生重大变更，导致年综合能源消费总量增加超过1000吨标准煤且增加比例超过10%，或主要调整能效指标超过20%的	①建设地点、建设内容、建设规模、能效水平等发生重大变动的；②年实际综合能源消费超过节能审查批复水平10%及以上的
节能验收要求	①自主验收（编制节能验收报告）；②10个工作日内将验收报告上传至北京市固定资产投资在线节能审查管理系统	①自主验收（编制节能验收报告）；②10个工作日内将节能验收报告提交至节能审查机关，并将扫描件上传至北京市固定资产投资在线节能审查管理系统	节能审查部门或其委托的节能评审机构验收		自主验收，并将节能验收情况报备节能审查部门	自主验收，编制节能验收报告并报节能审查有关机关存档备查

由上表可知，2023 年 6 月 1 日以前，贵州省的要求比国家层面的要求更为严格，年综合能耗达到 3000 吨标准煤就需要省级发展改革委进行审查；年综合能耗在 1000（含）至 3000（不含）吨标准煤的，贵州省的项目需要由市（州）发改部门进行审查，而内蒙古自治区的项目只需由旗县（区、县级市）节能审查机关进行审查。在《新节能审查办法》发布后，贵州省随之更新的地方新规则与《新节能审查办法》要求保持一致，即年综合能耗在 10000 吨标准煤以下的项目均由市（州）发改部门进行审查；内蒙古自治区则将年综合能耗在 1000（含）至 5000（不含）吨标准煤的项目审查权限下放到旗县（区、县级市）节能审查机关，广东省做法与之相似。同时，我们也注意到，虽然《新节能审查办法》将省级节能审查管理权限由 5000 吨标准煤提高至 10000 吨标准煤，但北京、上海的市级节能审查机关仍然保留了年综合能耗在 5000 吨标准煤以上项目的审查权限。

对于"年综合能耗<1000 吨标准煤，且年电力消费量不满 500 万千瓦时或用能工艺简单、节能潜力小的行业"的节能管理措施，在《新节能审查办法》发布前，有的仅说明不单独进行节能审查，如北京市、广东省；有的制定了具体的管理要求，如贵州省实行报备管理、安徽省要求报备项目能耗承诺和能耗测算说明、内蒙古自治区要求填写并上传节能声明表、上海市要求审批核准项目在项目可行性研究报告或项目申请报告中对拟建项目的资源能源消耗指标进行分析。在《新节能审查办法》发布后，贵州、安徽、内蒙古、北京、广东等地新规均吸收了《新节能审查办法》中"项目可行性研究报告或项目申请报告应对项目能源利用、节能措施和能效水平等进行分析"的规定，其中安徽省和内蒙古自治区同时保留了项目告知承诺表或节能声明表等地方要求。因此，固定资产投资项目建设主体须结合建设项目所在地具体规定履行节能审查程序。

(二) 清洁生产相关法规

表 11-6　清洁生产相关规定

依据文件	相关内容
《清洁生产促进法》	第十八条　新建、改建和扩建项目应当进行环境影响评价，对原料使用、资源消耗、资源综合利用以及污染物产生与处置等进行分析论证，优先采用资源利用率高以及污染物产生量少的清洁生产技术、工艺和设备。 第二十七条第二款、第四款　有下列情形之一的企业，应当实施强制性清洁生产审核： （一）污染物排放超过国家或者地方规定的排放标准，或者虽未超过国家或者地方规定的排放标准，但超过重点污染物排放总量控制指标的； （二）超过单位产品能源消耗限额标准构成高耗能的； （三）使用有毒、有害原料进行生产或者在生产中排放有毒、有害物质的。 实施强制性清洁生产审核的企业，应当将审核结果向所在地县级以上地方人民政府负责清洁生产综合协调的部门、环境保护部门报告，并在本地区主要媒体上公布，接受公众监督，但涉及商业秘密的除外。 第三十九条第一款　违反本法第二十七条第二款、第四款规定，不实施强制性清洁生产审核或者在清洁生产审核中弄虚作假的，或者实施强制性清洁生产审核的企业不报告或者不如实报告审核结果的，由县级以上地方人民政府负责清洁生产综合协调的部门、环境保护部门按照职责分工责令限期改正；拒不改正的，处五万元以上五十万元以下的罚款。
《清洁生产审核办法》	第八条　有下列情形之一的企业，应当实施强制性清洁生产审核： （一）污染物排放超过国家或者地方规定的排放标准，或者虽未超过国家或者地方规定的排放标准，但超过重点污染物排放总量控制指标的； （二）超过单位产品能源消耗限额标准构成高耗能的； （三）使用有毒有害原料进行生产或者在生产中排放有毒有害物质的。 其中有毒有害原料或物质包括以下几类： 第一类，危险废物。包括列入《国家危险废物名录》的危险废物，以及根据国家规定的危险废物鉴别标准和鉴别方法认定的具有危险特性的废物。 第二类，剧毒化学品、列入《重点环境管理危险化学品目录》的化学品，以及含有上述化学品的物质。

续表

依据文件	相关内容
《清洁生产审核办法》	第三类，含有铅、汞、镉、铬等重金属和类金属砷的物质。 第四类，《关于持久性有机污染物的斯德哥尔摩公约》附件所列物质。 第五类，其他具有毒性、可能污染环境的物质。 第十二条第一款 列入实施强制性清洁生产审核名单的企业应当在名单公布后2个月内开展清洁生产审核。 第十五条 清洁生产审核以企业自行组织开展为主。实施强制性清洁生产审核的企业，如果自行独立组织开展清洁生产审核，应具备本办法第十六条第（二）款、第（三）款的条件。 不具备独立开展清洁生产审核能力的企业，可以聘请外部专家或委托具备相应能力的咨询服务机构协助开展清洁生产审核。 第十六条 协助企业组织开展清洁生产审核工作的咨询服务机构，应当具备下列条件： （一）具有独立法人资格，具备为企业清洁生产审核提供公平、公正和高效率服务的质量保证体系和管理制度。 （二）具备开展清洁生产审核物料平衡测试、能量和水平衡测试的基本检测分析器具、设备或手段。 （三）拥有熟悉相关行业生产工艺、技术规程和节能、节水、污染防治管理要求的技术人员。 （四）拥有掌握清洁生产审核方法并具有清洁生产审核咨询经验的技术人员。 第十七条 列入本办法第八条第（一）款和第（三）款规定实施强制性清洁生产审核的企业，应当在名单公布之日起一年内，完成本轮清洁生产审核并将清洁生产审核报告报当地县级以上环境保护主管部门和清洁生产综合协调部门。 列入第八条第（二）款规定实施强制性清洁生产审核的企业，应当在名单公布之日起一年内，完成本轮清洁生产审核并将清洁生产审核报告报当地县级以上节能主管部门和清洁生产综合协调部门。

根据《清洁生产审核办法》相关规定，清洁生产审核分为自愿性审核和强制性审核，因自愿性审核不具有强制性，为国家鼓励企业自愿开展，对拟上市公司的 IPO 进程不会造成重大不利影响，故本节关于清洁生产典型案例、合规提示的相关内容主要针对强制性清洁生产企业。

二、审核关注要点

就节能审查而言，上市审核部门常见关注要点包括：

1. 发行人已建、在建项目、拟建项目（募投项目）是否符合固定资产投资项目节能审查要求，是否符合项目所在地能源消费双控要求。

2. 未取得节能审查意见情况下开工建设相关项目是否符合当时相关规定，相关项目是否存在被拆除、停产或给予行政处罚的风险，如是，请说明拆除、停产预计对发行人持续经营产生的不利影响。

就清洁生产而言，上市审核部门常见关注要点包括：

1. 发行人生产的产品是否属于《环境保护综合名录》中规定的高污染产品。若属于，请说明发行人是否满足国家或地方污染物排放标准及已出台的超低排放要求、是否达到行业清洁生产先进水平，近一年内是否无因环境违法行为受到重大处罚的情形。

2. 发行人是否属于高耗能高排放行业，主营业务是否符合国家产业政策和行业准入条件。

> 相关案例

（一）节能审查

1. 双乐股份（301036，重点用能单位）[①]

双乐股份主要从事酞菁系列及铬系颜料的研发、生产、销售，产品用于油墨、涂料和塑料等领域的着色，属于"C26化学原料及化学制品制造业"。2021年5月，中国证监会下发了《双乐颜料股份有限公司注册阶段问询问题》，要求发行人对相关环保问题进行说明，其中第二问要求说明"发行人已建、在建项目和募投项目是否满足项目所在地能源消费双控要求，是否按规定取得固定资产投资项目节能审查意见，发行人的主要能源资源消耗情况以及是否符合当地节能主管部门的监管要求"。

根据发行人的回复，其属于重点用能单位，需参加"双控"目标责任评价考核，其已根据相关要求参加"双控"目标责任评价考核且考核结果合格达标；其已建、在建项目和募投项目均已取得节能审查意见，不存在被关停

[①] 案例信息来源：双乐股份在深圳证券交易所发行上市审核信息公开网站公告的《关于双乐颜料股份有限公司申请首次公开发行股票并在创业板上市的发行注册环节反馈意见落实函的回复》。

的情况或被关停风险；其根据相关要求编制了能源审计报告，且取得了主管部门出具的《工业企业能源审计审核意见》，其能源资源消耗符合国家法规和国家标准。

2. 长华化学（301518，非重点用能单位）①

长华化学主要从事聚醚系列产品的研发、生产与销售，属于"C26化学原料及化学制品制造业"。就节能审查事项，相关审核问询问题如下：

时间及审核阶段	相关问询问题
2022.03.04 第一轮审核问询函	17. 关于环保及安全生产 …… （5）发行人已建、在建项目和募投项目是否满足项目所在地能源消费双控要求，是否按规定取得固定资产投资项目节能审查意见，发行人的主要能源资源消耗情况以及是否符合当地节能主管部门的监管要求
2022.06.13 第二轮审核问询函	12. 关于环保及安全生产 申请文件及问询回复显示：…… 公司"12万吨/年聚醚等产品建设项目"已履行了节能审查程序，但相关主管部门未就该项目单独出具节能审查意见。 请发行人：…… 进一步说明未取得节能审查意见情况下开工建设相关项目是否符合当时相关规定，相关项目是否存在被拆除、停产或给予行政处罚的风险，如是，请说明拆除、停产预计对发行人持续经营产生的不利影响

根据发行人的回复，其未被认定为重点用能单位，无须按照相关规定参加能源消费"双控"目标责任评价考核；除"12万吨/年聚醚等产品建设项目"外，其他已建、在建项目均已取得主管部门出具节能审查意见；"12万吨/年聚醚等产品建设项目"项目建设前，建设单位需在开工建设前取得节能审查意见要求的规定尚未实施，故该项目无须取得节能审查意见，不存在被拆除、停产或给予行政处罚的风险；主管部门已就该项目符合当时政策监管要求，无须单独出具项目节能审查意见出具了确认意见。

---

① 案例信息来源：长华化学在深圳证券交易所发行上市审核信息公开网站公告的《关于长华化学科技股份有限公司首次公开发行股票并在创业板上市申请文件的审核问询函之回复》《关于长华化学科技股份有限公司首次公开发行股票并在创业板上市申请文件的第二轮审核问询函之回复》。

3. 联盛化学（301212）[①]

联盛化学主要从事医药中间体、农药中间体、电子化学品及化工溶剂为主的精细化学品的研发、生产、销售及进出口贸易，属于"C26 化学原料及化学制品制造业"。其子公司存在未按规定办理节能审查的情形，交易所就该事项进行了多次问询，具体情况如下：

时间及审核阶段	相关问询问题
2021.06.24 第二轮审核问询函	18. 关于环保事项的核查 …… （2）发行人已建、在建项目和募投项目是否满足项目所在地能源消费"双控"要求，是否按规定取得固定资产投资项目节能审查意见，发行人的主要能源资源消耗情况以及是否符合当地节能主管部门的监管要求
2021.08.20 第三轮审核问询函	9. 关于环境保护 申请文件显示，发行人部分项目未取得固定资产投资项目节能审查意见……请发行人： （1）详细列示未取得节能审查意见项目的具体情况，包括但不限于项目开工时间、投产时间、运行情况、对应产品、产品在报告期内的销售收入情况及占比，并说明发行人未按规定取得节能审查意见的原因及合理性，是否符合行业惯例和相关规定……（3）结合相关法律法规，说明未按规定取得节能审查意见、项目未取得环评批复意见对发行人生产经营的影响，是否存在处罚风险，是否属于重大违法违规，发行人是否符合发行上市条件。（4）说明针对前述问题发行人拟采取的整改措施及预计整改完成时间
2021.12.13 审核中心意见落实函	1. 关于合规运营 申请文件及问询回复显示，报告期内，发行人存在超资质经营危险化学品、部分项目未进行节能审查、未取得环评批复意见等问题。请发行人说明合规运营方面的内部控制制度的健全性及运行有效性，内部控制是否存在重大缺陷，未来如何保障内部控制的有效性和经营的合法合规性

根据发行人回复，子公司瑞盛制药部分项目未取得节能审查意见，主要原因系历史上意识不足，或相关项目尚在筹备阶段。对于尚未开工建设的项目，因尚在前期筹备阶段，因此暂未办理节能审查，符合行业惯例和相关规

[①] 案例信息来源：联盛化学在深圳证券交易所发行上市审核信息公开网站公告的《关于浙江联盛化学股份有限公司首次公开发行股票并在创业板上市申请文件的第二轮审核问询函的回复》《关于浙江联盛化学股份有限公司首次公开发行股票并在创业板上市申请文件的第三轮审核问询函的回复》《关于浙江联盛化学股份有限公司首次公开发行股票并在创业板上市的审核中心意见落实函的回复》。

定。截至回复之日，瑞盛制药该等项目已按照法律规定在开工建设前取得节能审查意见；对于已开工建设的项目，主要因意识不足而疏忽未取得节能审查意见，不符合行业惯例和相关规定。截至回复之日，瑞盛制药该等项目已重新补办相关手续并取得节能审查意见。

（二）强制性清洁生产

1. 浩通科技（301026）①

浩通科技主要从事石化、精细化工含贵金属废催化剂等二次资源的回收及处理，属于"C42废弃资源综合利用业"。2021年2月，深圳证券交易所上市审核中心下发审核中心补充意见落实函，要求说明"发行人是否属于高耗能高排放行业，主营业务是否符合国家产业政策和行业准入条件"。

根据发行人的回复，其属于江苏省第十五批强制性清洁生产审核重点企业，且于强制性清洁生产审核重点企业名单公布之日起一年内提交了清洁生产审核报告并通过了专项验收。发行人将其已通过清洁生产审核作为说明"主营业务符合行业准入条件"的理由之一。

2. 行政处罚案例

部分公司存在因违反《清洁生产促进法》的相关规定被主管部门予以行政处罚的情况。

2023年1月29日，深圳某公司因涉嫌不实施强制性清洁生产，违反《清洁生产促进法》（2012年修正）第二十七条第二款第（一）项的规定，被深圳市生态环境局宝安管理局罚款30万元。②

根据《深圳市环境行政处罚裁量权实施标准（2021年版）》③ 第二十一章"《中华人民共和国清洁生产促进法》行政处罚裁量标准"之第二条"不实施强制性清洁生产审核或者在清洁生产审核中弄虚作假的，或者实施强制性清洁生产审核的企业不报告或者不如实报告审核结果，拒不改正"部分的相关规定，罚款30万元对应的违法程度属于"情节严重"。

拟上市公司如有应实施而未实施强制性清洁生产的情形，存在被主管环

---

① 案例信息来源：浩通科技在深圳证券交易所上市审核信息公开网站公告的《关于徐州浩通新材料科技股份有限公司申请首次公开发行股票并在创业板上市的审核中心补充意见落实函之回复》。
② 深环宝安罚字〔2023〕17号行政处罚决定书，见广东省行政执法信息公示平台，http://www.xzzfxxgs.gdsf.gov.cn/ApprLawPublicity/result.html#/resultDetail?id=2a495764d5f74cbfbff1d7de2eb9457b-&activeIndex=1&code=2，最后访问日期：2024年6月26日。
③ 本篇法规被《深圳市生态环境局关于印发〈深圳市生态环境行政执法裁量权基准规定〉的通知》（2024年1月3日发布，2024年1月15日起实施）废止。

保部门处罚的风险，若对应违法行为被认定为情节严重的违法行为或者构成重大违法行为，则将会导致拟上市公司不满足首发上市条件。

三、合规提示

（一）节能审查方面

1. 对于拟建固定资产投资项目，须判断该项目是否属于《新节能审查办法》和《国家发展改革委关于印发〈不单独进行节能审查的行业目录〉的通知》中规定的无须单独进行节能审查的项目。若是，则无须编制单独的节能报告，仅需在项目可行性研究报告或项目申请报告中对项目能源利用、节能措施和能效水平等进行分析，并根据地方相关规定履行报备或承诺程序（如需）；若否，则应当编制节能评估报告，在项目开工建设前取得主管部门出具的节能审查意见。

2. 对于应取得节能审查意见而未取得的在建或已建项目，拟上市公司可采取的整改措施包括：（1）根据主管部门的要求进行改造；（2）积极编制节能报告，补办节能审查手续；（3）取得主管部门出具的书面说明，确认不会予以责令停产、改造、关闭等处罚/确认受到的行政处罚非重大行政处罚，该等违法行为属非重大违法行为等。

3. 拟上市公司已通过节能审查的建设项目，如果建设内容、能效水平等发生重大变动，则应及时重新编制节能报告，并向原节能审查机关重新申请节能审查。重大变动的标准主要由各地方具体规定，以广东省为例，因建设内容、能效水平等发生重大变更，导致年综合能源消费总量增量超过1000吨标准煤且增加比例超过10%，或主要能效指标调整超过20%的（2023年7月1日起，该标准调整为"建设地点、建设内容、建设规模、能效水平等发生重大变动的，或年实际综合能源消费量超过节能审查批复水平10%及以上的"）应重新进行节能审查。

4. 建设项目完工后，投入生产、使用前应及时办理节能审查验收手续。绝大部分地方的要求与国家层面的要求一致，即由建设单位自主验收或者委托第三方机构进行验收，但上海市目前仍然要求由节能审查部门或其委托的节能评审机构验收。

5. 若拟上市公司为重点用能单位，则需要严格遵守所在地省、自治区、直辖市设定的能源消费总量和强度控制目标,并根据国家及地方的要求完成"双控"目标责任评价考核,取得主管部门出具的考核合格的相关证明文件。

(二) 强制性清洁生产方面

若拟上市公司被列入强制性清洁生产审核企业名单,应当在名单公布后一个月内,在当地主要媒体、企业官方网站或采取其他便于公众知晓的方式公布《清洁生产审核办法》第十一条规定的企业相关信息;在名单公布后两个月内开展清洁生产审核并在名单公布后一年内完成;清洁生产审核程序原则上包括审核准备、预审核、审核、方案的产生和筛选、方案的可行性分析、方案的实施、持续清洁生产等;企业组织开展清洁生产审核工作的咨询服务机构应当具备《清洁生产审核办法》第十六条规定的条件。

第四节 失信名单、行政处罚与刑事处罚

"黑名单"制度系失信惩戒措施之一,目前各领域常见的黑名单/失信名单包括市场监督管理严重违法失信名单、政府采购严重违法失信行为记录名单、拖欠农民工工资失信联合惩戒对象名单、重大税收违法失信主体名单、统计严重失信企业名单、安全生产领域严重失信惩戒名单、建筑市场主体黑名单、工程建设领域黑名单、环境违法企业黑名单、医药行业失信企业黑名单、价格失信者黑名单等,该等名单在"信用中国"网站以及各地信用网站、各有关政府机关网站上均有专门的公示栏目。随着联合惩戒备忘录在各领域内推广实施,重大违法行为常常导致企业被纳入各类失信名单,进而影响到企业包括发行上市在内的融资行为。

被纳入黑名单/失信名单,或被予以行政处罚、刑事处罚,均系企业违法违规经营的法律后果,具体取决于违法程度的不同。当然,企业被纳入失信名单并不等于其一定涉及重大违法行为,上市审核范畴内的"重大违法行为"有其较为明确的界定标准。而从各板块的发行条件来看,报告期内拟上市公司或其控股股东、实际控制人若存在重大违法行为或重大行政处罚,则可能对其上市申请构成实质性法律障碍。当无法取得主管部门关于不属于重大违法行为或重大处罚的专项证明,或证券服务机构无法根据相关法律法规论证相关处罚不属于重大处罚或者相关行为不构成重大违法行为的结论时,拟上

市公司往往可能需要推迟上市申报。因此，拟上市公司及其控股股东、实际控制人在生产经营过程中，务必依法合规经营，对被纳入失信名单、行政处罚、刑事处罚等有关情形，需要予以高度重视。

本节将简要介绍与失信名单、行政处罚与刑事处罚相关的法规，结合典型案例分析上市审核中对失信名单、行政处罚与刑事处罚等有关事项的关注重点。

一、相关法规及制度概述

（一）失信名单制度

失信名单所涉及的不同领域的法规较多，本文不一一列举，仅以市场监督管理领域的失信名单管理制度和司法领域的失信被执行人制度为例展开介绍。

1. 市场监督管理领域的失信名单管理制度

市场监督管理领域的失信名单管理制度源于2014年2月7日发布施行的《国务院关于印发注册资本登记制度改革方案的通知》，该通知规定，未按规定期限公示年度报告的企业，超过三年未履行的，工商行政管理机关将其永久载入经营异常名录，不得恢复正常记载状态，并列入严重违法企业名单（"黑名单"）。

随后国务院、原国家工商行政管理总局、国家市场监督管理总局均对失信名单、严重违法失信企业名单的相关内容进行了修订和完善，最初的规定一般限于工商行政管理领域情节严重的违法违规行为，2016年4月1日实施的《严重违法失信企业名单管理暂行办法》（已于2021年9月1日废止）列举了需要列入严重违法失信企业名单管理的十种情形。

2021年9月1日，国家市场监督管理总局制定实施的《市场监督管理严重违法失信名单管理办法》将限制主体扩大为所有市场主体，包括自然人、法人和非法人组织，也不再将失信名单制度的适用范围限定于工商行政管理领域情节严重的违法违规行为，只要符合以下三种情形，均会被列入"严重违法失信名单"：（1）较重行政处罚，同时符合下列条件的才列入：①性质恶劣、情节严重、社会危害较大；②属于较重行政处罚的范畴；③属于五大领域和无证、提交虚假材料及阻碍干扰检查调查的具体违法行为。（2）有履行能力但拒不履行、逃避执行行政处罚、行政裁决等行政决定，严重影响市场监督管理部门公信力的。（3）依据法院生效裁判列严情形。

《市场监督管理严重违法失信名单管理办法》对上述三种情形详细规定如下：

表 11-7 《市场监督管理严重违法失信名单管理办法》
关于严重违法失信名单的具体规定

主要内容	具体规定
较重行政处罚	第二条 当事人违反法律、行政法规，性质恶劣、情节严重、社会危害较大，受到市场监督管理部门较重行政处罚的，由市场监督管理部门依照本办法规定列入严重违法失信名单，通过国家企业信用信息公示系统公示，并实施相应管理措施。 前款所称较重行政处罚包括： （一）依照行政处罚裁量基准，按照从重处罚原则处以罚款； （二）降低资质等级，吊销许可证件、营业执照； （三）限制开展生产经营活动、责令停产停业、责令关闭、限制从业； （四）法律、行政法规和部门规章规定的其他较重行政处罚。 第五条 实施下列食品安全领域违法行为，且属于本办法第二条规定情形的，列入严重违法失信名单（食品安全严重违法生产经营者黑名单）： （一）未依法取得食品生产经营许可从事食品生产经营活动； （二）用非食品原料生产食品；在食品中添加食品添加剂以外的化学物质和其他可能危害人体健康的物质；生产经营营养成分不符合食品安全标准的专供婴幼儿和其他特定人群的主辅食品；生产经营添加药品的食品；生产经营病死、毒死或者死因不明的禽、畜、兽、水产动物肉类及其制品；生产经营未按规定进行检疫或者检疫不合格的肉类；生产经营国家为防病等特殊需要明令禁止生产经营的食品； （三）生产经营致病性微生物，农药残留、兽药残留、生物毒素、重金属等污染物质以及其他危害人体健康的物质含量超过食品安全标准限量的食品、食品添加剂；生产经营用超过保质期的食品原料、食品添加剂生产的食品、食品添加剂；生产经营未按规定注册的保健食品、特殊医学用途配方食品、婴幼儿配方乳粉，或者未按注册的产品配方、生产工艺等技术要求组织生产；生产经营的食品标签、说明书含有虚假内容，涉及疾病预防、治疗功能，或者生产经营保健食品之外的食品的标签、说明书声称具有保健功能； （四）其他违反食品安全法律、行政法规规定，严重危害人民群众身体健康和生命安全的违法行为。 第六条 实施下列药品、医疗器械、化妆品领域违法行为，且属于本办法第二条规定情形的，列入严重违法失信名单： （一）生产销售假药、劣药；违法生产、销售国家有特殊管理要求的药品（含疫苗）；生产、进口、销售未取得药品批准证明文件的药品（含疫苗）； （二）生产、销售未经注册的第二、三类医疗器械； （三）生产、销售非法添加可能危害人体健康物质的化妆品； （四）其他违反药品、医疗器械、化妆品法律、行政法规规定，严重危害人民群众身体健康和生命安全的违法行为。

续表

主要内容	具体规定
较重行政处罚	第七条　实施下列质量安全领域违法行为，且属于本办法第二条规定情形的，列入严重违法失信名单： （一）生产、销售、出租、使用未取得生产许可、国家明令淘汰、已经报废、未经检验或者检验不合格的特种设备；对不符合安全技术规范要求的移动式压力容器和气瓶进行充装； （二）生产销售不符合保障身体健康和生命安全的国家标准的产品，在产品中掺杂、掺假，以假充真、以次充好，或者以不合格产品冒充合格产品，生产销售国家明令淘汰的产品； （三）产品质量监督抽查不合格，受到省级以上人民政府市场监督管理部门公告，经公告后复查仍不合格； （四）出具虚假或者严重失实的检验、检测、认证、认可结论，严重危害质量安全； （五）伪造、冒用、买卖认证标志或者认证证书；未经认证擅自出厂、销售、进口或者在其他经营性活动中使用被列入强制性产品认证目录内的产品； （六）其他违反质量安全领域法律、行政法规规定，严重危害人民群众身体健康和生命安全的违法行为。 第八条　实施下列侵害消费者权益的违法行为，且属于本办法第二条规定情形的，列入严重违法失信名单： （一）侵害消费者人格尊严、个人信息依法得到保护等权利； （二）预收费用后为逃避或者拒绝履行义务，关门停业或者迁移服务场所，未按照约定提供商品或者服务，且被市场监督管理部门确认为无法取得联系； （三）制造、销售、使用以欺骗消费者为目的的计量器具；抄袭、串通、篡改计量比对数据，伪造数据，出具虚假计量校准证书或者报告，侵害消费者权益； （四）经责令召回仍拒绝或者拖延实施缺陷产品召回； （五）其他违反法律、行政法规规定，严重侵害消费者权益的违法行为。 第九条　实施下列破坏公平竞争秩序和扰乱市场秩序的违法行为，且属于本办法第二条规定情形的，列入严重违法失信名单： （一）侵犯商业秘密、商业诋毁、组织虚假交易等严重破坏公平竞争秩序的不正当竞争行为； （二）故意侵犯知识产权；提交非正常专利申请、恶意商标注册申请损害社会公共利益；从事严重违法专利、商标代理行为； （三）价格串通、低价倾销、哄抬价格；对关系国计民生的商品或者服务不执行政府定价、政府指导价，不执行为应对突发事件采取的价格干预措施、紧急措施； （四）组织、策划传销或者为传销提供便利条件；

续表

主要内容	具体规定
较重行政处罚	（五）发布关系消费者生命健康的商品或者服务的虚假广告； （六）其他违反法律、行政法规规定，严重破坏公平竞争秩序和扰乱市场秩序的违法行为。 第十条 实施下列违法行为，且属于本办法第二条规定情形的，列入严重违法失信名单： （一）未依法取得其他许可从事经营活动； （二）提交虚假材料或者采取其他手段隐瞒重要事实，取得行政许可，取得、变更或者注销市场主体登记，或者涂改、倒卖、出租、出售许可证件、营业执照； （三）拒绝、阻碍、干扰市场监督管理部门依法开展监督检查和事故调查。 第十二条 市场监督管理部门判断违法行为是否属于性质恶劣、情节严重、社会危害较大的情形，应当综合考虑主观恶意、违法频次、持续时间、处罚类型、罚没款数额、产品货值金额、对人民群众生命健康的危害、财产损失和社会影响等因素。 当事人有证据足以证明没有主观故意的，不列入严重违法失信名单。
有履行能力但拒不履行、逃避执行行政处罚、行政裁决等行政决定，严重影响市场监督管理部门公信力的	第十一条 当事人在市场监督管理部门作出行政处罚、行政裁决等行政决定后，有履行能力但拒不履行、逃避执行等，严重影响市场监督管理部门公信力的，列入严重违法失信名单。 法律、行政法规和党中央、国务院政策文件对市场主体相关责任人员列入严重违法失信名单有规定的，依照其规定。
依据法院生效裁判列严情形	第二十四条 市场监督管理部门对收到的人民法院生效法律文书，根据法律、行政法规和党中央、国务院政策文件需要实施严重违法失信名单管理的，参照本办法执行。
列入期限	第二十一条 当事人被列入严重违法失信名单之日起满三年的，由列入严重违法失信名单的市场监督管理部门移出，停止公示相关信息，并解除相关管理措施。依照法律法规实施限制开展生产经营活动、限制从业等措施超过三年的，按照实际限制期限执行。
法律后果	第十五条 市场监督管理部门对被列入严重违法失信名单的当事人实施下列管理措施： （一）依据法律、行政法规和党中央、国务院政策文件，在审查行政许可、资质、资格、委托承担政府采购项目、工程招投标时作为重要考量因素； （二）列为重点监管对象，提高检查频次，依法严格监管； （三）不适用告知承诺制； （四）不予授予市场监督管理部门荣誉称号等表彰奖励； （五）法律、行政法规和党中央、国务院政策文件规定的其他管理措施。

如前所述，列入严重违法失信名单的情形包含部分行政处罚，但并非企业一旦被列入严重违法失信名单就无法谋求上市。首先，根据上述规则，失信名单制度设置了列入期限限制，到期可以移出名单；其次，判断被列入严重违法失信名单是否构成上市实质性阻碍，仍要着眼于其所受行政处罚/行政管理措施是否构成 IPO 监管规则中规定的不得上市的情形，或者可能对拟上市公司生产经营构成重大不利影响进而构成其发行上市的实质性障碍。

2. 司法领域的失信被执行人制度

最高人民法院于 2013 年 7 月和 2017 年 2 月分别发布《关于公布失信被执行人名单信息的若干规定》《最高人民法院关于修改〈最高人民法院关于公布失信被执行人名单信息的若干规定〉的决定》，旨在建立完善失信被执行人名单制度，明确将失信被执行人纳入名单库，实施信用惩戒的相关程序和措施。根据规定，被执行人未履行生效法律文书确定的义务，具有下列情形之一的，人民法院应当将其纳入失信被执行人名单，依法对其进行信用惩戒：（1）有履行能力而拒不履行生效法律文书确定义务；（2）以伪造证据、暴力、威胁等方法妨碍、抗拒执行；（3）以虚假诉讼、虚假仲裁或者以隐匿、转移财产等方法规避执行；（4）违反财产报告制度；（5）违反限制消费令；（6）无正当理由拒不履行执行和解协议。失信被执行人履行完毕生效法律文书确定的义务或纳入失信期限届满的，人民法院将从失信被执行人名单中删除其失信信息。

2016 年 1 月 20 日，多部门联合发布《对失信被执行人实施联合惩戒的合作备忘录》（发改财金〔2016〕141 号）。根据该备忘录，被列入失信被执行人名单的企业，将被限制发行企业债券及公司债券，限制收购上市公司，从严审核在银行间市场发行债券，依法限制参加政府采购活动，限制购买不动产及国有产权交易，限制成为海关认证企业，限制从事药品及食品行业等。由此可见，被列入失信被执行人名单，将会对企业融资、经营等产生较大的不利影响。

各板块中，仅北京证券交易所明确将"发行人及其控股股东、实际控制人被列入失信被执行人名单且情形尚未消除"作为上市条件之一，主板、科创板、创业板均未明确禁止。虽然如此，但并不意味着主板、科创板、创业板允许拟上市公司在其自身或其控股股东、实际控制人存在"被列入失信被执行人名单且情形尚未消除"的情形下申请上市。此外，由于联合惩戒备忘录的限制，失信被执行人不得作为公司董事、监事、高级管理人员。

（二）行政处罚与刑事处罚

行政处罚系行政机关依法行使其行政执法权对违反行政管理秩序的公民、法人或者其他组织，以减损权益或者增加义务的方式予以惩戒的行政行为。其具有行政行为的一般性特征，即拘束力、确定力、执行力。根据《行政处罚法》第九条的规定，行政处罚的种类包括："（一）警告、通报批评；（二）罚款、没收违法所得、没收非法财物；（三）暂扣许可证件、降低资质等级、吊销许可证件；（四）限制开展生产经营活动、责令停产停业、责令关闭、限制从业；（五）行政拘留；（六）法律、行政法规规定的其他行政处罚。"

在企业生产经营过程中，根据所处行业及所经营业务的不同，往往需要面对工商（市场监督）、税务、劳动、社保、公积金、环保、应急管理、海关、外汇、消防等相关政府部门的监督管理，如企业违反相关法律法规规定，则相关政府部门均有权依照《行政处罚法》、有关领域的法律法规以及各部门对应的处罚权限对企业处以上述一种或几种行政处罚。

当相关违法行为触及刑事犯罪且被司法机关认定为构成《刑法》规定的相关刑事犯罪的，企业及/或其负责人需要承担刑事责任。根据我国刑法的规定，刑事处罚包括主刑和附加刑两部分。主刑有：管制、拘役、有期徒刑、无期徒刑和死刑；附加刑有：罚金、剥夺政治权利和没收财产；此外还有适用于犯罪的外国人的驱逐出境。

各板块发行上市条件均包括发行人及其控股股东、实际控制人最近三年不存在贪污、贿赂、侵占财产、挪用财产或者破坏社会主义市场经济秩序的刑事犯罪，虽然仅列举了前述刑事犯罪类型，但这并不意味着上市审核可以容忍其他刑事犯罪。

（三）IPO 监管规则

各板块发行条件中涉及失信名单、行政处罚、刑事处罚等相关内容的条款主要如下，相关主体包括发行人、控股股东、实际控制人以及发行人董事、监事、高级管理人员：

表 11-8 IPO 监管规则中涉及失信名单、行政处罚、刑事处罚等相关内容的主要规定

法律法规	适用范围	具体规定
《证券法》	所有板块	第十二条 公司首次公开发行新股，应当符合下列条件： …… （四）发行人及其控股股东、实际控制人最近三年不存在贪污、贿赂、侵占财产、挪用财产或者破坏社会主义市场经济秩序的刑事犯罪； ……
《首次公开发行股票注册管理办法》	主板、科创板、创业板	第十三条 发行人生产经营符合法律、行政法规的规定，符合国家产业政策。 最近三年内，发行人及其控股股东、实际控制人不存在贪污、贿赂、侵占财产、挪用财产或者破坏社会主义市场经济秩序的刑事犯罪，不存在欺诈发行、重大信息披露违法或者其他涉及国家安全、公共安全、生态安全、生产安全、公众健康安全等领域的重大违法行为。 董事、监事和高级管理人员不存在最近三年内受到中国证监会行政处罚，或者因涉嫌犯罪正在被司法机关立案侦查或者涉嫌违法违规正在被中国证监会立案调查且尚未有明确结论意见等情形。
《证券期货法律适用意见第17号》	主板、科创板、创业板	三、关于《首次公开发行股票注册管理办法》第十三条"国家安全、公共安全、生态安全、生产安全、公众健康安全等领域的重大违法行为"的理解与适用 《首次公开发行股票注册管理办法》第十三条规定，最近三年内，发行人及其控股股东、实际控制人不存在"其他涉及国家安全、公共安全、生态安全、生产安全、公众健康安全等领域的重大违法行为"。现提出如下适用意见： （一）涉及国家安全、公共安全、生态安全、生产安全、公众健康安全等领域的重大违法行为是指发行人及其控股股东、实际控制人违反相关领域法律、行政法规或者规章，受到刑事处罚或者情节严重行政处罚的行为。 有以下情形之一且中介机构出具明确核查结论的，可以不认定为重大违法行为： 1. 违法行为轻微、罚款数额较小； 2. 相关处罚依据未认定该行为属于情节严重的情形； 3. 有权机关证明该行为不属于重大违法。 违法行为导致严重环境污染、重大人员伤亡或者社会影响恶劣等并被处罚的，不适用上述规定。 （二）发行人合并报表范围内的各级子公司，如对发行人主营业务收入或者净利润不具有重要影响（占比不超过百分之

续表

法律法规	适用范围	具体规定
《证券期货法律适用意见第17号》	主板、科创板、创业板	五），其违法行为可不视为发行人本身存在重大违法行为，但相关违法行为导致严重环境污染、重大人员伤亡或者社会影响恶劣等的除外。 如被处罚主体为发行人收购而来，且相关处罚于发行人收购完成之前已执行完毕，原则上不视为发行人存在重大违法行为。但发行人主营业务收入和净利润主要来源于被处罚主体或者相关违法行为导致严重环境污染、重大人员伤亡或者社会影响恶劣等的除外。 (三) 最近三年从刑罚执行完毕或者行政处罚执行完毕之日起计算三十六个月。 (四) 保荐机构和发行人律师应当对发行人及其控股股东、实际控制人是否存在上述事项进行核查，并对是否构成重大违法行为及发行上市的法律障碍发表明确意见。
《北京证券交易所向不特定合格投资者公开发行股票注册管理办法》	北京证券交易所	第十一条　发行人及其控股股东、实际控制人存在下列情形之一的，发行人不得公开发行股票： (一) 最近三年内存在贪污、贿赂、侵占财产、挪用财产或者破坏社会主义市场经济秩序的刑事犯罪； (二) 最近三年内存在欺诈发行、重大信息披露违法或者其他涉及国家安全、公共安全、生态安全、生产安全、公众健康安全等领域的重大违法行为； (三) 最近一年内受到中国证监会行政处罚。
《北京证券交易所股票上市规则（试行）》	北京证券交易所	2.1.4　发行人申请公开发行并上市，不得存在下列情形： (一) 最近 36 个月内，发行人及其控股股东、实际控制人，存在贪污、贿赂、侵占财产、挪用财产或者破坏社会主义市场经济秩序的刑事犯罪，存在欺诈发行、重大信息披露违法或者其他涉及国家安全、公共安全、生态安全、生产安全、公众健康安全等领域的重大违法行为； (二) 最近 12 个月内，发行人及其控股股东、实际控制人、董事、监事、高级管理人员受到中国证监会及其派出机构行政处罚，或因证券市场违法违规行为受到全国中小企业股份转让系统有限责任公司（以下简称全国股转公司）、证券交易所等自律监管机构公开谴责； (三) 发行人及其控股股东、实际控制人、董事、监事、高级管理人员因涉嫌犯罪正被司法机关立案侦查或涉嫌违法违规正被中国证监会及其派出机构立案调查，尚未有明确结论意见； (四) 发行人及其控股股东、实际控制人被列入失信被执行人名单且情形尚未消除；

续表

法律法规	适用范围	具体规定
《北京证券交易所股票上市规则（试行）》	北京证券交易所	（五）最近 36 个月内，未按照《证券法》和中国证监会的相关规定在每个会计年度结束之日起 4 个月内编制并披露年度报告，或者未在每个会计年度的上半年结束之日起 2 个月内编制并披露中期报告； （六）中国证监会和本所规定的，对发行人经营稳定性、直接面向市场独立持续经营的能力具有重大不利影响，或者存在发行人利益受到损害等其他情形。

从前述规定可知，拟上市公司或其控股股东、实际控制人报告期内存在"重大违法行为"或相关行政处罚"情节严重"等情形将构成企业 IPO 的实质性障碍，因此，拟上市公司或其控股股东、实际控制人若在报告期内存在行政处罚或者被纳入严重违法失信名单或失信被执行人名单等情形的，需要结合相关规定对公司受到的行政处罚或失信名单存续情况进行分析。根据《证券期货法律适用意见第 17 号》的规定，若违法行为轻微、罚款数额较小；或相关处罚依据未认定该行为属于情节严重的情形；或有权机关证明该行为不属于重大违法的且证券服务机构出具明确核查结论的，可以不认定为重大违法行为，但违法行为导致严重环境污染、重大人员伤亡或者社会影响恶劣等并被处罚的除外。此外，发行人合并报表范围内的各级子公司，若对发行人主营业务收入或净利润不具有重要影响（占比不超过 5%），其违法行为可不视为发行人本身存在相关违法行为，但其违法行为导致严重环境污染、重大人员伤亡或社会影响恶劣的除外。

综上，拟上市公司报告期内存在被列入失信名单或受到行政处罚情形的，并非就此与上市无缘，需要由届时聘请的证券服务机构根据上述有关规定或规则，结合具体处罚对应的法律依据和处罚裁量权相关规范性文件（如有）对相应处罚进行分析，判断是否构成"重大违法行为"或"情节严重"等情形，进而判断是否对其发行上市构成实质性障碍。

二、审核关注要点

（一）行政处罚与失信名单

结合现行 IPO 审核规则以及现有案例，上市审核对于失信名单和行政处罚的关注要点主要包括：

1. 相关信息的披露是否准确、完整，受到处罚的原因、背景，对发行人稳定经营的影响，发行人已经或准备采取的措施；

2. 所受处罚涉及事项是否属于重大违法违规行为；

3. 处罚相关事项是否已经整改完毕，发行人合规经营相关内控制度是否已建立健全并有效执行，是否存在新增行政处罚的风险，发行人的内部控制制度如何保证发行人合法合规经营；

4. 多次受到行政处罚的情形，说明原因、整改措施、进展、结果，相关内控制度的有效性；

5. 出具非重大违法违规行为证明的行政机关是否为有权机关。

（二）发行人或相关主体涉及刑事案件

随着国家反腐败工作的进一步加强，以及注册制以信息披露为中心的审核理念的推行，近年的 IPO 审核中，陆续出现对发行人及其控股股东、实际控制人、董事、监事、高级管理人员等可能涉及刑事案件（尤其是行贿受贿事项）的进一步关注，例如西麦食品（002956，2019 年 6 月 19 日上市）[①]、英杰电气（300820，2020 年 2 月 13 日上市）[②]、四方光电（688665，2021 年 2 月 9 日上市）[③]、瑜欣电子（301107，2022 年 5 月 24 日上市）[④]、侨源气体（301286，2022 年 6 月 14 日上市）[⑤]、北方长龙（301357，2023 年 4 月 18 日上市）[⑥] 等。以涉嫌行贿为例，上市审核中的关注要点主要包括：

1. 相关案件的具体情况，涉及资金是否源于发行人，是否存在涉及行贿方式为发行人获取业务或其他利益的情形，是否存在被其他有权部门追究相

[①] 案例信息来源：西麦食品在深圳证券交易所发行上市审核信息公开网站公告的《桂林西麦食品股份有限公司首次公开发行股票并上市招股说明书》。

[②] 案例信息来源：英杰电气在中国证监会网站披露的《四川英杰电气股份有限公司首次公开发行股票并在创业板上市招股说明书》。

[③] 案例信息来源：光电股份在上海证券交易所发行上市审核网站公告的《四方光电股份有限公司首次公开发行股票并在科创板上市招股说明书》。

[④] 案例信息来源：瑜欣电子在深圳证券交易所发行上市审核信息公开网站公告的《重庆瑜欣平瑞电子股份有限公司首次公开发行股票并在创业板上市招股说明书》。

[⑤] 案例信息来源：侨源气体在深圳证券交易所发行上市审核信息公开网站公告的《四川侨源气体股份有限公司首次公开发行股票并在创业板上市招股说明书》。

[⑥] 案例信息来源：北方长龙在深圳证券交易所发行上市审核信息公开网站公告的《关于北方长龙新材料技术股份有限公司首次公开发行股票并在创业板上市申请文件的第四轮审核问询函的回复》。

关责任的风险，是否构成发行上市的法律障碍；如认为不构成本次发行上市实质性障碍，则相关论证依据是否充分；发行人合法经营的内部控制制度是否健全并有效运行；

2. 报告期内发行人及其子公司、董事、监事、高级管理人员、员工在业务开展过程中，是否存在商业贿赂等违法违规行为，是否有股东、董事、高级管理人员、员工等因商业贿赂等违法违规行为受到处罚或被立案调查，发行人保障经营合法合规的具体措施；

3. 结合《公司法》等规定，说明发行人、实际控制人（或其他主体）历史犯罪情况对发行人的影响，其在发行人担任董事、高级管理人员职务是否合法合规，是否存在其他违法违规情况，是否存在影响发行上市的实质性法律障碍；

4. 发行人、实际控制人、董事、监事、高级管理人员是否存在其他违法违规行为，如存在，请披露近三年内违法违规行为的相关情况，包括受到相关处罚的时间、事由、处罚内容、整改情况、处罚机关的认定等，相关事项对发行人生产经营的影响，是否构成重大违法违规，是否构成发行上市实质性障碍。

需要特别说明的是，国家对腐败犯罪持零容忍态度，上市审核机构同样对涉嫌行贿的拟上市公司实行严格的审核标准。尽管存在少数成功上市的案例，但这些案例都存在一些特殊的情况。具体而言，有些案例中，控股股东或实际控制人涉及的行贿案件已超过追诉期限，且不属于单位行贿，不涉及谋取不正当利益，发行人因此不存在被追究刑事责任的可能性。另一些案例中，实际控制人在相关案件中仅作为证人，未被追究刑事责任，并通过获取监察机关出具的"未予立案、未作处罚处理"证明及公安机关出具的无犯罪记录证明来论证相关情形不会构成发行上市的实质性障碍。这些成功案例的存在是基于其特殊情况，并非意味着拟上市公司仅凭监察机关、检查机关、公安机关出具的专项证明，就能够完全消除审核机关的疑虑。

典型案例

康鹏科技：首次 IPO 因经营规范性问题被科创板上市委否决，二次 IPO 再遭审核多轮追问

康鹏科技（688602，曾于 2021 年 3 月 17 日被科创板上市委否决，再次申报后于 2023 年 7 月 20 日上市）主要从事精细化学品的研发、生产和销售，产品主要为新材料及医药和农药化学品，属于"C26 化学原料及化学制品制造业"。在首次申请上市过程中，康鹏科技就环保、消防、安全生产等方面的行政处罚问题受到了多轮问询和关注，最后上市委关注的三个问题亦有两个与该等处罚相关。根据上市委现场问询的情况，① 康鹏科技第一次申请上市被否原因主要包括：一是同一实际控制人控制的兄弟公司泰兴康鹏（系康鹏科技外协供应商）因为委托无资质方处置危险废物构成了污染环境罪，上市委关注该犯罪行为相关业务与发行人业务是否紧密关联，发行人与其外协定价是否公允，上述模式是否降低了泰兴康鹏和发行人相应环保成本和风险，发行人实际控制人是否对泰兴康鹏犯罪行为存在管理或其他潜在责任；二是康鹏科技报告期及在审期间发生多起安全事故与环保违法事项，导致重要子公司停工停产，进而导致公司重要业务和经营业绩大幅下滑。在第二次申请上市过程中，其新报告期内的处罚亦受到重点关注，是本章所论述主题相关的典型案例。

根据公开披露信息②，上海证券交易所在康鹏科技两次 IPO 中与处罚相关的问询主要如下：

---

① 案例信息来源：上海证券交易所网站公告的《科创板上市委 2021 年第 18 次审议会议结果公告》。

② 主要指康鹏科技在上海证券交易所发行上市审核网站公告的两次申请科创板上市的历次问询回复文件，包括第一次上市申请涉及的《关于上海康鹏科技股份有限公司首次公开发行股票并在科创板上市申请文件的审核问询函的回复》《关于上海康鹏科技股份有限公司首次公开发行股票并在科创板上市申请文件的第二轮审核问询函的回复》《关于上海康鹏科技股份有限公司首次公开发行股票并在科创板上市申请文件的第四轮审核问询函的回复》《关于上海康鹏科技股份有限公司首次公开发行股票并在科创板上市的审核中心意见落实函的回复》《科创板上市委 2021 年第 18 次审议会议结果公告》，以及第二次上市申请涉及的《关于上海康鹏科技股份有限公司首次公开发行股票并在科创板上市申请文件的审核问询函回复》《关于上海康鹏科技股份有限公司首次公开发行股票并在科创板上市申请文件的第二轮审核问询函回复》《科创板上市委 2022 年第 108 次审议会议结果公告》。

表 11-9 康鹏科技历次审核问询中涉及的规范性及处罚相关问题

审核阶段	主要问询问题
第一次 IPO 第一轮问询	根据招股书披露，报告期内发行人及其子公司存在 7 项行政处罚，涉及环保、消防、安全生产等。请发行人补充说明报告期内行政处罚数量较多的原因，发行人是否已就环保、消防、安全生产等建立内部制度并有效执行，请发行人提供处罚机关出具的上述行政处罚不属于重大违法违规行为的说明文件。 同时关注到，同一实际控制人控制的兄弟公司泰兴康鹏（系康鹏科技外协供应商）存在环保违法违规行为，要求发行人补充说明：（1）泰兴康鹏环保违法违规行为的具体情况，是否属于重大违法违规，是否取得主管部门确认不属于重大违法违规行为的相关文件；（2）泰兴康鹏或其员工是否曾因环保等事项涉及刑事犯罪并承担刑事责任，是否属于涉及国家安全、公共安全、生态安全、生产安全、公众健康安全等领域的重大违法行为，若存在请补充说明具体情况，包括犯罪人员、犯罪时间、犯罪情节、所处刑罚等内容；（3）泰兴康鹏的历史沿革，如涉及刑事犯罪请补充说明各时期控股股东及实际控制人情况，发行人与泰兴康鹏是否曾均受控股股东 W 控制，发行人实际控制人杨某华是否就上述事项承担相应责任；（4）泰兴康鹏环保违法违规行为是否影响其生产经营资质，报告期内泰兴康鹏持续生产是否合法合规；（5）报告期内，泰兴康鹏在发行人生产经营体系中所处的作用，其生产的液晶中间体及医药中间体对发行人业务的重要性，是否属于生产工序环节之一，历史上始终未纳入发行人的原因；（6）结合张某彦目前从事的业务情况，补充说明其购买泰兴康鹏的目的，与其本身业务互相协同的真实性，并分析商业合理性；（7）结合股权转让后泰兴康鹏的业务经营情况，补充说明张某彦受让股权后是否仍主要与发行人开展交易，与发行人交易金额在泰兴康鹏主营业务收入中的占比情况，上述交易在未来是否仍将持续，如已转移至体系内工厂请说明具体承接主体；（8）详细说明股权转让的定价依据、张某彦的资金来源，说明上述转让的真实性，是否存在代持，是否存在关联交易非关联化的情形，是否存在将环保有关支出和风险转移体系外的情形。请保荐机构及发行人律师说明未在招股说明书及其他申报文件披露泰兴康鹏相关情况的原因，说明核查过程、方式及结论。请保荐机构及发行人律师就上述情形是否违反《科创板首次公开发行股票注册管理办法（试行）》第十三条第二款的相关规定，是否构成本次发行上市的实质性障碍发表明确意见

续表

审核阶段	主要问询问题
第一次IPO第二轮问询	由于2006年7月至2018年10月，发行人与泰兴康鹏均为由控股股东W控制的企业，且泰兴康鹏的环保违法违规行为已触犯刑法并被处以刑事处罚，二轮问询中，上海证券交易所进一步追问： （1）2006年7月至2018年10月，泰兴康鹏环保是否系发行人控股股东W合并报表范围内主营业务收入及净利润超过5%的重要子公司，其违法行为导致严重环境污染，是否应视为W本身存在的相关情形，发行人控股股东W是否存在重大违法违规行为；（2）泰兴康鹏与发行人均被纳入境外上市主体，且泰兴康鹏承担发行人部分产品的部分工序环节，亦存在多种类型的关联交易，其间泰兴康鹏所犯污染环境罪，是否应视为发行人本身存在相关情形；（3）报告期内，W曾为发行人控股股东，请结合《科创板首次公开发行股票注册管理办法（试行）》第十三条的相关规定，说明最近3年内，发行人及其控股股东、实际控制人是否存在涉及国家安全、公共安全、生态安全、生产安全、公众健康安全等领域的重大违法行为，是否构成本次发行上市的实质性障碍。请发行人就泰兴康鹏环保重大违法违规行为在招股说明书中作重大事项提示。请发行人律师核查并发表明确意见
第一次IPO第四轮问询	根据问询回复，自2016年以来，发行人及其子公司存在较多行政处罚，在审期间频繁出现安全事故和环保违法事项，导致重要子公司衢州康鹏停工停产，进而导致公司重要业务及经营业绩大幅下滑。请发行人说明：（1）上述安全事故和违法所涉事项整改情况，是否已经整改完毕；（2）结合前述事项发生的原因梳理内部控制流程，说明发行人是否建立了健全的内部控制制度并有效执行；（3）相关事项是否对衢州康鹏及发行人生产经营产生重大不利影响，衢州康鹏及发行人是否具备持续经营能力；（4）发行人是否存在其他应披露未披露的违法违规及事故情形。请保荐机构、发行人律师和申报会计师进行核查，并对发行人是否整改完毕、内控是否健全并有效执行、是否具备持续经营能力以及是否满足《注册管理办法》第十一条、第十二条的要求发表明确意见
第一次IPO审核中心意见落实函	请发行人在招股说明书中进一步完善公司报告期内存在的违法违规情况，以及相应的整改措施、整改结果等信息披露

续表

审核阶段	主要问询问题
第一次IPO科创板上市委会议意见	1. 根据申请文件，泰兴康鹏与发行人被同一实际控制人控制，前者因委托无资质方处置危险废物构成污染环境罪。请发行人代表说明：（1）泰兴康鹏上述犯罪行为的相关业务与发行人业务是否紧密关联，发行人与其外协加工定价是否公允，上述模式是否降低了泰兴康鹏和发行人相应环保成本和风险；（2）发行人实际控制人是否对泰兴康鹏犯罪行为存在管理或其他潜在责任，此后将泰兴康鹏剥离给张某彦是否存在关联交易非关联化情形；（3）相关重组及兰州康鹏的业务是否会导致新的环保和安全生产风险，增加相应的成本费用。请保荐代表人发表明确意见。 2. 根据申请文件，发行人报告期及在审期间发生多起安全事故和环保违法事项，导致重要子公司停工停产，进而导致公司重要业务和经营业绩大幅下滑。请发行人代表说明：（1）衢州康鹏停工停产的原因及标准，是否与事故发生在核心生产环节、受处罚严重程度有关；（2）发行人及包括衢州康鹏、上海万溯、浙江华晶在内的重要子公司生产技术、安全和环保管理、资质等相关内控是否存在重大缺陷，相关整改是否完毕；（3）发行人业务是否存在高污染、高环境风险事项及相应的内控措施。请保荐机构代表人发表明确意见
第二次IPO第一轮问询	问题5. 关于环境保护 根据招股说明书，（1）2021年，发行人子公司浙江华晶向污水集中处理设施排放不符合处理工艺要求的工业废水受到罚款21万元的行政处罚；（2）2021年12月，发行人境外子公司收到了新泽西州环境保护部的通知，因存在危险废物容器标签不规范、废物储存超期等不规范行为，与新泽西州环境保护部达成和解并支付7600美元的和解金；（3）发行人报告期内环保投入金额分别为1567.70万元、1512.58万元和3689.91万元，其中固定资产分别投入19.01万元、11.99万元、664.35万元。请发行人说明：（1）子公司浙江华晶受到环保处罚的具体情况，是否构成重大违法违规行为；被处罚后的整改措施及其有效性；（2）子公司存在环保不规范的具体情形，与新泽西州环境保护部达成和解的具体情况，是否存在后续追加处罚的风险，招股说明书披露"无须承担任何责任"的依据是否充分，相关整改措施是否到位；（3）环保相关固定资产投入较少、以费用类投入为主的原因；环保设施实际运行情况、各年度各项环保支出与产品产量、排污量的匹配情况；对比同行业可比公司情况，分析发行人各年度环保支出是否与同行业可比公司存在重大差异；（4）充分论证发行人及各子公司环保内控制度是否健全，相关内控制度能否被有效执行。请保荐机构及发行人律师对上述事项进行核查并发表意见。 问题19. 关于新增行政处罚 2022年9月9日，发行人因未按照规定组织员工进行职业健康的复查被予以警告处罚。请说明前述处罚的具体情况及发行人整改结果

续表

审核阶段	主要问询问题
第二次IPO 第二轮问询	问题1.1 关于安全事故整改 根据问询回复，(1) 发行人两起安全生产事故均发生在双氟磺酰亚胺锂盐 (LiFSI) 的非核心生产工艺环节，相关生产线的设计和生产管理不存在重大缺陷，且相关整改措施均予以落实；(2) 发行人其他产品与LiFSI均基于氟化技术和碳-碳键偶联技术。请发行人说明：(1) 发行人核心技术应用过程中的主要安全风险；(2) 结合发行人其他产品与LiFSI在生产环节上的共性说明其他产品各生产环节的安全风险及发行人的应对措施，发行人整改措施是否已涵盖所有产品各生产环节的安全风险，安全生产制度是否建立健全以及充分有效运行，防范安全事故再次发生的主要措施及其有效性。请保荐机构及发行人律师对上述事项进行核查并发表意见
第二次IPO科创板上市委会议关注问题	请发行人代表结合报告期内发行人相关生产安全事故、行政处罚情况，以及先购买后审议某资金信托计划造成重大损失等情况，说明发行人在环境保护、安全生产、资金管理、责任追究等方面是否建立了健全的公司内部控制制度，相关制度是否得到有效执行，发行人的内部控制是否存在重大缺陷；请保荐代表人发表明确意见

三、合规提示

为避免被有关政府部门纳入失信名单或予以行政处罚，拟上市公司应依法合规经营，在具体执行中，可以从以下五个方面展开：

1. 完善内控制度，建立相应事前审批、流程管理、事后监督的制度体系；
2. 建立合规部门，配备专业人员负责合规风险筛查、管理及相关事项，关注社会舆论与监管动向，建立健全风险预警和应对机制；
3. 加强人员培训和监督管理，提高员工安全操作技能和风险意识，鼓励员工安全生产；
4. 配备专项资金，建立防火墙；
5. 加强与主管政府部门的沟通衔接，对可能涉嫌违法违规行为及时整改处理。

若拟上市公司已被列入失信名单或受到行政处罚，我们建议：

1. 及时对违法违规行为进行整改，涉及缴纳罚款的，及时足额缴纳罚款；
2. 制定或完善相应制度以避免再次发生违法违规行为；
3. 根据相关法律法规，关注企业是否已满足列入失信名单的时限，并提

请有权机关将企业移出名单;

4. 在上市申报文件中真实、准确、完整地披露报告期内存在的行政处罚事项,说明行政处罚是否对公司造成较大影响(罚款金额占当期主营业务收入之比例、是否产生不良社会影响等)并由证券服务机构发表明确意见;

5. 取得主管部门关于违法违规行为不属于重大违法违规行为的证明并由证券服务机构出具"不构成重大违法行为"的核查结论;

6. 如相关处罚构成重大违法行为,则需要适当调整申报报告期。

此外,拟上市公司如存在被予以刑事处罚或正在配合有关部门调查尚未有明确结论情形的,或其控股股东、实际控制人、董事、监事、高级管理人员存在该等情形的,均应如实向证券服务机构披露,由证券服务机构结合具体情况进行判断,是否会构成拟上市公司首发上市的实质性障碍,并基于具体情况做好充分的核查工作。有些拟上市公司的老板可能会抱有侥幸心理,殊不知,如果不向专业的证券服务机构完整披露,他们就无法做好相应准备以应对不时之需。这就相当于在公司上市途中埋下一颗不定时炸弹,一旦案件处理有了结果,中国裁判文书网、各地法院网站、12309 中国检察网等各类相关网站便会公示相关文书,且上市期间董事、监事、高级管理人员(如涉及相关案件)必须开具的无犯罪记录证明亦会有相应显示;更有甚者,案件处理结果还没出来,一封举报函可能就会使公司上下若干年的努力前功尽弃。如果审核机构就有关事项进行问询的时候,证券服务机构毫不知情,若涉及信息披露不真实、不准确、不完整,则将对公司上市造成重大不利影响。

第五节 诉讼、仲裁

诉讼、仲裁事项是 IPO 信息披露的重要内容,也是可能构成 IPO 实质性障碍的事项之一。诉讼、仲裁事项的关注重点集中体现在两个方面:一是信息披露,即对于拟上市公司的重大诉讼、仲裁事项,应当根据相关要求进行信息披露;二是诉讼、仲裁事项的潜在风险,即相关诉讼、仲裁事项是否存在可能导致拟上市公司股权存在重大权属纠纷、知识产权等资产存在重大不利变化或重大权属纠纷、影响拟上市公司持续经营等构成 IPO 实质性障碍的潜在风险。

本节将简要介绍与诉讼、仲裁事项相关的法规,在此基础上就诉讼、仲裁事项中较为突出的股权、知识产权等方面的问题进行详细分析，并分享典型案例，从而剖析 IPO 过程中对诉讼、仲裁（以下统称"诉讼"）事项的关注重点。

一、相关法规概述

IPO 相关规定中，与诉讼事项相关的法规集中在三个层面：

一是《首次公开发行股票注册管理办法》的相关规定，该规定涉及拟上市公司发行上市的实质条件，若触发相关禁止性规定，则构成拟上市公司发行上市的实质性障碍。主要包括：（1）拟上市公司的股权清晰，控股股东和受控股股东、实际控制人支配的股东持有的公司股份不存在重大权属纠纷，不存在导致控制权可能变更的重大权属纠纷；（2）拟上市公司不存在涉及主要资产、核心技术、商标等的重大权属纠纷，专利、商标、专有技术以及特许经营权等重要资产或技术的获取或者使用不存在重大不利变化的风险；（3）拟上市公司不存在重大偿债风险，不存在影响持续经营的担保、诉讼以及仲裁等重大或有事项。

二是各板块招股说明书格式准则，该等准则主要规定了信息披露的相关要求，拟上市公司应当按照该等要求披露诉讼事项的具体信息。该等规定主要包括：（1）拟上市公司应精准清晰充分地披露可能对公司经营业绩、核心竞争力、业务稳定性以及未来发展产生重大不利影响的各种风险因素，包括重大技术、产品纠纷或诉讼风险，土地、资产权属瑕疵，股权纠纷，行政处罚等方面对拟上市公司合法合规性及持续经营的影响；（2）拟上市公司应披露对财务状况、经营成果、声誉、业务活动、未来前景、盈利能力及持续经营等可能产生较大影响的诉讼或仲裁事项。

三是《监管规则适用指引——发行类第 4 号》的相关规定，该规定详细规定了证券服务机构对诉讼事项的核查要求，是证券服务机构尽职调查的指引，主要包括：（1）证券服务机构应当全面核查报告期内发生或虽在报告期外发生但仍对拟上市公司产生较大影响的诉讼或仲裁的相关情况；（2）若拟上市公司股权被冻结、质押或涉及诉讼纠纷达到一定比例且控股股东、实际控制人明显不具备清偿能力，导致拟上市公司控制权存在不确定性的，证券服务机构应充分论证并就是否符合发行条件审慎发表意见；（3）对拟上市公司业务经营或收入实现有重大影响的商标、专利、专有技术以及特许经营权等重要资产或技术存在重大纠纷或诉讼,已经或者未来将对拟上市公司财务状况或经营成果产生重大影响,或者诉讼、仲裁有可能导致拟上市公司实际控制人变更,证券服务机构应重点关注该等诉讼、仲裁事项是否会影响拟上市公司持续经营能力,应在提出明确依据的基础上,充分论证该等诉讼、仲裁事项是否构成发行上市的实质性法律障碍并审慎发表意见。

二、IPO 审核中常见诉讼事项

(一)公司股权相关诉讼

拟上市公司股权清晰、控制权稳定是发行上市的实质性条件之一。IPO审核中涉及公司股权的诉讼主要分为两类:一是基于股权转让纠纷、股权确权纠纷、股东出资纠纷等产生的诉讼;二是股权问题并非诉讼起因,但诉讼后果将对公司股权造成影响,例如基于"对赌协议"、债权债务纠纷等产生的诉讼导致公司股权作为担保财产或执行标的等。在审核层面,股权诉讼重点关注的是相关诉讼对拟上市公司股权权属、股权稳定性、实际控制权的影响。

一般而言,股权相关诉讼的审核关注重点如下:

1. 相关股权诉讼案件中所涉股权转让的背景、原因及案件最新进展,股权转让的真实性、定价公允性,转让价款是否支付完毕,股权转让程序的合规性,相关事项是否会导致拟上市公司不符合股权清晰的发行条件;

2. 相关股权诉讼案件中所涉股权代持的背景、原因及案件最新进展,相关股权代持是否真实,代持形成及还原过程中的资金流转及实际资金来源是否存在通过代持规避竞业限制、商业秘密、同业竞争、关联交易、利益输送、股份锁定等违反相关法律法规规定的情形,是否符合关于代持清理的相关要求;

3. 相关股权诉讼的基本情况、所涉人员及股权数量、权属主张、诉讼请求,相关诉讼最新进展及对拟上市公司发行上市的影响;

4. 在拟上市公司股权作为担保财产或执行标的的诉讼案件中,股东是否有足够偿付相关债务的能力及应对措施,相关股权是否存在被冻结和强制执行的风险;

5. 股权涉诉事项对拟上市公司股权结构稳定性的影响,是否存在影响拟上市公司实际控制权清晰、稳定的情形或风险,是否属于导致控制权可能变更的重大权属纠纷，是否构成拟上市公司发行上市的法律障碍。

（二）知识产权相关诉讼

1. 商标诉讼

商标是拟上市公司的重要资产，是拟上市公司在长期发展及经营过程中形成的品牌商业价值。IPO 审核中常见的商标诉讼主要包括两类：一是商标争议纠纷，包括拟上市公司与其他主体之间因在相同或类似商品/服务上构成相同或近似所产生的商标纠纷，在商标转让、许可使用授权中所产生的权属纠纷等；二是商标侵权纠纷，即未经商标权人许可，在相同或类似商品上使用与注册商标相同或近似的商标，或者其他干涉、妨碍商标权人使用其注册商标，损害商标权人合法权益的其他行为。拟上市公司既可能是权利主张者，也可能是被主张者。在 IPO 审核中，商标诉讼的核心问题在于是否影响拟上市公司的持续经营能力及财务状况。

一般而言，商标诉讼的审核关注重点如下：

（1）涉诉商标的产生及转让过程，商标的实际归属权情况，是否属于拟上市公司的核心商标和产品，拟上市公司核心商标的权属是否存在重大不确定性；

（2）涉诉商标的种类、主要使用范围，在拟上市公司生产经营中的作用、涉及的产品，涉诉商标对应的销售收入、毛利及占比，对拟上市公司持续经营、财务状况或经营成果的影响；

（3）相关注册商标争议和诉讼的背景和原因、进展情况，相关信息披露与争议和诉讼的情况是否一致，是否存在应披露未披露事项；

（4）涉诉商标与拟上市公司核心产品所使用商标的差异情况，是否存在被消费者混同误认的风险，是否存在商标授权依赖的情形，涉诉商标的可替代性；涉诉商标产品是否均已实现销售，是否存在因使用或销售存在权属争议的商标被追溯赔偿、处罚的风险；

（5）商标诉讼案件是否存在导致拟上市公司不能继续使用商标或商标被宣告无效的风险，拟上市公司相关补救措施的可行性，是否对拟上市公司的生产经营、品牌建设和持续盈利能力产生重大不利影响；

（6）拟上市公司关于商标管理的内部控制及其有效性，为注册商标所采取的具体保护措施，是否存在第三方使用拟上市公司注册商标进行生产销售、产品推广等情形。

2. 专利诉讼

专利作为技术的主要载体，是拟上市公司核心竞争力的集中体现。IPO审核中常见的专利诉讼主要包括三类：一是专利无效纠纷，即涉诉专利被第三方主张不具备专利法规定的新颖性、创造性、实用性的专利权授予条件；二是专利权属纠纷，拟上市公司与第三方就专利申请权和专利权归属等问题产生纠纷，例如拟上市公司持有的专利涉及研发人员在前任职单位的职务发明，拟上市公司委托开发或合作开发过程中产生的权属纠纷，因技术转让引起的争议纠纷等；三是专利侵权纠纷，即未经专利权人许可，亦无法定的抗辩或免责事由，而以生产经营为目的实施、使用专利权保护范围内的专利。在IPO审核中，专利诉讼的核心问题在于是否涉及拟上市公司的核心技术，是否会影响拟上市公司的核心竞争力以及持续经营能力。

一般而言，专利诉讼的审核关注重点如下：

（1）拟上市公司与第三方之间历史和现有专利纠纷或诉讼、专利无效审查案件的统计情况、背景原因、争议焦点、最新进展；

（2）涉诉专利来源、取得方式和时间，是否合法有效存续，是否存在被终止、宣告无效的情形，是否存在专利侵权等风险；

（3）涉诉专利的主要内容，涉及的核心技术或工艺方案，涉诉专利的具体应用情况及涉及的具体产品，是否为拟上市公司的主要产品，该等专利所对应的产品销量、营业收入、利润及比例、存货情况等；拟上市公司生产、销售的产品中涉及使用涉诉专利的具体情况，包括可能使用到涉诉专利的产品名称、收入及毛利金额、占比，相关产品目前的库存情况及专用模具情况等；

（4）涉诉专利及无效审查专利的重要性程度与使用情况，涉诉专利与拟上市公司核心技术的关系，是否涉及拟上市公司的核心技术；涉诉技术的研发过程，包括研发时间、参与人员、技术迭代过程、技术保护措施等；

（5）涉诉专利是否被采取诉讼保全措施；不利诉讼后果对拟上市公司核心技术、在研技术、产品销售、存货、经营成果、业绩以及财务状况可能造成的不利影响，是否存在销售业绩下滑、技术被模仿、承担大额负债或赔偿等风险；若涉诉专利最终被宣告无效，对拟上市公司主营业务、收入及利润、核心竞争力、持续经营能力的影响，是否存在拟上市公司无法销售特定类别产品，造成客户流失或加剧市场竞争等情形；

（6）拟上市公司对目前生产及销售产品的知识产权保护措施及其有效性，

对是否存在侵犯第三方专利权的风险进行全面排查的具体措施及其有效性；

（7）专利诉讼案件及其诉讼结果是否会对拟上市公司持续经营产生重大不利影响，是否构成拟上市公司发行上市的实质性障碍，是否符合资产合规性及独立性、科创能力或创新属性、持续经营能力等发行条件的相关要求。

3. 著作权诉讼

著作权是拟上市公司知识产权的重要组成部分，IPO审核中常见的著作权诉讼主要包括两类：一是著作权权属纠纷，引发该纠纷的事由包括著作权是否涉及职务作品、委托作品和合作作品，著作权转让的合规性，著作权的许可使用情况等；二是著作权侵权纠纷，例如，提供平台服务的拟上市公司在提供内容服务的过程中直接或间接地未经授权使用、复制、传播、抄袭他人的著作权等。

一般而言，著作权诉讼的审核关注重点如下：

（1）涉诉著作权的来源、研发过程、取得时间、主要研发人员，是否来源于前任职单位的职务发明；软件著作权的法律状态、是否存在权利提前终止等异常情况；

（2）涉诉著作权在拟上市公司产品中的应用情况或具体用途，涉案著作权与拟上市公司的主要销售产品、服务的对应情况，是否为拟上市公司主要销售或核心服务内容，对拟上市公司生产经营的重要程度；

（3）拟上市公司是否存在使用盗版软件、破解软件、未经授权使用文字、图片、视频等作品的情形，拟上市公司开展业务过程中所使用的软件工具、作品著作权的取得方式，是否存在侵权风险等；拟上市公司是否有足够的开发软件、作品等著作权支持其业务开展，是否对第三方存在依赖；

（4）著作权诉讼的产生背景、原告诉讼请求、进展情况，评估拟上市公司是否存在败诉的风险；测算涉诉著作权报告期内对应的拟上市公司主营收入及占比、净利润及占比情况，若败诉是否对拟上市公司持续经营及业绩利润造成重大不利影响，是否对发行上市构成实质性障碍。

典型案例

纵横股份：在审期间涉专利诉讼及无效宣告案件引发审核多轮追问

根据纵横股份（688070.SH）科创板 IPO 申报及问询回复文件①，纵横股份科创板 IPO 申请被受理后，原告雄安某公司起诉纵横股份未经许可，制造、销售、许诺销售侵害原告涉案专利权的产品，请求法院判令纵横股份立即停止侵权行为，并销毁库存被诉侵权产品及专用模具，支付涉案专利临时保护期使用费及维权合理开支合计 2000 万元；同时，雄安某公司向国家知识产权局申请纵横股份名下的五件发明专利作出无效宣告。截至纵横股份获得科创板上市委审议会议通过之日，上述专利诉讼案件、专利无效宣告案件仍未审结。②

关于上述专利诉讼事项及专利无效宣告案件的问询贯穿纵横股份 IPO 审核全过程，中国证监会及交易所提出的问询问题如下：

表 11-10 纵横股份审核问询中涉及的专利纠纷问题

审核阶段	主要问询问题
第二轮审核问询函	（1）发行人涉诉技术的研发过程，包括研发时间、参与人员、技术保护措施等，是否为原始创新或集成了行业通用技术或其他竞争对手的技术、进行二次创新，请结合发行人涉诉专利技术产品的技术方案与涉诉专利的权利要求进行比对分析，是否存在侵犯雄安公司或第三方知识产权的情形； （2）发行人报告期内生产、销售的产品涉及使用上述涉诉专利的具体情况，包括可能使用到上述涉诉专利的产品名称、客户名称、收入及毛利金额、占比，相关产品目前的库存情况及专用模具情况； （3）上述诉讼案件中的原告是否已采取相关诉讼保全措施及对发行人的影响，发行人目前是否仍在使用上述涉诉专利，是否会持续扩大"因侵权所获得的利益"，从而导致赔偿金额增加；

---

① 案例信息来源：纵横股份在上海证券交易所发行上市审核网站公告的《成都纵横自动化技术股份有限公司首次公开发行股票并在科创板上市招股说明书（申报稿）》《关于成都纵横自动化技术股份有限公司首次公开发行股票并在科创板上市申请文件审核问询函的回复》《关于成都纵横自动化技术股份有限公司首次公开发行股票并在科创板上市申请文件第二轮审核问询函的回复》《关于成都纵横自动化技术股份有限公司首次公开发行股票并在科创板上市申请文件第三轮审核问询函的回复》《关于成都纵横自动化技术股份有限公司首次公开发行股票并在科创板上市申请文件审核中心意见落实函的回复》《关于成都纵横自动化技术股份有限公司首次公开发行股票并在科创板上市的科创板上市委会议意见落实函的回复》《关于成都纵横自动化技术股份有限公司首次公开发行股票并在科创板上市的发行注册环节反馈意见落实函的回复》。

② 根据纵横股份分别于 2021 年 4 月 1 日、2021 年 6 月 8 日发布的《关于诉讼进展的公告》，雄安某公司已撤回对纵横股份的全部专利诉讼案件的起诉。经查询国家知识产权局公开的《无效宣告申请审查决定书》，雄安某公司撤回一件发明专利无效宣告申请，两件发明专利无效宣告申请经国家知识产权局审查后决定维持专利权有效，两件发明专利无效宣告申请经国家知识产权局审查后决定宣告专利权全部无效。

续表

审核阶段	主要问询问题
第二轮审核问询函	（4）结合原告的诉讼请求及发行人实际情况，测算本次诉讼纠纷可能给发行人带来的赔偿金额，进一步论述不利诉讼后果对发行人核心技术、在研技术、产品销售、存货、经营成果、业绩以及财务状况可能造成的不利影响； （5）结合上述情形进一步论证上述诉讼事项对发行人持续经营的影响，发行人是否符合《科创板首次公开发行股票注册管理办法（试行）》第十二条第（三）项的规定
第三轮审核问询函	（1）说明 D 系列产品与发行人其他系列产品间的技术差异，相关技术方案是否仅在 D 系列产品中运用，自查发行人其他系列产品中是否存在侵犯涉诉专利的情形，充分测算上述案件的不利诉讼后果及对发行人核心技术、财务状况及未来发展的影响； （2）结合上述情形进一步论证上述诉讼事项对发行人持续经营的影响，发行人是否符合《科创板首次公开发行股票注册管理办法（试行）》第十二条第（三）项的规定
审核中心意见落实函	（1）请控股股东、实际控制人就以下事项出具明确承诺并在招股说明书作补充披露：①如因相关专利诉讼导致公司停止制造、销售、许诺销售相关产品或者销毁库存被侵权产品及专用模具的，由其承担公司因此造成的损失；②除涉案产品外，公司其他产品均不存在专利侵权的情况，如存在，由其承担因其他产品侵权给公司造成的全部损失； （2）进一步说明并披露国家对知识产权鉴定有无资质等要求，上海硅知识产权交易中心有限公司的基本情况、业务范围，是否具备相关鉴定资质（包括司法鉴定资质），在发行人所处领域的专利鉴定方面是否具备业务专长
科创板上市委会议意见落实函	请发行人进一步说明涉诉专利技术是否覆盖发行人全部产品，诉讼结果是否会对发行人持续经营产生重大不利影响
发行注册环节反馈意见落实函	（1）补充说明、披露发行人专利诉讼、专利无效宣告案件的最新进展情况； （2）说明仅通过共同诉讼的规定和法理，认定本次诉讼涉案产品仅为公司 CW-10D 无人机系统产品的依据是否充分，认定发行人全系列产品未侵犯原告专利技术的依据是否充分。假如发行人本次败诉，是否会导致对发行人其他产品的诉讼，对发行人是否存在重大不利影响； （3）说明如果发行人全系列产品侵犯了原告涉诉专利，是否对发行人造成重大不利影响，是否构成本次发行上市的实质性障碍； （4）说明并披露形成发行人主营业务收入的核心专利、技术等是否存在侵权的情形； （5）披露雄安某公司申请宣告无效的专利对发行人的重要性，相关专利被宣告无效的可能性，如被宣告无效，对发行人持续经营的影响情况并作重大事项提示

三、合规提示

诉讼是现代商业活动中商事主体维护合法权益、解决争议纠纷的途径之一。拟上市公司存在诉讼事项不必然对 IPO 审核构成不利影响：一是要注意信息披露，二是要关注诉讼事项所牵涉的拟上市公司股权稳定性、主要资产及生产经营合规性、持续经营等问题，该等问题是审核关注的重点，甚至可能会构成 IPO 的实质性障碍。

对监管审核而言，其关注重点并不是拟上市公司诉讼事项的存在与否，而是该等诉讼事项所带来的风险及其可控性，以及该等诉讼事项对拟上市公司的实质性影响。对拟上市公司而言：一方面应当重视企业经营管理的合法合规性，若相关诉讼事项不可避免地发生，应当合理评估诉讼风险及后果，并采取适当的应对措施；另一方面应当重视信息披露，配合证券服务机构充分核查相关诉讼事项。

拟上市公司在申请上市过程中，尤其是在申请证监局辅导备案信息公开披露后，或者在上市委员会或发行审核委员会召开会议审核其上市申请之前等关键时点，不排除竞争对手通过向证券交易所或中国证监会提交举报函（常见的举报内容包括股权纠纷、使用盗版软件等）、发起专利或商标无效申请或恶意诉讼的方式，企图影响拟上市公司上市申请程序，或者以此为筹码与拟上市公司谈判，以获取其他商业利益。在面对该等情形时，拟上市公司应及时征询证券服务机构的专业建议，并在证券服务机构专业建议的前提下，对有关事项进行充分的信息披露，同时采取适当的措施予以应对，避免因该等事项处理不当导致对其发行上市构成重大不利影响。

小　结

生产经营合规是企业长期发展的基础，对拟上市公司而言，合规性是上市审核的重要基础要求。本章主要围绕拟上市公司在生产经营合规方面的要求和注意事项进行了详细阐述：首先，强调了保障安全生产、妥善处理危险废物以及维护职业健康的重要性。其次，指出产品质量对公众健康至关重要，企业必须遵守国家和行业的标准，并建立强有力的质量控制体系；在国家推动"双碳"目标的背景下，讨论了拟上市公司在节能审查和清洁生产方面的要求。再次，如果公司受到行政处罚或被列入失信名单，应迅速采取行动进行整改，并根据实际需要取得主管部门的专项证明，以免影响上市进程。最后，公司应充分披露诉讼或仲裁事项，且相关事项不得构成上市实质性障碍。通过具体案例分析，本章不仅强调了合规经营在企业上市过程中的重要性，还提供了规范建议，帮助拟上市公司在生产经营合规管理方面避免潜在的法律风险，为顺利上市奠定坚实的基础。

作　者

第一章：朱　锐　国枫律师事务所合伙人、上海财经大学法学院博士研究生
第二章、第七章：刘斯亮　国枫律师事务所合伙人
第三章：臧　欣　国枫律师事务所合伙人
　　　　张　莹　国枫律师事务所合伙人
第四章：罗　超　国枫律师事务所合伙人
第五章：黄兴旺　国枫律师事务所合伙人
　　　　熊　洁　国枫律师事务所合伙人
第六章：秦　桥　国枫律师事务所合伙人
第八章：曹一然　国枫律师事务所合伙人
第九章：殷长龙　国枫律师事务所合伙人
　　　　方啸中　国枫律师事务所合伙人
第十章：王　岩　国枫律师事务所合伙人
第十一章：周　涛　国枫律师事务所合伙人
　　　　　何　谦　国枫律师事务所合伙人

致　谢

（以参与章节的先后为序）

感谢以下人员对本书编制作出的贡献：

覃　宇　成　威　尹梦琦　池　名　徐丹丹　柴雪莹　张　凡
吴金凤　唐雪妮　李纯青　徐　岩　李小康　杨　扬　王媛媛
吴芷茵　陈雅琦　夏　青　赵丽华　黄巧婷　赵　耀　姚　奥
温定雄　薛洁琼　刘　欢　贺双科　曾　文